法学再入門 秘密の扉

民事法篇

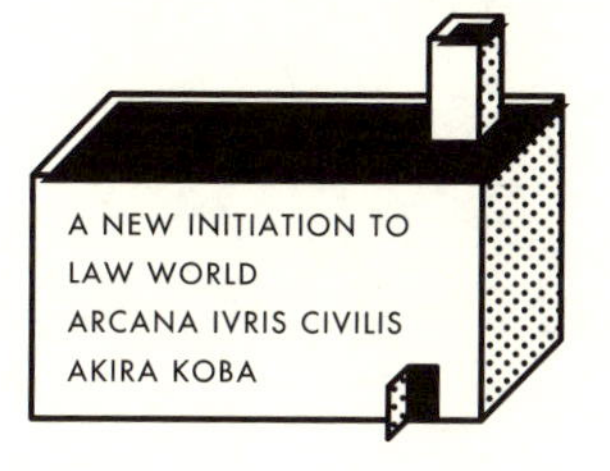

はしがき

私は2013年度，2014年度に雑誌『法学教室』に本書と同タイトルの連載を執筆したが，それをそのまま一冊の書物としたのが本書である。敢えて，連載の切れ目や季節感，編集者の交替や同時並行の連載などに言及するギャグ，等々を保存した。

さらに，この連載自体2010年度，2011年度に東京大学法学部で行われた演習を再現したものであった。「学習困難者のための法学再入門」と題されたこの演習の参加者数は両年とも80名に上った。募集人数を越える応募があった場合成績等によって選別する制度になっているのであるが，「卒業間際になってもまだ法律学を学習したという実感を持ちえない人」という要件を課すと同時に「資格を満たす申込者全員につき参加を許可する」こととしたためである。演習単位が必須であるにかかわらず参加を拒まれ続ける学生を救済する意味も有った。そのようにしたのは，もちろん，そのような学生は少数に違いないと思い込んだことによる。ところが予想に反して多数の学生が応募する結果となった，というわけである。それどころか，参加申込書は時に裏まで使った熱心な記述に溢れた。法律学学習の苦しさを綿々と訴える内容であった。その点は「口上」に記されている通りである。「秘密の入り口」が有るという宣伝文句も演習案内そのままである。演習担当者が落ちこぼれ教授であるというのもまた紛れもない事実であるから，これもそのまま案内において告白され，登場人物Profに関してそのように言及する本書の記述もフィクションではない。

授業は徹底したソクラティック・メソッドによって行われた。私の場合それは学生全員の顔と名前を覚えるということを意味する。人数を見て一旦は諦めかかったが，必死に努力し授業半ばまでには達成した。このメソッドを成り立たしめるためには学生との強い信頼関係が不可欠である。各学生のよいところを把握して問いを向ける必要が有る。正解を言って点数を稼ごうとしたり，減点を怖れ萎縮したりすれば，台無しになる。即興で自分でも，まして学生にとっては，思いもかけない問いを発し，予期を裏切り，準備を無効とし，かつ如何なる答えが出て来てもこれを肯定的に捉えそのまま展開させ，イマジネーションを掻き立て，なおかつ大きな方向へと導く。こうしたことが不可欠である。余裕と笑いのみがこれをもたらす。笑いは授業成否のバロメータである。民集を読むことさえ難しい学生が相手であるから，素材はそれ自身笑いを誘う素朴な（明らかに贋物の）昔話とした。しかもその場で渡し，そして朗読した。予め読んでくるように言うと負担を与えるからである。クイズ番組方式や突撃インタビュー方式や間違い探しゲーム方式は特に初期の段階で実際に採用された。緊張を解くために最大限に馬鹿馬鹿しさを演出しなければならない。

結果として，もちろん全員ではないとしても，大多数の学生に，伝えたい肝心のことは驚きとともに迎えられ，伝わった。それは授業後アンケートのこれまた熱く長い記載が示していた。私が何より強調したいのは，私自身学生諸君の資質が素晴らしいという実感を得たということである。初めこそぎこちなかったが，徐々に舌を巻く応答がなされた。実際に行われたのは不法行為まで，しかも不法行為はテストを兼ねたレポート提出を受けての質疑応答であったが，各回冒頭に配布した物語と全く同じテクストが本書には採録してある。学生の素晴らしかった部分を本書の中では大いに強調・増幅してあり，しばしばそれはありえないファンタスティクな水準に至っている，ということは認めなければならないが，しかししばしば各学生には現実のモデルが有り，とりわけ問題の切実な部分にしっかり気付く学生，文学や演劇に明るい学生，真っ直ぐ論理を通すあまり法律学に違和感を持ってしまった学生，などは殆ど実在である。なお，末尾の三分の一は実際にはなされなかったものである。実際にはごく簡単に公法と刑事法に触れた。

そのようなわけで，私がまず第一に感謝しなければならないのは学生諸君に対してである。彼らは殆ど共同著作者であると言ってよく，とりわけ何人かの名前を挙げたい気持ちに駆られるが，それを控える。次に，ぜんべえドンの科白を庄内弁に訳す労をとってくださった放上鳩子さんに感謝しなければならない。彼女は駒場，本郷，法科大学院を通じての私の学生であった。第三に，連載の編集者であると同時に本書の編集者である五島圭司さんからは実に緻密な助力を得た。こちらの意図を把握した上で周囲を冷静に見回しているタイプの本格派編集者である。連載の編集を最後の段階にて交替で引き受けてくださった小野美由紀さんからは，内容にわたる熱意ある質問が毎回寄せられた。民事訴訟の回は，演習の参加者でもあった岡成玄太君の質問が大きく寄与している。最終第十二話は，連載に対する宇野瑛人君の詳細なコメントを受けて大きく修正された。そして最後に，第十一話は越智啓三君（1967年-2011年）との掛け替えの無い濃密な学問的対話をもとにしており，彼のために捧げられたものである。

夏目漱石は『虞美人草』（1907年）の中で，出世のための結婚を選ぶがために婚約者と（恩人でもある）その父を捨てる男から鈍感さを買われ婚約破棄のデリケートな交渉を呑気に引き受ける「浅井君」について，「それが尤も法学士的で，法学士的は尤も実際的で，実際的は最上の方法だと心得ている。浅井君は尤も想像力の少ない男で，しかも想像力の少ないのをかつて不足だと思った事のない男である。想像力は理知の活動とは全然別作用で，理知の活動はかえって想像力のために常に阻害せらるるものと信じている。想像力を待って，はじめて，全き人性に戻らざる好処置が，知恵分別の純作用以外に活きてくる場合があろうなどとは法科の教室で，どの先生からも聞いた事がない。従って浅井君は一向知らない」と書いている。本当の法が如何に底抜けに陽気で明るい高度な想像力に基づいているか，（私のとりわけ笑わせる方面における力不足を全面的に自白しつつ）このことに読者の方々の目が本書によって少しでも開かれるならば，望外の幸せである。

2016 年 3 月

木庭　顕

目　　次

第四話　消費貸借，その一　87

第五話　相続財産，その一　117

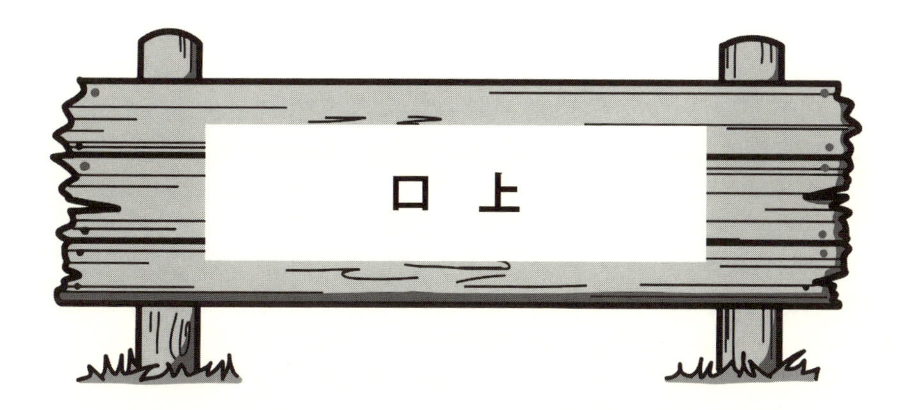

大学の法学部で勉強なさっている皆さん，ひょっとすると最終学年に至り，就職さえ決めつつあるかもしれませんが，しかし全然法律学を習得したという気になれない，という人は居ませんか？

あるいはロースクール未修コースの一年生，いや二年生でさえ，いや既修コースの諸君でさえ，未だにどうしても勉強がしっくり来ない，ということがありませんか。そもそも全然面白くない。退屈である。知的高揚感が無い。試験や就職のための灰色の知識である。挙げ句の果て，嫌悪感と軽蔑の念しか持ちえなくなってしまった。確かに先生方は一生懸命教えてくれます。友達も助けてくれます。しかし何かが摑めたという気がどうしてもしない。予備校にも行ってみた。試験だけは何とかなりそうになってきたが，試験前に覚えたことはすぐに忘れてしまうだろう。振り返ってみると，最初はこうではなかった。こんなはずではなかった。一体どこで躓いたのだろう。

そういう方々のために，或る大学の法学部でこれから連載するような授業がなされました。この連載はそれに基づいています。それを拡張したものです。それは何よりもまず，落ちこボレにして老いボレの二ボレ教師の手になるものでした。そして，大教室授業に違和感を覚え掃き出された難民系学生諸君のために贈られたものでした。それは「学習困難者のための法学再入門」と命名され，全体が冗談だけで成り立ち，笑うだけでよい，という触れ込みでした。大盛況でした。そして皆大いに笑いました。もっとも，成績票にこの科目名が出ては困るという諸君も居ましたが。

この科目の受講申込書に綿々と綴られた志望理由によると，学習に挫折した理由は大別二つ。第一は，大学にまで来て，暗記をする，本格的に考えるわけではない。高い論理性や深い省察などというものと程遠い。しかも暗記する知識がバラバラで，全体がどのように繋がっているのかわからない，その知識は全然感動を与えない，というものです。さらに，社会の中で生きていく人間の血の出る切実な問題に正面から応えない，そういう種類の現実感覚に乏しい。要するに，学問的でもなく，かと言って現実的でもない。自分たちは，社会の生命線だ，皆にとってのっぴきならない，ということを学びたい，人間の歴史が到達した最高度の文化に触れたい。ところが何だか退屈な常識のようなことではないか。第二の理由は，大教室に漲るむんむんとした競争の雰囲気。予備校に通い，法科大学院入学試験，予備試験，司法試験，の合格，いやその前に，学部試験，法科大学院試験，の好成績，を目指す。そうしないと「ヨンダイ」に行けないと浮足立つ。ついて行けず大教室からリタイアする。挫折感と嫌悪感。80〜90通の，裏まで使ってびっしり書かれた異例の申込書は私にとって衝撃でした。もっとも，私はむしろ希望が有ると思いました。少なくとも，私と同類が居る。

一方，ロースクール。自然科学系出身の方が途方に暮れます。どこに前提があり，そこからどういうロジックで組み立てられているのか，が見えない，と焦ってしまう。推論に全然説得力を感じない。そのように言うことになっているから，そのように言わなければならない，だって？　絶句しますねえ。また，それが正しいということを検証する手段も与えられていないと感じますよね。実験し，データと合っているかどうか，などということがないから，ただの意見のように思えてしまいます。そのように言わないと裁判に勝てない？　いや，試験に受からないだけではないか？

本連載は，まずは主として以上のような不満を感じている法学生のために書かれます。何よりも，あなたが感じたことは全て正当です。それどころか，あなたが優れた知性を持つということを示しています。何故ならば，あなたはまだ疑問を持つ能力を失っていないからです。実は，これこそが，あなたの適性，法律学の勉強に適した資質を持っているということ，を物語っています。また，退屈を感じたあなたは想像力を失っていないに違いない。これこそ法律学の学習に不可欠です。鋭い社会感覚，広い視野，高度な文化への希求。そして，十分に充実した勉強をしているという方々にも，多少の再点検を促す機会になればよい，とも密かに考えています。

実は，法の世界に入るためには**秘密の入り口**があるのです。知りませんでしたか？　いや，知らないはずです。教える側が知らないからです。ならばそれは裏口だろう，その証拠に知らなくとも教えることができているではないか，正面玄関が有れば十分，ですって？　いや，法の世界というのは，実は，誰も気づかない入口からそっと入るものなのです。入ったかどうかもわからない。透明の壁のようなものですね。入っているように見える先生でも入っていないかもしれない。自分は入っているのだが，学生が入って来ていないことに気づかないかもしれない。いずれにせよ，この入口をしっかり入らないから，つまりは入ったとしても自覚していないから，教室の，否，法律家同士の，コミュニケーションは，何だかはっきりせず，ピンボケの写真のようですね。事実，間違ってない場合でさえ，あまり正確ではないのです。だから，正確に理解しないと気が済まない人，くっきりと見えないといらいらする人，には学習が耐えがたい苦行になります。ただし，この状況には，そして教える側が秘密の入り口を知らないのには，大きな歴史的理由があり，決して個々の教師の責任ではありません。無理もないのです。

それでも，優れた法律家や法律学者は無意識のうちにこの扉をくぐっているのです。だから，暗記なんかさせているつもりはない，と思っており，事実そうです。しばしば高度な授業が行われています。他方，高度な知的遺産に触れたいという学生もいる。不幸なことにしかし，この両者がすれ違ってしまうのです。この，ほんの少しの，隙間を埋めたい，と私は思いました。なにげない，そのコロンブスの卵を，立てたいと私は思いました。そうすると，法律学でも高度な文化や洗練された学問に触れることができる，と実感できるでしょう。何よりも，われわれにとって掛け替えのないものを守るのである，それは法にしかできない，と思うでしょう。その繊細さに舌を巻かざるをえないでしょう。

さて，この秘密の入り口から入る場合，まずお話を聴くことになります。大事なのは，そこで笑うことです。何ともとぼけた話を聴かされますが，いつの時代のどこだ，それは本当にあった話か，などと怒鳴らないようにしましょう。逆に，登場人物の気持ちを想像しましょう。想像力はいくら動員してもよいのです。予習と復習はやめましょう。暗記はおろか，学習も不必要です。前回の話は覚えましょう。しかし，印象的な話ですから，努力しなくとも覚えられます。大事なのは感覚です。頭は要りません。話を聴いたならば，人々相互の関係や事件の置かれた空間について，形を描いてみましょう。図ですね。影絵に映すように。あとは，ソクラティック・メソッドでどんどんきいていきますから，このとき，他の学生の発言に耳を澄ませましょう。思考を展開するということは法律学の勉強に不可欠で，これをさせてもらえないから，生理的に受け付けなかった（寝てしまった）のですが，それはあたりまえで，人間の頭の働きは言語による活発なやり取りの中だけで可能です。よく聴くと，反動でよい考えが浮かびます。

えっ，しかしそんなくだらない話を聴くだけで何故「人にとって切実な問題」

に迫りうるのか，何でそれが「歴史が到達した高度な文化」なのか，なんだかうまいこと言って，サギ・ペテン師の類か，ですって？　バレてしまったのならば，潔く仮面を脱ぎますが，何を隠そう，このわたくし，先ほど申し上げたとおり法学部・法科大学院ピカイチの落ちこボレ教師，だから落ちこボレの気持ちがよくわかる，というわけですが，それもそのはず，法学教師は世を忍ぶ仮の姿，学者としては三流だが詐欺師としては一流だ，などと言われて悦に入る食わせ物，ギリシャ・ローマも神話の世界などに遊ぶ放蕩者，御噺文学お手の物，犬も遊べば棒にあたる，出会いがしらの秘密の入り口，入ってみればただのお話，それが法の基礎とは驚き桃の木，けれども叙事詩悲劇に叙情詩喜劇，文化芸術全ては初めにお話（ロゴス）ありき，摩訶不思議は法の世界，たった一つのこのお話が，全の源，生命線，この話でなかりせば，「人間にとって一番大切なこと」など，射止めるわけにもいきません。

では今から，最初のお話をお聴かせいたしましょう。「ぜんべえドンとオハナぼうの物語」始まり，始まり。

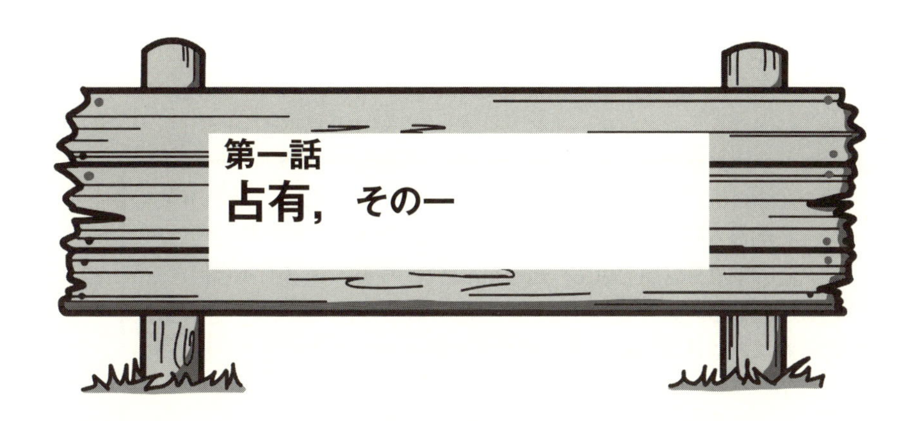

 ぜんべえドンとオハナぼう，第一話

昔，昔，或るところに，人の好い，ぜんべえドンという農夫がおりました。小さな畑を，牝牛のオハナぼうとともに耕しておりました。おはなボウは働き者であるばかりか，ミルクを出して，ぜんべえドンを助けています。ぜんべえドンはオハナぼうをわが子のように可愛がっておりました。

ぜんべえドンは，今日もオハナぼうに草をはませておりました。ぜんべえドンの畑は平たい土地の一角で，道に面しており，粗末な住居兼作業小屋兼牛舎がポツンと建っているだけで，四方から丸見えです。通りがかる村人たちは，ぜんべえドンに声をかけていきます。あっ，しかし何だか見慣れない男がきょろきょろしながら歩いて来ますねえ。マンガ本なんか抱え，煙草をふかし，豹柄のジャンパーにサングラス，如何にも下品な感じですが，一体誰でしょう。

おっ，こんなところに居たか，手間をとらせやがって，老いぼれ牛めが。おかげで馬券を買いそびれたではねえか。コラ！　オマエ！　そこのドンビャクショー！　これはゴンザエモンどのの牛でねえか。どこのどいつかおらんだか知らねえけれども，なんでまたゴンザエモンどののベコを連れとる？　見ればわかるべえ，こけえらでこなに立派なベコはゴンザエモンどののところにしかいねえべえ。ゴンザエモンのものだちゅうにわからんかったか。いや，わからねえはずはねえ，さてはお前が手引きして逃がしたな，盗んだっちゅうことだな。オラはゴンザエモンの一の子分，ゴンベエだ！どうだ，おそれいったか？

ぜんべえドンは，まず，ゴンベエと名乗る人物のあまりに古いギャグに寒気を覚えましたが，同時に，あまりに頭が悪そうなので，すっかり馬鹿にしてしまいました。

ゴンゴンと杭打機であんめし，紛らわし名前つけるもんでねぇ。いいが，名前はオレとオメ，オメとアイツを区別するために付けんなだぞ。誰の牛だど言いでなんが知らねんども，そいつ本人がおらほさ来いばいいでんだ。どっちさしても，何の事だがオイさだば一つも分がらね。おはなボウは生まれでがら今日までずっとオライさ居だなだ。んださけ，娘も同然だ。

ばかなことは言うものでねぇ。

と，ゴンベエどん。

こねぇだ逃げ出したベコに決まっとるでねぇか。見るところオメエは水呑みだ，水呑みのおめぇに牛など飼えるはずがねぇ。乳も出ねぇだに，ドッグフードにすべぇ，うちの猛犬ゴンに食わせべぇ，とゴンザエモンどのがおっしゃってまもなく，こいつが逃げ出して探しとったぞ。さあドケドケ，ゴンザエモンどののところへこのベコをとどけるだ。

こう言ってゴンベエどんは手綱を奪うとオハナぼうを引っ立てようとしました。

何すんなや，おめぇ，メゴがてるおらいのオハナぼうに！　ドッグフードさなのされでたまるが！　おはな，おはな！　こっちゃ来い！

こうして二人はもみあいになりました。

らちがあかないと見たゴンベエどん，一旦手綱を放して，走り去りました。やれやれ，はぁはぁ，と息をつくゼンベエどん。しかしはっと顔を上げ向こうを見やると，ゴンベエどんが，たまたま通りかかったゴンロクどんとゴンクロウどんを呼び止めているではありませんか。たちまち三人はゼンベエどんの方へ駆けだしてきます。ゴンロクどんとゴンクロウどんはともにゴンザエモンどのの手下です。

どけ，このベコはゴンザエモンどののものじゃ。文句があるなら，ゴンザエモンどののお屋敷に来い。そこで言うがいい。けんども，もしおめえの言うことが違っとったら，きつい目に遭わされてもおれらは知らんぞ。

多勢に無勢，二人に押さえつけられたゼンベエどんからゴンベエはやすやすとおはなの手綱を奪い，そして鞭でたたいて引っ立てて行きます。

おはな！　おはな！　おはな！

と叫ぶゼンベエどん。

モウ！　モウ！　モウ！……

とおはなが答えたかどうか？

翌日，ぜんべえドンは，それでも，お屋敷にまいります。もうおはなはドッグフードになってしまったかもしれない，ゴンザエモンどののお屋敷の猛犬が食べてしまったかもしれない，しかし，万が一間に合うものなら……。いずれにせよ，おはなのためならばたとえボコボコにされても構わない，このまま泣き寝入りでは一生悔いを残すだろう，ひたすらこのように考えて歩きました。

庄内弁訳（ぜんべえドンの科白）：放上鳩子

どっちのもの

Prof：大いに笑いましたか？

学生たち：……（沈黙）。

Prof：さて，一体これは何の話でしょう？

A：まあ，牛の取り合いですね。

Prof：どうして取り合うのですか？

A：この牛がどちらのものかわからないからでしょう。

Prof：どうしてわからないのですか？

A：知りません！　私の知ったことではないでしょ。

Prof：B さんはどうですか？

B：耳の烙印か何かあって，所有者が登録されていなかったんですか？　ぜんべえドンは少なくとも名前でも書いておけばよかったのに。うちの子は幼稚園で全ての持ち物に名前を書かされましたよ。

Prof：お子さんがいらっしゃるのですね。しかし，名前が書いてあったって，あの子の名前が書いてあるけれども，うちの子にさっきくれたんだよ，ということはありませんか？　そうすると，もめますよね？　この話の場合，どうして争いが起こったのですか？

C：それはもう，逃げてきた牛を飼ったりするからこういうことになる。交番に届けておけばよかった。そもそも，自分と自分の畑に似つかわしくないことをするから，疑われる。李下に冠を正さずと言うじゃないか。

Prof：あれっ？　あなたはゼンベエどんを信用しないんですか？「おはなボウは生まれてからずっとここにいた」とゼンベエどんは言っていますよ。君も信じませんか？

D：確かに，ゴンベエの言うことが正しいのかどうか，わかりませんが，でも，ぜんべえドンの言うことの方が真実だという証拠も無いように思います。

E：私には，ぜんべえドンがうそをついているとは思えない。こういう素朴なタイプがうそを言うとは考えられない。

D：しかし，もしゼンベエどんの話が本当でも彼のものとは決まってない。

Prof：え，どうしてですか？

D：母牛を盗んできたのかもしれない。その子は元の持ち主のものでしょ。

Prof：君，なかなか鋭いなあ！

F：でも，だからといってゴンベエが取り返せるわけではないでしょう。ゴンザエモンのものとも決まってないのだから。

G：そんなことを言えば，牛が誰のものかはどうして決めるのかという話になる。どういう決まりか，この話には全然書いてない。欠陥だ！

Prof：すみませんねえ。でもそういう話なのでねえ。私が勝手に作ったのではないのですよ。でもこのお話は，どうして「昔々誰それの牛が迷子になってしまい……」とか「誰それの牛を誰それが盗んでしまい……」とか，そういう書き出しでないんですか？

H：えっ，そんなことをきかれても困ります。勝手に話を作っておいて。

Prof：いや，勝手ではないのですけれども。こういう昔話を皆知っているでしょ？

学生たち：ゼーンゼン！

別の問題

I：私にはわかります。だって，もしそういう書き出しならば，問題の解決が見えてしまう。きっと問題が違うわけでしょう。

Prof：あ，すごいな。よくわかりましたねえ。でも，ではどういう問題なのですか？

I：？

Prof：誰か助けましょう。

学生たち：……（沈黙）。

Prof：ヒントは？　以上のやり取りの中にありますよ。

J：書き出しですか？

Prof：何と書いてありますか？

J：「昔，昔，或るところに，人の好い，ぜんべえドンという農夫がおりました。小さな畑を，牝牛のオハナぼうとともに耕しておりました。」

Prof：ということは？　この授業で大事なのは，**推論**です。**演繹だろうと帰納だろうと。X だから X と堂々巡りしてはいけません。先へ飛びましょう。**

K：要するに，平和に暮らしていたのだが，そこへ突然災難が降りかかる，ということですね。そういう話にしたいからこういう書き出しになるのでしょう。

Prof：で一体，どういう災難が降りかかったのです？

L：牛が誰のものかわからないという災難。

Prof：本当ですか？　ゴンベエはゴンザエモンのものだと言っていますよ。そんなことはわかっていると言っています。ぜんべえドンだって。そもそも，ぜんべえドンは，どういう目に遭っているんですか。何が襲ってきたというのでしょう？　動物ですか？　台風ですか？　怪獣ですか？　いや，スーパーマンだ！

M：人です。

Prof：人と言うと？

M：それはもう，ゴンベエに言いがかりをつけられたわけです。

N：違います。襲ったのはゴンベエ，ゴンロク，ゴンクロウの三人組です！

O：いや，結局はゴンザエモンでしょう。

P：相当に紛らわしいなあ。何故もうちょっとはっきり名前が区別できるように話を作らなかったんですか。

Prof：ぜんべえドンが言いますね。ゴンゴンと，何だってこう紛らわしい名前をつけやがるんだ。それで，どうしてですか？

P：そこがわからない。登場人物をはっきりと区別できるよう名前を工夫すべきでしょう。はっきり言って，先生の作家としての才能を疑いますね。猛犬までゴンだなんて，想像力の貧困。

Prof：しかし，登場人物の様子をよく見ましょう。どういう特徴が有りますか？

D：疑問なのは，競馬とか，マンガ本とか，サングラスとか，豹柄のジャンパーとか，先生は時代考証はなさらなかったのですか？

E：それが現代風演出でしょう！　ついでにスポーツ新聞，耳に挟んだ赤鉛筆，金髪，リーゼント，なんかもどうです？　一昔前に居たタイプじゃないですか。やたら親分のことを持ち出すのも特徴ですね。

Prof：なかなか観察が細かいですねえ。大事なことです。しかし不愉快ではあっても，怖くはありませんね。むしろ笑っちゃう。そもそも，化け物ならいざしらず，人に襲われたとしても，そう怖くはありませんね。

Q：それはもう，クマよりもましです。

Prof：そうかなあ？　君はクマと人と，どっちが怖いですか？

R：それはクマでしょう。クマの方がどう考えても強い。

Prof：しかし怖さの定義によりますね？（笑）　怖さとは何ですか？　善良そうな屈強の若者が出て来た。他方，少々くたびれたチンピラが一人出て来てだいぶ態度が悪く言いがかりをつけている。どっちが怖いですか？

S：それは後者。

Prof：何故ですか？

S：だって何するかわからない。

Prof：しかし貧相な体格なチンピラなど，たかが知れていますよ。

S：でも後ろにボスや仲間がいるでしょ。何が飛び出すかわからない。

Prof：なるほどそうですね。恐怖の定義は，実は不透明です。後ろに闇が有り，そこが不確定であるということです。このお話の場合どうですか？

T：ボスや仲間はゴンザエモンのところの者たちであるとはっきりしていますから，恐怖は有りません。

Prof：恐怖は無いかもしれない。ぜんべえドンは果敢に反撃していますものね。しかし襲われたことは疑いないですね。で，何故彼らは襲ってきたかですね？人は襲うと決まっているのですか？

B：だから，C君が，出過ぎた真似をするからこうなる，とおっしゃいました。よくある話です。気を付けましょう。

G：だから言わないことじゃない。牛が誰のものかはっきりしないから，襲われる。そういう牛は飼わないように気を付けましょう。

I：けれども私は，やはり，暴力はよくないと思います。証拠も何もないのに，やはり言いがかりではないですか。いきなり引っ立てて行くというのは乱暴です。

G：いいではないですか。出るところへ出て白黒つけようというのですから。そこではっきりさせればいい。

J：その前に暴力に訴えているところがよくないでしょう。誰かが割って入って双方をなだめ，そして出るところへ出ればよかったわけです。

Prof：誰が暴力に訴えているんですか？

A：それはもう，両方がでしょう。

Prof：本当ですか？

F：少なくともゴンベエの方がたくさん暴力を使っています。

M：でも，どっちが先に手を出したかは重要じゃありませんか？

G：私はそれよりも，どちらのものかが重要だと思う。自分のものである場合，それを取り返すのだから，少々の暴力は仕方ない。しかし自分のものでない場合，それは言いがかりになります。

F：そんなこと言ったって，どちらのものかわからないからこそ，こんな問題が発生しているのでしょう。G君の議論は完璧に堂々巡りだ！

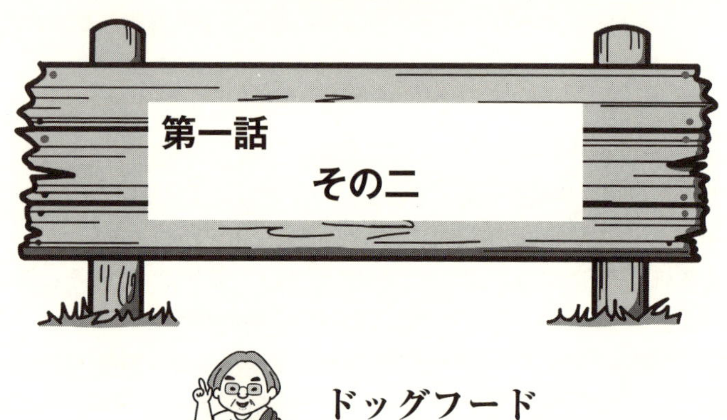

ドッグフード

Prof：しかし，このお話は本当にそういう話ですか？　ここまで出ていない重要なポイントがないですか？　ぜんべえドンがどういう目に遭っているのか，まだわれわれは正確に言っていませんよね？　誰か気付きませんか？

学生たち：……（沈黙）。

Prof：ポイントに気付くためにはどうしますか？　誰か？　何か気になること

はありませんか？

Q：ポイントかどうかわかりませんが，私が気になるのはドッグフードです（笑）。

Prof：えっ？　どうしてドッグフードなんかが気になるのですか？

Q：ドッグフードって，この場合，ビーフジャッキとか，ああいうやつですかねえ？　どうも加工されすぎで，肉という感じがしない。犬はあれを肉と思うのかどうか。一度きいてみたい（笑）。

Prof：なるほど，ドッグフードにマニアックな関心をお持ちですね。しかしどうしてオハナぼうはドッグフードにされてしまうのでしょう？

C：それはもう，猛犬ゴンがいるからに決まっているでしょう（笑）。

Q：いくら猛犬ゴンがいても，牛をいきなりドッグフード，例えばビーフジャッキにするためには，それなりのノウハウが必要です（笑）。ゴンザエモンはそういう工房でも持っているのですか？

Prof：そういう話になっている以上は，食品加工の施設を屋敷というか，農場内に持っているのでしょうねえ。しかし確かにドッグフードは気になりますねえ。何故私たちはドッグフードを気にするか。

I：そんなことは決まっています。ドッグフードにされてしまえば，おはなボウはもう帰って来ないからです。ドッグフードにされてしまえば，取り返したところで仕方がないからです。取り返しがつかなくなります。だからゼンベエどんの心配はよくわかります。

Prof：素晴らしい！　実はこれがポイントです。実は，どころでない。お話の中心でしょうに。しかしどうしてこれがポイントなのでしょう？　いや，その前に，**I**さんはどうしてそこに気付いたか，皆，わかりますか？

学生たち：……（沈黙）。

Prof：気付きませんか？

J：Iさんが，ぜんべえドンとオハナぼうに感情移入したからですか？

Prof：感情移入という言葉は適当かどうか。しかし，**或る一個の当事者の切迫した事情にヨリ具体的に立って考える**，ということですね。それもなるべく切迫した部分を考える，ということです。**I**さんはそうしました。**I**さんは，法律学の勉強はすっかりイヤになり，もう学校にも出て来ていないと書いておられますが，ところがこれこそが，法ないし法律学を学ぶときの基本です。大出発点です。弱者の味方をせよ，などと言っていません。法律学のイロハのイを学習するときに，これが無いとまるで理解できないはずである，と言っているのです。法律学はそういう成り立ちをしているのです。上から目線の暇な話は法以外のジャンルに扱ってもらいましょう。一刻を争う，ドッグフードにされたならばもうおしまいだ，自分のものだということがわかって二束三文の賠償なんか貰ったって愛するオハナぼうは帰って来ない，というぎりぎりの緊迫から思考しないかぎり，法律学全体への入り口は開かれません。ということは，今日帰るまでに理解してもらうこととして，今はまだ何のことだかチンプンカンプンですよね。

怖いお屋敷

Prof：さて，ところで，ドッグフードにされるのは何故ですか？

C：だから言ったじゃないですか。それはもう猛犬ゴンがそれを食べたがっているからでしょう（笑）。

Prof：素晴らしい！　でもどうして猛犬ゴンはそんなゴージャスに，出来立てのドッグフードを食べることができるのですか？　いい身分ですね？

K：ゴンザエモンのお屋敷で飼われているから。

Prof：素晴らしい！　そのお屋敷って，どういうところですか？　あなた，この間行ってみましたね？　皆に報告してみてください。

H：ええ？　私，行ってませんけれども（笑）。

Prof：行きましたとも！　だからほら，目をつむると浮かんできますね！　だから，どういうところか，わかるじゃないですか？　**想像力**を働かせましょう。でないと法律学は学べません。どうです？　外から見て。入った感じは？　私なんかが住んでいる安アパートとは違いますよね？　どこが違いますか？　何？どういうアパートに住んでいるか知らない？　でも，知らなくたってこの服装を見れば一目瞭然でしょう。いいですか，法律学を勉強するときの，早くも二番目のポイントですが，**鼻をきかせろ!!** です。**名探偵になれ!!** です。**推理しろ!!** です。**見る前にわかれ！　見ないでもわかれ！**

H：なんか大きいお屋敷で，門があって……。

Prof：門があれば……。

H：塀があって……。

Prof：塀があれば……それは高い塀ですよね？

H：中が見えない。

Prof：そう，中は鬱蒼とした木立に包まれており，建物は複合的で，中庭などがあり，要するに，そこへ入り込んだら，なかなか出て来れそうもない。特に夜は怖い感じがする。牝牛を一頭ドッグフードにするくらいわけもない。人でも忽然と消える。その内部に猛犬がいる。そして特製ドッグフードをこころゆくまで食べることができる。そうでなければ？

M：他の野良犬たちと競争である。

Prof：何か複雑な構造とその内側があり，その内側は暗くて見通せない。**S**君，さきほど恐怖とは何かについて言っていただきましたね。何でしたっけ？

S：チンピラでも何故怖いかですか？　それは後ろに組織があるからでした。

Prof：怪獣といえども目に見えていればそう怖くはない。真っ暗な洞窟の中から得体のしれない不気味な音が聞こえる。これが怖い。疑心暗鬼を伴った恐怖ほど怖いものはないわけです。何か向こう側に延々と繋がっていて底知れない，ということが恐怖や不安の根底に存在します。いずれにせよ，ホッブズはこの恐怖を基礎に政治理論を打ち立てましたねえ。いや，彼はトゥーキュディデースをパクッただけです。そのさらに背後にはソフィストや原子論者がいます。いずれにせよ，立派な形而上学です。さて，これに対して，ぜんべえドンの方はどうですか？

N：おはなボウを飼っていてもその様子は丸見えで，土地も狭く，構造物も無いので，追求するまでもありません。

法律家の色眼鏡

Prof：この差は大きいですね。この差は，もう一つ別の差と対応していますが，誰かわかりますか？

学生たち：……（沈黙）。

Prof：両当事者，差は歴然ですね？

O：力の差ですか？

Prof：力って，腕力ですか？　でも，ぜんべえドンもそこでは負けていなくて，一旦ゴンベエを撃退しましたよ。

H：じゃあ，人数ですね。

Prof：数ですか？　ゴンベエを助けたのは通りがかりの人々でしたか？

O：違います。同じゴンザエモンの手下たちでした。

Prof：すると集団ですね。どういう集団ですか？　集団にも様々ありますね。烏合の衆とか，なんとか軍団とか。諸君には馴染みが無いけれども，自由平等の市民団とか。ラグビーのスクラムの中の連帯感とか，サッカーの融通無碍の連動性とか。

F：ボスを頂点にしてつるんでおり，縦に繋がっているが，鉄壁の規律というより，中で利益をやったりとったりしている……だからいざというとき裏切る……。

Prof：すごい！　君，ラグビー部ですか？
F：えっ？　違います。
Prof：しかし明らかに，ゴンザエモンの側がつるんでいることと，お屋敷の怖さが対応していますよねえ。集団ないし徒党が作っている，地面の上の何か複雑な構築物，屋敷，と，ぜんべえドンとオハナぼうが作っている土地の上の単純明快な構造，そこにはっきりしたコントラストが有ります。そしてさらに，このコントラストは**I**さんの心配と完全に表裏一体ですね。ドッグフードの心配ですね。その恐怖ですね。

いいですか？　ここが肝心。**法律家の眼鏡**をかけるということはこのコントラストが見えるようになるということです。その前提は，ドッグフードのことを心配するということを理解できる想像力ですね。その想像力を持っていれば，コントラストが見えてくる。これが法律家の眼鏡です。これをかけたときに見えてくる光景は，常識に曇らされた目で見たものとは違っています。だから特別な言葉を使って表現します。この場合，ぜんべえドンの側にオハナぼうについての**占有**がある，と言います。これは特殊な語であり，ヨーロッパでもラテン語を使って言い表してきました。各国語に翻訳したとしても，それは翻訳ではなくテクニカルな記号です。
D：ええ？　何故これが法律家の眼鏡なんですか？　これは法律問題ではなくいわゆる事実問題じゃあないですか？
Prof：D 君は余り「学習困難者」でもないようですね。確かにそのとおり，占有は権原の反対概念です。権利の問題ではない。しかし単なる事実問題でもない。そしてこれが法的判断の基礎です。

まず，われわれは今暴力の定義をしたのですよ。正確には**違法な実力行使**の定義です。最初に，何か明確な対象を概念しましょう。一片の土地とか，この場合は一頭の牝牛ですね。それに関わろうとする人がいる，そのとき，必ず一方は単一かつ単純で明快である，他方は複合していて間接的で曖昧である……ならば，この後者の側，前者を排除して対象に関わろうとする動き，に実力の存在を認めることができ，法はそれに対してアプリオリに，ネガティヴな評価を与えます。ゴンザエモン側は，この場合，違法な実力行使をした，ということになります。それをはねのけようとする動きは違法な実力行使でない。ほら，違法かどうか，線引きしましたね。法的観点ですね。まず，対象と主体との間に明確に区切られて安定的な状態というものを認める。そこへそれを外から崩そうとする者が現れる。必ずこのパターンでものを見る。集団が錯綜して関わる場合には，「外から」「明確でなく」関わろうとすることが多いので，おおむね評価されません。しかし個人と個人でも評価はなされます。サッカーがよい例です。ボールを奪うとき，必ず相手とボールの間に隙間を見出し，その関係が悪くなったのをねらうのです。そこへ腰や肩を入れていく。そしてボールとの間により良い関係を作ってしまう。そうでなく外から強引にアプローチすればファウルを取られます。手を使わせないのは，この関係を絶対化させない，懐に入れさせない，つまり「ゴンザエモンの屋敷の中」状態を作らせない，常に相対的にしておき，両方がより美しい関係を作るよう競わせるためです。ゴールキーパーはその例外をなします。サッカー嫌いの諸君がうんざりした顔をし始めましたから，このへんでやめておきましょう。いずれにせよ，実力紛争において，どちらが違法な実力行使をしているのか，どちらが正しいか，を判定できるというわけですから，立派な法律家の眼鏡でしょ？　およそ暴力はいけない，とか，平和を愛しなさい，というのではありませんよ。違法な実力行使に対して抵抗することは正しいわけです。とにかく，これが占有という原理です。昔から難解で知られた概念ですが，簡単でしょ？

法とは依怙贔屓である

Prof：さて，いつの間にか忽然と消えた問題が有りますね？

P：この争いをどうやって収めるか。

Prof：確かに，収めればよいというものではなくなりましたね。でも，もっとはっきり消えたものが有りますね？

G：おはなボウはどちらのものか，どちらの言い分が正しいか，です。肝心な問題が忘れ去られています！

Prof：でも，何故この問題が消えたのですか？

J：どちらのものか知らないが，どちらのものだろうと，ドッグフードになったらおしまいだ！

Prof：そうですね。ゴンザエモンの側は**G**君の観点を採っている。対するにゼンベエどんの方は**J**さんの観点を採っている。実は，法は衡平でなく，一方の味方であり，依怙贔屓するのです。俄然一方に加担する。「ドッグフードになったらおしまいだ，どちらのものかは二義的な問題だ」と考えるのです。しかし皆さんは，この際，どちらのものかはどうでもよい，とにかくドッグフードだけは避けなければならない，と心底思えるでしょうか？　そういうものか，ではなく，その感覚を心の中に埋め込まなければ，法律学の勉強は苦痛ですよ。

A：正直言って，ぜんべえドンの方が間違っていれば，ドッグフードも仕方ないと思います。

Prof：そのとおりですね。普通の人はそう考えます。法律家だけがドッグフード問題を正義や善悪の問題より大事だと考えます。しかし，皆の言うことをそのままそうだそうだと言っているだけならば，特に法律家がこの社会に存在する理由は有りませんね。法律学を死ぬ思いで勉強する理由も無い。とはいえ，ドッグフードにされたらおしまいだ，というのは理不尽な考えではありませんね？

E：確かに，もし双方の言い分をじっくり聴いてどちらが正しいか判定しようというのであっても，まずはオハナぼうをゼンベエどんのところにとどめたまま手続を進めなければいけないと思えます。ゴンザエモンの屋敷に一旦連れて行かれると，たとえゼンベエどんのものであることが判明しても二度と出て来ないかもしれない。逆ならば，万が一ゴンザエモンのものであることが明らかになったとしても，簡単に取り戻せます。

Prof：そう，決して突飛な発想ではない。

N：一応わかりますが，しかしそこまでこだわる必要があるのかなあ？　便宜の問題ではないですか？　それが法のエッセンスだなんて。

Prof：よくわかります。ここが生命線で致命的に重要なことである，という明確な意識を持つのは簡単ではありません。この意識が無いと，ま，そこまでこだわらなくともよいか，となってしまう。だからやはり徹底させるには，常識をはずれて高度に考える必要がある。そのための意識の成熟が要請されます。あっ，おはなボウが危ない，という感覚は実はかなり豊かな感性を意味します。他方，その感性を備えることができるようになると，このことが実に多くの大事なことに繋がるのだ，と思えてきます。だからこそ，それら多数の局面をこれから見ていくわけですが，そのころには，確かにこの原理を一貫させなければおかしい，ということが実感されるようになります。騙されたと思って付いて行きましょう，というのは典型的な詐欺商法の口上ですねえ。

最後の一人

R：一旦ゴンザエモンの手に落ちてしまえば取り返しがつかなくなる，というのはわかりましたが，しかしそれならば，どちらの手元でもないところに置いて皆で番をしていればもっとよいではないですか？

Prof：おや，なかなかよい質問ですね。どうですか？　誰か反論できますか？

I：ぜんべえドンの立場に立てば不安です。「皆」というのが信用できません。ゴンベエやゴンロクのことであるかもしれません。少なくとも彼らを含むでしょう。そうすると彼らに乗せられて皆がわいわいと動き，彼らがオハナぼうに手を付けることに成功するかもしれません。何故ならば，彼らはゴンザエモンのものだと信じ切っています。周囲と無関係にゼンベエどんとオハナぼうの関係をしっかり確保させなければ安心はできないと思います。

Prof：お見事。少なくとも法律家はそう考えます。占有というのはそういう概念です。つまり，「皆」が当てになればよいが，もし「皆」が**皆で見捨てたならば**どうか。これを考えるのです。私は「**最後の一人**」という表現をしています。皆が見捨てた最終落伍者という意味ですね。私たちのようなものですね。

B：しかし，やがてはどちらのものか判定するのでしょう。そこで法が出て来るのではないですか？　そもそも，どちらのものかというのはどうやって決めるのでしょう？　G君がすっかりむくれてしまいましたよ。法はそれには関わらないのでしょうか？

Prof：関わらないわけではない。それはゆっくり見ていきます。しかし，それより前に，一個，先立つアプリオリな原理が有る。それが「最後の一人」に対応している。どちらが正しいか，どちらのものか，の側に先に目を奪われる，あるいは見かけの暴力に目を向ける，のが素人の判断です。多数の感覚です。だってそうでしょう。どちらが正しいかの決着は別に法でなくともできます。正義の問題ですね。帰属正義の。法は全然別の見方をする。だから素人には意外なわけです。その意外さは「最後の一人」の孤独に対応している。例えば，このケースの場合，いかにゼンベエどんの弁解が見え透いたものであろうとも，ゴンベエの言い分が明白であろうとも，たとえ烙印があろうとも，他を論ずることなく，直ちにゴンベエ等の行動は違法である，と考える，のが法です。このアプリオリを，「連れて行かれればドッグフードになるかもしれず，そうなればおしまいだ」という切迫感が話の上で表現しています。だから，このアプリオリを破った当事者は，発端だけで，そして手続進行中であろうと，そこで終わりである。あとでやっぱり彼の言い分が正しかったということが判明したとしても。彼は既に，レッドカードを浴び，取り返しがつかない失敗をしてしまっている。取り戻すチャンス自体永遠に失われる，というのが本来の法が要求するところです。日本法でそうなっていないとしても。それくらい，ここを神経質に考える。正しい方に対象物が行くことよりもっと大事だ，それに先立つ重要性がある，と考えるわけです。そう考えるには実に深いわけがあります。市民社会とは何か，自由とは何か，経済と信用の高度な発展とは何か，に関わります。むろん，卑近なところでも，「取り返したければ，実力行使をするのでなく，裁判に訴えなさい」，という形で生きています。ポイントは，その理由です。単に「乱暴なことはよそう」

というのならば，少々例外も許される，乱暴でなければよいか，となっていきます。また，少々乱暴であったけれども結論はオーケーだったからいいか，となります。

ちょっとした形而上学

Prof：しかしそうではなく，結論がオーケーであるよりもっと大事なことがある，と法は考えるわけです。ところで，それは何ですか？　中身の方も詰めておきましょう。

学生たち：……（沈黙）。

Prof：いいですか，ここが頭の使いどころですよ。ドッグフードが気になる，というところから，追いかけていきましたね。多くの諸君にとって意外だったかもしれないけれども，君たちの一人は自力でそこに気付いた。早い話がそれを気にする立場ですね。どういう立場ですか？　素直にその気持ちを振り返りましょう。

T：ぜんべえドンとオハナぼうの結びつきを尊重する立場ですか？

Prof：そうですね。これはこれで極めて自然な気持ちですね。法は，確かに素人には意外ですが，しかし誰もが持っている隠れた感情を掘り起こし形にしているだけですね。しかし他方，この素朴な感情だけでは武器になりませんね。だって，ゴンザエモンだって，「迂闊には壊せない」結びつきを持っているのではないですか？　猛犬ゴンがおなかをすかしているのではないですか？

F：いえ，われわれは既に基準を持っています。さきほどのコントラストです。

Prof：どうもありがとうございます。これが本当に「学習困難者」のクラスかどうか，頭が混乱します。なかなかに明晰な論理的思考力をお持ちではないですか？　法は必ず特定の明確な対象との関係で主体を捉える。かつ一次元で。すると，全ての二当事者は，直線上の異なる全ての任意の二点のどちらがある特定の点にヨリ近接かを一義的に決定しうる，が如くに優劣の対象となる。決して等距離ではありえない。この結果，徹底的に，集団より個人，個人より子供，等々一層下に立つ側に優先権を与える。下というのは，対象との関係でヨリ密で良好な関係を築いているということです。主体が何か小さな掛け替えのないものを保持している，と敢えて概念する。そしてその掛け替えのないものとの一次元の関係を想定する。これが基礎的な形而上学です。その主体の自由を考えるのです。つまり，裸でぽんと放り出してただ「自由！」と言うのでなく，小さな掛け替えのないものを主体が装備する。その保障を与える。そういう価値判断の上に立つのです。そして，皆が，それをはがせ，そっちが正しい，という勢いになっているときでも，いや待て，と一人だけこの形而上学を基礎として立ちはだかるのが法律家です。その「最後の一人」のために立つ……。法律家は常に孤独です。

でもどうやって保障するのか

S：と，先生は勝手に盛り上がっていますが，でも，このケースの解決はどうなるんですか？　先生がそうやって御託を並べている間にもドッグフードになってしまいますね。

Prof：どうすればよいですか？

M：そりゃもう，引っ立てて行かせないようにするしかないでしょう。

Prof：そのためには？

M：周りの村人が集まってきてブロックするとか……。

Prof：なかなか素晴らしいじゃないですか。でもやられてしまったら？

M：直ちに屋敷の中に踏み込む……。

Prof：そのとおり。それができるためには？

P：よほど強力な権力が必要ですね。やっぱり警察ですか？

Prof：でも，牝牛一頭のために一体誰が動いてくれるというのです？　ゴンザエモンの抵抗を排除するには相当の動員力が必要ですが，牝牛一頭のために大動員をかけられますか？　「民事不介入」というのを知っていますか。警察は動きませんよ。

F：でも，おはなボウを引っ立てられたゼンベエどんが直ちに駆け込むところが必要で，駆け込んだならば，そこから命令が出て直ちにゴンザエモンが引き下がり，おはなボウを一旦ゼンベエどんに返す，という仕組みがなければ，ドッグフードを阻止できません！

Prof：そのとおり。そしてそれは司法的な制度でなければなりません。司法的というのは，実力組織が行って実現するのでなく，命令一本で，つまりその権威によって実現する，ということ。抵抗すれば重罪になるという無言の圧力ですね。これは即効性も意味します。実力で実現するのでは時間がかかります。強い力を持った正義の味方が最後に控えるというのでなく，一旦そこへ駆け込めば全ての力が黙るという空間が必要です。その内側では言語だけが有効である，としましょう。数や力関係で物事は決まらない，ということを意味します。言葉で物事を決める，その空間に入る前にほらもう実力や利益や徒党関係を捨てているではありませんか。言葉による勝負以前に，一旦ドックフードが回避されているではありませんか。「正義の味方」はゴン一派のような優勢な方につかないという保障が無い。「正義の味方」ですから正義を持ち出されると弱い。ところが場合により，その正義に逆らおうというのです。したがって，どうしても，全員が敵にまわってもなお理を立てうるという仕組みがなければいけません。ここは少し難しいですね。頭越しですみません。そういう仕組みを**政治**ないし**政治システム**と言いますが，普通の「政治」という語の使い方とは違いますよね。この話はこれからちらほらと出ては来ますが，この民事法篇では，本格的には扱えません。しかしともかく，こうした制度が構築されていなければ，ゴンザエモン側の行為をアプリオリに違法とするのが法というものである，などと言っても絵に描いた餅になってしまいます。

なあんだ，秘密の扉って，そんな単純なことか

Prof：どうです？　ドッグフードにされたらおしまいという素朴な切迫感が，なかなかにエレガントだ，と見えてきませんか？　この発想に至りかつ制度を発展させるためには高い文化が必要です。精緻に，かつ辛抱強く，手間暇かけなければなりません。われわれは誰しもこういう感覚を持ちうる素質を持ってはいるけれども，しかしそれを文学などの様々なトゥールで洗練させなければ，精度の高い制度構築を支える意識には達しません。

いずれにせよ，このなにげないドッグフード問題，他を問うことなくゴンザエモン側を（場合により終局的に）敗北させる観念，占有という原理，が法律学全体の核なわけですが，法の世界は全てこの小さな原則の壮大なヴァリエーションと捉えることができます。その積み上がりは精密であると同時にファンタスティクです。たぶん，大変に意外でしょう。しかし，その根底に強固な理念が座っているということについては見ましたね。

にもかかわらず，言わなければならないのは，日本法はこの占有という原理を厳密には徹底させていない，したがって実は厳密には法ではない，ということです。占有訴訟は民法典に書いてあるのですが，よく知られるとおり，これは意識的に無視されます。そもそもこれに見合った民事手続が制定されたことがない。保全訴訟が機能を代替しうるのですが，これ自体不十分にしか機能しないと言われるほか，「本権を疎明しなければならない」とされることから，占有のためには働きません。それどころか，これから見ていきますが，日本法は，これでもかというように，この占有原理を迂回していきます。この原理を解体するための体系的営為として日本法を理解することが近道でしょう。こうして，君たちの勉強が挫折するわけがわかりましたね。要になることを教わっていない。そればかりか，それに反することを体系的に学習する。しかし腐っても鯛で，諸君が学ぶ多くの制度は占有原理を基礎に出来上がったものですから，本当は占有を感覚の中に収めていなければ学習できない。ところがそうでないので，非常に混乱したことを学ぶか，はたまた非常に歪曲されたことを学ぶ，ということになる。矛盾してしまうわけです。でもそれが日本法なのだからそれを覚えるしかない？　それは自由ですが，そうかと事情がわかったうえで勉強するかどうかは大きな分かれ目です。少なくとも言えることは，躓いた諸君には何の責任もない，ということ。丸呑みできる人はすればよい。しかし躓いた人は，苦労しますが，有望です。何故ならば，法律家になろうとなるまいと，さすがに社会は丸呑みでは渡っていけません。混乱とか歪曲と表現したことは実務が実際に抱える問題にことごとく対応しているのです。学校法学のうちだけです，丸呑みが有効なのは。

結論，**秘密の扉の正体は占有原理であった！**

再入門後の学習のために

この第一話で学習したことは，法の基本原理です。ですから，法の世界では，「占有」という語が出て来ないところでも実質そういう思考をします。そうでない場合，そこには様々な歴史的な混乱が隠れている，ということは最後にProfが言っているとおりです。通常の法学入門はここから入りません。道徳や慣習との違い，様々な哲学的「法」概念，法学の発展史，諸々の法律分野の紹介，等々を叙述するか，大概は契約か不法行為に関する日常のトラブルを出発点としてルールとか紛争解決というパラダイムを呈示するか，のどちらかであるように思います。しかしこれでは法律学の核心部分に接岸できません。実は，法は，極めて特殊な或る感覚を基礎としているのです。

他方，民法の「占有」はどうか？　通常の授業は占有に多くの時間を割かないと思いますが，民法典の，「所持」からスタートし「自己のためにする意思」を加える定式（180条）は，実はずっと後に扱う所有権というものに固有の占有を念頭に置いた表現です。代理占有（181条）も，所有権を前提としているうえに，それ自身混乱のもとであるから忘れた方がよいものです。占有改定等々も所有権を前提にした複雑な信用構造に苦し紛れに対応したものです。189条・190条の果実に関する規定のみ有用で，これについて強調した授業を聴いていれば幸運と言えます。占有訴訟（197 条以下）については，Prof が既に説明していますよね。

他方，占有の直接的なコロラリーは，「相隣関係」の諸規定（209 条以下）に見られます。とりわけ公道，公水，そして現在ではライフラインへの接続，総じて公共空間へのアクセスなしには占有が壊死してしまう，というところからこうした規定は生まれています。この事情は，襲われたゼンベエどんに即効性のある救済手段が用意されていなければならず，それはしかも言葉と理が君臨する場でなければならない，という事情と同じです。おはなボウは，この両方のアクセスなしには死んでしまう。暴力を使わずとも道路を通じての公共空間へのアクセスを断てば，相手は簡単に降伏し，落とすことができる。地上げのときの主要戦術であることは言うまでもありません。実はここは公法とりわけ行政法に通じている大事な抜け道です。

さて，これら相隣関係の規定を読むとき，二つばかり注意点があります。第一は，これらの条文は所有権の章に置かれており，所有権者のための制度として書かれている場合があることです。これも歴史的混乱の産物であるから，無視して，占有者が主張できるものと解するのがよい。第二は，「相隣関係」という如く，隣接する占有どうしが善隣友好関係を結ぶ，という動機の存在が認められます。これは，後に学習する取得時効という制度においても一定の役割を果たす，占有保障の代替装置に関わる，と同時に，さらに後に学習する bona fides の原基ないし萌芽とも見るべきものです。このように，諸制度の組み立てを立体的に見ることがこの先肝要となります。思わぬ連絡橋が存在しているので，建築的な面白さを楽しみましょう。にもかかわらず，「地役権」が別途（280 条以下）書かれるという失態があるために，さらなる注意が必要です。どういうことかと言えば，元来は，「相隣関係」関連の制度，囲繞地通行権等々，こそが地役権と呼ばれ，他方，近隣の占有者どうしがこれに加えてオプションとしての協定を結び互いの空間利用を一層便利にするということがあり，これには別の語が用いられたものの，地役権のエクステンションとして把握され，「約定地役権」という言葉も存在します。反射的に「相隣関係」内部の制度は「法定地役権」と呼ばれます。実は，エクステンションの部分こそ，所有権概念の登場に対応して占有が高度化した事態に対応するものです。民法典も教科書も，こうした連関を捉えさせにくくなっています。

ぜんべえドンとオハナぼう，第二話

さて皆さん，だいぶご心配いただきましたが，おはなボウはドッグフードにはなりませんでした。なぜかというと，ゴンザエモン一派は全員法科大学院生だったのですねえ。だから，占有については知らなかったのです。そして，そのせいでもなかろうかと思いますが，全員落第し，丁度オハナぼうを引っ立てたところで，落ちこボレにして老いボレの二ボレ先生のクラスに入れられてしまいました。その頃から，二ボレ先生のクラスは落第生のものだったのですねえ。そこでたっぷり占有をマスターさせられたというわけです。何と気の毒なことでしょう。そういうわけで，ゴンザエモン一派は改心し，ひとまずゼンベエどんにオハナぼうを返しました。彼らは口々に，「すまんこってす」と言いました。

とはいえ，ゴンザエモンどのは，裁判にてオハナぼうを奪還するつもりです。彼らにぬかりのあろうはずがありません。裁判所からゼンベエどんに対して召喚状が舞い込みます。おはなボウを連れて来いというのです。イヤな予感がしたものの，ぜんべえドンはこれに従うしかありません。きちんと申し開きをすれば自分の正しさは必ず認められる，と気を取り直し，期日の朝，ぜんべえドンは出発します。エチゼンノカミどのの屋敷がどうやら裁判所であるようです。一件を知った村人たちも一人また一人と集まって来るようです。おはなボウとともに中庭に入ったゼンベエどんは，入るとすぐにオハナぼうと引き離され，おはなボウは中庭の真ん中に繋がれました。

あっ，開かれた座敷にエチゼンノカミどのが現れました。神妙に控える家来を伴って中庭を見下ろしています。ぜんべえドンが座らされた反対側に，いきなり，ゴンベエどんが現れました。

こやつがゴンザエモンどのの牛を盗んだゼンベエと申す者でごぜえます。オラがそこをしっかと押せえました。エチゼンノカミさま，一つたっぷり説教してくだせえ。こんなこと，しでかした以上，タンタンタヌキの大明神にお百度参りでもさせてくだせえ。

「よっ，大統領！　千両役者！」
と村人たちから声援が飛びます。しかしどこかで見た顔ですねえ。あっ，もしかすると，これはゴンロクだのゴンクロウだのといった連中じゃあないですか？
エチゼンノカミどのが朗々と述べます。
「そちはゼンベエに間違いないな。そちに申し開きの機会を与える。申し開きがあれば，しかと申し述べよ。」
ぜんべえドンには，エチゼンノカミどのが急に救い主のように見え始めました。ありがたや。何と公正なお方か。

もっけですの（ありがたいことです)。オレはオハナが生まれだ時がらずっと大事に育てできたんだ。こないだ，いぎなりゴンベエが言いがかりを付けできでの。オレはゴンザエモンどのの物さはいっさい手え付げでなのねえ。そっだげ恐れ多い事(ごど)などする訳(わげ)ねえ。それに，おはなはオレのめんご牛だなさ，なして，いかがわしオオダヌキのポンポゴ腹さなの拝まねばならねなんが，オイさだばひとっつもわがらね。

嘘をつくんじゃねえ。オラはおめえんとこで子牛なんか見たこともなかったぞ，こねえだまでは。

という大きな声の主は，見ると，ゴンロクではありませんか。やっぱり，集まった村人の中に混じっているのですねえ。
エチゼンノカミどのが言います。
「ゴンロクがそのように申すが，本当か？」

あいづだって，ゴンザエモンどのん所(どご)の奴だ。ゴンベエど結託(けったぐ)しったに違いね。

とゼンベエどんはかんかんに怒って言います。
ところがエチゼンノカミどのは，
「しかし，おはなボウがお前のところで生まれたということを，お前は証明できるか？」
と冷たく言い放ちます。

証明も何も，おはなは生まつだ時(とぎ)からずっとオライさ居つだなだ。

「お前のところで生まれたということを証明する物はないか？」

そげだものある訳(わげ)ねえんでろや。

「困ったのお，ぜんべえ，何かそちの牛たるを証明するものはないか。」
ぜんべえドンはこう叫びます。

そげだごど言ったつて，今はまだ牛の登録制度も血統書もDNA鑑定もねぇなさ，一体どうせでゅうなだ！　それに，なしてオレだけ証明さねばならねなだ。ゴンベエだって，ゴンザエモンの牛だでゅうごどを証明するべぎだ。

エチゼンノカミも仕方なく，
「ゴンベエくん。」
と発言を促します。
立ち上がったゴンベエ，

そらあもう，わかりきっとるだ。オラはオハナの顔をよっく覚えとるだ。シャガールの絵の中から抜け出してきたようなうっとりとした牝牛の目，すっきりした鼻，たおやかな背中の線，足は四本，尾は一本，鳴き声はモー……。

そうだ，そうだ，オレラもよっく知っとるだ。この顔にちげえねえ。それに，ゴンザエモンどのが，モンタージュ写真ちゅうものを村中に貼つただに，村中皆この顔を知つとるだ。

とゴンロクやゴンクロウなどが口々にがやがやと言い立てます。

たわけだごど言うな！　おはなは牝牛だ，牝牛の目えをしつたなは当然だろや。それのどごが悪い（わりぃ）。それに，四本足（あす）だば，オメらだつてんだんでろや，このケダモノが！

ここでエチゼンノカミどのは，突然，きっとなって言い放ちます。

「オロカモノめが！　間抜けめ！　こらゴンベエら。それじゃまた次も落第間違いなしではないか。とはいえ，ぜんべえ，だからと言って逃げおせると思ったら大間違い。天網恢恢という語を知らぬか。丁度ひと月前の月夜の晩，拙者がゴンザエモンどのの屋敷に招かれて帰る途中，夜道を行く籠の中から，ほっかむりをして牛を引いている男を見たぞ。よく思い返せば，あれはお前だ！　お前がゴンザエモンから盗んだに違いない。」

さらに続けて，

「ゴンベエ，この牛はお前が引いていくがよい。ぜんべえ，お前も一緒に行って，ゴンザエモンの屋敷でたっぷりしぼられるがいい！　いや，そのうえ，タンタンタヌキばかりか，コンコンギツネの大明神にもお百度参りするがよい。しなければ，グラウンド百周走らせるぞ！」

庄内弁訳（ぜんべえドンの科白）：放上鳩子

間違い探しだって？

Prof：さあ皆さん，今日は間違い探しの日です。カレンダーにそう書いてありますね。いや，私たちが間違い探しをすれば，今日が間違い探し記念日です。この絵にたくさんの間違いがありますから，当ててみましょう！

L：お話がこうなっている以上，仕方がないじゃないですか。昔話に間違いなどありません！

Prof：むろん，昔話にはたくさんのヴァージョンがあります。そのどれが正しく，そのどれが間違いということはありません。しかしそれでも，ありえないヴァージョンというものはあります。

M：ゴンザエモン一派が全員法科大学院の学生だなんて，ここが一番ありえない！

Prof：ははは，ここは metatheatrical な部分ですね。大いにありうることではないですか。それに，あの連中全員落第したというではありませんか？

B：その点に関する限り，特に質問が有ります。先生は『法学教室』という雑誌が有るのをご存知でしょうか？　その4月号にゆゆしきことが書いてありました。学生のうち上の二割は教える必要が無いほど優秀で，下の二割は教えてもそもそも無駄であり，ターゲットは真ん中の六割だというのです。すると，私たち下二割は初めから教える対象からはずされています。私たちはどうあがいたって結局駄目なのでしょうか？

Prof：可哀そうに。いえ，君たちではなく，上八割がです。そんな雑誌が有るというのは初めて聞きましたが，秘密の入り口は下二割の者だけに見えるのですよ。だから私にはよおく見えます。上八割はこの楽しみを味わうことができないだなんて，お気の毒。ますます笑いが止まりませんね。

N：ゴンベエたちも，では大いに笑って秘密の入り口から入ったわけですか？どちらかというと笑われた方だと思うけれども。いずれにせよ，ゴンザエモン一派が占有を尊重することになり，先生も文句ないでしょう。ちゃんと裁判をし，勝ち負けは時の運，ぜんべえドンは負けたわけですから，仕方がありません。前回も，ぜんべえドンのものでないことがはっきりすれば，ドッグフードもやむをえない，ということでした。

Prof：なるほどねえ。それもそうですねえ。ちゃんと裁判していればねえ。確かに。でも，本当に，ちゃんと裁判していますか？

O：そりゃあ，何だか古い時代のことのようですから，今の裁判とは違うかもしれない。しかし今や多文化主義の時代です。多様な価値観に応じて裁判の概念も多元的であるべきです。そのままゴンザエモンの屋敷の中で裁判したわけでもなし。立派な手続で召喚し，第三者の判断を仰いでいます。証拠裁判主義と言いますが，証拠を要求してもいます。近代以前だというのに，感心なことです。それに，こうやって，一応紛争が収まっていけば，皆は文句有りません。ぜんべえドンも申し開きの機会を与えられたのですから。

Prof：じゃあ，今日も基本からいってみましょうか？　**I** さん，そしてそのお友達の **J** さん，基本に戻ってみましょう。どうするのでしたか？

I：ぜんべえドンの立場に立って何が困るか考える。

Prof：そのとおり。ぜんべえドンからすると，何がイヤですかね。結論はもちろんですが，それ以外に？

J：それはもう，全部です。

お屋敷はコリゴリ

Prof：と言っても仕方がないので，一個一個分解しましょうね。P君，何がイヤですか？

P：確かにゴンザエモンの屋敷ではないが，何だか似たようなお屋敷の中に連れ込まれたようになったのが感じ悪い。中庭だし，いきなり人が出て来たりして，お化け屋敷やカラクリ人形じゃあるまいし。

A：でもそこが裁判所だと決まっているみたいですよ。

Prof：それはもう，エチゼンノカミは有名です。名裁判官です。名裁判官はエチゼンノカミと決まっています。

H：先生，古すぎ。

Prof：何と言われようと，どこが悪いんですか？　文句ないでしょう。

D：裁判公開原則に反します。

Prof：どうして公開でなければならないのですか？　それに村人たちが来ていて，結構開かれていますよ。公開というのはどういう意味でしょうか？

S：いや，むしろ気になるのは，エチゼンノカミどのが，どうやらゴンザエモンの友達らしいことです。ゴンザエモンの屋敷で宴会か何かがあって，一杯気分で夜道を籠で帰って行く。それに，どんなに立派な人であっても，私宅で裁判，というのはどうでしょうか？

Prof：この時代は私宅も公宅も本宅も別宅もお宅も拙宅もないので，私宅が公宅で，公宅が裁判所なのです。しかし公宅であれば問題ないですか？

E：公宅だろうと，たとえ立派な人であろうと，はたまたどんな資格が有ろうと，誰か一人が決めるというのはどうでしょうか？　ぜんべえドンとしては納得がいかないでしょう。

Prof：いいぞ，もう一息！

F：E君とはいつも気が合います。このクラスの外でも。しかしこのクラスの中では，そういうのはよくないですよね。確かに，ぜんべえドンはゴンザエモンの屋敷に行ったのではない。エチゼンノカミは第三者だ。しかし，ゴンザエモンとエチゼンノカミが結託していないという保障は有りますか？　たまたま大丈夫だでは不安です。たまたま立派な人だから知り合いに左右されない，というのでは十分でない。

Prof：けっ，そんなこと，でもどうやって保障します？　ダーレカサンとダーレカサンが小さい結託シーテナイ，という保障などありえますか？　身元調査でもしますか？

E：だからこそ，一人には判断させない。複数の人間が合議する。ああだこうだと議論する。そして判定する。

D：しかし，井戸端会議の連中など，結託していなくったって怪しいものだ。すぐ誰かに引きずられるのだから，結託も同然。

F：それは認めざるをえない。だからこそ，ここで言う議論は，ただ議論すればよいというのでない。厳密に論証し合う。

R：そんなの，今だってありえない！　ましてこれは昔話ですよ。

Prof：そのとおり。普通はありえない。私とあなたが互いに自由で結託や依存していないということは何ら保障されていない。今出遭ったばかりでも。たちまち駆け引きが始まる。ああら奥様，お先に入られてえ，いえ，お嬢様こそお先にどうぞ！　ああら奥様，そのブローチ素敵ですこと，いえ，お嬢様のおリボンこそ目立ってますわよ！　互いに自由で結託していないという関係自体，実に高度な関係で，複雑な条件が備わらなければならない。

T：しかし，一人よりは合議体の方が当事者と結託しにくいでしょう。

F：しかし，人々が結託を憎む社会でなければ高度な合議体など生まれません。

Prof：厳密に議論を交わす合議体が君臨していてこそ，透明な社会が形成される，という側面もあります。また，そういう合議体が人々のメンタリティーを涵養する，というのもあります。とはいえ，合議体の問題と一応独立に，つまりたとえ一人が判定する場合でさえ，少なくとも，判定者と両当事者という三者間で結託がありえない，という条件が裁判を成り立たせるために必要です。当たり前ですね。およそ裁判という場では，当事者や判定者や書記等々その他の人々相互の関係が結託に汚染されていては話にならない。賄賂がきくとか，睨みをきかせる権威があるとか，では話が始まらない。法の世界への入門書，最初の一頁です。だからこそ，忌避という制度があり，特別の縁故者がたまたま裁判を担当するとき，当事者はこれを拒否できるわけですが，そういう特別な縁故さえなければよいというわけではない。特別の縁故は無いが，特別のイデオロギーや宗教で結ばれるということはありえます。だからと言って，合議体であろうとなかろうと，裁判官＝判定者に思想や宗教を断念せよとは言えない。つまり，通常は様々な結託を全くは排除されないという生活をしていて，なお，その職務に立った以上は厳正に判定する，というのでなければならない。このことは非常に難しく，社会自体が既に一定の質を獲得しているのでなければ成り立ちません。

あなたが裁判はいいねと言ったから，今日は裁判記念日

Prof：ところで，外ではともかく，一旦その場に入ったならば，日常が自ずから排除される，という空間が有りますよね？

K：茶室。

Prof：おけいこをなさるんですね。

B：劇場もそうですか？

Prof：舞台の上ですか，それとも劇場の中という意味ですか？

B：どちらも。

M：お祭り。

Prof：これらを総称すると？

P：儀式？

Prof：そう，儀礼ですね。儀礼というのは，とにかく形式的にそのとおりにする。それを破ってはいけない。事実を踏襲するのですが，その事実は神話的なものであり，彼岸に在って日常の変動によっては変わらない。縁起ですね。暦と連動し，同じ日に同じことが起こるように演ずる。社会全体で演じたり，それを舞台の上に再現する。裁判は儀礼を利用します。手続規範は実体規範とは違う形式的な側面を有する，とか，法律行為一般と訴訟行為は意思の役割や解釈の余地等の点で違う，などと言ったりします。伝統的には，ですが。とにかく，儀礼には縁故を排除する作用が有ります。儀礼外の社会関係を遮断しますから。

お祭りだけじゃしようがない

Prof：しかしそれだけでは不十分ですね。ぜんべえドンにとって，お祭りなんかされたって，怒りが増すだけですね？

J：そうです。どうせお祭りを仕切るのはゴンベエでしょう。

Prof：しかし，日常のやったりとったりを切断するというのは，前回にも出てきた設定ですね？

S：占有訴訟のことでしょうか？　というか，その前の，とりあえず実力行使を止める作用ですか？「司法的」というような言葉を先生は使っていましたね。

Prof：そのとおり。どこかに駆け込む。しかし，駆け込む先は，有力者では駄目で，なぜならば，ゴンザエモン自体が張本人ですから，かと言って皆のところでも駄目で，なぜならば，皆はゴンベエやゴンロクやゴンクロウですから，却って危ない。言語のみが厳密に行き交うような空間が必要でしたね。つまり，私的な空間から截然と区別された公的な空間ですね。「私的」「公的」といった言葉は本来こういうことを指します。「官」とか「民」とかと全然違いますよ。公的空間ではそもそも占有と果実が成り立たない，とテクニカルには言います。「皆の空間」でもないということですね。「皆」が利用して果実を取っていたら公的ではない。「皆の広場」とは全然違います。まして「皆の菜園」は許されない。「皆」も全員も，時間軸上に置けば，特定の人々です。その時の「皆」のエゴです。皆がたむろしているのでなく，本当に開かれている，ということが大事です。するとそこはお菓子でできあがっている，食べたら豚に変えられる。おっと間違えた，厳密な言語で濃密に構成されている。目に見える物は何も無いけれども。書割としての石の広場以外は。石は不毛で果実を生みません。公開ということの意味はこれです。

こういう空間も儀礼によって演出するのですが，お祭りと，厳密な言語のやりとりとが違うように，儀礼だけでは成り立たない。その根底には，堂々巡りになりますが，結託していない，自由で独立な，そういう人々の関係というものが形成されていなければならない。そうでなければ，言語でなく，権力や権威や利益がものを言う，ということになりますよね。しかし他方，この特別な空間とそこで展開される言語のやりとりは，そういう自由で独立の一般的社会関係を形成するうえで不可欠でもあります。その意味で，一個の基礎的な装置であるわけですが，これを**政治**ないし**政治システム**と呼びます。「政治」という語の普通の言葉遣いと違いますよ。しかしこちらの方が由緒正しいもので，普通の語用は堕落したものです。さて，その装置の不可欠な一部分に，今言ったように，本当の意味で開かれた空間というものがある。そこでは質の高い言語のやりとりがなされるわけで，そうでなければ言葉を使っても，利害を調整しただけ，とか，同床異夢，ということもある。これを排除して正真正銘の政治的決定に至るためには，複雑な手続も必要であるし，高度に批判的な議論ができる資質を人々が持つことも必要です。第一に，ここへ駈け込めばぴたりと占有が保全される。実力行使をしたらそれはその人のお陀仏を意味しますから。それは前回の話。第二に，さてそれでどちらの物か，判定しようというときにも，やはりこの空間においてでなければならない。そうでなければ，社会の中のどこかに不透明な権力や利害調整の場があることになってしまう。つまり，裁判は，個別の事案に関わるとはいえ，先ほどの政治的決定の一種です。だからこそ，それは公的な空間において行われなければならない。その空間は「皆の物」以上に皆のために文字どおり開かれています。なにしろ，言語だけが通用する完璧ヴァーチャルですから，空気や空みたいなものですね。これが**公開の原則**，その理由，ですね。また，政治的決定の一種ですから，裁判も，たとえ小なりと雖も**合議体**によるのでなければならない。議論とその質を本質的要素とするためです。しかしともかく，裁判が成り立つためには，政治システムがなければならず，裁判はその上に構築されるものです。そして政治システムが成り立つためには，それはもう，分厚い前提条件がクリアされていなければなりません。そのとき，本当に結託していない自由な関係というものが現れてくるというわけです。これが無いと，おはなボウは救われません。

不公平だ！

Prof：はあ，という諸君のため息が聞こえましたが，もっとも，以上のことは大前提で，しかも難しいので，別のことに移りましょう。他にも，この話の一体どこがおかしいか，間違い探しをしてみましょう。

J：何と言ったって，ぜんべえドンばかりが証明しなければならないというところが全然おかしいです。

B：けれども，ぜんべえドンは，申し開きの機会を与えられた，と思って喜んでいます。いいじゃないですか。モッケデスノ！

H：それにしても，どうしてゼンベエどんだけが庄内弁を使うのですか？　あとの連中は，一体これどこの方言ですか？　でたらめじゃあないですか。

Prof：どうしてでしょうねえ？　考えてください。連載も終わる頃，君たちもわかるかな。

L：話をそらさないように。しかしゼンベエどんだけが証明させられているわけではない。ぜんべえドンが文句を言って，結局ゴンベエも証明させられています。

P：そのとおり。そもそも，嫌疑をかけられているのはゼンベエどんではないですか。むしろ，ぜんべえドンの方が弁明すべきです。

E：いや，それは違う。皆で議論して決めるのだから，最初は白紙でなければならない。完全に中立のところから出発するのだから，両方が等距離から証明しなければ衡平ではありません。

A：でも，現に，エチゼンノカミどのがその目で見たというじゃないですか。

C：やっぱり本当はゼンベエどんが盗んだのかな？

Q：だったら，おはなボウがこんなになついているはずがない！

F：いや，私が一番よくないと思うのは，このエチゼンノカミの態度でしょう。白紙とか中立に反する！　政治システムの決定という，さっきの条件が崩れます。

Prof：あれ，そういう言葉遣いをもう学習したのですか？

S：いくら月夜の晩といっても，見間違いということはある。エチゼンノカミの言うことはそこまで確かかなあ？

F：そうそう，ぜんべえドンの方が悪い，と決めて出発するのは，全然フェアでない。予断無しでなければ。

公平だって公平じゃない！

I：うーん，何故なのかはうまくは言えませんけれども，何だか全然違うような気がします。

Prof：う？　どういうことですか？　やはりゼンベエどんが証明しなければなりませんかねえ？

I：いえ，逆です。白紙でも，なお，ぜんべえドンにとって，不公平な感じがします。

Prof：おや，何故ですか？

I：実際上，ぜんべえドンなどが立派な牝牛を飼えるはずがない，どうせ盗んだに違いない，と皆はひそかに思っている。エチゼンノカミはその場面を見たとさえ思っている。そういう状況で，白紙からと言ったって，ぜんべえドン不利は免れません。

D：いや，そもそもゴンベエたちは「盗んだ」とかで証明していません。もともとこの牛はゴンザエモンのところのあの牛だ，というアイデンティティーのところから攻めています。

J：しかしそこが一番間抜けであって，さすがのエチゼンノカミがイラついているじゃないですか？

G：だから言わないことではない。誰のものかわかるためのきちんとした制度が無いからこういうことになる。

Prof：エチゼンノカミは何故いらついたか？　いい問題を発見しましたね。どうです？

J：それは，折角ゴンザエモンを勝たせようとしているのに，ゴンベエたちが理由にならない理由を言うからでしょう。知的レヴェルが低すぎます。

S：モンタージュ写真なんか，幾らでもすりかえがききます。

Prof：立派な理由じゃないですか？　入国審査だって，パスポートの顔写真と同じかどうかチェックしますよ。多くの証人が，この顔はオハナだと言っているわけです。

J：けれども，エチゼンノカミが自分で出した切り札は違いました。

Prof：どう違いました？

J：ぜんべえドンが盗んだところを見たと言っている。

M：どうも私の頭は混乱しやすいのですが，前回はゼンベエどんの占有が侵害されたとか言っていましたが，これって，ゴンザエモンの占有が侵害されたということでしょ？　しかもゼンベエどん自身が侵害している。自分で侵害しておいて，騒ぎ立てるというのはどういうこと？

S：しかしそれは過去の侵害でしょ？　占有というのは今現在の危険，はらはらどきどきの危険，ドッグフードにされる危険，に関わるものでしたよね？

Prof：でも，そうすると，エチゼンノカミが出してきた理由は，占有に関わるということですか？　ゴンベエが占有と無関係の理由を持ち出したからイラついた？　しかし，占有の問題はもう片付いたはずでしょ？

I：そうとは思いません。だって，おはなを手放さなければならないとすれば，その唯一の理由は，おはなと親密な関係を築いた誰かが居て，そこから自分が引きはがした場合はもちろん，第三者が誰かから同じように引きはがした場合でも，その引きはがしが不当であるからです。ならば，巡り巡って自分のところへ来て，そして折角自分になついた頃ではあるけれども，泣く泣く別れてもよいかとなります。何故ならば，自分も，それは辛いだろうという立場を主張しているのですから。

R：なるほど。そうすると，エチゼンノカミは，「盗んだ物である以上は，元，ゴンザエモンの物である」とは言っていないということですね？　ぜんべえドンの物ではないとしても，第三者の物かもしれない。しかしそれがゴンザエモンのところから盗まれたことに違いない以上は，一旦であるにせよ，そこへ返さねばならない。こうですか？

Prof：素晴らしい。君たちにとって，何故法律学がわからなくなったか，皆目わかりません。しかし，もしそうであるならば，ゴンベエの証明目標は何だということになりますか？

T：自分のところから盗まれたということ。かつて自分の占有が侵害されたということ。

Prof：そのときに，占有を侵害された人の立場に立って考える，というのが法の観点でしたね。上から目線でなく。その証明のときに何がイヤですか？

E：うーん，なるほど！　どうせお前の物ではないだろうという皆の先入観ですね。だからその占有を奪われても仕方がない，という予断。ぜんべえドンが苦しんだことの裏返しですね。だから，どちらの物かを判断させたくない。それがどうであれ，自分の絆がはがされた，と言いたい。それはアプリオリに守られる。
A：ええ？　頭が全く混乱してしまいました。それはゼンベエどんとオハナぼうの関係のことだったじゃないですか？
Prof：そのとおり。デジャヴュですねえ。くるくる回る螺旋階段のように，パラレルなことが繰り返されていますねえ。

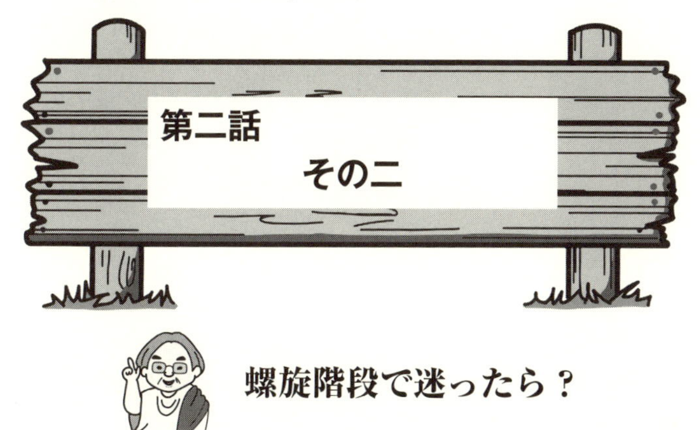

螺旋階段で迷ったら？

Prof：では，ききましょう。双方とも，「誰が何と言おうと，自分の絆がハガサレた」と言いたい。そのとき，どちらが言うのですか？　それとも，どちらもが言うのですか？
N：何故，どちらかに限られるのか，そこからしてわかりません。誰が言ったっていいじゃないですか？　そんな物好きの第三者はいないでしょうけれども。でも，本人が気の小さな人だという場合だってある。
J：えっ！　他人に口出しされるのは脅威だと言っているではありませんか！　幾ら気が小さくたって，他人に勝手に言われたくはありません。特に，ぜんべえドンの立場に立てばそうです。まだオハナぼうを失っていないとき，ゴンザエモン本人がまだ言わないのに，皆がわっしょいわっしょい「盗んだ，盗んだ」と言う。これはたまりません。そういうのに呑みこまれたならばひとたまりもないじゃないですか。
Prof：法は，誰か一人の切実な要請を世の中全体の目先の利益よりも優先するのでしたね。もっと言えば，それが却って世の中全体の長期的利益，例えば経済の発展にさえなる，と考える。すると，どうしても，どちらかが，「誰が何と言おうと，自分の絆がはがされた」と言うのであって，第三者は言ってはいけない。第三者はその他大勢になり，その他大勢は，どうしても，目先の世の中の利益を代弁しますから。

さてそれで元に戻って，ではどちらが言うか，それとも両方が言うか。論理的に言って他に選択肢はありませんね。

H：ぜんべえドンが言うわけないでしょ。だって，奪われていないのではなかったですか？

C：でも，中庭の真ん中につながれた。ぜんべえドンから引きはがされた。

R：ならば，エチゼンノカミに向かっていくのか？　誰に向かって言うか，という問題も有るように思います。それとも，皆に向かって言うのか？

Prof：真ん中につながれれば，「双方が言う」という選択肢が生まれます。「オレの物が奪われた，それはオレの物だ，オレに寄越せ」「いや，オレの物だ，オレに寄越せ」と。

T：すると裁判所は，「ああかんべえ，オレの物だから，どっちにもワタサナーイ」と言う？

B：どちらも自分の物であることを証明できなかったら，どうなるんですか，先生。裁判所がいただいてしまう？

K：いや，「自分の物を返せ」と主張する者どうし，いつの間にか意気投合し，連帯します。「われらに返せ」と。

A：そんなバカな！

F：わかった！　「大事な物ハガサレ」問題，占有問題，が公理だとすると，例の直線上の二点みたいに，どちらかがヨリ近接している，ヨリ下にいる。自動的に，ハガシた者とハガサレた者が決まり，ハガサレた者がハガシた者に向かっていく。または，ハガサレそうな者がハガソウとする者を訴えてハガサレを免れる。これが前回の問題ですが，しかしそこでハガサレを免れた者，占有訴訟の勝者は，かつてハガシテ今持っている，のかもしれない。すると，誰が誰に対して返せと言うかと言えば，それはもう，時間軸の担当です。時間軸上，かつてはがされたと言う方が言うのです。今ハガサレたか，これからハガサレる，というか，ハガサレそうになっている者に対して。こうすると，バカなことにならずにすむ。

I：やっとわかりました。だから，私は，ぜんべえドンが証明するのではおかしいと思ったのですね。ゴンザエモンの方が「かつて自分はハガサレた」と言って証明していく，のでなければなりません。このことが何か大事なこととつながっているように感じました。

S：すると，これも占有！　螺旋階段で**わけがわからなくなったら，占有を見ろ！**　ですね。

Prof：なあんだ，私の出番が無いじゃないですか。連載の前々回を読んだ同僚に言われてしまいました。「あのように素晴らしい答えが学習困難者からすぐに出るはずがないから，あれは学生を相当に理想化し脚色したのでしょうねえ」と。しかし実際にはほらこのとおり，学習困難者の諸君の推論能力には驚かされるのですよ。そうですよね？　皆さん自身が証言してくれますね？　そうだ，そうだ，の大合唱をしましょう。

一同：そうだ，そうだ!!「宣誓！　これが実際の授業の忠実な再現となるよう，今後も全力を尽くします」。でも本当に，私たちを侮ってはいけません。学習困難者の実力を見せつけましょう。

Prof：ツーツー，ツツーツー，**O** 先生，**O** 先生，聞こえてますか？　こちら Prof KB，今の声聴きました？

O 先生：リョウカイリョウカイ！　素敵な学生諸君に，tanti baci !!!

Prof：と **O** 先生も言っています。そういうわけで，ぜんべえドンの占有を確認し，これを前提として裁判が行われるわけですね。おはなボウを真ん中に置いて「さあ，どっちのものだ」，とはしない。しかし，「占有を見ろ！」となると，もう一つおかしなことに気付きますね？

M：関係あるかどうかわかりませんが，私はさっきから，ゴンザエモンのところへ返せという訴えなのに，ゴンベエが言うのでよいのか，と思っていました。

Prof：なぜいけないのですか？

M：本人確認とかしなくて大丈夫か。

Prof：しかし，本人訴訟ばかりでなく，弁護士がいくらでも訴訟代理しているではありませんか。

T：そうだったら，きちんと，「吾輩は，ゴンザエモンどのの代理人ゴンベエである」と言わなければなりませんよね。

Prof：どうして？

I：前回論じたことと同じだと思います。ゴンベエが手先である，ということは，連れて行かれればドッグフードになる，ということでした。そういう怖いところには，たとえ万が一オハナぼうが本当に逃げ出したのであったとしても，返してやらない，ということではないでしょうか？

Prof：素晴らしい！　しかし，そうすると？

E：怪しい相手はそもそも返してやるかどうかの判定以前に失格する？　おはなボウを可愛がってもらえそうになければ，裁判の入り口で断られる？

Prof：そう，そういう原告は原告たる資格が無い，というわけですね。**原告適格**に欠けると言います。それも占有原理により判定されるわけですね。でも，手先のゴンベエが出て来ていることとどう関係しますか？　確かに怪しい連中なのだけれど，そうすると，ゴンザエモン本人が原告となって出頭したとしても，同じですね？

R：どうせ，ゴン軍団を引き連れて出張って来るのでしょう。それより，ゴンベエどんが右代表で出ている方がよほどましです。少なくとも本人と代理人に分かれ，アモルフでない。

D：要するに訴訟代理の問題ですね。訴訟代理関係が明確であるということが大事だということでしょう。

Prof：大変難しい問題ですが，「徒党と手先」は最悪だが，**訴訟代理**というのは，一見似ているとしても，却って当事者の資格を確認する，あるいは当事者に正しい形態をとらせる，意味を有する，ということですね。本人訴訟を禁じ，訴訟代理を必要的とする考え方には，そういう理屈が伏在しています。

巡り巡って

Prof：と目出度く着地したところで，早速混ぜ返してみましょう。誰か別の者が盗んだ，それを今ゼンベエどんが飼っている，という場合はどうですか？「お前が私から奪っただろう，だから返せ」と言っていく，という前提が成り立ちませんね？

G：だから，誰がどうであろうと，これはオレの牛だ，と言っていけるようなところが必要なわけでしょう。幼稚園の先生のようなものですね。今誰が持っているか知らないが，それが自分の物だということになったら，先生が，返しなさい，と言ってくれる。

M：G君，蒸し返さないでください。そういう先生が出て来たら，それは世の中の代弁者ということになり，どうしても，ぜんべえドンとオハナぼうの間の関係のようなものを潰しかねない。だから，誰が誰に対して，というようにアプローチする，ということでしたよね。

Prof：けれども，最初の侵奪の場面から遠くへ来てしまった場合，そのアプローチが効かないように見える。これが問題です。奪った者から転々と受け継がれて遠くへ来た場合，果たしてどこまでその原点の占有侵害が重大か，それとも，ぜんべえドンとオハナぼうの今の幸せが大事か，いや，それにしても，余りにもひどいことがかつて行われたので，到底捨て置けないか。これは同じ占有原理の上に現れるディレンマです。さて，どうします？
K：おはなボウ！　今日まで幸せに暮らしてきたけれども，そうだったんだね，おまえの本当の飼い主が見つかったよ。私はおまえが幸せになれるのならば，それでいいのだよ。きっと大事にしてくれるから，あの人のところに戻るんだよ。
H：ぜんべえさん！　私はここで幸せに暮らしてきました。本当のお父さんと思って暮らしてきました。あの人には気の毒だけれど，一生ここを離れるつもりはありません。モー！
I：ぜんべえドンの立場から言わせてもらえれば，自分が今オハナぼうを失うのと同じ打撃であるならば，十分に共感できます。前にも言ったとおり，それならば泣く泣くオハナぼうと別れる。大事にされるに違いないし，幸せに暮らすんだよ，と言って送り出します。
Q：これはしかし難しい問題ですね。考え込んでしまいます。
D：涙にくれるのもよいけれど，大事な問題を忘れていますね。あのとき奪われたオハナぼうと，今泣いて別れるオハナぼうが同じ雌牛かどうか。そもそもかつてオハナと呼ばれていたかも疑わしい。おはなでなく，オクマであったかもしれない。そうすると，「あっ，お前はオクマではないか，生きていたのか」と呼びかけても，「モー」とは返事をしない。「もう，私のことはすっかりお忘れかい」となる。
M：D君こそ，**D**君らしくもない，何だか芝居がかってしまって，どうしたの？
Prof：それにしても，むつかしい問題ですねえ。どうしましょうか？
E：ここでこそ，じっくり厳密に議論しなければならないでしょう。
P：議論より，DNA鑑定の方が先ではないですか？
E：それも議論つまり精査のうちです。

民事訴訟の第一原理

Prof：そうすると？
A：と言われても。
Prof：嵐山の渡月橋で帰りにしてはならないことは？
A：振り返ってはいけない？
Prof：で，振り返ると？
A：占有している方に向かって，占有していない方が，言っていく，というような話をしていました。

Prof：それで？
A：その後どうなるか。
Prof：どうなるんです？
A：精査するとか？
Prof：だとどうなりました？
P：ははん，占有のところをしていた。そうすると精査になった。占有のところでは，一刻を争った。精査はむつかしかった。ところが今や時間をかける。急流が盆地に入って緩やかな流れになったようなものですねえ。
Prof：いつの間にか流れが緩やかになって来た？
P：まあ，そういう感じかな？
Prof：本当に？
F：いや，占有のところが片付いたからでしょう。ぜんべえドンの占有がはっきりした，だからゴンザエモンの方がそのゼンベエどんに言っていかなくてはならない。となって初めて精査に入る。直線を切るように明確に区切られている。そうでないと，占有は守られません。
Prof：そのとおり。これが民事訴訟の基本です。民事訴訟は，裁判の中でも特殊なものです。そもそも裁判というのは，政治システムの一部で，物事をじっくり精査するのに適します。権威と利益を遮断し，自由な議論を戦わせる，そのときに必ず論拠が用意されなければならない。つまり互いに論証する。元来は，政治システムそれ自体の破壊があったかどうか，それを修復する措置を政治的に決定してよいかどうか，を精査する手続でした。民事訴訟もこの裁判という精査の手続を流用する。違いは，いきなりこの精査の手続に入ることは禁じられ，入り口に置かれた別の手続によって濾過されたものがこの精査手続へと入る。つまり二段になっている，というところが普通の裁判と違うのです。入り口では占有の審査をする。いや，それしかしない。してはならない。すると自動的に誰が誰に言っていくのか，ということが決まる。そして精査の手続ではこの「言っていく」内容が正しいかどうかだけを精査する。他の問題は扱いませんし，他の問題の立て方もさせません。本当にこの雌牛がかつてひどい仕方で奪われたのか，本当にひどかったか，ぜんべえドンとオハナぼうの幸せな生活を断念させるに足るほどひどかったか，等々。そうすると，民事訴訟の特徴は，二段に分かれているということです。**訴訟要件**の審査と**本案**の審理の二つに分かれる，と言います。これが政治システムの判断それ自体と大きく異なる点です。本当に現在占有している者に対して訴えているか，その者が本当に占有しているか，自分がそれを取り返すに値するかどうか，等々**当事者適格**を審査します。何かつるんでいて不明確な当事者が訴えて来ても相手にしません。さきほどの原告適格ですね。明確な当事者であっても，対象物との間に占有という結びつきを想定しがたいような者には，**訴えの利益**が無い，として適格が認められません。お前がハガサレたというわけがない，現にオマエのところにいるではないか，とかの場合もそうですね。また，**被告適格は占有**ですから，ここは特に重要です。占有していない者を訴える，通りがかりの者に対して，この牛はオレのものだ，認めろ，とか，おれの牛を返せ，とか言っても，それは酔っ払いがからんでいるようなものですから，受け付けません。それに，後で見るように被告になると有利ですから，被告たる地位だけを予め争うということもある。それが占有訴訟なのだとも言えます。つまり，前段の審査は占有訴訟と同じ位置を占めるということになる。いずれにせよ前段の審査では合議体にかけません。もちろん，合議体の空間に入っただけで実力が抜け落ちる，というあの効果は不可欠ですよ。しかし入ったところにエントランス・ホールのようなものがあり，そこにはまだ合議体はいません。何故ならば，現在の占有の判断であり，過去に遡って様々な事実を精査するというのでないからです。競争の写真判定機は視覚による形判断だけしますが，これと同じです。言語の特別の交換が媒介して行われる吟味ではない，ということです。ここは議論による精査をしている場合ではない，否，それが禁じられる，即決で行かなければならない，という意味で，テクニカルな判断となります。職業裁判官が職権で行うということになります（**職権主義**）。もっとも，要件を備えているのだからこういう風に受け付けろ，いや，全然それは違う，などという主張は当事者が行わなければならず，裁判官も勝手なアイデアを出してはいけません（**当事者主義**）。そうすると，またぞろ世間の利益を持ち出したことになるからですね。このように，民事訴訟は，他の解決手段と違って，入り口の問題，訴訟要件，を厳密に考え，そのうえで合議体が厳密に議論しますから，必ず二段になるわけですが，繰り返し申し上げると，これは，占有の判断と実体の判断が二段になる，つまりこの連載において第一話と第二話が二段になる，ことに対応します。このスクリーニングはイジワルでしているのでなく，そこに占有が懸かるからこそ，厳密にしているのです。こうして，御存知のとおり，判決にも二種類あるということになります。いわゆる門前払い等の**訴訟判決**，「請求却下」というものですね。それと**本案判決**，「請求認容」か「請求棄却」ですね。これも占有が先立つ判断の対象であることに対応しています。振り返ると，占有からは，第一に，皆に対してでなく，特定当事者に対して，特定当事者が，言っていく，ということが出て来ていました。一番広い意味の**当事者主義**ですね。第二に，したがってその効果はその両者の間にしか成り立たないということ。**判決の相対効**

というものですね，これが出て来ます。占有問題をクリアして精査した結果オハナぼうがゴンザエモンのところに返されることになったとしてもなお，天下万民に対してゴンザエモンのものになったということを決めるものではない，というわけですね。占有がそういう原理だからです。そうでなく天下万民に対して有効なお墨付きを与えると，それを貰った者が大きな顔をして「そこどけ，そこどけ，お馬が通る，占有が何だ」ということになりかねない。確かに今占有を保持している側だった場合，さしあたりそれでよいとしても，後にそれが「最後の一人」を圧迫する側に回ったときにまで認めると，危険になる。オセロ・ゲームのように，互いにいつでもひっくり返しうるようにして，「最後の一人」だったはずの者が却ってお墨付きを得て居直る，ということを防止するのです。そしてその攻守入れ替わりの中に，民事訴訟の何たるかの決定的メルクマールが現れます。すなわち，必ず，**原告と被告の役割**が分化しており，被告は占有者がなる，ということ。さきほどの当事者適格の審査ですね。次に，占有原理に基づく結果として，被告の勝利が前提とされており，原告はこれを一から覆さなければならない，ということがあります。以上全部，占有を原理とするからですね。

C：しかし，そうすると，民事訴訟というのは，大変不親切ですね。いろいろおかしいと思ったことを言っていけるところかと思った。

J：お話をよく聴きましょう。不親切とは思えません。現に，そういう原理が忘れられて滅茶苦茶だから，ぜんべえドンは，何が何だかわからない坩堝に投げ込まれて不条理な目に遭ってしまった。

Prof：民事訴訟は，占有を社会の生命線と考えてこれを優先させる制度です。他のことを言っていくところが他に存在することを否定しません。現に，仲裁とか，ADRとか，聞くはずです。それらも重要ですが，やはり社会の土台がしっかりしていての話であり，民事訴訟につき，人々が神経を使い，そしてここをしっかり勉強する必要がある，ということに疑いがありません。社会の生命線を深く基礎づけるメンタリティーが身に付くからですね。

棚から牡丹餅とは余計なお節介

Prof：他にもおかしなところは有りますね？

H：ポンポコタヌキ大明神とか，グラウンド百周とか，てんでおかしいし，ありえないと思います。

O：それはありえないよね。でも，もし本当にゼンベエどんが盗んだのだとしたら，反省は必要でしょう。裁判官が「説諭する」というのはよく聞く話じゃないですか？
T：問題は宗教が関係しているところでしょう。牛が問題なのに，何故タヌキばかりかキツネの信仰が強いられるか？
A：信仰の問題ではなく，常識の問題でしょ。宗教とか，オーヴァーすぎます。
D：タヌキを請求したのに，キツネが付け加わったのは処分権主義違反です！
Prof：素晴らしい！　しかし蕎麦屋で，たぬきそばを注文してきつねそばも出てくればどうです？　うれしかないですか？
J：先生まで。蕎麦屋のアナロジーなんかやめてください。こんなことをさせられるゼンベエどんの身にもなってください。おはなボウを返さなければならないとしても，何でこんな余計なことをさせられなければならないんですか？
S：こういうのは法律問題ではないでしょう。ぜんべえドンの日頃の行いなど，われわれ関心がありません！
O：だから，法律家は現実を見ないと言われる。
R：現実を見ないのはそちらの方じゃないですか？　そういう問題ですか？　ぜんべえドンとオハナぼうの関係から出発してください。これを一旦尊重し，しかしそれを敢えてはがしてよいかどうか。それはよほどのことです。これが今の切実な問題です。
Prof：そのとおり。民事訴訟は「**法律上の争訟**」しかとりあげない，というように言います。「三回まわってワンと言え」と要求しても駄目だし，「愛をください」などと言っても「はい，あげます」などという判決は出ません。普通は，法的に意味のある問題，等々と言い換えて，トートロジーになるので，法学入門で聴いても諸君は何のことかわかりません。占有の問題しか扱わない，というようにズバリ言えば，明快です。そして，そこには，占有こそが社会，市民社会，にとって致命的だ，という洞察が有ります。すると，訴えが提起されたとき，占有を問題としているのかどうか，まず審査する，ということになります。
D：でも蕎麦屋の問題はどうなります？　キツネとかタヌキとかでなく，蒸籠が一枚おまけ，というのは有りなんですか？　これも占有の問題ですよ。つまり，占有以外は受け付けられないとして，しかしこっちの占有も奪われたようだから，ついでに返還させる，というのはオーケーなんですか？　非常におかしいと思いますが。
Prof：おかしいですね。でも，どうしておかしいか，わかりますか？
G：何を返して貰うかは，ゴンザエモンの勝手だからですか？
M：その追加分に関してゼンベエどんが申し開きの機会を与えられていないからでしょう。

Q：それもそうだけれども，かつて一度むしろ原告の方が「最後の一人」だったからこそ彼だけにそれだけを返還させるのに，あれもこれもだということになれば，皆でよってたかってはぎ取るのと同じだからでしょう。個人を特定の対象との緊密で一義的な関係で捉える，と前回習いました。何だかたくさんくっついているのだとすると，それは怪しいし，ましてそれを他人どもが後押しすれば，怪しさは集団レヴェルに達します。だから，原告が要求したかどうかという形式的なことでなく，訴えの対象の一義的明確性，つまり占有，に関係するのでしょう。
Prof：第一話から形而上学をそこまで身に付けたとなると，「学習困難者」どころか，「高度学習者」として上級コースに飛ばなければなりませんね。実はこれは，D 君が言うように，学説上**処分権主義**という厄介な問題とされます。これは，当事者が要求したところ以上の判決をしてはならない，という原則ですが，通常は当事者の私的自治が理由のように言われます。間違いとは言えませんが，かつてはこういう原則が意識されていなかったことを改めて考える必要が有ります。つまり，極めて特定された具体的な占有問題しか合議体にかけないし，また判決は占有状態しか動かさない，という大原則が文字どおり妥当していた時代には，そこに含まれていて，特に別途論ずる必要が無かった原則なのです。ところが，歴史的な理由によって判決を少し柔軟に考えうるようになり，どこまでが当事者が定めた具体的な占有問題に該当するのかの判断が難しくなると，処分権主義というシバリが意識されるようになりました。この辺は難しいので，忘れましょう。しかしともかく，考えてみてください。占有の問題というのは，一人とそれを取り巻く集団の対立でしたね。確かにかつて光景は逆転していたかもしれない。そう原告は言っています。それでも，今は原告が多数です。原告におまけをしてやるということは，内容がそもそも付け加え有りの性質のことだったのか，複合的だったのか，すると他の者の利害が加わりうることだったのか，となる。他の者が余計なことを加えたのと似たようなものだとなる。他の者が便乗して余計なことを突きつければ，それはもう，イジメ構造になりますね。原告の勝手を損なうということが処分権主義の存在理由のように言われますが，必ずしもそうではなく，占有保障，被告の占有保障，が理由です。

「来た，見た，勝った」はカエサルのもの，民事訴訟は回り道

Prof：訴訟要件のところが肝心だというのは，占有が一元的な原理であるからで，論理的にすっきり理解しえますが，さて，そこをクリアして，いよいよ本当

にゼンベエどんが返還しなければならないかどうかを判定する段になった，そこでなお，おかしな点が多々ありますよね？

S：何と言っても，エチゼンノカミが「私は見た」と言って判断した点ですね。

Prof：これは何故いけないのですか？

P：ゴンザエモンの屋敷から出て来たときに見たわけだから，結託を意味します。

Prof：そうでなく，全く公明正大な裁判官がたまたま見たとして，それでもダメですか？

P：それならば，むしろ一番確かだということになるでしょう。だって「この目で確かめた」というわけですから。

E：いや，そもそも一人で判断するところがおかしい。だから，たまたま「見た」という自分一人の認識で全てを決めてしまう。合議体で判定しなければおかしい，ということじゃなかったですか。

Prof：ならば，合議体のメンバーが，あるいはその中の誰か一人が，「見た」というのはどうですか？　百聞は一見に如かず，ですよ。

K：私にとって，それより気になるのが，傍聴の連中がうるさいことです。しかも裁判官がこれに反応してしまっている。公開ということに依然疑問が有ります。

I：確かに，皆でがやがやとやられると，勢いによって結論が流されてしまうのではないですか？

F：だからこそ，厳密な議論が可能となる空間が形成されなければならない。外から特定の集団が影響力を行使するということは，却って公開に反する。

Prof：そのとおり。しかしそうすると，何故「私は見た」がいけないか，もうわかりましたね？

H：全然。

Prof：「私は見た」のは何故ですか？

H：たまたまそこに居たから。

Prof：たまたまそこに居たのは何故ですか？

H：それはもう，ゴンザエモンの屋敷に行ったから。

Prof：ならば，何か特定の事情が絡んでいますね？　特定の事情が絡まないよう判断させるにはどうしたらよいですか？

N：隔離する？

Prof：しかし却って隠れて密かに外と連絡するかもしれませんね。インターネットもケータイも有ることだし。

E：むしろ，白日の下に置く。全員に丸見えであれば，特定の結びつきはありえないし，あったとしても，判断するときに割り引ける。

Prof：そのとおり。誰かに知られて困ることは全員に知らせろ，です。誰もそれを利用できない。全ての判断材料が公開の空間に置かれれば，特定ということが無くなります。議論をするということは，結論について主張し合うわけですが，そのときに，必ず論拠を示さなければならない，ということを意味します。その論拠は，民事訴訟の場合，原理原則ではなく，占有に関する過去の事実です。というのも，原理原則は占有と決まっているからです。さて，今結論を出し，これを言語によって論拠づけるとき，その論拠を，その公開された議論の空間において発話された言語だけからしか採ってはいけない。その場で何か事件が起こって皆が見ていても駄目です。必ず言語によるのでなければならない。音声言語ですね。こっそりメモを渡すというのは駄目です。皆に聞こえるようにする。言語による濾過は，吟味の対象としうるための要件です。言語は既に吟味のために有る。それをさらに吟味する。二重の吟味ですね。これが議論を戦わせるための条件になる。これは極めて重要な原則です。激しく議論を戦わせて結論に達した後，結論を書く人が，関係の無い外部の人間がかくかく言っていたから，とか，そんなことは実は私が一番知っていた，とか書いたら白けます。以上が，裁判は**口頭弁論**によらなければならない，という大原理です。だから，口頭の議論を省いてかわりに書面を交換しておこう，は御法度です。何故ならば，書いたものは，発話者を物の背後に隠すからです。典型は御託宣ですね。ははーっ，ということになる。完全に水平的で非権威的な言語交換のためには，**直接性**が不可欠です。議論主体が論拠をヴェールの背後にではなく把握し合うということです。実はこれらは政治システムの成立要件です。この他に証拠の問題が有ります。論拠に論拠を付すことができますが，そのうち，言語を生命とするのではないものです。物的証拠と証人の証言を含みますが，後者も，言語は使いますが，すぐれた論理を展開して説得力があるとかでなく，知覚を伝達しているだけです。これらもまた口頭弁論の場に置かれ，一切条件付けられない，自由独立の吟味の対象となります（**自由心証主義**）。

かてて加えて

Prof：要するに，ゴンザエモンはこの口頭弁論手続で政治システム固有の議論を展開しなければならないのですが，その負担に加えて，さらに大きなハンディキャップが有りましたね？

J：おはなボウが真ん中に置かれるのでなく，被告の占有が尊重され，一方が他方に言っていく。だから原告が証明しなければならない。
Prof：そうでしたね。何故，そうでした？
J：「最後の一人」が原理でしたから，確かに，厳密な議論の空間が一番それを判定するのに相応しいわけですが，いくら自由と独立の人々が公平に議論をするのであっても，第三者の人が様々な原則論をてんでに展開するのでは，おはなボウを天下国家の正義という大波のまにまに漂わせてしまう。
Prof：そういう感覚が法の場合は大切ですね。政治は自由を意味しますが，その政治からももう一度自由だ，というのが法ですから。いずれにせよ，民事訴訟は，両当事者にしか議論することを認めないのです。訴訟要件を判定するプロがいて，これが裁判長で，訴訟要件審査でおのずからポイントが定まりますから，この点はどうか，と合議体にききます。合議体は，勝手に問題提起してはいけないのです。これも占有の効果ですね。逆に**裁判長**は合議体に加わることができません。そして，その合議体は，議論をする両当事者と，これを聴いていて判定する**陪審**に分かれることになります。両当事者は，議論はしても判定には加わることができません。陪審は議論をすることができません。評決のための議論は弁論ではありません。かくして，さきほどの大原則は，陪審は判定に際して両当事者が口頭弁論に提出した論拠と証拠以外を根拠とすることができない，というように表現されることになります。これを**弁論主義**と言います。民事訴訟の柱の一つですが，実は，政治システム本来の原則と，民事訴訟固有の原則，の両方から成っていることに注意しましょう。
D：すると，この話の内部の間違いの中でも，裁判長と陪審が分かれていないことが最大のものだということになるのですか？　しかし，これは現代でも同じではないですか？　それに弁論主義については少し違うことを聴きました。
Prof：学習困難者には珍しく，君はまともな授業にも出席していたのですね。様々な歴史的理由により，特に政治システムの側の未発達のため，一人二役，というか，そもそも訴訟要件の審理と実体の審理を一体の手続の中で行う，ということも多いわけで，複雑な事情が絡まって国により様々です。しかしトライアル前とトライアル後に手続を大きく二分するのは，基本であると言えます。それから，諸君は，弁論主義の第一ルールから第三ルールまでを覚えることになろうかと思いますが，これは，手続の基本形が無い中でも実質を維持しようとする19世紀ドイツ風の定式であるからでしょう。本来は，前段の手続で法的な主張は終わっているはずです。そこで抗弁等が考慮され，争いは一点に絞られている。**争点決定**と言います。その威力はまだこの段階では論ずることができませんが。

もっとも，現在の日本でも「争点整理」という少しだけ似た手続ができました。機能については諸種の評価が有るところではあっても，やはり何か整理の必要は感じられているのですね。他方，後段の手続では事実と証拠を組み合わせて議論していく。さて，その後段では，原告の主張が成り立つかのみを議論するということでしたが，そのとき，原告が論拠を提出し，そしてそれを証明しなければならない。被告はそれが成り立たないということだけを論拠づければよい。これが**証明責任**の問題で，これが原告に帰する点，被告有利になります。これが民事訴訟の特徴で，占有原理に由来します。ただし，後の回で登場する抗弁というものが有り，これに関しては立場が入れ替わります。そして，それやこれやあれこれ当事者が提出した論拠と証拠に関しては，オープンな議論ですから，陪審は自由に採ってよい。論拠と証拠を提出した当事者の意図どおり使わなければならないとすると，これはバイアスになり，権威を発生させます。陪審は両者が提出するものを押し並べて判断材料としてよい（**証拠共通の原則**）。ちなみに，主張共通原則は成り立つか，と論じられますが，二段階区別を知らないため，前段で提出すべき「抗弁」等，と後段つまり口頭弁論で論拠として提出される事実，が共に「主張」と呼ばれます。このため混乱した議論が出て来てしまうわけです。

終わったと思うのはまだ早い

Prof：おっと，まだ席を立たないでください。最後にまだ一つおかしな点があります。最後というのだから，物事の帰結に関わりますが。最後どうなりました？

L：ゴンベエがオハナぼうを引っ立てて行った。

Prof：どうですか？　仕方ないですか？

L：何かおかしいですか？

Prof：君だったらどうする？

L：控訴する。

Prof：素晴らしい。でも一旦はオハナぼうを連れて行かれる。それでいいんですか？

L：いや，まだ早い。

Prof：じゃあ，控訴しなければ，連れて行かれても仕方ないのですね？

O：正規の裁判が行われ，判決が確定したならば，それに従うのが当然でしょう。執行の問題になる。

Prof：う？　執行の問題になる？　ということは，どういうことですか？

O：だから判決が実現される。

Prof：執行と判決の実現は同じことですか？

O：違うとでも言うのですか？

Prof：お気の毒ですが，全然違います。どうしてですか？

M：まだまだ占有が尊重されるということですか？

Prof：全くそのとおり。法は徹底しているのです。執行するということは占有に手を付けるということで，第一に，ここに厳重な手続が課されます。様々な異議申立てが可能です。それは違うだろう，とか，そこまでは取れないだろう，とか，そういう乱暴なやり方で取っていいのか，とか。これらの部分の透明性の確保ですね。第二に，執行を受ける者の生存を保障する部分には手を付けてはいけないのです。逆に，被告が実力行使や誤魔化しに出た場合，鋭い制裁も用意されています。要するに，占有という原理がところを変えて新しいバトルを生むわけで，何も終わっていないのです。この話がおかしいのは，この手続が分化しておらず，判決手続の途中でいつの間にかゼンベエどんがオハナぼうを奪われてしまった，という点です。

C：私は深い疑問に包まれています。ひょっとすると，これは世間でいわゆる一つの「民訴」じゃないですか。「学習困難者」が学ぶこととは到底思えません。司法試験を受けるような人が，「民訴」はむつかしい，と言っていました。

F：私は逆に非常に爽快になりました。ともかく，徹頭徹尾単一の原理があるだけだから，わかりやすい。

Prof：ははは。だから，裏から入ると言ったじゃないですか。「裏から」は「一番奥から」と言い換えうるのは当然です。だから不当表示ではありませんよ。占有に民訴？　歴史的に超難解とされるものです。名だたる大学者にとってです。しかし，何か匂いませんか？　ははん，そういうところに暗号解読の鍵があるだろうと。いずれも，ドッグ・フード問題，つまり権利が有るか無いかとか，正しいか正しくないかでなく，具体的な救済・保障手段レメディーを考える，というジャンルです。権利の有無を平板に考えるのとは対極です。法，そして法のプロ，はそうは考えない。中枢から入った方がわかりやすいことは言うまでもありません。そして中枢にこそ価値が宿っているのも当然です。幸い法は高い文化の積み上がりを要請しますから，民事訴訟法は，かくして，最もエレガントな分野です。少しでもその匂いを嗅いで，法律学というものは本当はダサくないのだ，と感じておくのもよいのではないですか？　ほら，「民訴」の先生は君たちの先生方の中でも，最も優美繊細じゃないですか。それが何故か，わかりましたね。

再入門後の学習のために

以上で民事訴訟の骨格をごく初歩的に見たことになります。全体としてきわめてシンプルかつ明快な構造が存在するということがおわかりでしょう。民事訴訟が問題を実にエレガントに解決するという印象はここに由来します。えっ？　そういう印象は無い？　それはコマッタ！　いずれにせよ，民事訴訟は占有概念の直接のコロラリーですから，入り口で勉強しなければなりません。そこに法独特の思考法が色濃く表れています。

他方，通常の民事訴訟法の学習にとっても，こうした把握は無駄ではありません。二つの柱，訴訟要件論と判決手続原理，が存在することも容易に理解されるでしょう。

まず，前提に政治システムが存在するという部分は，本来ならば，「裁判法」のような授業で扱われてしかるべきです。フランスなどの教科書では l'organisation judiciaire という大きな章が置かれて扱われます。

そして，民事訴訟が実に明快かつエレガントなのに，民事訴訟法の勉強が難しく，民事訴訟が錯綜混乱して見えるのは何故か？　理由は多岐にわたりますが，第一の理由は，この授業でもずっと先の方で触れる所有権概念登場に伴って占有が複合化し，前段（訴訟要件審査）の問題が大変テクニカルになる，ことに由来します。第二の理由は，それでいて，訴訟要件審査と判決手続を手続上区分することをやめて裁判官の達人的技能に委ねた近代法＝ドイツ法に由来します。日本法はこれを受け継ぎます。第三の理由は，そのドイツ法からさらに捩れた位置に日本法が来るという問題に由来します。今はまだこういうことを言っても難しいでしょうが，本来の明快な構造をしっかり頭に入れたうえで，実際に教えられる民事訴訟法がいちいちズレていることをまずは冷静に捉え，わからなくとも自分のせいではなく錯綜のせいだと認識して落ち着きを取り戻し，そしてゆっくりと一体どこがどうズレているのか，探索する楽しみを獲得する，ということをなさればよいかと思います。

例えば，実際に「民訴」の先生が熱弁をふるうのは訴訟物理論かもしれません。何でこんなことに血道をあげなければならないのか？　訴訟要件問題の中で最も華々しかったのが訴訟物を巡る議論でした。しかし，これこそまさに，手続全体の基礎となる占有が複層化するために生ずる問題です。二個ボールが入ってしまったサッカーのようなものですね。このとき，占有の複層構造を冷徹に捉えて訴訟要件問題をクリアするテクニックこそが，上に述べたドイツ流裁判官の腕の見せ所となったのです。それまでは，訴権競合というジャンルを形成しているにすぎませんでした。かくして，裁判官の名人芸，ないし（本当は）深いローマ法的教養，を欠くと，混乱が発生します。訴訟要件の問題が占有によって一義的に解決される，ことを看過したため生じている混乱は，占有原理を遠くへ押しやった日本法において特に目立ちます。特に日本では，権原ないし請求権に応じて規律するか，それを無視して紛争単位で規律するか，というように両極へ短絡してしまったという図があります。実体法を含む私法秩序全体をしっかり見通さずにする手続論が盛んに行われます。

第三話 取得時効，豪華付録付き，その一

 ぜんべえドンとオハナぼう，第三話

人々は占有を学習し，さらには民事訴訟を営み始めました。人々は時間を巻き戻し，おはなボウの事件にも正しい解決を与えました。占有は保障され，続く本案でもゴンザエモンは自分のものであることを証明できず，ぜんべえドンとオハナぼうは再び幸せに暮らしています。

ところが或る日，例によってゼンベエどんがオハナぼうに草をはませていたところ，ごんべえドンが通りかかり，またクレームを付け始めました。

> そのベコわぁ，オラが主人のゴンザエモンどのがぁ，ドッグフードさぁこせぇてぇ，猛犬ゴンにくわせべぇ，と思ってぇ，飼っとったぁ，ベコでネエけぇ。オンデテモウタとぉ，思ったらぁ，こんなところにぃ，行っとったかぁ。オイコラ，ぜんべえ，さっさとゴンザエモンどのにケエスだ！

ぜんべえドンは，また誰かが時間をよからぬ方向に巻き戻し始めたな，と感じましたが，占有保障の保全手続も有るし，民事訴訟も定着している，なに心配あるものか，とオハナぼうに話しかけ，安心させました。

> ほれ，見でみれ。オイさはこのとおり占有があんなだ。手ぇ出したら，レッドカードで永久追放だぞ。

とゴンベエどんを突っぱねます。

ところが，ちょっと様子が違うのです。へらへら笑うばかりのゴンベエどん，挙げ句の果てにこう言うのでした。

何が占有だか，勉強たりねえな，オメエ。いんまはオメエみてえなヤツのたんめに，『学習困難者のための法学再入門』なんちゅうものもあるだっぺ。まあそら，占有さアルかスラネエけんども，オラどもが出るとこへ出て，さっさと取り返すダンベ。

と何だか意味深です。

ほぉ。それはいい。オイの占有を認めるっちゅうごどだの。したばオイの勝ぢだ。このめんごオハナがオメ達(だぢ)の物だなんて，証明できる訳(わげ)ねえ。

ぜんべえドンは自信満々に応じ，そしてオハナぼうともども連れだって，公明正大な裁判長として知られるエチゼンノカミどののところへ赴きました。

さて，エチゼンノカミどのは，二人がやってくるとルーティンの手続に入ります。ゴンザエモンどのは，ぜんべえドンが占有するところの牛の返却を求める，と申し述べます。エチゼンノカミどのはゼンベエどんに聞きます。

「お前は確かに占有しておるのだな。」

勿論(もぢろん)だでば。

と胸を張るゼンベエどん。

「しかるにゴンザエモン，お前はこの牛をゴンダエモンから買った，というのだな。」

そのとおりでございます。

ぜんべえドンは本当に驚きました。おはなボウがまだ子牛のころ，ありったけのものを投じてまさにゴンダエモンという者から買ったのでした。なんでまた，ゴンザエモンまでがそのように言うのか。それとも同姓同名か。

ゴンダエモン，ゴンダエモンて，一体どごのゴンダエモンのごど言てんなだ？

とゼンベエどんは思わず大声をあげてしまいました。しかしエチゼンノカミどのは委細構わず，言い放ちます。

「ゴンダエモンはおるか？」

ブッホン，オレ様に何か用か？

と突然ゴンダエモン本人が現れたのには，二度，ぜんべえドンは驚きました。もっとも，同時に安心しました。それはまさにオハナぼうを売ってくれたその当のゴンダエモンその人に間違いなかったからです。これできっとどちらが嘘をついているのかはっきりする，とゼンベエどんは思いました。

「こら，ゴンダエモン，お前は確かにゴンザエモンにこの牛を売ったのか。」

ブッホン，あたりきしゃりき，これが見えねえか。ひらひらはためくこの紙は，新聞の折り込み広告に見えるとも，実はそうではないぞ。オラが自慢の法務部が立派に作った契約書。ほらこのとおり，正確無比の立会人，ゴンピュータの署名もある。それぱかりではござんせん。引渡のときの証人さん，ゴンピュージにゴンピューザ，その署名に登録文書。

「この牛に間違いないか。」

ブッホン，この焼き印を見るがよい。契約書と引渡証明書に映っておるのと同じ焼き印じゃ！

わが目を疑ったゼンベエどん，必死の思いで叫びます。

何言うなだ。頭おがしぐなたなでねえが？　オイのごど忘っだなが？あれは三年前の今月今夜，あぁ，んでね，別の月の別の日さ，この牛は良い乳を出す良い母牛になるに違いねえさげ，大事に育てねばの，と優しぐ言って撫でながら，おはなをオイさそぉっと引き渡してくれだんでねが。それが，なして，そげだ嘘を平気で言うなだ。ゴンザエモンの言うことは大嘘だど，なしてその一言が無えなんが，オイさだばさっぱり分がらね。

「ぜんべえがこのように申しておるが，ゴンダエモン，そのとおりか？」
とエチゼンノカミどの。

ゴンダエモンどのはニヤリと一瞬笑いましたが，すぐに例の咳払いを大袈裟にして言います。

ブブホン，ぜんべえなどという者は，聞いたことも見いたこともなあい。

開いた口も塞がらないゼンベエどん，しかし，はっと気づき，かろうじて次のように言います。

ああんだ（そうだ），あのとき，オイさ立ち会ってくれだなは，あのゴンピュー三兄弟だったんであんめが。んだんだ，忘れもしね，ゴンピュータにゴンピュージさゴンピューザ。変な名前ださげ一度聞いたら忘れる訳（わげ）ねえ。エチゼンノカミどの，お願いだ，ゴンピュータの奴から話を聞いでくれ。

「ゴンピュータくーん！」
とエチゼンノカミどのがどこかの国の議会のギチョーのような調子で言いました。ぜんべえドンは，裁判長が何をしているのか，一瞬わかりませんでした。「ゴンピュータ」と言っても，どこの誰だか，同姓同名もあるし，どこに住んでいるかもわからないし，連絡をとって呼び出して，ちょっと大変だ，と思っていたからです。ところが，

「ハ・イ。」
と言って当のゴンピュータどんが出て来たのにはまたまたびっくりしました。

「ゴンピュータとやら，それにしてもこんな珍妙な名前を一体誰が付けたのだ！　そちの親は才能無いぞ。いや，それはどうでもよい。ぜんべえの言うとおり，おまえはゼンベエが子牛を一頭買うのに立ち会ったのか？」

ゴンピュータは言います。

「ア・シ・タ・ノ・テ・ン・キ・ハ・カ・ザ・ム・キ・シ・ダ・イ・オ・ラ・ガ・イ・ウ・コ・ト・カ・オ・イ・ロ・シ・ダ・イ。パ・ス・ワ・ア・ド・ヲ・ニュ・ウ・リョ・ク・シ・テ・ク・ダ・サ・イ。」

「なんだ，これは電子認証ではないか，ゴンザエモンでもゴンダエモンでもよいから，さっさと入力せよ。」

ちょいとおまちなんせえ……ほいと，これでよし。

「コ・タ・エ・ル・ナ・イ・ヨ・ウ・ヲ・ニュ・ウ・リョ・ク・シ・テ・ク・ダ・サ・イ。」

ゴンザエモンたちがそれも入力すると，ようやくゴンピュータが言います。

「ゼ・ン・ベ・エ……ハ・シ・ラ・ナ・イ。」

エチゼンノカミどのがこれをうけて言います。

「ぜんべえ，このように申しておるが，どうする？」

こいづの頭も空っぽだ，全然信用出来ねえ。ゴンピュージを呼び出してもらえねがの。

とゼンベエどん。しかしゴンピュージもまた，呼び出すまでもありませんでした。

「明日の天気は風向しだい，おらが言うこと顔色しだい。ぜんべえは知らない。」

と電子音で繰り返すばかりでした。そして，さすがのゼンベエどんもゴンピューザなどは呼び出す気にもなれませんでした。どうせ，コピペに違いない。

ぜんべえドンは最後の切り札を出します。

オメ方（がだ），こないだの話を忘れでしまったんでねえが？　なんぼ自分の物だと証明出来（でぎ）でも，自分がオハナを奪われだ時（どぎ）のごどを証明出来ねばダメでゆうことでねがったんが？

一瞬周りがしんとしました。ぜんべえドンもなかなかやるものですねえ。

しかしゴンベエもさるもの，木に登るもの，

へへへ，しかけはじゅうじゅう鉄板焼き，飛んで火にいるお好み焼き，今おめんとこに占有ば無かとかのう？　ほいで，ゴンダエモンどのからゴンザエモンどのに移ったことも子羊ちゃんがメエメエハクハク。ほいで，ゴンザエモンどののあとがお先真っ暗闇。ぱっと浮かび上がればドラエモン，いや間違えたドザエモン。戸板に乗っけりゃオメエの占有。オメエが盗んだにチゲエネエダ！　おあとはよろしく旦那衆，輪になって踊ろよもう一周。

すると，驚いたことに，ゴンエモン，ゴンクマモン，ゴンポケモン，ゴンヤダモン，ゴンシラナイモン，ゴンカンケイナイモン，ゴンドウセヌスンダニキマッテルモン，等々がぞろぞろ出てきました。そして大合唱して言うには，

ヤーレン・シラネエ・シラネエ・シラネエ・シラネ・ニシンキタカト・カモメニキケバア……オラシラネ。吾輩どもが全員残らず知らねっちゅうことは，ぜんべえはこっそり占有を獲得したっちゅうことじゃのお，そうよのお！

ぐっと詰まったゼンベエどん，しかしふと見上げたその先に，タゴサクどんとハチゴロウどんの顔が見えました。集まった村人たちの中に混じっていたのですね。その瞬間，ぜんべえドンは言いました。

裁判長，ゴンザエモンが買ったでゆう日は去年の今月今夜だろ。でも，三年前の別の月の別の夜以来ずっと，オイが何の問題も無く(ねぐ)オハナを飼ってだことぐらい，そごのタゴサグどハチゴロウがよーぐ分がてる。是非，聞いでやってもらえねがの。

すぐに呼び出された二人は，ぜんべえドンのために勢いよく証言しようとしましたが，しかしふと見ると，ゴンベエやゴンロクやゴンクロウどもが怖い顔をして睨みつけているではありませんか。あいつらに睨まれたら終わりだ，と二人は考えました。

「すらね，おれらはなあもすらね！」

ぜんべえドンは憤怒のあまり卒倒しそうになりましたが，ゴンベエたちはピースなどしていますねえ。勝ち誇ってゼンベエどんに向かって叫びます。

ひひひ，キーバ先生の授業も，もう一回目でねえど。三回目にもなれば，占有ゲームさヴァージョン・アップするってことをオメエこそ知らねえな。これだからゲーセンもネエようなトゴに住んどる田舎者は困ったもんだべ。オラがように毎日ゲーセンさ通わねばダメだべ。オレらは占有は尊重しとるだ。次のゲームさ始めちょるがさ。

ぜんべえドンは，そう言えば昔ゲーセンなどという言葉があったなあ，と一瞬懐かしく思いましたが，ゲーセンなどに行ったことが無いのも確かです。とうと

う，ぜんべえドンも年貢の納め時のようですね。八方塞とはこのことです。占有も民事訴訟も助けになりません。

そのときです。集まった人々の中から不意にリョウサクどんが出てきて証言したいと言います。これが許されました。

「いつからだかは忘れでしまったんども，もうずぅっとオハナぼうはゼンベエの所さ居っだけのぅ。ぜんべえは，おはなボウをすんごぐメゴがてて，あれだば，家族同然だのぅ。」

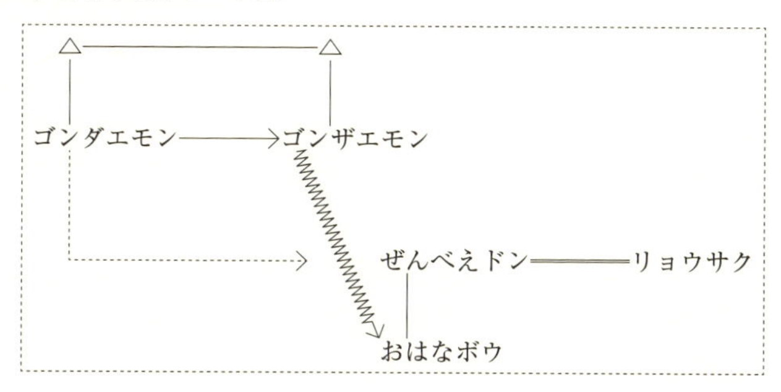

庄内弁訳（ぜんべえドンとリョウサクどんの科白）：放上鳩子

オレたち陪審

Prof：皆さん，私のことはご存知ですね。ナンバーワンと言われる突撃芸能レポーターです。でも今日は，芸能人のことは飽きたので，今話題のオハナぼう事件，その渦中にある陪審員の方々の中に潜入し，極秘ルポを試みてみましょう。なにしろ，この注目の事件の陪審に選ばれたのは全員これまた注目の学習困難者だというのです。興味津々ですねえ。そう，皆さんもう私の周りに集まってくれています。**N**さん，どうですか，口頭弁論は終結したようですが，ぜんべえドン圧倒的不利ですね。完敗じゃあないですか？

N：ゴンザエモン側に違法なところは全く見られません。この牛を返してもらう以外にないですね。いくら，ぜんべえドンとオハナぼうの関係が切っても切り離せないものであったとしても，ぜんべえドンのものでなければ仕方がない。

B：N君，そんなこと，テレビカメラの前でしゃべっちゃダメじゃないの！　守秘義務，守秘義務。

N：いけね，どうも，おいらテレビには弱いんだ。それにレポーターにも。テレビに出ている人はエライんだって，うちの両親が言っていた。

Prof：大丈夫ですよ。今日は特別の許可をゴンザエモンどのから，あ，いけない，エチゼンノカミどのからもらっていますよ。何をしゃべっても叱られることはありません。むしろ，結審したばかりの生々しいところをお伝えしてほしい，とおっしゃってました。どんなもんだ，と。しかし皆さんは，有名な学習困難者の方々でいらっしゃる。人一倍法の世界の苦しみはご経験なさっていますね。陪審員に選ばれて苦痛には感じませんでしたか？

H：いやあ，法律学はつまらなくとも，事件と火事は，いついかなる場合だろうと，必ず見に行きます。

P：私の場合は，多少後悔しています。笑うだけで法律学が習得できるというので軽く考えて取ったら，ぜんべえドンとオハナぼうの事件に巻き込まれ，陪審までやらされ，インタヴューまで受けるなんて，チョー，ウザイ。

Prof：ゴンベエどんは，キーバ先生の授業とか言っていますが，本当に授業に出たんでしょうかね。だとすると彼も学習困難者でしょうか。どうです，あなた，ゴンベエどんもクラスにいましたか？

C：全然覚えてません。そう言うからにはいたんでしょう。ただ，学習困難者のわりにはやり方がうまいんで，偽学習困難者だったに違いありません。私たち本物の困難者を馬鹿にした話です。

残念でした，またどうぞ

Prof：どうです？　率直なところを聴かせてください。ようやくゼンベエどんもボロを出したと言えますよね。だって，占有なんていう原理が無ければもうとっくに，しかしそれが有ったって，ゴン側は完璧なステップを踏んでいますから，ぜんべえドンは手も足も出ませんよねえ。

P：N君も言ったとおりです。折角取材に来ても面白い話になりませんよ。

D：そういう，一方当事者に対して偏見を抱かせるのは，いくら特別に許可された極秘ルポといっても，違法じゃないですか？

K：ゴンザエモンのやつ，自信満々だから，極秘取材を許したんだよ。

Prof：それが意外にもそうでなかった，まるで違っていた，ということになれば，ほんと言うと，来週のワイドショーで大きく取り上げることになっているので，うれしいんですが。報奨金も出ます。

E：まっ，形勢不利だけれども，ゴンベエらのやり方が間抜けには違いないさ。

Prof：えっ，どうしてわかるんですか。一つそこのところを聴かせてください。

ここを食い下がるのがしつこい芸能突撃レポーターの特技です，はい。

E：論理が繋がってない。

Prof：ほう。どこがですか？

E：連中はゼンベエどんの占有を認めているのでしょう。だからこそ原告をやっている。ところが，「ゴンダエモンから，売買を原因として，占有を正規に移転された」とも言っている。だから返せ，と言うのだけれども，でもじゃあどうして今ゼンベエどんのところに占有があるのさ，ときかれたとき，どうするつもりか。知らないと言うのか。少なくともそこを繋げる論証をしていない。現にゼンベエどんにこの点を指摘されているではないですか。盗まれたという事実の論証ですね。

Prof：あなた，本当に学習困難者？　何だかアメリカ映画に出て来る弁護士みたい。

G：これだから，芸能突撃レポーターはミーハーで困る。すぐに恰好で騙される。ゴンザエモンは一度立派に自分のものであることを証明している。今度はそれがおかしいということをゼンベエどんが証明しなければならない。それができないからこそ，彼はピンチなんでしょう。向こうに立派な売買がある。しかるに，自分がこちらで占有している。一体どうしたんだ。誰だっておかしいとなる。さらに転売されたのか。盗んだのか。拾ったのか。

T：そうとも限らない。基本的に，被告は守ればよいのだから。一個の立派な売買と引渡があったということは，まだ全く被告の占有の攻撃になっていない。被告の占有と，この広い時空の広がりの中で，いくらでも両立するではないか。

M：でも，まずゼンベエどんの方が，自分から，同じゴンダエモンから買ったと言ってしまっている。そしてその当のゴンダエモンから知らないと言われた。証人も多いし，書面もある。次に，まさにこの「青い空の下」いくらでもありうることが全部塞がれている。ゴンエモン以下が登場して，盗まれたか，何か不透明なことがあった結果，今ゼンベエどんのところに収まった，ということしか論理的に考えられなくなってしまっている。ゴンザエモン有利は動かないさ。

F：うーん，そこは痛いなあ。ぜんべえドンがバカ正直だから困る。第一話のように，生まれた時からずっとオハナぼうはここにいた，と言えばよかったのに。そうすれば，ゴンダエモンを連れて来ても，そうは怖くない。

S：確かに今回は厳しいかもしれない。

C：なあんだ，ぜんべえ派も今回は簡単に兜を脱ぐんだ。

P：そうだそうだ，一方的では面白くない。

A：でも折角来ていただいた突撃レポーターの方はがっかりですね。私たちもテレビに出るのかと思ったのに。私たちがまとまって陪審だなんて滅多にありませんよ。

O：ということのようですから，また別の事件のときに来ていただけますか？

Prof：おや，結論が早いですねえ。皆さん優秀でいらっしゃって，やっぱり，ロースクール生は芸能レポーターとは違いますねえ。

でも，でも，何かおかしい

R：けれども，まだ**I**さんが残っている。最後のぜんべえ派！　どうです，私たち追い詰められましたねえ。

I：とにかく，非常におかしいという感じは今回も消えません。いや，これまでの回よりももっとおかしいと思います。

R：なるほど，余りにも一方的にゴンザエモンの勝ちである，そこが却って怪しい，というわけでしょうか。つまり証人も多いし，書面まである，ゴンドウセヌスンダニキマッテルモンまで出て来てしまった。名前からして怪しい。ここがどうも匂う。先生は一回目に鼻で考えろと言っていた。犬じゃあるまいしとは思ったが，今日は犬でなくとも匂う。

Prof：へえ，どんな匂いですか。

J：それはもう結託の匂いです。

F：そうそう，ぜんべえドンの反撃が巧妙に塞がれている。そもそも初めから証人が全員そろっているというのがおかしい。

B：あれえ，**F**君，今回ばかりはお手上げだと言っていたのに，**I**さんが発言した途端，また方向転換？

M：ゴンザエモン側が完璧すぎるというのは，やっぱり結託を疑わせますねえ。とはいえ，多くの証拠証言が一致するということと結託とは紙一重だし，示し合わせたとしても，事実がそうならば，幾ら結託の意図を論証したとしても，裁判には負けるでしょうねえ。

Prof：では突撃レポーターの立場を生かしゴンエモン一同に直接聞いてみましょう。そんなこともあろうかと，今ここに来ていただいているのですよ。あっと，あなたでしょうか，ゴンシラナイモンとおっしゃる方は？　どうです，ぶっちゃけたところ，あなた方はゴンベエどんに言い含められたのではないですか？

ゴンシラナイモン：ブホン，それは吾輩に対する重大な侮辱じゃ，われらほど自由独立を誇りにしておる者たちはほかにおらぁん。

Prof：とおっしゃっていますが？

S：自由独立の人々が厳密に議論して決定したことには逆らえませんよね。占有が守られるのもそのオカゲなんですから。

編集者に叱られますよ！

Prof：（ツーツーツツーツー）あっと，何か連絡が入りましたねえ。こちら突撃レポート中，スタジオ，どうぞ。おっと，違った，これは **A** 先生からじゃないですか。何か混線してますねえ。厳格な学風で知られる **A** 先生がミーハーの私を知っているはずないのになあ。

A 先生：テクストの一部をそもそも一部として前後から分離可能であると解釈したこと自体の適否を批判的に再点検する必要がある。

Prof：リョウカイリョウカイ，学習困難者に伝えまあす。あっと，でも境界を逸脱して別の連載に出たら，編集者の五島さんに叱られますよぉー。

Q：そうだ，話のポイントに帰ろう。この話はあまりにも完璧に辻褄が合っていて取りつく島が無いように見える。形式的には完璧な政治的決定が出そうだ。しかし最後のリョウサクどんを忘れてないか？　どんなに圧倒的大部分でも部分は部分だ。そこだけうまく解釈できても，分離可能かどうか。

D：確かにそこに不思議な ほころびが有ることは疑いないねえ。

I：話のこの部分を見逃さないということは，皆に見捨てられた人を見逃さないということと同じですね。

R：今日は先生が突撃レポーターになっちゃったから，ボクたちでするしかありませんね。それで，私に言わせれば，これは占有よりも強烈に占有原理を必要とするケースじゃないですか。占有も政治的決定に最後は依存する。しかし，政治的決定に形式的には何ら瑕疵が無いのに却ってスーパー占有原理違反，つまり包囲網を作って占有を潰すことが行われた。形式的には完璧であればあるほど包囲網の悪質性は増す，という逆説ですね。このときには，折角ゴンシラナイモンさんにはお越しいただきましたが，カクウエモンさんを立てて争う余地をゼンベエどんに認める以外にない。つまり彼の側も一応占有取得のところはオーケーだとみなし，実際窃盗等があったかどうかをやはり具体的にゴンザエモンは論証しなければならないということにする。現状だと占有取得のところを包囲網で潰されているので，実質挙証責任が転換されてしまっている。ぜんべえドンが原告みたいになってしまった。この逆転が不当な場合には，つまりそれが不当なほどしっかり占有してきているのに，という場合，再逆転を認めるようにしなければおかしい。そういう非常装置が無ければ占有は守られません。

D：しかし，そんなカクウエモンさんなどという架空の譲渡人または立会人を認めると，占有が違法に移動していったのだという論証はそもそも不可能になるね。
H：えっ，それはどうして？
D：なぜならば，相手の占有を攻撃しようにも，それが架空の基礎を持ってしまっているから，そんな切り札を認めた途端，それは難攻不落になるね。ぜんべえドンの主張のラインとゴンダエモン＝ゴンザエモンのラインは「平行線は交わらず」の関係になっている。それは，ぜんべえドンが及ばない世界をゴン一派が独占しているからだろう。それで却ってゼンベエどんは別の水源から水を汲んできたようなものだ。つまり全部塞いだということがオウンゴールっぽい。ぜんべえドンが船底から上がって来れないように全部塞いだために，自分も降りていけない。
P：あれ，面白いことが起こった。占有を想定してやっただけで，本案でも負けにくくなった！
F：それどころでないさ。原告は，被告にこれをされると，どこまで論証しても勝てないさ。要するに，双方異次元だから，原告に手が出ない。
S：確かに，リョウサクどんの証言は実質本案の証言ではないな。占有の証言だ。占有自体の質というか，根みたいなものに関わる証言だね。

出番の無かった人がまとめたって……

Prof：いやあ，学習困難者の底力を見せつけられましたね。ここいらで，突撃レポーターなどやめることにします。取得時効のロジックを見事に再現して見せてくれました。おっしゃるとおり，取得時効という制度が何故あるかというと，そういう理由なんです。占有のロジックのエクステンションであり，こういう非常逃げ切りの避難梯子を用意して脆弱な占有保障を補強しているのです。「脆弱な占有保障」というのは，その見かけを簡単に作ることができ，そしてそれが奪われたということも簡単にシミュレートでき，本案で簡単に占有を取り上げてしまうことができる，ということを指します。これに対して，上質の占有，しかしなかなか正当化しにくい占有，に対し，一定の要件を満たせば逃げ切ってしまいアンタッチャブルになる，言わばゴール・ネットの中に吸い込まれたとみなしてしまう，ということを認め，救済する，というわけです。何よりも，「誰に帰属するのが正義かよりは占有の方がずっと大事である」という価値観のコロラリーです。だから，時間が経てば本来権利が無いのに獲得できるのである，「所有権取得の一態様である」，というのは間違いです。ローマの時代からそう言っていたのですが，ただのアカデミックな整理です。一歩進めて「所有権取得の一原因である」とすると誤りになります。「原因」概念についてはここでは論じえませんが。とにかく，取得時効は不道徳な制度ではありません。だから，必ず防御的に，裁判上の抗弁を通じてしか認められないのです。自由の最後の砦とでも言うべき制度ですね。それだけに，実際には特に良質の占有に限定して主張させます。時間の要件もその一つです。ただし，長い期間を要求するタイプは，沿革的には，歴史上どの社会も持っていたモラトリウム型のものですから，筋がよくありません。20年悪意のタイプなどですね。悪意の意味についてはまだお話しできませんが。こちらは要件を厳密に解して制限的に用いましょう。

D君の逆襲

D：お言葉ではありますが，私には直ちに重大な疑問が生じました。そう，お話を変えましょう。ぜんべえドンはオハナぼうを誰かに奪われた。ようやく探し当てたオハナぼうはゴンザエモンのお屋敷の中にいるではないか。

B：まだドッグフードにはなってないの？

D：ドッグフード作成機械の故障で手間取っていたとしましょう。手間取って三年も経ってしまった。立派な占有がゴンザエモンに発生します。ぜんべえドンは民事訴訟を通じて訴えるしかありません。ところが，確かに誰かが違法に占有を奪い，それが今ゴンザエモンのところに帰着している，ということをなかなか論証できないばかりか，それ以前に，取得時効を抗弁され，それが通ってしまった。泣いてもダメですね。だって，さっき自分が認めさせた制度です。**R**君以下が寄ってたかって作り，先生までがオーケーした制度です。

F：うーん，それは困ったなあ。

A：仕方が無いんじゃないですか。

G：いや，だから私は時効には初めから胡散臭さを感じているわけです。

C：しかし，何だかおかしいなあ。

Q君の再逆襲――でも，それはまた次回

Prof：あれっ，どうしたんですか？　**Q**君，前に出て黒板に図を描くつもりですか？

Q：図というわけではないのですが，イメージが浮かんだので，**D**君のお話を脚色してみたいと思います。

Prof：Q君の趣味はドッグフードだけかと思っていたら，形而上学も嗜むようでしたが，今度はお話も作るんですね。

Q：なあに，映画を見るのが好きなだけですけれどもね。

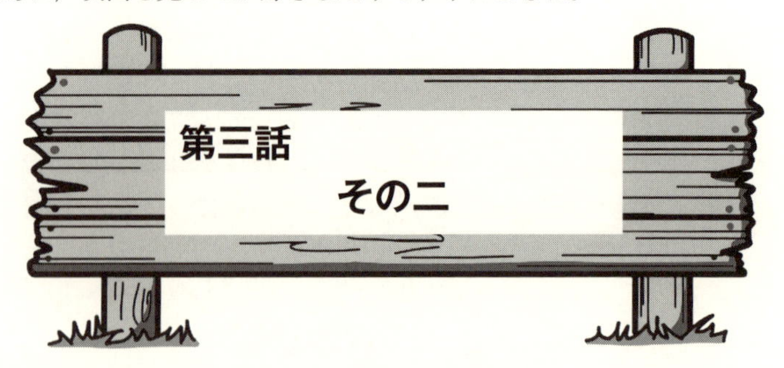

ぜんべえドンとオハナぼう，第三話，その二，Q君のヴァージョン

昔々あるところで，ぜんべえドンという人の好い農夫がオハナぼうという雌牛を大切に飼っておりました。そして毎日幸せに暮らしておりました。ぜんべえドンには，チッチョという十歳くらいの太っちょの男の子がいました。チッチョはお父さんの仕事をよく手伝いました。

しかし或る日の昼下がり，一服していたゼンベエどんの目の前で，おはなボウに縄をかけて引っ張っていく二人組がいるではありませんか。コラアッと，追いすがるゼンベエどん。しかし思い切り突き飛ばされてしまいました。二人組は軽トラックにオハナぼうを載せて猛スピードで立ち去りました。チッチョが心配そうにゼンベエどんに駆け寄ります。

さあ，大変です。これは果たして窃盗か強盗かなどと考えている暇はありません。なぜならば，ぜんべえドンが食べていけるのも，おはなボウの存在があったらばこそ。おはなボウを失えば，生活の道を断たれてしまうのです。チッチョもまたたちまちお腹をすかせてしまいます。ぜんべえドンは必死にオハナぼうを探し，取り返そうとしました。二人で村中を彷徨うように歩きます。チッチョは，「だだちゃ（とうちゃん），腹減た（おなかがすいたよう）」と言います。二人は食堂に入ります。残ったわずかなお金で食べられる物は一つしかなく，それも一人前に限られます。ぜんべえドンはチッチョの分だけをとりました。

丸二日，村中歩き回っても埒が明かず，ぜんべえドンは友人のリョウサクどんに助けを求めることにしました。リョウサクどんは，そういうことならば，顔の広いゼンタあにいに相談するのがよい，と言いました。一緒に連れだってゼンタあにいの家に行きました。仲間たちがたくさん集まっていました。陽気な音楽が聴こえますねえ。舞台のようなところに扮装した何人かがいて，歌を歌っています。アコーディオンの音が軽快なリズムを刻みます。歌付きのお芝居の練習か何かですねえ。真正面に座っているゼンタあにいにリョウサクどんが耳打ちします。あっ，ぜんべえドンとチッチョのところにゼンタあにいが来ます。ぜんべえドンが言います。

この辺りで全ぐ見かげねえ二人組さ（によって），オイのメンごオハナが盗まれでしまた。おはながいねば，オイはもうおしまいだ。どうしたって生ぎで行がいね。

しかし逞しいゼンタあにいは，こともなげに言います。

それは許さんねの。おはなボウは，オレ達(だち)の誇りだ，オレ達の誇りに賭けで，みんなで探し出さねばの。大丈夫だ，オイさ任(まが)せれ。

次の日から，毎日，捜索隊はしらみつぶしに村を探して回ります。ようやく，村はずれの或る家に，軽トラックが猛スピードで着いて，そのとき，モーモーという鳴き声が聞こえた，という証言が得られます。勇み立った捜索隊は，その家に押しかけます。どんどんと戸を叩いたゼンベエどんが言います。

よぐもよぐも，オイのメンごオハナを盗んでぐっだでねが。おはなが連れ込まっだでゆう事(ごど)は，オレたちさ（にとって）はバレバレの大バレ，オテントサマが見逃すはずもねえ。おとなしぐ，ここを開けてオハナを返してくれ。

中から，どこかで見たような豹柄のジャンパーの男が出て来ました。何だかゴンベエどんに似ていますねえ。

うるせえ，朝っぱらから，がたがたウゼエこと言いやがって。逃げも隠れもしねえや。隅の隅までずずいと探してみろってえんだ。そのかわり，もしその何とかいう薄汚い雌牛が見つからなかったら，たっぷりお礼はしてもらうぜ。

と何だか自信満々です。皆は隅々まで探しましたが，なにしろ狭い単純な家で，あっという間に終わりました。おはながいるはずもありません。しかしゼンベエどんは，このとき，おや，と思いました。

なして，おはなが雌牛だでゆう事を知ってんなだ。

そのうえ，戸を開けたすぐの土間には足跡があります。と思ったとき，ゼンタあにいの声がしました。

この金は一体どうしたなだ。おい，こらゴンベエ，オメさこつだげの大金稼げる訳（わげ）ねえ。おや，なんだこの紙切れは。あっ，契約書だ。『ゴンザエモン代理人，ゴンロク』？　何だこれは？　さては，ゴンザエモンどのさ売たんでろ！

ゴンベエをとっちめている場合ではありません。皆はゴンザエモンどのの屋敷に急ぎました。あそこであればドッグフードにするのもわけはない，という不安が皆の胸をよぎりました。

ゴンザエモンどのの屋敷に着いた一同，どんどんと大門を叩きながらゼンベエどんが言います，足元について来たチッチョと目を合わせながら。

お願いださげ，返してくれ，オイのメンごオハナぼうどご。

ギイッと大門が開いて，中からゴンロクとゴンクロウが出て来ました。

まぬけめ，好きに探すがいいが，ここにはもうおらんぞ。ゴンザエモンどのがゴンエモンどのに即刻売って即刻引き渡したからのお。ふよふよふよ。

ぜんべえドンたちが悔しがるったらありませんでした。しかし，悔しがっている場合ではありません。ゴンエモンのお屋敷も十分に大きく十分に深いのです。皆はばたばたと走ってゴンエモンの屋敷の方へ回ります。チッチョもけなげに走ってついて行きます。くたくたですが，そのようなことは言っていられません。ゴンエモンの屋敷の大門の前では同じような光景が繰り返されました。中から，ゴンヒチとゴンパチが出て来ました。しかし科白が違っていました。

ふよふよふよ，ちげえねえだ，おはなはこのお屋敷の奥の奥の奥の方で，これからミンチにされ，ドッグフードになるのを待ってるだ。だけんども，おめえらの言うことが本当かどうか，疑わしいし，本当だとしても，そんなことオレラハ知ったことネエダ。ゴンザエモンどのとゴンエモンどのが立派に取引してあの汚い牛がここへ来ただ。それだけっちゅうことじゃ。あれが盗まれた牛だなんちゅうことは誰も知らねえ。

D：突然ではありますが，ここのところだけ，私にやらせてください。いいことを思いついてしまいました。
Prof：ではひとつ，頼みましょうか。

ゴンヒチが続けて言います。

おれらは『ゼンイノダイサンシャ』っちゅうことだんべ。無学のおめえらは言葉さえスラネエベ。おれらハイスクール，いや，ロースクールさ，首席で卒業しとるバイ。トリヒキノアンゼン，トリヒキノアンゼン。

と，勝ち誇り，手が付けられません。

Q：ならば，次の科白は簡単。

ぜんべえドンが言い返します。

何が何だがわがらねぇんども，とにかく，途中から方言の方角を変えんなよ。一体どごの言葉をしゃべってんなだ，このあちゃけ（馬鹿者）。最後のおまじないは一体何だ？　ラテン語なの使て。ロースクール出だ位（ぐれ）でエバんな。

D：ははは，売られた喧嘩は買わざるをえません。

ふよふよふよ，このオタンコナス，自業自得たあ，このことでござんす。時効なんぞという怪しいものを振り回して前回オレラを悩ませたのはテメエじゃねえか。ザマア見ろ，自分でしかけた罠にはまりやがって。おれらの占有はオメエらのとは全然つながってねえんだぞ，覚えとけえ。そのうえ，ゼンイもゼンイ，ダイゼンイのコンコンチキだあ。

Q：けっ，なんだかわからないけれども，こうなったら，意地でも負けられません。

しかしゼンベエどんも負けてはいません。

ふん，時効なのオメたちさ使える訳ねえんでろや。高等高級高度高性能の最新兵器だど知らねえな。時効は年の功，昨日手に入れたばがりのオメなの，ハイさようなら，またどうぞだ，このマヌケ。

D：へへへっと，とっておきの切り札がまだあるのになあ。

これだから，まっつぐにしか進めねえ単細胞は困るってえんだ。ゼンイノダイサンシャのソクジシュトクっちゅうんじゃ，ラテン語ではな。だからラテン語も知らねえやっちゃドシガタイっちゅうようにキーバ先生も言っとった。ザマアミロ，学習困難者！

Q：ソクラティック・メソッドの部分をだいぶ食ってしまいましたから，D君，先生に叱られますよ。こっから先は話を戻させてください。

と，撃退されて一同しょんぼり帰っていきます。皆と別れてチッチョと二人，とぼとぼ歩いてきたゼンベエどんにふと魔が差します。草を食んでいる雌牛を見るや否や駆け寄り引っ張っていくではありませんか。「ドロボー！」と誰かが大声で叫びます。ダダダ，とたくさんの人が追いかけ，とうとうゼンベエどんは取り押さえられます。皆は口々に言います。

「こいつを警察さ突き出してしまえ！」

このときです。追いついてきたチッチョが，「だだちゃ，だだちゃ」と泣きながらゼンベエどんにすがりつきます。皆は，なあんだ，そうだったのか，それじゃ，仕方がないな，見逃してやるが，二度とこんなことをするんじゃないぞ，子供が可哀そうじゃないか，という表情をして，立ち去って行きました。

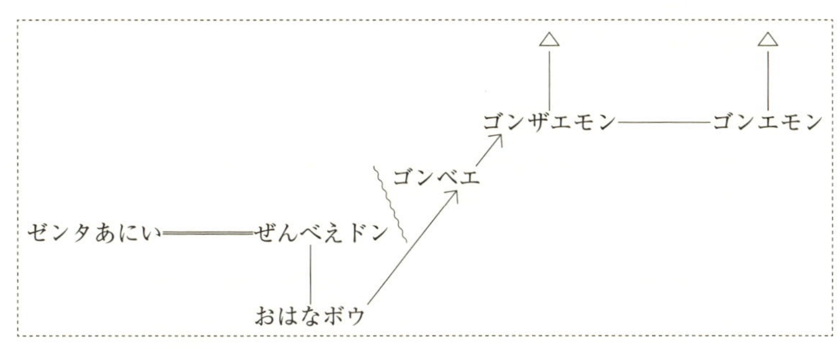

まるで鏡に映したようだ！

A：なあんだ，映画好きの **Q** 君はここをしたかったわけね。

Prof：いやあ，素晴らしい。でも感動しているだけでは芸が無いので，ソクラティック・メソッドを忘れませんよ，私は。チッチョという男の子が出てきますね。どうしてですか？

O：ええ？　**Q** 君がそういう話を作ったからでしょう。

Prof：ならば，ぜんべえドンは大変悔しい思いをしましたね。なぜ悔しいのですか？

H：自分の物を取り返せないからです。

J：違うと思います。ゴンザエモンやゴンエモンやゴンベエどんが結託していて，そして追いかけても追いかけてもくるくる回されてしまうからでしょう。

Prof：そのとおりです。窃盗の違法性はそこに在ります。つまり，単純な占有侵害でない。密かに奪われた物が密かに不透明な組織の中を転々としていく。これの怖さです。ローマでは，犯罪が政治システムの破壊に厳密に限定されたために，窃盗は決して犯罪にはなりませんでしたが，それでも，本来は嫌った賠償という考え方を初めから例外的に許し，しかも懲罰的賠償をもたらす（不法行為責任）とされました。如何に憎んだかということです。しかし窃盗というもののこの性質は何と同じですか？　この悔しさですね？

T：もちろん，民事裁判の場面で，最後に時効を主張せざるをえないところに追い込まれるメカニズムと同じです。

Prof：しかし今度は反対ですね？

B：確かに，見事に対称的ですねえ。今度は時効を主張されて悔しいんですよね。時効を主張する側が結託している。

Prof：しかし，ゼンタあにいとその仲間たちも結託していますね？

E：この二つは違うと思います。

Prof：どこが違いますか？

K：ゼンタあにいと仲間たちは歌を歌います。

M：ゼンタあにいと仲間たちはお芝居をします。

C：ゼンタあにいと仲間たちは庄内弁を話します。

Prof：よく気付きましたねえ。

H：ゼンタあにいと仲間たちは，あにいと言うくらいだから，兄弟です。

N：ゼンタあにいと仲間たちは余り賢くありません。

P：あっ，それだったら，ゼンタあにいと仲間たちはロースクールの学生ではありません。

N：ゼンタあにいと仲間たちはラテン語を知りません。しかし先生，これ本当にラテン語なんですか？　日本語のように思えるけど。

C：でも，そんな言葉使ったことが無いなあ。やっぱ，ラテン語じゃないっすかあ。

Prof：そういう人々は何故ゼンベエどんが自転車泥棒，あっと間違えた，牛泥棒をしようとしたのに許したのですか？

G：未遂だからでしょう。でも本当は未遂じゃないけれどもね。

Prof：何が足りませんか？

G：未遂か既遂かはともかくとして，自分のうちに持ち帰って隠したということが無い。確実に手に入れていない。まして売りさばいていない。

主役はチッチョ

I：でもそれが許した理由ではありません。チッチョが「トーチャン，トーチャン」とすがっていなければ到底許していませんから。むしろ，かんかんに怒っていたわけですから。

Prof：ほう，そうすると，主役はむしろチッチョだということになりますね。この男の子が飢えては可哀そうだと同情したのでしょうか？

I：違います！　この子がいるということは，隠し場所も無いし，つるんでもいない，ということです。ゴンザエモンの結託はおろか，ゼンタあにいの連帯にも無縁だということです。占有と同じです。何か掛け替えのないものを内側に有しているが故に，まず，親分子分関係になりません。どうしてかというと，親分子分関係というのは，自分の資源を取引材料に使うことにより生まれますから。掛け替えのないものは取引に使えません。まして，複数の親分子分関係の連携はありえません。だからまず，ゼンタあにいたちは，安心です。この人たちの不倶戴天の敵はこれですから。この人たちも自分の資源を取引材料に使うことを忌み嫌う。でも，ぜんべえドンと異なることには，皆が惜しげも無く皆のために資源を与え合う。その点で，ゴンザエモン一派と極端に敵対する。だからこそゼンベエどんの気持ちもわかります。掛け替えのないチッチョを飢えさせるわけにはいかないというギリギリの気持ち。「掛け替えのない」というよりは「与え合う」という方に力点が有るのではあるけれども。

Prof：Q君，やられましたねえ。完璧に説得的です。少なくとも私には。実際，占有の極に時効があるとすると，時効は，言ってみれば，ゼンタあにいの連帯を梃にして占有を補強しようというものです。しかし困ったことに，ゼンタあにいたちは窃盗を憎みます。この二つは正面衝突します。D君が鋭く言ったとおりです。贓物が転々流通したときにこそ，一種の横の繋がりによって正当化され時効を主張しやすい。少し学習した諸君には，「善意の第三者」が生まれやすい，と言えばわかるでしょう。ラテン語を使ってすみません。

A：えっ？　じゃあ，ラテン語だったんですか？　まさかゴンベエが本当のことを言っただなんて。

Prof：少なくとも「善意」はね。「第三者」だって，まあ。ともかく，時効と反窃盗はまさに楯と矛，矛盾するわけです。ここから，遁走曲がスタートします。時効で逃げる。贓物の抗弁で追いかける。君たちの民法典の中では，即時取得制度と贓物の抗弁制度として現れてきます。動産の即時取得は取得時効とは少し違う文脈に立つのではありますが。占有ではなく，善意の圏内に属します。それはともかく，チッチョの存在が無ければ，ゼンタあにいの連帯が何のために戦うのかというものが識別できません。ゴンエモンのお屋敷は，結託していなくったって敵だからです。同じく占有で，結託に対しては優先されるのですけれどもね。

それじゃ間に合わない！

S：と言われてもねえ。やった，贓物の抗弁かあ，となりませんね。そうだよね，Iさん。一生懸命「盗まれた」ことを証明しているうちに，おはなボウはミンチにされてしまう。あの悪夢が蘇ります。そうだ，またまた話を変えてしまいましょう。いいですか，先生。

Prof：S 君までもが話しづいてしまって。天変地異の前触れか。

ぜんべえドンとオハナぼう，第三話，その三，S 君のヴァージョン

というわけで，ようやくゴンエモンの屋敷に辿り着いた一行は，ドンドンと大門を叩きます。中から顔を出したゴンヒチとゴンパチに対して先制攻撃を浴びせます。ぜんべえドンが言います。

ゼンイノダイサンシャ，ソクジシュトク，トリヒキノアンゼン，でら言うラテン語のまじないをいっくら繰り返しても，骨折り損のくたびれもうけだ。オイさは，贓物の抗弁でゆう新兵器があるでゆう事を知らねなんが。ちゃっちゃど（さっさと）オハナぼうを返せ。

しかしゴンヒチとゴンパチもさるもの，木に登るもの，怯みません。

わかったわかった，うるせえなあ。ゴンザエモンどのは今はお留守だに，帰ってきたら，ゆっくりと伝えてやるとするか。

そのとき，チッチョが叫びました。

「あっ，その間にオハナぼうをミンチにするつもりだろ！」

間髪を入れず，ゼンタあにいが高らかに宣言します。

オレたちが新ルールを思い知らせでやる。いいが，腰抜がすなよ。おはなを大事にする方と大事にしね方では，必ず大事にする方の占有が推定される。どうだ，参ったろ！

ゴンヒチはキツネにつままれたような顔をしています。どうやら，ロースクールは卒業したものの，学習困難者ではなかったのですね。

「なんじゃ，それは？」

と言いました。ゼンタあにいは，やったという表情で，

「そいだば，おはなボウはオレたちが勝手に連れ帰らせでもらうぞ。」

と言って皆に目配せします。皆はどっと門の中に押し入ります。

「オイ，コラ，マテ。」

というゴンヒチ，ゴンパチを踏みつぶす勢いです。たちまち中庭にしょんぼり繋がれているオハナぼうが発見されます。チッチョが真っ先に駆け寄ります。おはなボウも，モウ，モウと鳴いて応えます。わっしょいわっしょい皆で引っ張り，おはなボウは無事救出されました。

文句あんなだば，オレたちの占有を尊重して，ちゃんと裁判起こさねばだめだぞ！

とゼンタあにいが駄目を押します。

またまた暗転

L：異議ありですね。こんなことを認めると，こういう話になりかねない。

ぜんべえドンとオハナぼう，第三話，その四，L君のヴァージョン

その日もゼンベエどんはオハナぼうに草を食ませ，幸せに暮らしておりました。ところがそこへゴンベエどんが現れます。

オラがオハナぼうを返しておくれ。

いきなりそのようなことを言われてパニックに陥ったゼンベエどんでしたが，すぐに気を取り直し，反撃します。

オイさ占有があんなんはげ，文句あんなんば，裁判所さ訴えで本案手続でじっくり主張を基礎付げで来い。

しかし，ゴンベエどんは涼しい顔をして言います。

オメエはただの飼い主でねえか。オラはオハナぼうの実の父親だ。ヨリ近しい関係にある者は，占有ば推定されるっちゅうことじゃ。わからんかのお。ヒヒヒ。占有ば持っとるっちゅうことは，おはなボウをオラが自力で引っ立ててええ，ちゅうことじゃわい！

と言ったかと思うとあっという間にオハナぼうを連れて行ってしまいました。必死に追いかけるゼンベエどんでしたが，なにしろゴンベエどんの愛車はフェラーリなので追い付けません。それにしても，どうやってフェラーリに雌牛が乗ったのでしょうか。

とはいえ，ぜんべえドンは考えました。確か，ゴンベエどんは実の娘のようにオハナぼうを可愛がると言っていました。いや待て，実の娘そのものだと言っていたようにも聞こえましたが，そんなはずはない，と首を振りました。そうだとすると，少し気持ち悪い。けれども，可愛がってもらえるならば仕方ないか。それとも，一応訴え出て返還請求するか。

しかしゴンベエどんは，おはなボウを愛していたわけではありませんでした。どちらかというと，ゴンザエモンどののお屋敷の猛犬ゴンを彼は愛していたのでした。しかし猛犬ゴンはゴンベエどんのことを見向きもしませんでした。何とか猛犬ゴンの歓心を買おうとするあまり，おはなボウをドッグフードにすることを考えたのでした。というわけで，ぜんべえドンはまだ到底ゴンベエどんの家に辿り着かないばかりか，そもそも裁判をするかどうか迷っているし，裁判をしたとしても時間がかかるでしょう。おはなボウがミンチになるのは時間の問題ですね。占有の転換などするから，とんでもないことになったのです。親しい関係であればどんなに虐待しても構わない，というわけです。文句あるなら裁判しろ，と。

庄内弁訳（ぜんべえドンとチッチョ，ゼンタあにいの科白）：放上鳩子

乾坤一擲

J：なんて捻じ曲がった話でしょう。私ならばたちまちこんな話，粉砕することができます。続きはこうなります。

Prof：あっ，どこへ行くんです，**J** さん，物語の中に入ってしまった！

ぜんべえドンとオハナぼう，第三話，その四の二，Jさんのヴァージョン

しかしたまたま私がゴンベエどんのボロ屋の近くを通りました。中からモウモウと哀しげな鳴き声が聞こえました。私はドッグフードにされそうだ，お願いだから助けておくれ，と言っているように私には聞こえました。雌牛にも言語は存在します。私は元々外国語大学の出身で理解できるのです。私は直ちにゴンベエどんのボロ屋に乗り込みます。抗議するゴンベエどん，

何するだ，乱暴者！　占有侵害者，自由の破壊者！　おはなはオラが物だ，オラが愛しとるだ，オラがどうしようと勝手じゃ！！

私は涼しい顔をして言います。

占有は転換される。

それはオラが科白じゃねえか，勝手に盗るな！

とゴンベエどんは叫びます。しかし私は悠々落ち着き払って以下のように言いました。

知らなかったの？　おバカさん。それが自由だと主張する者は誰でも取り戻すことができるのよ。誰でもその占有が推定されるのよ。だから私だって！

Prof：すごい，**J**さんは vindex libertatis ウィンデックス・リーベルターティスを知っていたのですか？

D：かどうだか，知らないが，お話の中に「私」が登場してはいけません。昔話には登場しません。私小説ではないのですから。ゴンベエどんのボロ屋に殴り込みをかけたのではなく，お話の中に乱入したに等しいではないですか。

占有の出世

Prof：目が回ってしまいますが，私が目を回してはいけません。ソクラティック・メソッドを続けましょう。**J** さんの勝利の要因は何ですか？

B：話の外から入ったわけですから，強いに決まっています。作者同然ではないですか。

F：もちろん，deus ex machina だということはある。しかし，ギリシャ悲劇においても，deus ex machina というものは，元々そこに在る動因をプッシュするだけです。**J** さんが入って行っても，何も無ければ何もすることができない。

Prof：さすが。君たちの中には，シェークスピアの『十二夜』を英語で上演することに学生生活の全てを費やしているグループがいたのでしたね。で，**J** さんは何をそこに見出しましたか？

N：ゴンベエのボロ屋。

H：しかしオハナぼうは見えません。なのに踏み込む。違法じゃないですか？ ゴンベエどんが必死に抗議します。オレの自由を蹂躙する気か，と。

Prof：その瞬間ですね。いや，物語に入って行く前にひらめいている，**J** さんの頭に或ることがひらめいていますね。何ですか？

R：決定的なのは，「占有は転換される」です。外にいる **J** さんに占有が在る，だから踏み込んでオハナぼうを保護しても違法でない，というロジックを **J** さんは発見したわけです。

Prof：でも，何故発見したのですか？　謎は謎を呼びます。

S：それは簡単です。その前にヒントになる話があったからです。贓物の抗弁で辛うじて悔しさを晴らす。しかしそれでは間に合わない場合がある。そのときには，たとえ追いかけた方に占有が無くとも，彼が主張する関係の特別の親密さにかけて，そして占有している方が占有者の自由をよいことに何をするかわからないという場合，追いかけた彼に占有を付与してしまう。もちろん，裁判所が，でしょうね。

A：すると，占有していた方が，いや，それは誤解だ，と一生懸命弁明して取り返さなければならない，ということですか？

S：そのとおりです。

Prof：面白いロジックですが，それはまた，どういうロジックから派生しているのでしょう？

M：それはもう，占有に決まっています。

T：いや，その前にワンクッションある。時効とか贓物の抗弁とか，結託に対して一層強力に解放していく力でしょう。それはそれで，占有の延長に違いないけれども。
Prof：すると，占有もずいぶんと出世したものですねえ。

われらに自由を

E：そうではありますが，私は**J**さんの介入に関する限り，ずいぶんと違うものを感じます。第一に，これをされた方は，自動的に本案でも負けます。それは誤解だとして取り戻す道はありません。実質本案はありません。なぜならば，**J**さんはオハナぼうが自由だと主張しているのですよ。なのにお前が隷属させている，と。もし，隷属させるための一切の論拠の存在が否定されるならば，論理必然的に相手の負けです。隷属させてよい理由というものが一切存在しなくなる。すると，誤解だ，自分だって自由を認めている，と言う以外にないが，それを言った途端，本案で自白したことになる。**J**さんの主張を認めたことになる。このことと，特定の者が占有を主張するのと，誰でもよい誰かが占有を主張するのとでは，全然違う，ということが対応しています。
Prof：ほお，どこが違いますか？
E：もしこれが**J**さんでなくして，ゴンザエモンだったらどうするんですか？　またぞろ**D**君が裏を取りますよ。
J：それは大丈夫に決まっています。怪しい徒党には，占有以前に，そもそも占有に接近する資格さえ無い！　ここではねてしまいます。
E：うーん，なるほど。けれども，誰でもよいにしてもそれが特定の誰かだったら，占有を獲得した後，どうするんですか？　そこが問題です。その誰かが占有してしまえば，非常におかしなことになる。
F：確かに，自分の物にしてしまうかもしれません。
J：もちろん，おはなボウを自由にします。誰と暮らすか，自由ですが，きっとゼンベエどんと暮らすことでしょう。
G：えっ？　おはなボウは占有の対象ですよ。いくら可愛いペットでもそれは物です。これではまるで，おはなボウに何か権利が有るみたいじゃないですか。
R：それでどこが悪いんです？　おはなボウにも自由になる権利があります。しかしそのための条件がはっきりしましたね。おはなボウを解放する者が，誰でもよいのはよいとして，特定の誰かではやはり困ります。自分の物にしてしまいかねませんから。だから，「誰でもない」者でなければなりません。Mr. Nobody,

ですね！
H：それは一体何者？
Q：私はたまたま知っています。『オデュッセイア』に出て来ます。オデュッセウスが一つ目の怪物キュークロペースを騙すときのトリックです。
K：しかし「誰でもない」なんてオバケみたいで気持ち悪くないかな？
A：私も気持ちが悪いと思うな。匿名で札束を郵便受けに投げ込む怪人みたいだね。
T：そうすると，「誰でもない」はやはり明確なプレズンスを持ってなければなりませんね。「明確に存在しているが，しかし透明な物なに？」みたいなスフィンクスの謎ですね。
E：だったら私の専売特許。自由独立の議論の空間です。すると自由独立の議論の空間がオハナぼうを解放すればよい。ということは公共空間が手を差し伸べるということですね。
B：「人民の代表」？
E：それだと何か「御上」に少し近くなるな。さりげなく，「人民の中のただの一人」。ただの「ただの一人」じゃないですよ。そうすると，一人が勝手な権力をふるうことになる。「人民の中の」が大事です。

いつの間にか人権！

R：これはもう，おはなボウにも牛権でなく，人権がある，ということですね。だって，時効みたいに本案を吹き飛ばす，しかも公的空間との関係で自由が保障される，ということじゃないですか！
D：しかし，ぜんべえドンの自由は占有で保障される。ぜんべえドンはオハナぼうに関して外から手を出させない。ぜんべえドンの自由だ，ぜんべえドンの権利だ，ぜんべえドンの人権だ，とやってたんじゃなかったんですか。一体，ぜんべえドンのところに人権があるのか，おはなボウのところにあるのか？
I：私はそれでいいと思います。どこか，例えばゼンベエどんのところに人権がある，彼の権利だ，と決めてしまうと，もしゼンベエどんの性格が変わってオハナぼうを虐待し始めたらどうします？　この子をどう育てようと親の勝手だ？確かに，大事にする限りではそうです。周りがその関係を奪ってはいけません。しかし虐待を始めた途端，おはなボウの自由が問題になります。暴力的に関わるのは，占有のように見えて占有でない，と第一話で学習しました。徒党で関わる場合には，必ず隙間が生まれる。そこへぴたりと体を寄せて良好な関係を築けばそちらに占有が転換される，とサッカーの比喩を用いて説明されました。自由は，権利で保障されても，直ちに即効性のある保障が得られるかわからない。ドッグフードにされてしまう。それればかりか，これを濫用する者が出て来ると，基本的人権は制限していいんだ，などという頭の混線を引き起こします。本当は占有を保障することなのだ，ということがJさんの介入でわかりました。

S：面白いなあ。基本的人権は絶対だ，決して何にも制限されない，ヨリ下の者の基本的人権を絶対的に保障するだけの話だ，ということかあ。

L：しかし重大な弱点が有りますね。占有のロジックでは，精神的自由などは保護しようがありませんね。だって，目に見えない内心の問題ですからね。

F：そうではないでしょう。占有のパラダイムを精神的なことに類推することは大いに可能ですね。

M：環境権とかはわかりやすいかもしれない。

Q：いや，全然間違っている。精神的な自由は何か目に見えない空気のようなことだと思っているらしいけれども，全くおかしい。記号を使わない精神的活動は存在せず，記号はsignifiantを一要素とし，signifiantは物的な存在です。だから，むしろ占有はハマりますよ。記号行為の精密な解析なしに精神の自由などと言ってほしくない。少しはスピノザを読んでほしい。

B：さすが，映画にハマってるQ君だわねえ。

O：いや，ハマっているのはむしろF先生の本にじゃないかなあ。

いつの間にか公法！

D：しかし，これが人権などというのは少しおかしいなあ。第一，私人間には適用されないんですよ，憲法は。私人間は民法でやれ，と習いました。

G：いや，そもそも法律というものがあって，これが違憲かどうかだ，とも習いました。だから，まずはどの法律が違憲かを見つけろ，とか，法律が悪いのか，法律の適用が悪いのか，法律の解釈次第では違憲でないのか，とか。

Prof：なんだか君たちよく勉強しているのかしていないのか。「私人間は民法でやれ」は何故困りますか？

J：決まっています。自分で立ち上がれない個人がいる場合に困ります。この場合に政治システムの側にその個人の自由を保障する義務がある，ということになり，そこでわれわれは，公法の領分に入ったのでした。

E：それればかりではありません。民法ならば，本案に行かせます。そのときには事情全般を考慮します。しかしどんなに正当化の理由があろうとも，というロジックを使うわけですから，やはり民法を越えています。そこだけで決着がつき，そこだけしか見させない，というのは普通ではありません。

R：普通ではないといっても，そこは占有と同じですね。事情全般を考慮させないとか，どんな正当化の理由があっても，とかは。

G：おかしいなあ。そうすると法律はどう関係するのだろう。

S：法律なんてまだこの話の中には登場しません！

Prof：法律は元来 lex と言って，政治システム，公共空間，公共機能，を維持するためにする政治的決定ですね。しかしわれわれの場合，規範として書かれた政治的決定と，それに基づく行政処分，行政行為，に垂直分節して現れます。それで諸君が授業で聴く諸々が生まれるわけですが，そもそもそれらとて個人の自由を守るためにあります。だからこそ最優先ということになり，多くの場合占有が転換されます。有無を言わさず私人を先に掃き出してしまい，おかしいときに，私人の方が原告になってじっくり争わなければなりません。しかし，この政治的決定といえども，ゴン何とかモンの結託みたいに「最後の一人」を圧迫するときには，違法であるということです。そのときの切り札として高次の占有が立ちはだかります。占有転換させないというわけですね。しかも，**E** 君の言うとおり，占有留保にとどまらず，一息に聖域に入ってしまう。結局，吹き飛んでしまうことになる本案での判断論拠の一つとしてこの法律があるということになります。通常の民法の議論をさせない，というのと同じですね。まして行政以外は人権侵害をしえないということではありません。放っておいても自由なはずである，公益のためその自由を制限することがある，しかしそれにも限度があり，その限度を定めるのが人権制度である，というのは相当に捻じれた理解であり，こういう理解が何時どうしてどの限りで出来上がったのか，という問題は興味津々ですが，完璧には解明されていません。

M：しかしそう聴いてくると，人権とか言っても占有に還元できるということですね。

Prof：還元できるというのは非常に大きな誤りです。基礎に在るパラダイムが何かということより，それがどれだけ豊かなヴァリエーションを持つに至ったかというその差異の方に価値が在るからです。**Q** 君が言ったじゃないですか。記号行為についての精密な理解が必要だと。今私は「高次の占有」と言いました。個人の自由・独立にとって何が決定的か，その判定をするのは別のことです。ホラー映画を見せられたって有形力の行使ではあるまいし我慢しろ，脳の中に手を突っ込んだのではない，とか，独房に入れておいて「好きに考えてよいのだから精神の自由を保障しています」というのが如何におかしいか。

T：しかしここまでの議論も，やはり，その「介入するダレデモナイ君」をどうするかにかかりますねえ。

Prof：そのとおり。政治システムが人権を保障すると言っても，別途，司法ばかりか，政治システムからも相対的に独立のエイジェントが立たなければなりません。護民官ですね。これが立つようになったとき，その政治システムはデモクラシーに移行したと言います。

L：検察官がそういう役割を果たす国があるとも聞きました。

T：児童相談所などにも若干の介入権限があるのでしょう。労働基準監督署とか，人権委員会とか。

Prof：そうですね。いずれにしても，司法に連動したエイジェントが不可欠ですね。占有保障のように迅速に対応する。そして特に閉ざされていて自力で動けない場合が多いので，これには直ちに介入する。職場でも家庭でも。ただし透明性を最大限保障する必要がある。しかしこうした制度を運用する人員には資質が必要で，法律家が望ましいですね。占有感覚を身に付けていますから。

再入門後の学習のために

取得時効という制度は，なかなかにその意義を理解しがたく，しばしば「不道徳」「不正義」として非難されたり，他面で，十年の時効を完成すると待ってましたと登記所に駆け込むかのイメージを生みました（ぐずぐずしていると以後に現れた二重譲渡・譲受人に「対抗できない」と言われたり）。しかし占有という基本を押さえれば，この基軸制度のための非常手段として容易に把握できます。すると，それ以外の目的のためには極力使わせない，というロジックも引き出せます。占有に高い質を要求するのはこのためですし，その高い質を特定する概念（「善意」等）を操作することによって実際適用を制限しえます。本来，防禦時にのみ使用可能な制度ですから，占有を失った者が所有権の論拠として主張することは許されません。請求原因のレヴェルにはなく，訴えのレヴェルにあるわけですから，援用という訴訟行為が必要です。中断には本来訴えが必要です。実際には制度（条文）ごとに，また他の様々な制度（担保権や知財権等々）との関係で，複雑な考察が必要になります。しかしこの素朴な基礎イメージが把握されていないと基本線を見誤るということです。つまり，法律家になったとしても，クライアントに何故この制度があるのか実感を持って伝えられないということになります。

「何だか知らないけれども，条文があって，あなた，時効取得しているらしいですよ」では，プロにはなれません。なお，消滅時効はそれ自身問題の多い別の制度であるし，即時取得は複雑な交配を経た雑種であるので，一筋縄ではいきません。

しかしながら，今回の真の眼目は，むしろ，占有を基盤にして制度が積み上がる様を例解する点に存しました。そのときに，必ず反対ヴァージョンの系列も積み上がります。つまり対抗的にヴァージョン・アップしながら発展していきます。時効と贓物の抗弁は典型としての意義を有します。これは法というものに深く内在する性質であり，この性質を失って平板になると，法は死を迎えます。時効と贓物の抗弁が永遠のライヴァルとして競い，永遠に決着がつかない，ということが重要なのです。これは，単一のロジックで割り切りたい人にとっては苦痛かもしれません。しかし人間の資質を解放する潜在力を持っています。それが証拠に，学生諸君が次々に話を展開し始めるとき，一種の快感が漂いませんでしたか？

そして，今回の一連のヴァージョン発展は，その発展の延長線上に人権という極めて重要な概念を打ち上げることにさえ成功した多段式ロケットでありました。いつか「公法・刑事法篇」にて再会することがあれば，もう少し詳しくお話しできますが，ギリシャ・ローマからのインパクトが加わったことは確かであるのに，現在のわれわれの概念構成がどこでどのように捻じれたか，はまだこれから検証しなければならない問題であり，初期近代の歴史を詳しく解明しなければなりませんし，その後の発展，そして日本に何波かにわたって辿り着くところ，も分析しなければなりません。しかし，最小限，言われてみれば当たり前のこの基本的なロジックの積み上がりは押さえておきましょう。違憲審査制や私人間適用や人権の種類をめぐる議論のごちゃごちゃした見通しのきかない錯綜に法学生が曝されているわけですが，それでいやにならないよう。無理に民事法モデルを持ってきながら肝心の民事法理解がいい加減なので馬脚を現していますから，さらりと議論を整理して差し上げてください。かと言って，図式的な政治哲学論議を振り回すことに戻ってもいけません。古典はおろか初期近代の政治理論の読解も，素人並みなので，気を付けましょう。ここもしかし，だからと言ってこれらのテクストの重要性を忘れてはいけません。いつかギリシャ語，ラテン語，フランス語，イタリア語などを勉強し，挑戦しましょう。学習困難者の得意とするところですものね。

第四話
消費貸借，その一

ぜんべえドンとオハナぼう，第四話

ぜんべえドンとオハナぼうは再び幸せに暮らしています。おはなボウは働き者で，わずかな畑ですが，おかげでゼンベエどんは立派に耕すことができ，貧しいながら，生活は安定しています。

それでも最近，少し気がかりなことができました。リョウサクどんなどはとっくにいなくなり，辺りはゴンロクやゴンクロウなどで占められ，しかも皆広大な土地を保有するばかりか，大規模に機械化し，そしてまたリッチな生活を誇示し始めました。しかし，根が呑気なゼンベエどんは，「ま，いい，ひどはひど，オイはオイだもの」と相変わらずこつこつと小さな畑を耕しています。

或る晴れた日の朝，ゴンベエどんが久々にゼンベエどんのところへやって来ました。ぜんべえドンの頭の中では様々なことがフラッシュバックし，イヤな予感がしましたが，意外にもゴンベエどんは，にこやかな表情であるばかりか，たくさんおみやげなどを持って来て，揉み手などをしています。

> ムッシュー！　サヴァ！　おフランスもおパリでなければ買えないでやんすよ！　こんなチョッコレートは！　おはなボウがシャンゼリッゼなどを歩けば，パリジャンが人だかり，モテモテのハナタカダカでやんしたろうに，まっこと残念でげすなあ。でもこの私の心の中で，おはなボウは，シャンゼリッゼをプロムナッド，そしてショコラをひとなめ！　だから買いましたよ！　ぜんべえドンのためばかりか，おはなボウの分までぇ。

ぜんべえドンは，たぶんゴンベエどんは気が触れたに違いない，と思いましたが，チョッコレートはありがたく受け取りました。しかしそこですかさずゴンベエどん，

それはそうとゼンベエどん，おはなボウをシャンゼリッゼに是非連れて行こうじゃあ，ありませんか，華のおパリへ。

それは，出来（でぎ）ればそうしでんども，金がねえもの。

何をおっしゃるゼンベエどん，澄み渡る秋の空の下，心を広く持って，辺りをずずいと見渡しましょうねえ。ほら，皆さん，機械化して作物を高く売って，リッチリッチに暮らしていますよ。隣のゴンロクどんなんぞは，もうハワイは飽きた，今度はタヒチだんべ，と言ってましたよ。

んだんども，その機械をどうやって買うなんが，オイさは分がらねエ，金が必要だろや。

ムッシュー，シルヴプレ！

とゴンベエどんが急にわけのわからない言葉を発したので，それだけでゼンベエどんは動転してしまいました。

ぜんべえさま，遠慮なさらずともよろしゅうございます，私とあなたさまの仲ではございませんか。お金など幾らでもご用立ていたしまっす。特別のお客様のためにヴィップ・プライマリー・ローン・スペシャルキャンペーン中でございまっす。直ちにご契約いただきまっすと，何と年率30%でしかもお好きな額だけ即金振込となってございまっす。スマートに借りられるアプリがあるといいわ，それはもうもちろん，ヒトリデデキタ，ハジメテノコウリガシ，ホノボノアッタ

カ，ザワヤカセイケツ，ソクフリソクフリ，オシリフリフリ，ハゲタカネタフリ，お金は節度をもって使いましょう，初回無利息，ヤミツキ火だるま，イマスグカエル，カワズニシヌナラカッテシネ，カリナキャソンソン。

何が何だかわからず，最初聞いた瞬間胃がつかえる感じになり，思わずゲップをしてしまったゼンベエどんですが，最後には，何だかとっても幸せな気分になりました。何だかお金がざっくざっくし始めた感じがしたのですねえ。気分が大きくなり，全てがうまく行くような楽観的な空気に包まれてしまいました。それに，こんなに親切にしてくれる人に今まで出会ったことがなかったのです。

ぼおっとしていると，ゴンベエどんがすかさず言いました。

借金をするってえと少々聞こえがよくありませんぜ，ぜんべえドンの信用にかかわりますなあ。この土地を私が買ったということにしてさしあげましょう。いや，これまでどおりに，ぜんべえドンとオハナぼうはここにいて結構，それどころか，是非シャンゼリッゼにでも出掛けるのがよござんす，なにしろお金はたんまり。代金を返していただければ，何事も無かったも同然。

これを聞いてゼンベエどんはいっそう安心しました。何一つ変わらず，お金だけが来る。

機械が入り，おはなボウも楽になりました。

のお，おはなボウ，華のおパリはシャンゼリッゼさ行でひとつ気取ってみっが？　オメさは苦労ばがりかげで来たがらのお。あど少しでドッグフードさされるような目ぇさもあわせてしまったし。いや，ゴンロクはハワイさは飽きでしまったらしい。おパリじゃ，張り合えそもねえな。んだ，モナコのカジノで一儲けすっが。そうせば借金も返せっがし。

どうもいけません。ぜんべえドンもすっかり人が変わったようになってしまいました。隣でオハナぼうも浮かぬ顔をしています。

もちろん，ぜんべえドンも，借金の返済をしなければならない，ということはわかっていますから，一生懸命働きます。しかし狭い土地の上にぴかぴかのブルドーザーやコンバインがひしめき，まあ，恰好ばかりの大規模農業ですねえ。それに，ゴンロクやゴンクロウなど，競合する農家も多く，彼らの方が広い土地を生かして農作物を安く売ってきますから，ぜんべえドンは苦戦を強いられます。初めから大赤字，元本はおろか，次第に利息すら返せなくなり，返済額は雪だるま式に膨れていきました。ゴンロクやゴンクロウは，涎を垂らしてゼンベエどんが夜逃げするのを待っています。さらに土地を広くするつもりでしょうか。

そんな或る晴れた日，またゴンベエどんがやって来ました。おや，ゴンパチを連れていますねえ。あっ，なんだか二人とも見違えるようですねえ。もう豹柄のジャンパーなんか着ていません。ばりっと真っ黒なスーツを着込んでいます。ブランドものですねえ。質流れの様な感じもしますが。しかし，もはや，「ムッシュー！　サヴァ！」とは言いませんでした，ゴンベエどんは。

ヤイヤイ，おめえら，とっとと出て行きやがれ！　今日の夕方，お天道様が沈む時までに出て行きやがらなければ，簀巻きにしてどぶに放り込んでやる。ええな，わかっとるやろな。おめえはおらっちにこの土地を売っただぞ。だから，これはおらが土地だんべ。だからおらがどうしようと勝手だんべ。

いつも威勢のよいゼンベエどんも今度ばかりは少々気まずそうです。お金を借りた負い目があります。返さなければならない。返せなければ恥だ。ゴンベエどんの言葉はいちいちぐさりと刺さります。しかしそれでも最後のところで踏みとどまり，ようやくささやかな抵抗を試みます。

それにしても，まぁよぐいつも方言が次から次へといい加減に繋がて出て来っでど。そもそも，いくらオメの物だと言ったって，オイさには占有があんなだ。勝手に持っていったり追い出したりせば，違法に違いね。それにそもそも，オメがここさずっと居でいいど言ったなでねえが。

ヒヒヒ。

とゴンベエどんがここでいきなり笑ったのにはゼンベエどんもギクッとしました。不気味ですねえ。

この間抜けのドン百姓！　残念でした，またどうぞお，顔でも洗って出直しなあ。契約書をよく見るんだな！　オメエはこの土地を売り渡した！　でも占有は残っている？　へへ，これが読めないかねえ，『引き渡しは完了したこととする』。占有もおれっちに有るっちゅうわけぞなもし。ふよふよふよ。だからいつでも手荒にオメエらを叩き出せるってえわけさあ。ざまあみろ。

すっかり参ってしまったゼンベエどん，おはなボウを引っ張って来て，言います。

いいが，おはなボウ，ここは二人，いや一人と一頭，頭を下げで謝ろう。何でもしますから許してくれろ，と。そもそもオイが悪がった。ついついシャンゼリッゼだのチョッコレートだので気分乗せられで，借金をしたなが悪がった。

ここで不意に，脇に控えていて何のためにいるのかわからなかったゴンパチが，急に猫なで声で，かついかにも柔和な表情を作って，口を開きます。

ブホブホ，吾輩わあ，ゴンザエモンどののお，使いのお，者じゃぞおお。ゴンザエモンどののお，ありがたあい思し召しじゃあ。こらゼンベエ，オメエのその悪い心でこせえた借金を，ゴンザエモンどのがそのジヒぶかあい心で，全部肩代わりしてくれるそうじゃぞおお！

ぜんべえドンはとてつもなく下手な芝居を見ているような気分がしましたが，なにしろ追い詰められていますから，芝居を批評をしている場合ではありません。真っ暗闇の中にいきなり救いの光を見出したかのように思えてきました。疑うこともなく，

まさが，まさが，あのゴンザエモンさまが……んだったなが，そこまでオイのごど考えてくださっでだなが。もうすっかりドッグフードの頃とは違ったお方さなられだんだの。おねがいだ，おはなボウのためにも，どうかそうしてくれ。

と，ぜんべえドンは言いました。これを見計らって，ゴンパチどんが言います。

ゴンザエモンどのは，借金の全額をオメエに貸してやるとおっしゃってておられる。しかも年率 50%でよいと言っておられる。あとは土地のほかにオハナぼうを売り渡すこと。ただこれまでどおりオハナはお前のところにいてよい。何と慈悲深いことじゃあ！

ぜんべえドンは愕然としました。おはなボウがここで出て来るとは。それに，土地の占有が向こうに移ってしまうということをさっき聞いたばかりでした。大きな不安が胸に広がります。

というごどは，返さんねばオハナぼうを裁判なしで取られでしまうでゆうでどだが？

とゼンベエどん。ゴンパチはすかさず，

なあに，一生懸命借金を返せばそんなことにはならない。

んだんども，そうなてしまた。

いやなら，好きにするがよい。オメエらここから叩き出されて路頭に迷うだけのことよ。

ぜんべえドンは泣きたい気分でした。いや，泣きました。うっかり口車に乗ったばかりに，あれだけマイペースだったのに，やはり周りの空気に焦ったのか，出来心を起こしたことを大変後悔しました。しかし，一か八かこの話に乗るか，それとも今すぐ路頭に迷うか。乗れば少なくともほんの少し先に延ばすことができる。いや，今はそういう余裕もない。とにかく話に乗って考えるしかない，と思えてきました。そして言いました。

分がた。ゴンザエモンどののありがて思し召しどでありがたぐお受けするごどさします。でも，おはなさは手ェ出さねでくれ。

しかしその後も同じことでした。なにしろ，利率は上がっているわけですし。借金はもっと膨らみ，泥沼です。もともとゴンベエどんはほくほく。ゴンザエモンどのも，これで宿願ともいうべきオハナぼうのドッグフードを製造するまで，もう長い時を待つ必要はありません。

或る晴れた日，前回のように黒いスーツをばりっと着こなしたゴンパチが，似たような恰好をして漫画本を抱えたお兄さんたち多数と共にやって来ました。あっと，その後ろには重機が多数控えていますねえ。ショベルカーにブルドーザー。今にもバリバリと全てを壊して入って来そうです。いや，来ました。それよりしかし，黒づくめのお兄さんたちは，いきなり手綱を奪ってオハナぼうを引っ立てて行きます。

こら，何すんなだ！

とゼンベエどん。しかしゴンパチどんは，

オメエはオハナを売り渡したろう，おはなはゴンザエモンどののものだ，悔しかったら代金を返せ。利息を付けてな！　ほらここに証文もある！

人々がなだれ込み，ぜんべえドンはなすすべもありません。確かにその証文によれば，ぜんべえドンがゴンザエモンどのの牛たるオハナぼうを返済額相当の賃料で賃借したことになっており，賃料を滞納した場合には，直ちにオハナぼうをゴンザエモンどのが支配下におく，これに売主たるゼンベエは異議を唱えない，売買契約と同時に引き渡したこととする，したがって占有はゴンザエモンどのが留保する，となっていました。

庄内弁訳（ぜんべえドンの科白）：放上鳩子

おっ母さん，あなたの息子です

Prof：ようこそ皆さん，今宵もクイズ・ヴァラエテー，「ピンポンパン」でお楽しみください。私，司会の Prof KB，では早速今日の回答者の皆さんをご紹介しましょう。老いボレにして落ちこボレ，二ボレ教授の補習授業とやらで最近とみに注目を集めている学生さんたちです。ようこそ，こんばんは。

Q：Tramontate, stelle. All'alba, vincerò!　vincerò!　vincerò!

Prof：勝手に歌など歌わないように。

B：あらあら，**Q** 君はすっかりイタリアが来ちゃってるわねえ！

Prof：では，法学生の皆さんに，第１問。必要は発明の母と申します。では法の母は誰？　四択スクェアーでお答えいただきます。１番，自由の女神，２番，新宿の母，３番，高利貸しのおばあさん，４番，フリードリッヒ・カール・フォン・サヴィニー。

K：もちろん，１番。占有は自由とほとんど同じです。

Prof：ブッブー，残念でした。自由の女神は娘であって母ではありません。

L：いや，４番。サヴィニーの占有論が法の全ての基礎です。

Prof：ブッブー，残念でした，サヴィニーは男性です。

M：えっ？　すると新宿の母？

Prof：ブッブー，新宿の母は新宿の母というくらいですから，息子は新宿であって法ではありません。

N：ならば３番！

Prof：大当たり。ピンポンパンピンポンパン！　でも何故だか知っていますか？　知らないでしょうねえ。

ロッシーニ風クレッシェンドの始まり始まり

Prof：そこで第２問。ゴンベエどんは何故チョッコレートを持って行ったか。１番，パリの名物だったから。２番，急に何故かヴァレンタイン・デーのことを思い出したから。３番，ぜんべえドンと仲良くしたいと思ったから。４番，そんじょショコラにはない珍しいチョッコレートが手に入ったから。

O：例によって寒すぎで回答不能！

Prof：そこを何とか。

O：うーん，難しいな。３番が無難なところか。

Prof：ブッブー。仲良くしたいなどと一度も思ったはずがないでしょ。

P：どうせ，わたしたちをはめようとしているに違いないから，最も馬鹿馬鹿しい４番！

Prof：ブッブー，でも惜しい！　馬鹿馬鹿しいほど正解に近い。

Q：ええ？　やぶれかぶれで２番！　そう，突然去年３月の苦い思い出がゴンベエどんの胸をよぎったに違いない。たくさんのチョッコレートを貰いながら，ゴンベエどんはホワイト・デーのお返しをしなかった。以後，ゴン一家の面々が急に冷たい態度を示すようになった。この深いトラウマがゴンベエどんのこの一見不可思議な行動となって現れる……。

Prof：ピンポンパンピンポンパン！　不思議そうな顔をしていますが，こんなのは朝飯前でなければいけません。典型的な贈与交換への誘因ですね。つまり何らかの見返りを求めている。諸君のお母さんたちがお中元やお歳暮を贈っていますね。結婚式やお葬式で贈与が飛び交いますね。賄賂などというものもある。

さて，第3問。では，ゴンベエどんの場合，このチョッコレートによってどういう見返りをねらっているのか。1番，御取引。2番，御足。3番，御米。4番，おはなボウ。

R：4番！　なるほど，ゴン一家はそう来ましたか！　数手先を読んだ絶妙の一手だったんですね！　でも，流石にチョッコレートの見返りなんかじゃゼンベエどんがすぐにオハナぼうを渡すわけがないでしょう。

Prof：ピンポンパン，そこで，第4問。君たちが今朝駅前で渡されたチョコレートとは実は何？　1番，キャラメル。2番，ポケット・ティッシュ。3番，司法試験予備校のビラ。4番，ラーメン屋のランチ・タイム割引クーポン券。

S：は？　今朝はたまたま3番でしたけれども？

T：2番！　消費者金融が配っているポケット・ティッシュのことに決まっています。どうせ先生はそこへ話を持って行くのでしょう。

Prof：ピンポンパンピンポンパン。ま，常識ですね。でも，おはなボウを吸い取るとき何故消費貸借が有効なのか。その消費貸借を成立させるとき何故ポケット・ティッシュは有効なのか。消費貸借って一体何者？　というのは大事な問題です。

おお，イオニア！

Prof：そこで，第5問。電気の世界はプラスとマイナスで成り立っています。では法の世界は？　1番，法曹三者。2番，たぬきときつね。3番，動産と不動産。4番，樫の木と樫の実。

A：どうせ，ひっかけなのだから2番でしょう。たぶん蕎麦屋のアナロジーがこの後使われるはずです。楽しみですねえ。前に処分権主義のところで使われたアナロジーでした。

Prof：ブッブー。

B：馬鹿じゃない？　それはもう１番でしょう。法の世界といえども，実際には人が動かしているのよ。
Prof：ブッブー。
C：えっ，それじゃもう，３番以外に考えられない。
Prof：ブッブー。
D：確かに，動産不動産の区別は物の一区分にすぎません。特定物代替物の差異もなかなか明確でないとも言われています。
E：だとすると４番しか残らない。一体何の暗喩か？
Prof：軀体の部分，幹の部分，軸になる部分，と，そこに流れ込む流動的な物，そこから流れ出る流動的な物，がプラスとマイナスのように法の世界を構成しています。
　では，第６問。ゴンベエが種を播くとどうなるか。１番，カラスがほじくる。２番，芽が出る。３番，花が咲く。４番，実が成る。
F：けっ，ゴンベエどんが種を播いたからといって，それが実ったりするものか。ぜんべえ派として意地でも１番。
Prof：ピンポンパンピンポンパン！　ではついでに**F**君に訊きましょう，何故１番か？
F：ゴンベエどんはどうせ他人の物をかっぱらうことしか考えていない。地道に水をやったり肥料をやったりするわけがない。だから芽も出なければ花も咲かず実もつかない。カラスがほじくって終わりです。
Prof：しかし，水や肥料をやっただけではまだ実はつきませんね？
G：土地がなければどうにもなりません。
Prof：そのとおり。しかしその土地に水を撒くだけでは雑草が生い茂るだけすね。ではどうします？
H：種を播く。
Prof：種はどうする？
I：実から採ります。
Prof：そのとおり。ここで循環しましたね。土地を前提に，何か種を播くと実が成り，これをまた投下するとまた実が成る，という循環ですね。種を播くだけでなく肥料なども播きますが，これも何かの実の成れの果てですね。そういう作業をする人の労働も何か実を食べて得られるものですね。これら全て費用ですね。費用を投下すると果実が得られる，と言います。その果実は費用に充てられます。費用＝果実を構成する物が要するに何か土地の如き軀体に入ったりそこから出たりしているわけですね。ちなみに，水と空気と日照は違います。これらが入ったり出たりしていることは費用＝果実連関存立の大前提です。躯体に費用を投ずれば果実が得られるということの大前提としてこれを支えているわけです。

なんで借りるんや

Prof：では，第7問。人は何故借金するか？　1番，テレビ・コマーシャル。2番，生活に困ったから。3番，見栄を張りたいから。4番，癖になってしまっているから。

J：これは難しい。どれも当てはまるように思えます。でも，テレビ・コマーシャルを見たからといって，何かが刺激されるだけで，その何かが問題でしょう。食べられないということもあるが，借金なんかしている場合でなく，炊き出しとかセイフティー・ネットの問題だと思います。癖になったといっても，その前に手を出してしまっており，手を出した理由が問題でしょう。すると残るは3番。

Prof：ピンポンパンピンポンパン！　しかし，見栄を張るということはどういうことですか？

J：馬鹿にされないようにしたい，大きな顔をしていたい，ということではないでしょうか。

Prof：そのとおり。一人前であると，無理にでも主張する。一人前ということは，自分で費用を投下し，自分で果実を収取しているということ。これを見せつけるわけですね。見せつけるためには，溢れるほどの果実を撒き散らすのがよい。しかしその費用投下を許すだけの蓄えがなければどうするか。これをどこかから持って来る以外にない。しかし持って来たということになれば自力でやっているのでないということになり，大きな顔ができない。これを返すのである，いや，返してしまった，だから自力でしたのと同じことだ，と言いたい。だから命を賭けて必死に返す。これが消費貸借です。

そこで，第8問。返すとき利息が付くのはどうして？　その説明に最も近い昔話はどれ？　1番，舌切り雀。2番，かちかち山。3番，花咲か爺。4番，浦島太郎。

K：もちろん，1番。欲張りなおばあさんが出て来ます。

A：4番じゃないかな。利息は貸してもらったことの御礼というか対価じゃないか。亀を助けた御礼に竜宮城旅行券が当たったという話でしょ。

M：3番にも欲張りは出て来ます。しかし，助けた御礼とかいう主題は出てきません。

Prof：正解はもちろん3番です。費用を投下したいができないので借ります。すると出し手が借り手を経て自分で費用を投下したかの如くになる。借り手が手足というか手下というかそういう者になる。すると上がってきた果実もまた費用の出し手のところに戻るのが自然に思えてくる。投下された費用と同じだけの果実が上がったのでは何をしているか意味不明ですね。プラスアルファがなければいけません。これが出し手のところへ戻って当然だとなります。戻って来させるために手も突っ込む。良い爺さんは犬を可愛がって大きな収益を上げますね。これを見て隣の悪い爺さんが介入してくるのではなかったですか。けれども収益が全然上がらない。頭に来て犬を殺してしまう。それでもなおその犬を大事にしたい良い爺さんが灰を播くと花が咲き実が実る，という話でしたね。良い費用投下の果実に対して上前をはねようと，手を突っ込んで自分でやろうとした。しかしこの利息上乗せ費用＝果実連関が案の定ひどいものになり，土台まで壊してしまう。しかし良い爺さんはこれを費用として果実をもたらす，という利息批判ですね。

花はどこへ行った？

Prof：さて，第9問。人は何故花を贈るか。1番，綺麗だから。2番，良い香りだから。3番，季節のものだから。4番，食べられないから。

N：綺麗だからと香りと，甲乙つけがたい。

O：季節も大事だが，これらが甲乙つけがたい以上，どうせ，4番と答えさせたいに違いない。

Prof：ピンポンパンピンポンパン。読まれてしまったけれども，でもどうしてそう言えますか。

O：うーん，それは難しい。食べ物には好き嫌いがあるからリスキーだということかな？

P：花なんかもっと好き嫌いが激しい。花と食べ物で贈る動機に差があるとは思えないね。

Q：4番に決まってるでしょ。愛を告白するとき，君は焼き芋を贈るだろうか。如何に彼女が焼き芋に目が無いとしてもですよ。

R：そのとおり。贈るというからには，何かが返ってくるということをねらっている。普通お返しをするときには，等価な物にしますね。それか，少し上乗せする。利息的発想ですね。いずれにせよ，お返しとして現実の効用がねらいならば，計算もしやすい。しかし，そういう計算は無い，ということを示すとき，いや気持ちの問題ですということを示すとき，花はいいですね。現実の効用は計算できないからね。

Prof：ピンポンパンピンポンパン。そのうえ，費用投下をして一生懸命育てた結果である。それを潔く切り取る。かつ，果実ではあるが，本当の果実一歩手前で，それを費用投下に転化させることができない。実ならば種を取って植えることができる。しかしそういう費用果実循環から決定的に離脱している。これが花を一本手折って献げるということの意味ですね。贈与交換はしているが，何か具体的な見返りをねらっているのではなく，贈与交換をすることを通じて見えない関係が設定される。つまり直接の効果でなく，先送りのメカニズムがここに在る。これを「広い意味の記号作用」と言います。花だと一切の紛らわしさなく記号だとわかる，食べられませんから。賄賂になりません。記号作用，つまりサインを送っているわけですが，そうして関係を設定した挙句，しかしそれでも何かが具体的に返ってくることを間接的に遠くにねらう場合もある。花を贈るとき，何が究極のねらいですか？　何を実はねらっていますか？

まあそれは愛だとしましょう。焼き芋では無理ですが，花なら引き出せますね。しかしこの愛ですが，これは何を意味しますか？　というわけで，第10問。愛とは何か？　1番，子供。2番，アヴァンチュール。3番，ときめき。4番，施し。

S：簡単です。1番。

Prof：何故？

S：愛はどこか心の奥深いところに在るものです。そこに大事な物が在る。何か掛け替えのない物が在る。すると，最初の贈与はこれを交換で引き出すためにある。お金はお金で返せます。しかし特別の記号で呼び出すと普通には引き出せないものが引き出せる。それをゆくゆくは吸い取る。それは子供と同じです。

Prof：なるほど。では，第11問。その子供は何と同じ？　1番，花咲か爺の犬。2番，占有。3番，樫の木の幹。4番，果実を生む軀体。

T：ははは，全部正解。今までの話を繋げただけじゃないですか。花咲か爺の意味がわかりましたよ。犬は占有だったのですね。これをあこぎな連中が奪う。借金のかたか何かですかねえ。しかし占有を無視して破壊的にしか動かせないから，全く果実を採れない。じれて本当に占有を破壊してしまう。花咲か爺はなおも執拗に大事にしたため，占有が費用として投下されても，つまり軀体が無いにもかかわらず，宙空の占有の上に果実が生まれる，花が咲く，という話です。

Prof：ピンポンパンピンポンパン！　クイズ番組としては異例の展開になってしまいましたが，そのとおりですね。完全に見透かされてしまいましたね。もう一つの正解はもちろんオハナぼうです。本件ではこれが奪われようとしている。その吸い出しの手口を再現しているのですが，まだ十分ではありません。

開けたら大変，玉手箱

Prof：そこで，第12問。アラジンは魔法のランプをこすり，何でも実現してくれるエイジェントを呼び出しました。ならば，君は現金自動貸出機をこすって，一体誰を呼び出す？　1番，守衛のおじさん。2番，福沢諭吉。3番，にっこり微笑むお姉さん。4番，黒いスーツをバリッと決めてきたお兄さんたち。

A：これも頓智ですね。2番。紙幣のことでしょう。

Prof：ブッブー。質問をよく聞きましょう。何を呼び出すかと言っていません。誰を呼び出すかです。

B：1番。ボタンによっては本当に守衛のおじさんが飛んで来ます。

Prof：ブッブー。こすったら呼び出されるのでなく，呼び出せないときに飛んで来るのです。

C：3番。電車の中の広告のことでしょう。あのイメージを呼び出しながら人々はこすっています。

Prof：ブッブー。記号論の初歩ですが，signifiant は signifié を自動的に呼び出すものの，この signifié が現実の社会過程の中で呼び出す物はまた別です。“arbor”（木）という音を出すと確かにわれわれの頭の中には「木」のイメージが浮かびますが，だからといって木が飛び出してくるわけではありません。アラジンの魔法のランプのすごいところは，それが飛び出して来るところです。アリババの「開けゴマ」もそうですし，ウィンドウズのアイコンもそうです。ともかく，アラジンをパラダイムとして置く設問ですから，このレヴェルの呼び出しが問われています。お姉さんたちは決して出て来ません。いいですか。騙されてはいけません。つまり3番の答えは，単に正解でないだけでなく，正反対なのです。

D：だったら4番しか残らないじゃないですか。クイズ番組のはずが，馬脚を現してすぐに講義になっちゃう。ま，しかしそんな講釈を聞かなくったって4番に決まっています。取り立て屋のことを言っているのでしょう。なかなかしつこいらしいですね。

Prof：ピンポンパンピンポンパン。ここでコマーシャルが入ります。そろそろ深夜ですから，こういうコマーシャルも許されます。皆さん，借金はイカッスカー？　今ならお得。初回1か月無利息，24時間完全自動でできます。あなたの顔は見られない。欲しいと思ったらクレジット・カード。我慢は大敵。あっと，そこのお兄さん，あなたは借金を愛しておられますね？

H：私は変な勧誘のおじさんには引っかかりません！

Prof：すみません。でも借金してくださいよ。私も生活かかってるんです。

H：今借金は危ないという話をしているところです。利息とかつくし。お金を借りるときは必ず親友とか家族にしています。

F：えっ？　それはまずい。大事な人間関係が滅茶滅茶になりますよ。お金の貸し借りは決してしないように親に言われました。

D：そのとおり。判例を読んでいても親族のドロドロとお金の貸し借りが絡まり合うのが多い。血みどろの争いになる。

S：かといって知らない人から借りるのも危ない。設問のとおり，とんでもない闇に繋がっていて，怖い人たちがぞろぞろ出て来る可能性がある。

Prof：ならば訊きますが，第13問。そのお兄さんたちが豹柄のジャンパーでなく，真っ黒なビジネス・スーツをバリッと着こなしているのは何故？　1番，皆と同じだから。2番，実は乱暴なのにそれを隠すため。3番，強そうに見せるため。4番，紳士服量販店で安く買えるから。これは実は復習的質問です。

E：2番。ビジネスの裏の暗黒ですね。不透明というか。

Prof：ブッブー。怖がらせなければならないわけですよ。もちろん，隠してチラリは効果的ですが，それにしたって，本当に隠すならば別の仕方もある。

F：ならば，3番。強そうに見えます。

Prof：ブッブー。それは当たり前だ。強そうに見せるために，何故このやり方を選ぶのか，というのが問いですね。

G：4番。取り立てに経費をかけないということでしょう。

Prof：ブッブー。いっそアロハシャツで行けばもっと安い。そう，アロハシャツでは何故いけませんか？

H：ということは1番か。でも，アロハシャツで筋肉を見せつける方が怖くありませんか？

Prof：恐怖とは何か。思い出してください。

I：集団の奥に何が有るかわからない，どこへ繋がっているかわからない，という不気味さのことでした。

Prof：そうです。繋がっているとはいっても切ることも可能だという感じがするならば，少し恐怖が縮減します。少なくとも局地的短期的には，一体となっていて切るに切れないという感じがするとき，底知れない恐怖を覚えます。強いインパクトですね。ビジネス・スーツは，社会組織としての一体性を演出している。どんなに筋肉隆々でも孤立しているとわかっていれば全然怖くありません。のっぺらぼうに繋がっていても本当は非常に複雑怪奇であるわけで，これが怖さの究極ですが，まずは，繋がっているのだ，という演出が不可欠なわけです。

魔法の杖は何？

Prof：というわけで，消費貸借の蓋を開ければとんでもない連鎖を呼び出してしまい，大事な物を奪うための物凄いエネルギーが解放されてしまうわけですが，さあ，そこで尋ねます。第 14 問。これをピシャリと抑え込む魔法の杖は何？　いよいよ，ここはストレートでお願いします。

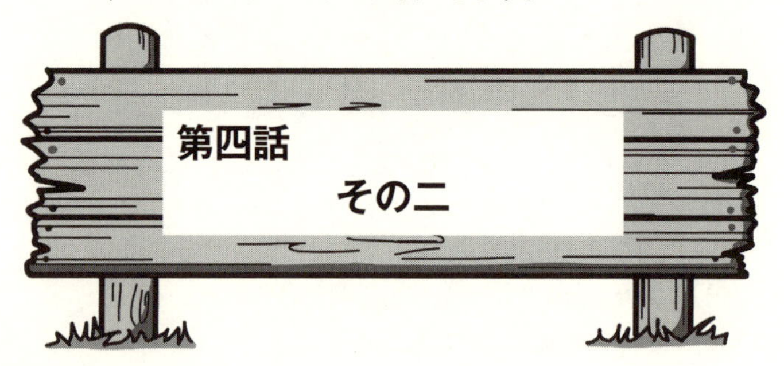

学生全員大合唱：占有!!!

Prof：ピンポンパンピンポンパン。でもどうして？

J：それは決まっています。そういう徒党が出て来たときに忽然と現れて撃退するのが占有だからです。

Prof：占有，占有，と言っても広おござんす。そのうちの何処？

R：もちろん，占有訴訟。保全手続でもよい。

Prof：そのとおり。消費貸借が生み出す物凄い圧力に対して占有でぴたりと蓋をする。占有の重要な役割です。そもそも実力で占有を脅かすと言っても，流石に，わけもなく徒党が何かを襲うということは稀です。消費貸借がからむことが多いのです。これは古くから大変警戒されました。歴史的に消費貸借，特に利息，を禁止することが多かったのはこのためです。社会秩序を不安定化するからです。だから，禁忌の規範で縛るというわけです。しかし，法が採るアプローチは少々違います。禁止したりはしない。利息の制限はしますが。何故禁止しないかというと，占有という防壁が有るからです。消費貸借は取立のための実力による占有侵害を呼び起こしてしまう。占有保障としての法はまさにこれをブロックするために存在する。そのように言っても言い過ぎではない。いや，民事法自体がそのために有る，と言って過言でない。それは消費貸借が呼び出すとんでもない力に抗するために存在する。社会において信用というものはどうしても必要です。にもかかわらず，その最も初歩的な形である消費貸借はとんでもなく暴力的な性質を持っている。法はこれに備え極めて体系的に対処していきます。そして却って発達した信用システムの構築を促す。禁忌にするのでなく，ですね。だから，法律学を学ぶためにはどうしてもまず徹底的に消費貸借の怖さを頭に焼き付ける必要がある。そうでないと，何のためにこんなにややこしいことを勉強するのかわからなくなる。そして法律学をさらに本格的に勉強するならば，消費貸借の暴力的な性質を精密に分析する態度を身に付ける必要がある。病気を知らずに薬理をいくら勉強しても意味が無いのと同じです。つまりそういう暴力的な性質，不透明な集団が押し寄せる恐怖，こうしたものを痛いほどわかっていなければ，法律学を勉強するインセンティヴが生まれません。逆に，それをぴたりと抑えるのだ，なおかつ信用を発達させるのだ，ということになれば，えっ？　なになに？　ということになり，そういう高度なことは勉強してみたい，となる。なりません？　というわけで，何故高利貸しのおばあさんが法の母であるのか，わかりましたね。ここからは，まあ言ってみれば，占有対消費貸借の戦いですね。何ラウンドも続く死闘です。消費貸借の方も次々に変装して登場するので，よく見破ってくださいよ。

P：それはわかりましたが，暴力的な取立てを抑え込むのは警察の役目ではないですか？

Prof：ならば，日本の最高裁判所の公式判例集に掲載された或る上告理由の中の或る弁護士の証言を紹介しましょう。その弁護士のクライアントは，その弁護士のところに来る前に，商工ローンの過酷な取立てに参って警察に相談しました。ところが，警察官からは，逆に，「あれは本当に怖い人たちなのだから，返済しなければ駄目だよ」とお説教されたそうです。怖さを知ればこそでしょうね。専門柄よくわかっているわけです。ともかくその弁護士さんは，「むしろ取立てのお手伝いをする有様」というように皮肉っています。

魔法の杖が無効化されるだって？

S：おかしいなあ。占有が危機に瀕しているのですよ。それなのに占有に助けを求めるというのはおかしくありませんか？　それに，占有訴訟ないし保全手続が機能していればいいですよ。しかし機能していなければどうしようもないじゃないですか。

Prof：いや，だからこそやはり占有訴訟が機能しないと大変なことになる。これは機能してもらわないと困ります。とは言え，仮にそれが機能していたとしても，それをも乗り越える力を消費貸借が秘めているという直観はなかなか鋭いですね。

そこで，第15問。「ソクフリ」なのはどうして？　1番，消費者ローン利用者はたいてい切羽詰まっているから。2番，審査しませんよ，門戸を緩くしていますよ，あなたも差別されていませんよ，というポーズ。3番，回転を速くして利益率を上げるため。4番，かかった獲物は逃さないため。

A：ええ？　そもそも「ソクフリ」って何ですか？

Prof：電車に乗っていれば気付きますよ。広告がべたべた貼ってありますから。借りたお金が即座に振り込まれることです。

A：だったら，無難なところで，1番かな。まっとうなサーヴィスじゃないですか。

Prof：まあ，そういう面も有るとは思いますが。しかし，秘密のカラクリも有るに違いない。

B：私はむしろ2番だと思います。広告の中の文句ですから，雰囲気が大事なのだと思います。心温まる気分も強調されていますし，業界の規制もあるのか，使い過ぎに気を付けましょうなどとも言われるし，煙草の広告とよく似ています。

Prof：確かにね。これも間違いではないでしょうけれども。

C：企業秘密ならば3番とか。しかし，少し有りそうもないな。

Prof：実は4番です。借りてしまったという負い目を何よりも支えにしているのが消費貸借です。だから怖いお兄さんたちが出なくとも必死に債務者は返そうとし，返せないと自殺したりする。返さないと罰を受けるからではありません。心理的に追い込まれる。そしてこの効果は「借ります」と約束するだけでは出ません。いわゆる「契約」を締結しただけでは出ません。

D：なるほど。消費貸借は要物契約だと民法典に書いてある。つまり，言葉で合意しただけでは有効でなく，お金が振り込まれた時点で初めて成立する。

Prof：そのとおり。消費貸借といういわゆる「契約」は，だから本当の契約ではない。法が消費貸借を本当の契約とはしない趣旨は，「合意しただけなら有効でないので，いつでもクーリングオフできますよ」ということです。ローマでは徹底していて，「意味もなくお金が振り込まれただけである，したがって不当利得にしかならない，だから利息支払義務は説明不能で無効」と扱われました。返還不要とすればもっとよかったでしょうが。逆に，勘ぐれば，「ソクフリ」にこだわるのは，この民法の規定を見て，直ちに払い込ませ後戻りできなくさせるということかもしれませんね。とにかく，ドサッと渡して負い目を負わせることが肝要であるわけです。

I：けれども，そういう負い目があると，いくら占有が保障されていても，占有の障壁をくぐって浸透してしまいますね，消費貸借から生ずる圧力は。それが結局占有を崩してしまいます。

Prof：まったくそのとおりです。セイレーネスの歌のようなものですね。これにも対処しなければ占有は守れません。

D：しかし，それらの問題をおくとしても，この事案の場合には占有は役に立ちません。占有で対抗すると言っても，その占有が「無効化」されている。敵もさるものではありませんか。そこで，むしろ私の方から，第16問，それはどこでわかるか？　再びストレート，かつ解答者オープンでいきましょう。

G：それは簡単です。ゴンベエどんは，流石ロースクールを卒業しただけのことはあって，抜かりがありません。売買の形をとり，しかも引渡を公式に済ませている。ということは占有が公式に移ってしまっている。ぜんべえドンは借りているだけです。売買の形を取った非典型担保，売渡担保というか，一種の譲渡担保です。こんなことは普通にやってますよ。

Prof：非典型担保とか譲渡担保とか，学習困難者から出て来る単語とも思えませんが，君わかった？

K：そういう隠れ困難者が紛れ込んでいるから，やりづらい。言葉は聞いたことがあるけれども，内容は全然覚えていない。まだ民法三部の単位は取れてないし。

Prof：じゃあ，ぜんべえドンと同じだ。「なんかうまくやられちゃった」と悔しい気持のゼンベエどんに同情できるでしょう？

K：それはもう。

M：しかし先生，日本には占有の考えが根付いていないと言っていましたが，根付いているじゃないですか。占有を確保しておかなければ簡単には取れない，だから確保しておく，そういう考えじゃないですか。立派なものです。

T：いや，依然としておかしい。そもそも何でこんなことをするのかさっぱりわからない。裁判をして堂々とお金を返せと言えばいい。返せなければ，判決が出て，執行になる。どうせそうやって回収できるじゃないですか。裁判を信じていないのかなあ？

本当に怖いのは 13 人目の魔女

Prof：ならば，第 17 問。次の四つの商売のうち，実際に有るのはどれ？　1 番，契約屋。2 番，所有屋。3 番，占有屋。4 番，消費貸借屋。

P：4 番。貸金業のことに決まっています。

Prof：ブッブー。「消費貸借屋」とは流石に言いません。消費者ローンとか，クレディット会社とか。

M：「契約屋」さんではないですか？　だから 1 番。企業法務などに契約の専門家がいると聞きました。

Prof：ブッブー。

N：えっ？「所有屋」はおかしい。所有を売るということは，或る意味では当たり前で，八百屋さんだって野菜の所有権を売っている。

Prof：確かに野菜を売っていますが，野菜の所有権を売っているのではありません。そんなものを買ってどうするんですか？

O：残るは「占有屋」さんですか？　しかしこんな難しい物を売っている人がいるとは思えませんね。それとも，キーバ先生のことですか？　例の補習授業で占有ばかりやっているそうじゃないですか。あれ？　僕らのことだっけ？

D：そうじゃなくて，賃貸借名目か何かで債務者の土地に入り込み，立ち退き料目当てか，或いは実際に乗っ取ってしまう目的で，占拠する連中のことですよ。これが職業として成り立っているのです。

Prof：そのとおり。さて，ではいよいよ，第 18 問。ゴンパチどんが連れて来たお兄さんたちが皆マンガ本を抱えているのは何故？　1 番，大学のマンガ同好会 OB で組織された集団だから。2 番，暇だから。3 番，跡地にマンガ喫茶を建てるから。4 番，マンガ本はバリッとしたスーツに似合うから。

P：これは簡単。4 番！　何たってよく似合います！　最近はスマホでマンガをスパッと出すのが格好いいけれども，ちょっと前までは，アタッシュ・ケースからさっとマンガ本を出すブランド物スーツのビジネスマンを六本木あたりでよく見かけました。

Prof：ブッブー。似合うとか似合わないとか，恰好をつけている場合じゃありません。

Q：2 番でしょう。ぞろぞろ連れて来られたってすることがないんだもん。それに備えてマンガ本を携える。

Prof：ピンポンパンピンポンパン。でも理由のところがねえ。正確でない。実際連れて来られたお兄さんは二人連れくらいで日がな一日マンガ本を読んでいる，今ならばスマホをいじっている，わけですが，第19問，これを見ると，人はどうなる？　1番，怖がる。2番，のけぞる。3番，微笑みかける。4番，モエーッとなる。

R：先生，4番は死語です！　もう学生は使いません！　しかし，ということは，日がな一日マンガ本を読んでいるところを人に見せることが大事なのですね？　とすると，どうせ1番でしょ。元々これは占有破壊の実力集団ですから。しかし，こんなことをしなくともゼンベエどんに対しては十分な威嚇効果が既に有るのになあ。

Prof：そこで，第20問。誰がために鐘は鳴る？　いや間違えた，マンガは誰のために読む？　1番，自分のため。2番，恋人のため。3番，ゴンパチどんのため。4番，13人目の魔女のため。

S：3番。お兄さんたちはただの手下ですから。

Prof：言葉の引っかけで申し訳ない。確かにそうですが，「何のため」は本当の狙いはどこか，という意味ですね。

T：すると自動的に4番ですが，しかしこれはまたそれで記号論的に先送りされる。「13人目の魔女」が果たして何を指しているか？

Prof：ピンポンパンピンポンパン。それで果たして何を意味しているか。まず，お兄さんたちがマンガ本を読んでいると，銀行等々のまともな債権者が取立てに行ってがっくりくる。ああもう駄目だ。虫がついてしまった。まともには売れない。しかしこれは，本当の目的ではない。何故ならば，彼らからお金を取るのだから，余り諦められても困る。お金を出せば状況を戻せるのだ，買い手がつくのだ，という線に持っていきたい。それでおとなしくしていたいわけですし，現にマンガ本を読むという微笑ましい手段以外はとらず紳士的にしているのですが，でもせめてこれをしないと，別のダークホースに入られる。元々自分自身が暗闇からぱっと現れた予期せぬ13人目の魔女です。しかし，さらにその外側から見えない債権者が現れてさらって行ってしまう，ということを怖れる。13人目の魔女だからこそ13人目の魔女を怖れているのです。いずれにせよ，ぜんべえドンなどもう眼中にない。ここから先は他の債権者のことを考えてゲームをしているのです。要するに，お兄さんたちは，実は他の債権者，他の実力集団，に備えてそこにいるわけです。債務者は，それでなくたって負い目を感じていますから，脅すのはもっと簡単です。お兄さんたちがいなくともよい。

そんなバカな！

Prof：第21問。譲渡担保は何故違法か？　1番，民法典にそう書いてあるから。2番，そういう担保物権は民法典に書かれていないから。3番，譲渡担保を違法とする判例が有るから。4番，本当は占有が移っているのに物はまだ移っていないという，人を欺く状態を作るから。

G：うっ！　何ですって？　そもそも譲渡担保が違法なわけないじゃないですか。いつから違法になったんですか？　どの教科書も担保物権の一章をあてて説明しています。

Prof：しかし教科書に書いて有ろうと無かろうと違法なものは違法です。教科書に書いたから，誰かがしたから，裁判所が認めたから，違法なものが違法でなくなるわけがない，というのは初歩中の初歩です。法は成り行きに左右されないというのは公理です。占有以来ずっとそういう話をしてきましたね。それで左右されてよいのならば占有は守れません。政治システムの決定にさえ抗するくらいですから。だから，答えてください。

A：けっ。急に普通の法律学みたいな問題になった。お手上げです。

B：2番だと思うわ。物権法定主義という言葉を聞いたことがある。

C：1番と3番でないことだけは，不勉強な自分でもわかる。そういうのが有ればどこかで聞いている。

D：まさか違法であるとは思いませんでしたが，問題があるとすれば，4番ですね。譲渡担保の設定は占有改定でよいか，ということは判例学説でも問題になります。善意の第三者を害するからです。とりわけ，譲渡担保に供された動産，機械とかですね，これを譲り受けた善意の第三者が即時取得できるか，という判例は多いように思います。善意ではあっても過失が有った，などと言って譲渡担保を認めるようです。

E：また例のラテン語かあ。うんざりだなあ。

F：そうだそうだ。今日はクイズ方式で来たわけだが，初めからいやな予感がしていた。そのうち択一式試験問題みたいになるなあと。

Prof：ごめんごめん。答えは1番です。民法典の或る条文に違反します。何条でしょうか，などと訊いてもまたぞろあくびが出てしまうから，こちらで言いましょう。民法典の349条は，「質権設定者は，設定行為又は債務の弁済期前の契約において，質権者に弁済として質物の所有権を取得させ，その他法律の定める方法によらないで質物を処分させることを約することができない」などと書いています。民法の規定は，両当事者がよいと言えばそれに反することもできるのが普通ですが，ここでは，両当事者がそのように約束しても駄目だ，と言っています。債務者が承知しても，質物を自分で自分のものにしてはいけない，ということですね。両当事者がよいと言って合意しても無効であり許さないというタイプの条文を強行規定と言います。349条はその典型で，強行規定とはどういうものかを例示するときに恰好のものです。ここでは，お金が返せなかったとしても，債権者は質物を自分のものにすることができない，としているわけです。「法律に定める手続」というのは実質的に換価手続，競売ですね，これを指しています。よそへ売る。お金だけ取らせる，というわけです。「契約」というのは約款を意味していて，まあ，そういう約束をしそれを一条項として書いておく，というわけですね。本人がいいと言うのだからいいではないか，と。さらに，初めから取るのでなく，執行手続を通じて最終的に自分の物にするようにする，というのでも駄目だ，とされます。古い古い伝統的な規定ですが，日本では判例と学説によってこれを無視することにしています。皆で強行規定を書いておいて皆で違反するというのは，何とも面白い光景ですが，流石に民法学の最高権威，我妻栄はやましい気持ちだけは持っていて一生懸命弁解しています。その後は誰も弁解もしなくなりましたから，やはり違うなとは思いますが，ただ，我妻栄でさえ，「社会的作用」や「社会的要請」の前には，強行法規違反も，やむをえない，と言うばかりで，流石にロジックにはなっていません。そういうロジックはありえないからです。皆がやりたがっているのだからいいじゃないか，という考えが通ったら，法の墓場です。「最後の一人」が，占有が，死ぬからです。現にこの場合，端的に占有が死にます。この強行規定は占有を端的に守るために有るからです。裏から言えば，この規定が占有を守るためにあるのである，という明確な意識を欠くから，ま，いいか，ということになる。債務者の利益のためだ，というくらいの把握だと，債務者が自分の利益を自分で処理する自由を有する，とか，社会全体の利益も有る，などという主張と同列になる。債務者の占有が大事だ，それが社会の質を分ける致命的な点だ，という意識，つまりは一個の経済社会についての明確な見通しが無ければ，この条文を守れません。偉い先生たちは皆，学習困難者じゃなかったから，この条文が何のためにあるのか，切迫したところはわからなかったのですね。それが取りも直さず，日本の経済社会の質についての無理解を意味した，というのは何とも意味深長ですね。というのも，消費貸借が解放するエネルギーが野放しになっている。これを抑えられない。ならば大いに活気があってよいか，というと反対に，にっちもさっちもいかない。13人目の魔女は13人目の魔女を一番怖れます。14人目の魔女と言った方がよいかな。実力でもぎとった，やったあ，万々歳，とはならない。そういうことをするのは自分だけじゃない。やった以上はやられるかもしれない。非常なストレス，非常なコストです。マンガ本を日がな一日読むお兄さんたち，がらんとしたビルの一室，なるべく明るい大きなガラス窓越しに見える方がよいですね。これをやりあう神経戦。こういう出鱈目な賃貸借など，何重にもできます。そこで短期賃貸借の登記制度まで利用するということがかつて起こった。不透明かつ疑心暗鬼ではよい投資が行われない。もちろん，そういう駆け引き大好きの連中が巨額の資金とともにそういう場面に乗り込んでいきます。それがよいのか。だからこそせめて譲渡担保をとりたい。しかしそれを認めるからこそ，悪循環なのである，ということがわからない。いや，そもそも，このクイズ番組はとっくに終わっていなければならない。占有が出て来たところでね。頑丈な占有保障が有れば，問題にならない。349条は元々それが崩れたところで生まれた。2000年前にです。崩れるのを見越した制度であると言ってよい。ところがその敗者復活戦的第二ラウンドでまたぞろ体系的占有原理違反をしてしまう。

毒は毒を以て制す？

Prof：では，占有保障が働かないときに，いや，占有保障が働いたとしても，こういう風に裏をかいてくる連中がいるときに，一体どうやってオハナぼうを守るか。この問題を考えましょう。

M：大事なのはお金で解決するということでしょうか？　占有に手を触れさせないためには，債権者にお金で満足してもらうしかない。

H：そうそう，結局はうまくいかなかったけれども，ゴンザエモンが出て来たときには，なかなか良い線をいくのかと思いました。ヒントになると思います。

L：実際，債権譲渡でもいいし，代位弁済でもいい。あらかじめ保証とか連帯保証とかをつけるのもいい。様々なやり方で債権者を満足させ，占有に手を付けさせない方法があるよ。

B：あれ？　**L**君は今まで猫かぶってたの？　そんなラテン語どうして知ってるの？

D：でも，そういう債務処理のスキームが重要であることは疑いない。

I：そういう難しいことはわからないのですが，今回の「ぜんべえドンとオハナぼう」第四話はもっともだと思いました。どういうことかと言うと，借金の肩代わりで救うということのようですが，救われるのは返してもらえなくて困っていた債権者で，債務者の占有にとっては却って事態が悪くなるのではないですか？

T：そのとおりだと思うな。言ってみれば，借りて返すのと同じだ。多重債務という言葉があるけれども，借金に困った人が駆け込む当の相手が困った人を食い物にするという話を聞いたことがある。

Q：結局，最も悪質な連中，特に取立てに特化しお兄さんたちをたくさん擁している連中，の手に運命を握られる。そういう連中は債権を集めているに違いない。債務者から見ると，別のが出て来るということは，何が出て来るかわからないということ。不透明な闇の奥底から何をされるかわからないということ。

ハイエナどもを黙らせるには？

Prof：困りましたねえ。何かよいアイデアは有りませんか？

E：13 人目の魔女は 14 人目の魔女を怖れているという話が有りましたね。これを利用するのはどうです？　何が飛び出して来るかわからないから早く自分だけで食べてしまおう，というわけでしたね。ならば，次々に飛び出して来て，他が自分だけ食べるのを許さない，というのはどうでしょうか？　牽制し合えば，ぜんべえドンだって少し時間が稼げます。

F：そううまくはいかないよ。それに，ぞろぞろ出て来て，談合が成立し，皆で貪り尽くせば，悲惨なことになる。

E：うーん，その談合をどう防ぐかだなあ。

Prof：凡そこの世で談合を防ぐものは何？　クイズではありません。

R：政治システムだという話でした。

Prof：債権者どうしが政治システムを作る？これは夢の中の夢のような話ですねえ。どちらかというと，山賊に近い連中だから，どうしたって，高々談合ですねえ。けれども，山賊の談合と政治システムはどう違うのでしょう。どちらも話し合うし，どちらも利益を分け合うところがある。

E：それは私に任せてください。厳密な議論，精密な論証，明確なプラン，一義的な決定，自発的な実行，……。

N：山賊なんかには無理です。

Prof：残念ながら，まだ今のところ手掛かりは有りませんね。けれども，債権者平等という大原則が有ります。どの債権者も債務者のどの財産も独り占めしてはいけない，という原則ですね。平等な機会が与えられなければならない。これも基本的には債務者の占有が理由です。占有の前でぴしゃりと門戸が閉ざされる。その前で並んで待たなければならない。ズルをして一人だけ勝手に入ろうとすると，他の債権者が黙っていない。相互に牽制し合う。これも占有原理の現れです。もっとも，それだけでは限界がある。**E** 君が言うように政治システムを作らせたいところですが，これがうまくいかない。これがうまくいくためには条件が有るのです。というわけで，話はなかなか奥が深く，ずっと先へと続いていくわけですが，それほど，消費貸借は大きな問題を引き起こす，ということをまずは意識の底にしっかりと収めましょう。そして，占有が確保された後にさらに高度な信用を構築し逆に占有にとっても外堀となるシステムを形成していく，そしてそのシステムをまた占有が助け返す，という話が次回以降続きます。

再入門後の学習のために

金銭債権と占有の間の緊張関係は真っ先に学ばなければならない事柄です。実に多くの制度がこれを基礎としています。「物権と債権の峻別」もここから生まれます。ただしこのような言い方は相当に曖昧ですから注意が必要です。元来の原則は，占有と債権の峻別でした。債権者は決して占有者でない，占有者は決して債権者でない，ということですね。これは法の世界を貫徹している論理法則で，プロの法律家は決して誤りません。にもかかわらず譲渡担保等々はまさにここを迂回するために発案されました。債権者が占有を取るというわけですね。学生の一人が言っていたように，しかし原則をわかって潜ろうというのです。脱法行為ですね。

ただ初学者には少し注意が必要です。まず，占有する権利，占有権というものは有りません。占有はしているか，していないか，だけです。占有訴訟は，占有している人しかできません。占有回収の訴えは，まだ占有を奪われて間もないホットな状態であるため占有継続とみなしうる場合になされます。もっとも，日本ではしていませんから，意味のある議論にはなりません。さて次に，占有が有れば，請求する必要が無い。つまり裁判を経ずに自力で確保できます。逆に占有が無ければ，そして奪われたというのならば，請求して取り戻さなければなりません。つまり自発的な引渡しを求めるか，裁判をするか，をしなければならないわけですね。取戻しも占有原理で判断すると前々回言いましたが，取り戻すことができたとしても，その人も占有は失っていたわけだから，取戻しは占有の作用ではなく，別の作用です（所有権が登場すると少し占有原理と別のロジックにより取戻しが行われますし，現在ではこの「別のロジック」はもっと占有を離れています）。ともかく，この取戻しと，貸した金を返せというときでは，していることが全然違うということに気を付けましょう。後者は債権の作用であると言います。債権は，元来金銭等の「果実」の側にのみ関係します。法の世界は陽子と電子みたいに二元的にできていると Prof が言っていましたね。ここからして，物権と債権は違う，という言い方が出て来ます。本当は，占有が関係する場合占有問題が先決事項になる，ということです。債権者が金を返すまではどいてやらないと言って勝手に占拠しても，占有が先決で，同時履行の抗弁など使えない，ということです。退去する債務などは有りません。有無を言わさず先に退去させる。というわけで明快なわけですが，ただし，以下のように，少々留保が必要です。つまり，後になると，占有を動かす契約が出て来る。例えば家を買ったという場合，その家をよこせ，という請求が行われます。占有の移転を内容とする債権が初めて出たようにも見える。すると，買主は占有する権利，占有する債権，を持っているように見える。ところが，これが基本の発想と齟齬する。そんなものは論理矛盾だという感覚ですね。それでも，契約法が所有権という新しい制度と交錯すると，買主に占有が移転してしまっている，と擬制する。まだ売主のところに現物が有ったとしても。この辺のところは後に勉強します。

ついでに言えば，「物権的請求権」というものがありますね。「所有権に基づく返還請求権」や「所有権に基づく妨害排除請求権」です。妨害排除請求権は，実は占有の作用で，所有権の場合，市民的占有という特殊な占有の作用となります。この点を長らく曖昧にしてしまったため大きな混乱が現在法律学を覆っています。返還請求権は，「請求権」というけれども，これまで説明したとおり，占有原理のエクステンションとはいえ，占有の作用ではありません。確かに，共に債権の作用とは異なるから，そうではないぞということで「物権的」と言うのはわかります（それほどまでに果実サイドの流れの問題は括り出して外に置くのです）が，それでも，返還請求権と妨害排除請求権を一緒くたにするのは弊害の方が大きい。いずれにせよ，19 世紀ドイツの特殊な事情から発生した考えです。物権的請求権は民法典に書いてありません。所有権を巡る問題群，占有保障の問題，のそれぞれにつき具体的に考えましょう。

さて，今回の話が最も大きな意味を持つのが，第一に，担保物権という制度を巡ってであり，第二に広い意味における執行制度を巡ってです。これらについては後の方の回で触れます。しかし予告的に言っておくと，担保物権は，債務者に属する特定の物の占有を債権回収のために債権者に取らせる，のではなく，債務者が債務超過に陥った際に，債務者に属する物を売却して債務弁済に充当する，そのときに担保設定物の売却益から担保権者に（他の債権者に先駆けて）優先的に弁済する，という制度です。つまり必ず担保物は売却される。このとき，担保権者に決して占有を取らせない。自己競落さえ許さない。質権の設定のために占有移転を要件としているのは，後の回で触れるように特殊な意味です。抵当権は占有を移転しないように見えるのも偽りで，実は登記という形で目に見えない占有を移転している。質権設定に際して移転を要求するのは，実はこの意味の占有です。

ローマでは，元来，債務者が債務超過になる，つまり彼に帰属する物を全て売却しても全債務を弁済することができないこととなる，ということが執行の条件でした。全ての債権債務を確定しなければ到底債務超過を判定できませんから，どうしても全員の債権者が集まり協議することとなる。包括執行と言います。個別の債権が不履行（遅滞）になっただけで執行を許す，ということは考えられなかったわけです。ローマでも，やがて個別執行は登場しますが，限定されていました。そしてそのときに担保物権制度も現れたわけですが，担保物の売却を義務付けるものでした。譲渡担保等々の非典型担保はここを食い破るわけです。いずれにせよ，これらの問題は後の回で繰り返し論じます。今回は，このような話に繋がるという見通しだけで十分です。債務超過とは何か，など難しい話は理解できなくとも構いません。

むしろ，今回感じ取っていただきたいのは，以下のような点です。例えば，日本法における非典型担保の繁茂は，深刻な問題だということです。日本の実務では，債権者が初めから占有を取りたがる。譲渡担保は債務者に使わせたままにすることが多いけれども，債務不履行時にいつでも取っていけるというのならば，占有は移転していることになります。いずれにせよ，いずれは自力で取っていけるというタイプ，非典型担保が発達します。そのうえで，単独で取って行けるのでなければ担保価値が無い，という固定観念が存在します。何故かと訊けば，競売がうまくいかないからという答えが返ってきます。しかしこれは日本法の慢性病です。うまくいかないから，仕方なく非典型担保を使う。ところがこれは自力で押さえるということを意味しますから，競売をうまくいかせないようにする要因を助長する（競落してみたら隠れた譲渡担保がついていた，買ったけれども実力で奪われた，ということにならないかという恐怖を拡散する)。悪循環ですね。まず占有を保障する，という地道な努力を怠るからイタチゴッコに陥ります。社会の生地の部分のこの質は致命的でさえあります。今に至るまで克服されない日本経済社会・信用構造の深い限界であると同時に，精神構造（人々の意識）などを通じて政治体制や外交などをも限界づけ，この100年の間，何回かの破局を根底的に決定付けた要因でした。

ドイツはもちろん，フランスにだって譲渡担保は存在する，という反論が有るかもしれません。しかしドイツでさえ，不動産については有るかどうか。いずれにしても異なった条件下で多くの限定付けの中で動いているにすぎない，と想定しなければなりません。なおかつそれぞれの社会の病理の方に対応しているかもしれない。逆に，基本がしっかり定まっている社会ならば，意識的な逸脱が却って良い効果をもたらすということもあります。例えば，基本の信用もしっかりしていないのに，「善意の第三者」を暴走させるとひどいことになるが，基本の信用がしっかりしている社会ならば，取引を一層円滑にするかもしれない，などという複合的な思考が法律家には求められます。いずれにせよ，これら全ては精密な研究を要する事柄です。他方，日本法では複雑な要因，ほとんど思想史的な要因さえも，が関係して譲渡担保は深い病理になっているわけです。そしてそれは特殊事情というよりは，基本を深く考えさせます。

脱線ついでに言えば，日本の近代において，市場が来た，という恐怖は，実際には消費貸借に伴う実力が来た，という恐怖であったと思います。迂闊に連帯保証や物上保証をして財産を丸ごと取り上げられる，などですね。市場は難しい概念で，たぶん単一ではないのですが，おそらく，高々市場が来ていない弊害から来る恐怖です。本当の市場は占有に加えて次回から学習する高度な条件をクリアしています。概念を詰めもせず，状況も精査せず，実定法解釈論でも市場を持ち出すことがありますし，さらには一個のイデオロギーとして「規制をせずに自由にしていればよい」と言ったりもします。他方では徒にアレルギーを起こし，拒絶します。どちらも如何にも浅はかですね。しかしこれから民事法の基礎を学ぶと，幾つかの種類の市場が幾つもの前提条件の上に成り立っているということがわかります。その前提条件を欠くとほとんど「反市場」のような譲渡担保などが猛威を振るいます。それを野放しにして「市場に委ねる」と言うのを聞くと，笑うしかありませんが，逆にそうした前提条件を満たしたとき，市場は怖れる必要もなければ嫌う必要もありません。消費貸借は確かに大変危険なのですが，しかしそれでも信用は発達させなければ仕方がない，だから（禁止したり倫理に訴えたりするのでなく）占有すなわち法が有る，というわけですね。

難しいですか？　けれども，少なくとも法ないし法律学が決してお粗末な知的レヴェルのものではない，ということがおわかりいただけますね。社会と歴史全体に対する深い洞察を要する分野であるわけです。法律学が嫌いになる人の半数くらいは，法律学は視野が狭く，浅薄で，知的興味を惹かない，ということを言います。確かに，譲渡担保を取るための法律要件や判例ルールを覚えるだけでは，最底辺の資格試験マターということになります。しかし何故譲渡担保は違法か，であるのに何故繁茂するのか，を考え始めると，社会と歴史全体に対する最高度の見通しを要求されます。調べ始めれば面白くてやめられなくなります。

第五話
相続財産，その一

ぜんべえドンとオハナぼう，第五話

ぜんべえドンは，再び，小さな土地ながらオハナぼうに草をはませ，おはなボウのミルクをせっせと出荷し，たくさん働き，貧しいながら，幸せに暮らしておりました。ただ，最近また周囲の状況が一変し，少々落ち着きません。リニア新幹線が開通し，目の前に駅ができました。周辺は近郊リゾート地となり，駅周辺にはたちまち優雅なホテルが建ち並び，右隣はホテル・リッツ・カールトン，左隣はペニンシュラ，という有様。そこには高級車で人々が乗り付け，金持ちそうなマダムがお茶などをしています。ぜんべえドンは，周りを見れば悪夢ですから，それを拭い去るように毎日仕事に励みます。そうやって汗水たらすのが生き甲斐なのです。

もう一つ気になるのが，年老いたお父さん，ゼンエモンどんの容態です。しばらく前から寝たきりになり，介護も大変です。そういう或る日，とうとう，ゼンエモンどんが消え入るように息を引き取っていきました。静かに弔って，また汗水たらして働こう，それがせめてもの供養，と考えるゼンベエどん。

その静かなお葬式に，いきなり八人の着飾ったご婦人が乗り込んできます。ぜんべえドンには八人の強欲なお姉さんがいました。ゼン子ちゃん，ゼニ子ちゃん，ゼニエちゃん，ゼニヨちゃん，ゼニミちゃん，ゼニカちゃん，ゼニノちゃん，ゼニホちゃん，です。あっと，もう皆すっかり大きくなって，「ちゃん」づけでは失礼ですね。もう立派なおばさん，いや失礼，奥様方です。皆よそへ嫁いでいたのですが，ゼンエモンどんの容態が悪くとも現れることなどなかったので，ぜんべえドンは彼女達のことをもうすっかり忘れていたほどでした。八人は次々に棺にくずおれ，劇的に泣きました。おや，どうしてそんなことをするのだろう，とゼンベエどんは思いましたが，その内の何人かには，夫のほかに，なにやらいわくありげでコワイ顔をしたお兄さん達がついてきているのにも，少々不信感を抱きました。ただ，何と，ゴンザエモンどのが来てくれたではありませんか。ゴンベエどん以下も勢揃いです。皆，ぜんべえドンの肩を抱いて慰めてくれます。様々なことがあったとしても，根は優しい人々なのだな，とゼンベエどんは思いました。でも，ゴンザエモンどのはお姉さん達に盛んに愛嬌をふりまき，耳打ちし，そしてときどきゼンベエどんにウィンクしてきます。おお気持ちワルッ，とゼンベエどんは思いました。

お弔いの終わったあと，姉さん達はゼンベエどんにこう言いました。

ああら，ぜんちゃん，まあだこんな時代遅れのドン百姓なんかして汗をかいているのお？　ばあかみたいい。ゴンザエモンどのが言ってたわよお。この土地は一八億円で売れるってえ。ちょうど割り切れるわあ。一人二億でしょう？　これで一生楽して暮らせるじゃなあい？ねえ，そうしましょうよお。ゴンザエモンどのが言ってるわ，買い取って超高層鉛筆ビルにするんだってえ。高級ホテルの客目当てに，東洋一のカジノを作るんだってえ。カジノ・ロワイヤルっていうのよお。市長さんもぞっこんで，地域の高度化につながり，軽井沢に対抗できるってえ。

ぞっとしたゼンベエどん，かろうじて，

したばオハナはどうなんなだ，マンションさなの住まんねあんぞ！

と言うのが精一杯でした。

ああら，何，あの汚い牛，ドッグフードにして，そのお金も山分けよ！　きっちり九等分よっ！

馬鹿だごど言うなよ。オイは子供の頃がらここで汗水たらして働いできたんだ。それがオイの唯一の生き甲斐だ。おはなボウだって，ここの土，ここの水，ここの草でねば，こげ良いミルクは出さねえ。

ぜんべえドンはその種の話を全てはねつけ，今日もオハナぼうに草をはませておりました。すると，なにやらガヤガヤとやって来る連中がおります。一体誰だと目をこらせば，先頭には例によってゴンベエどんの姿があります。連中はいきなり測量などを始めましたねえ。何のためでしょう。あ，ちょうど九分の八のところに綱を張っています。ぜんべえドンとオハナぼうはそれより向こうには行けなくなりました。いくら何でもこれでは食べていけません。それに一続きの牛舎を壊してしまいました。あ，おはなボウに手を付けました。

おいこら

とゼンベエどんが叫びましたが，もぎ取られてしまいました。

オイのオハナぼうさ一体何すんなや！

ゴンベエどんは言います。

てやんで。九分の八はオレ等がものだ，ざまあみろ。オメエの姉さん達からゴンザエモンどのが買っただ。オメエ，民法さ，すらねえな。相続の効果は死亡時に遡るんだべさ。九分の八は遡って姉さん達のものでねえか。それを売っただから，オレ等がものだんべ。

ぜんべえドンはかろうじて返します。

そんだ事言ったって，おはなボウまで取ることねぇんでねぇが。

ゴンベエどんは残酷に言います。

おはなボウも九分の八はオレ等がものさ。今から始末して，ミンチの九分の一さ，けえすから，文句無かっぺ。

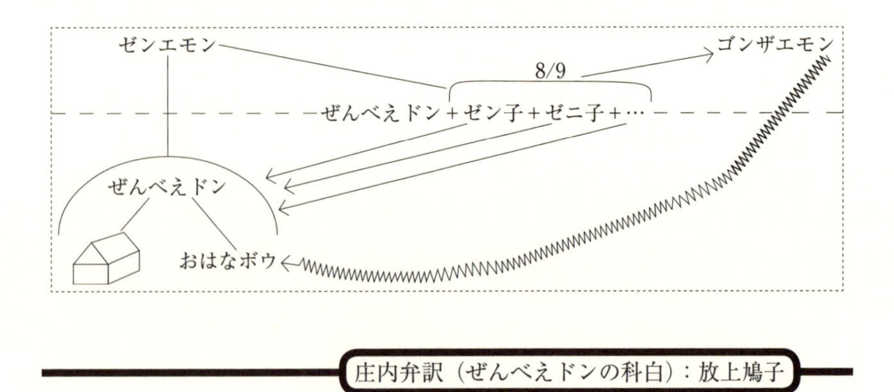

庄内弁訳（ぜんべえドンの科白）：放上鳩子

今日は本気です。

Prof：皆さん，久しぶりですね，よい休暇を過ごしましたか？　勉強のために一番大事なことは，よい休暇をたっぷりとることですよね。折角の休みだからと名所旧跡を忙しく見て回るのでなく，浜辺でただただボーッとしていることが大事ですね。われわれは所詮おちこボレ，じたばたせずにゆっくり構え，誰も発見できない近道を行って，涼しい顔，「とっくに着いていたよ」と汗だくの皆を驚かせましょう。

けれども，今日はこの旅も第二の段階に入る，極めて大事な回です。占有に続いて，第二の秘密の扉を開ける日である，と言ってもよい。大いにリラックスしてまたまた飛び立ちましょう。

D：えっ？　今日のタイトルは相続じゃないですか。家族法なんか勉強しても，あまり試験には役立たないし，スペシャリストになりたければ別だけれども，汎用性がありません。何でまた，入門篇の，しかも初めの方に，家族法なんか置いたんですか？

Q：けれども，占有から入るなどというのも意外じゃなかったか？　何でも占有だなんて，もっと意外だったね。

G：家族法が占有なわけがないでしょ。もう破綻するんですか？

B：そういうのはやはり困ります。現実には忙しくて休暇なんかとれないんですから。高い授業料も払っているんです。

幸福とは何か，などと呑気なことを議論している場合ですか？

Prof：またまた，ぜんべえドンの周辺が騒がしいようですが，今回はどうしたんですか？

N：ありふれた相続紛争ですよ。血を分けた兄弟なのに，何で仲良くできないのかな。

C：ぜんべえドンにお父さんがいたとはねえ。ゼンエモンどんが亡くなったりするから，話がややこしくなる。いや，無理やり年老いた父親なんか設定した先生が悪い。そうすると，父親がすぐに亡くなり，ややこしいことになる。

K：けれども，リニア新幹線が開通し，急に土地が値上りしたところの方が問題でしょう。そうでもなければお姉さん達が寄って来たりはしない。こんなことがなければ平和だったのに。そもそもこの設定に無理がある。わざとらしい。

H：それにしても，こういうことになると急にしゃしゃり出て来る図々しさ！面白いじゃないですか。

B：そんな言い方はおかしいと思います。権利があるのだから，主張するのは当然です。二億円は大金です。ローンだってあるかもしれない。教育費は大変です。二億円の権利があるときにそれを追求するのが何故悪いんですか？

O：それどころか，ぜんべえドン自体，貧困から脱出する大チャンスじゃないですか。とんでもないヘソマガリですねえ。

A：皆が豊かになろうというのに，一人のワガママで皆がそれを妨げられるだなんて，許しがたいことです。

P：そもそも経済的合理性の観点からして，リッツ・カールトンとペニンシュラの間に何で貧しい農家がなければならないのか，さっぱりわからない。土地の効率的活用，土地利用の高度化，規制緩和，等々の立場から，ぜんべえドンのゴネドクを断じて許すべきでない，と私は主張したい。

S：おやまあ，P君は急に政治家みたいになった。

Prof：意外にもゼンベエどんに非難が集中していますね。休み中に風向きが変わったようです。

M：私は別にゼンベエどんを非難しませんが，けれども，兄弟なのですから，権利を主張し合ったって仕方がありません。もう少し，何と言うか，家族なのだから，家族らしく問題を解決できないものか。

K：だから，土地の値上がりが問題だと言ったわけです。それが家族の絆を破壊した，というよくあるパターンでしょ。

Q：皆の言うことは全然おかしいでしょ。二億円なんか貰うより自分はこのまま汗水たらし泥まみれで働きたいのだ，という考えの一体どこが悪いんですか？泡銭なんぞ，あっという間にどこかへ消えます。悪銭身につかず，です。それより確かなのは汗水たらして働いているというそういう生活です。少なくとも，恣意的な幸福の基準を勝手にあてはめて欲しくないな。人それぞれじゃないですか。

T：賛成。ゼニ子達の一派はここまでの回に一度も登場していません。土地が値上がったからといって急に舞台の上に出て来ても遅い。ゼンエモンどんの面倒だって一度も看ていないし，ぜんべえドンだってお姉さん達の顔を思い出すのに時間がかかったくらいですよ。

Prof：すると，何だか，ゼニ子派対ゼンベエ派は，法対人情の様相を帯びますねえ。でもそういう問題かなあ。

風が吹けば桶屋が儲かる，人が死ねば……？

I：おはなボウが今この瞬間にミンチにされそうである，というのが問題です。今この瞬間の大ピンチから出発しなければ何の意味も無い，ということを勉強したばかりじゃないですか。権利か家族愛か，自分の幸福か皆の利益か，幸福とは何か，など暇な議論をしている場合ではありません。

一同：しーん。

Prof：では，何故そういう緊急事態に立ち至ったかを分析しなければなりませんね？　一体何がどうなったというのですか？

L：発端はゼンエモンどんが死んだということ。

Prof：人が死ぬと何が起こりますか？

G：権利能力を喪失するとかじゃなかったかな？

Prof：では法の世界から退場する？

D：そうはいきません。まず，遺言があり，その意思は尊重されなければなりません。その解釈をめぐって人々が争ったりする。

Prof：遺言が無くたって人々は争いますね。どうしてですか？

A：人が死ねば相続問題が起きて大変だというのは，最近私の両親が経験しました。兄弟が分裂し，いろいろと親戚がからんできて，もう本当にいやになる，と両親が言っていました。

Prof：なるほど。人が死ぬと，とめどもない争いが起きやすい。しかし，それはまた何故ですか？

N：跡目争いとか考えればいいんじゃないかな。人が死ねば空白ができる。そこをねらって皆がその後釜になろうとする。

G：実際誰の物でもない物というのは始末が悪いですから，誰かの物にしなければならない。

Prof：なるほど，遺言でもめて，誰の物かでまたもめて。そして取り合いになる，というわけですね。

D：だからこそ遺言という制度があって，遺言でどれが誰のものか明確に書いておけば問題ない。

L：しかし，そもそも遺言が有効か，認知症に付け込んで誰かが書かせたのではないか，とか，遺言の意味が不明確だ，机の引き出しの中のダイヤモンドの指輪というのは一体どれに該当するのかわからない，とか，やはりもめます。

G：それどころではない。あのダイヤモンドはお父さんが私にくれると言っていたわ，と言って持って行こうとする者がいたかと思うと，いやそれは実は借り物で，お父さんのものではなかった，ともめ始める。こうなると血縁を超えて紛争が拡がる。

F：挙句の果てには皆が実力行使に走る，というわけですか？　ああ，いやになる。

血は水より濃い？

E：けれども，何故血縁などという話が法の世界に出て来るのでしょう？　法の世界は占有でできているという話だった。けれども今回の話は占有と全然関係ない。相続などというものが無ければよかったのに。

S：けれども，人は死んでしまうものだし，そうすると，占有が空白になる。どうするかという問題は発生するんじゃないかな？

E：しかしそこに血縁が何故絡まるのか？　占有は一義的明確という話だった。血縁は一方的ドロドロという関係じゃないですか？

Prof：そうです。系譜，ジェネアロジーの観点ですね。誰と誰が結婚し，誰が誰の子である，という観点ですね。これは政治の成立とともに完全に解体される。本当は政治的階層を概念するために世襲貴族制が一旦利用されるのですが，ここでは無視しましょう。ところが法が始まると，ちょっとばっかり時間を遡らせてジェネアロジーを利用します。どうしてかというと，ジェネアロジーに基礎付けられる制度として首長制とか王制とかがある。ジェネアロジーによって頂点が一義的に決まるのですね。この作用を利用する。政治的決定も一義的ですが，ここでは占有主体を決めるロジックが政治的決定から独立し自律的であることが求められています。そういうわけで，誰が何と言おうと後継の占有主体はあの人だ，となります。法定相続はジェネアロジーに依拠しますし，遺贈でも，ジェネアロジーの代替をしているだけで，原理は同じです。何故遺言制度があるか，何故遺言は絶対で意思主義が徹底されるのか，何故，如何に親族が完璧に無視され野良猫に巨額の遺産が全部帰属してしまおうと文句が言えなくなるのか。この，取り巻く人々の意向から独立した一義性，というものを追求するからです。幸い，遺言した人は死んでしまっており，もう働きかけや影響力行使の可能性がありません。ローマ法は元来遺留分のような考えを拒否し，遺言の自由を徹底させました。ジェネアロジーのメリットを生かしつつ，それが現実の血縁に根差す不都合を極小化する，良いところ取りする，という仕方ですね。ローマでは，法定相続はしないものと決まっており，皆遺言しました。

T：おかしいなあ。なのに何故相続というとこれほどまでにもめるのですか？

Prof：それはもう，「血縁に根差す不都合」と今言ったことです。具体的には，血とお金が混じれば始末の悪い毒素が発生するということです。ジェネアロジーを使うのはよいけれども，副作用にご用心！　ジェネアロジーとごってり結び付いているのが前回取り上げた消費貸借，贈与交換とか負担とか借金とかですね。これと密接な複雑な心理，養ってやったじゃないか，とか，お前は冷たかったじゃないか，とか，肉親なら犠牲を払って当然だ，とか，実はなさぬ仲だ，とか，財産目当ての後妻が全部取るのは許せない，とか，怪しいやったとったが絡まるのです。元来は，テリトリーないしリソースを相互に絡ませながら曖昧に分配する，これで協働関係の絆と緩やかな分業関係の両方を達成する，そういうことのためにジェネアロジーは発達しました。わざと重畳重複させる，入れ子にする，そうして資源の上に関係を結ばせる，というわけですね。思い出しましょう。まず政治システムがこれを切断する。占有がもっと切断する。ところが，人の死に対処するために，このジェネアロジーを上手に逆利用する，というわけですね。カビの毒を抗生剤として利用するようなものです。法律学はこうした思考に満ち満ちています。そこが高度なところです。だから，一つ間違うと，死亡時の法的処理，つまり相続諸制度の内部で大変なドロドロが起こってしまうわけです。法が増幅したような印象を持たれてしまう。

J：どうでもいいけれども，ジェネアロジーとかテリトリーとか言っている間にもオハナぼうはミンチになってしまいます。

Q：ははは，皆が相互に摑み合いをしているうちはミンチにならずに済むよ。

大変だ，占有が役に立たない！

Prof：けれども，おはなボウの危機までにはまだ少し繋がなければならないリングがありますね。

M：うーん，その争いの結果オハナぼうが何故ミンチにならなければならないか。

Prof：そうですね。では，何故ですか？

C：争いの結果，何か実力行使が発生する。

Prof：そのとおり。何故実力行使が発生するのかについては，今言ったとおりですね。テリトリーや資源をそうやって自分達自身互いにもつれ合いながら分け捕るわけですから容易に実力行使に至る。それを占有ないし法がチェックしてきたとしても，その作用はジェネアロジー復活によって一時解除される。血のドロドロは容易に実力行使になる，それも凄惨なことになる，のは常識ですね。

H：面倒くさい家族会議が終わるのを待てない，というか，それを尻目に，さっさと「このダイヤの指輪はお父さんが私にくれると言ったわ」と持って行こうとする。おい，何をする，というので実力衝突が起きる。

Prof：素晴らしい，そのとおりですねえ。しかしそれだけですか？　中でも少々特殊な実力行使が起きませんか？　ゼニ子ちゃんはダイヤの指輪をミンチにしますか？

H：は？　するわけないでしょ。

Prof：ところがこの場合，おはなボウに迫る力は何をしようとしている？

J：ミンチにしようとしている。

Prof：ということは？

J：ばらばらにする。

Prof：その前に？

J：バラバラにしやすくする。

Prof：その前に？

J：ぜんべえドンから引きはがす。

Prof：そればかりでなく？

J：小さいがよく手入れされた牧草地から引きはがされる。

Prof：この引きはがしの力からオハナぼうを守るのは？

J：もちろん占有！

D：それは違う。今回の話ではそこは変わっています。ゼンエモンどんが占有していたのです。

Prof：なるほど。それで？

D：そのゼンエモンどんが亡くなったので，空白が生じた。そこへ目がけてたくさんの力が入って行った。

Prof：素晴らしい。

F：ええ？　それはおかしい。だって，今危機に瀕しているのはゼンベエどんの占有じゃないですか。それが証拠にオハナぼうが八つ裂きにされかかっている！

J：そのとおり。ぜんべえドンに占有があるのではなかったですか？　何が襲って来ようとゼンベエどんが占有訴訟をして守ります！

L：えっ？　それはないな。**D**君の言うとおり，これまでと違って，ぜんべえドンは占有なんかしていない。だからこそ困っているのではないですか！　ぜんべえドンはゼンエモンどんの手足として働いていただけだ。そのゼンエモンどんが死んだ。だから誰も占有していない。だからお姉さん達やその承継人がどしどし入って来るわけです。その占有を受け継いだと主張しているわけです。

T：そんなバカな！　そもそも誰も占有していない状態などというものがあるはずがない！　判断は相対的で，必ず誰かが占有しているのではなかったですか？　占有しているのはゼンベエどんで，それが脅かされているのです。

L：空白を生まないために，権利の移転は死亡時に遡ると民法典に書いてある。

R：そうかなあ。そうではなく，ぜんべえドンの占有が母屋のようなもので，しかしそれは塀に囲まれている、ということではないか。ゼンエモンどんの死亡でその塀が突破されてしまった。それでよからぬ連中が押し寄せてゼンベエどんの占有が危機に瀕している……。

Prof：難しい問題ですね。

H：なんだ，先生もわかってないんだ。

Prof：それはもう，落ちこボレにして老いボレの二ボレ教授ですから，わかっているわけがありませんが，弁解しておくと，「相続と占有」というのは二千年来の難問で，ま，数学の，未だ証明できない何とか予測に似ているのですよ。法律学の分野にもそういうのは幾つかあるのですけれどもね。少しは法律学を見直しました？　ただ常識だけで解決する世間知というわけではありません。しかし，そういう根本的なところで対立するくらい，人の死は占有にとって極めてクリティカルな状況を作り出します。ともかく，ゼンエモンどんの占有が解消されるために実力の引き金が引かれることは確かです。ところがそれがゼンベエどんの占有を脅かす。こっちの人を殴ったら，向こうで別の人が「イテ」と言った，というのと同じで，まるでホラーですね。今回は全体としてホラー仕立てですが。しかも，占有が突如謎に包まれて立ち往生するというばかりでなく，襲って来る力も普通の占有侵奪でない。奪ってゆっくり料理しようというのでなく，複数の力が加わってバラバラにしようとする。普通の占有侵奪だってそういうのがありえますが，この場合少なくともその傾向は強まる。

分数かあ，分数は苦手だったなあ

Prof：いずれにせよ，何かの空白に乗じて通常にも増して実力が発生しやすくなるばかりかその実力の質に新しいものが加わる。ところで，一体誰が襲ってきますか？　野犬ですか？

G：相続人でしょうね。それはオレのものだ，これは私の物よ，お父さんが私にくれると言ったダイヤモンドの指輪よ，とかね。

D：そればかりではないさ。債権者が襲って来る。直接襲うか，相続したところで相続人を襲うか。借金が多いときは，急いで相続を放棄して遠くへ逃げることですね。

Prof：よく勉強していますね。

R：すると，単に占有が空白になるだけではなく，相続の場合には物を分ける力が働くから，一層実力行使が生じやすくなるというわけですね？

Q：別れろ切れろは芸者のときに言う言葉！

K：何だそれ。チョー意味不明！

Prof：しかし，相続というと，どうしてまたこう，分数の計算問題ばかり出て来るのですか？

B：小学校の算数応用問題にちょうどいいんですよ。うちではそういう問題を作って勉強を見てやっています。(拍手)

Prof：それは素晴らしいけれども，どうして相続は分数なのですか？

D：いや別に，分数でなくとも構いません。遺言をするときに，ダイヤモンドの指輪は誰，株券は誰，家屋敷は誰，と書いておいてもよいわけです。

Prof：しかし，法定相続分は分数である上に，遺言も分数で書くことが多いですよね。

F：きっちり平等ということを貫くためだと思います。そうでないとデコボコになる。

Prof：なるほどねえ。けれども，羊羹を相続するときはよいけれども，おはなボウを相続するときは飛び切り細かいミンチにする必要がありますね。牛にも部位というものがある。部位によって価値が異なる。ミンチにしても部位によって価格が異なる。極上のタルタル・ステーキなど涎が出ますが，素材は選び抜かれたものです。

I：そういう不吉なことは言わないでください！

Prof：おっと，これは失礼，くだらないことを言いましたね。それに，平等かどうか。遺言により十分の九と十分の一などという配分も認められますよ。先ほど言いましたが，遺言の自由という大原則があります。ローマでは法定相続は行われず，徹底した遺言相続，それも徹底した遺言の自由に基づくものでした。単独相続で家産を守るという発想もありません。自由自在に分数を使いました。七二分の一あたりを単位にしましたね。

Q：わかった！　お金に換算するわけですね。不平等に分けるにしても，精密に不平等にするために，一旦お金に換算する。

Prof：お金に換算するためにはどうしますか？

A：不動産鑑定士に頼む。

Prof：しかし頼んだだけでは現実の財産がお金に替わるわけではない。

M：実際に売るしかない。

Prof：売買に際しては自由に値段を決めることができますね？

E：なるほど，オークション，競売にするということですね。これで適正な市場価格が把握できますし，それに対応した金銭が現実に得られます。これをきっちり分数で配分する。

Prof：さて，お金に換算するということはどういうことですか？

O：は？　要するに売るということだ，と今やったばかりじゃないですか。

Prof：売るということは？

C：お金に換えるということでしょう。

Prof：黒い雲が出たということは？

H：雨が降るかもしれない。

Prof：閉めて行ったはずの戸が少しだけ開いているということは？

M：その間誰かが入ったかもしれない。

Prof：リンゴが木から落ちているということは？

T：地球には引力がある。

A：え？　違うだろ？　リンゴが十分熟したということじゃないか！

Prof：ほら，事柄を変換している，頭の中で。これは思考そのもの，頭の働きそのもの，です。だから，お金に換えるということは，売買するということで，それはまたお金に換えるということで，それはまた売買するということだ，と止まってしまえば，それは間抜けの定義になってしまう。

S：わかった！　一個の尺度で評価している。

Prof：全部売ってみる，少なくとも売ったと仮定してみる，ということは？

S：全部を一体として捉え一個の尺度で評価している。僕がアイスキャンデーを持っていて**T**君がペロペロアメを持っている。どちらが金持ちか。僕はペロペロアメなんかには何の価値も認めないが，**T**君はアイスキャンデーなんかに何の価値をも認めない。比べようがない。各人が各人の趣味を。各人が各人の価値観を。幸福追求の各人のプロジェクトを尊重しよう，と叫んでみる。全部をお金に換算するということは，何かそれでは足りない事態が発生したということです。

Prof：例えば，どういう事態かなあ？

Q：可哀そうな子供を救うためには，アイスキャンデーでは駄目で，ペロペロアメをあげなければならなくなったとしましょう。犠牲になるのは**T**君ですね。**T**君だけ犠牲になるのでよいか。すると，お金に換算し，ペロペロアメの損失の半分を**S**君は**T**君に支払わなければならない。

F：いや，それだと，捕った獲物を平等に分けるためにお金で調整しなければならない，というのと大きく変わらない。その獲物だけをお金に換えればよい。しかし相続で分数を使うときには全てをお金に換える。すると，もう少し違うことを考えなければならない。ペロペロアメの価値は30であった。アイスキャンデーの価値は60であった。**S**君の全財産はこのアイスキャンデーで，**T**君の全財産はこのペロペロアメであったとしましょう。資産に応じて負担するとすれば，最も単純な仕方によっても，2：1，つまり，ペロペロアメの負担は**S**君20，**T**君10でなければならない。だから**S**君は15でなく20を**T**君に支払う。このような必要が出て来たときに，「全部を金銭価額で評価する」という発想が出て来るのに違いない。明らかにこれは厳密な租税の考え方で，明らかに，自由平等な人々の集まりという政治システムの考え方であるに違いない。何が違うかというと，或る人に凡そ帰属している物を全部金銭価額で評価するということがなされている。

Prof：**F**君十八番の政治システムが出ましたね。皆，呆気にとられていますが。全くそのとおりに違いありません。

L：強い違和感を覚えますね。何で政治システムの話で勝手に盛り上がるのか。今全然そんな話，してないでしょ。いいですか。相続の話ですよ。そんなギリシャかどっかの政治システムなんか無いんです！　よく現実を見てください。ゴンザエモンが支配しているのですよ。

A：はあ？　でも「或る人に凡そ帰属している物全部」というのは相続でも出て

来るはずだと思うけど？

H：それを平等に分けるんだったら，やはり全部を金銭価額で評価するしかないよね。

Prof：そうそう，不思議ですねえ。ギリシャ語なんか読めないくせに，人が死ぬと自ずから政治システムを獲得したかのような行動を取るときがあるのですねえ。もちろん，気付いてもいなければ，必ずそうするわけでもない。だから，結局はそうはいかない。けれども，明かりは一瞬ともるのです。チャンスですねえ。

売ればよいというものではありません！ てめえ，売り方に気を付けろい！

J：そんな暇な話，おはなボウの危機，ぜんべえドンの占有，と全然関係ないじゃないですか。いつからこんな，どうでもいい話になったんですか？

Prof：急がば回れ，じゃなかったですか？　文化とは先延ばしのことです。だから休暇は大切です。難しい問題ほど，大きく回れ，です。これこそ，回り道が得意なわれわれ学習困難者の切札ではなかったですか？　おはなボウの絶体絶命を救うといっても，ぜんべえドンのところに占有があるかどうかもわからない。占有があったって占有訴訟が迅速に機能するかどうかもわからない。前回の終わりのところから，占有の外堀を構築する話を考えているのではなかったですか？

二千年昔の法律学予備校で使っていたに違いない，世界一由緒正しい設問をプレゼントしましょう。売ってお金に換えるといっても様々です。或る人が，二人の少年奴隷をそれぞれ買って来ました。そしてコンビを組ませ，コメディアンとして育てたところ，大スターとなり，お金がざっくざっくと入って来るようになりました。ところが，コンビのうちの一人が殺されてしまいました。その人は損害賠償を請求しました。同等の一人の奴隷を市場に出したときの価格でしょうか，それともこのコンビをそのまま市場に出したときの価格，つまり二人分でしょうか？

G：面白いけれども，それはしかし，原告側か被告側かで見方が分かれます。被告からすれば，あくまで奴隷一人を失わせたにすぎない。

R：しかし，価値というものは，まさに二人の結び付きから生まれているわけです。その結び付きを破壊したということでもある。例えば，売るときですね，今で言えばプロダクションやチームを移る時の移籍金ですね。それはやはり一組で計算すると思いますよ。

M：じゃあ，殺す時に，コンビの一方であるということをわかってやったなら，二人分，知らなかったら一人分。

S：如何にも法律学にありそうな解決だなあ。けれどもそんなことに左右されるのかどうか。

Prof：いずれにせよ，この二つの観点も法律学全体を貫く大きな二項対立です。使い分けが求められます。例えば，先の方で出て来る「履行利益」と「信頼利益」などという区別にも捩れながら繋がっています。ちなみに，日本の裁判所は，損賠賠償を認める際，例えば家財道具をいちいち数えて一個一個値段を付けていくように評価する傾向を持つ，と言われています。家具付きで幾ら，という発想の逆ですね。

O：この話が一体どのように相続の話と関係するのかわかりません。

Prof：ならばききますが，今，O君が相続人の一人として，厳密に遺産分割するときに遺産全体を売りに出す。そのときどうします？

O：競売にかけるのではないでしょうか？

Prof：日本では競売は暗いイメージしか持っていませんよ。

B：それはもう高く売るに決まっています。どうすれば高く売れるか。家具付きの方が高ければそのように売るし，ばらばらの方が結局はよい値段で売れるなら，そうします。ただそれだけのことでしょ。

E：けれども，相続ということを考えなければならない。その利点を生かさなければならない。元来，一人の人に帰属していた物が全部視野に入っている。これを売るか売らないか，どう売るかです。歴史のある邸宅で，隣接する牧場と一体となり価値を生んでいる，ならば登記上別筆であろうと解体しません。全体として高い値段が付くでしょう。誰が廃材として売りたいと言うでしょうか。木を一本一本切って売りますか？　材木にしますか？

D：あ，それだったらシナジー効果という言葉もあります。幾つかの会社のオーナーだった。彼が一生懸命買収を重ねて組み合わせた会社の複合体であった。これが絶妙のコラボをする。そのときには，これを丸ごと引き受けてくれる買主を探した方が経済的でしょう。高く売れるということもあるけれども，経済合理性の観点から推奨される。

J：なるほど，よくわかりましたが，これが一体オハナぼうと何の関係があるんですか？　今回は全く，横道ばかりに入り込んで，全然オハナぼうのことが無視されています！　先生まで昔のコメディアンについて無駄話をして！

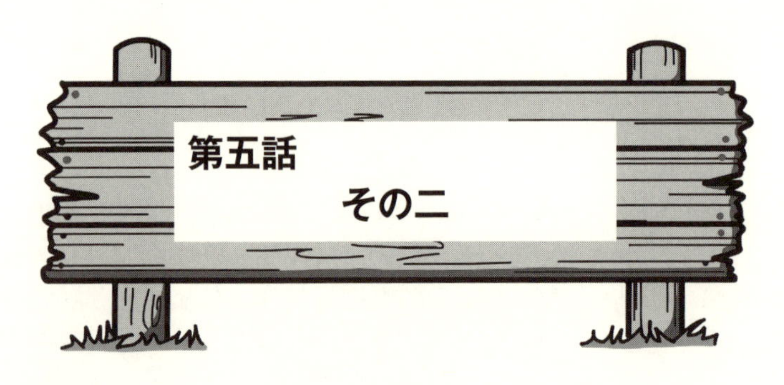

お化けが出たああ！
いや，お化けは出てはいけません！

Q：だから言ったでないか。こうやって皆が無駄話をしているうちは事がはかどらない。いつの間にか，おはなボウのことを忘れている。シエラザード効果ですね。お話の続きを聴きたいがために王様が処罰を引き延ばし，挙句の果てに処罰自体を放棄してしまいます。引き延ばし renvoyer こそが文化です。ポーコックだって，narrative の意義について論じています。

B：誰ですか，それ？

Q：学習困難者ならば誰でも識っています。現代最高の政治思想史学者だとされます。

M：確かに，一体誰がこの獲物を食べるのかと狼達がもめているうちは，獲物はまだ無事ですねえ。

E：考えが甘いなあ。皆で話が盛り上がり猛烈な勢いで貪るかもしれませんよ。

F：それに，我先に貪らなければ無くなってしまうということがある。

Prof：ということは，「続きはお楽しみ」とばかりにお話を引き延ばすにしても，前提があるということですね。どういう前提ですか？

H：とりあえずストップをかけるということですか？

Prof：そうですね。そのためにはどうしますか？

P：と言われても……。

Prof：では，人は死ぬと何になりますか？

A：火葬すれば灰になります。

K：魂が天に昇るのではなかったですか？

T：何かになったら気持ちが悪いでしょ。消えてなくなる方がいい。

Prof：ところが法の世界ではそう簡単には消えません。黙って消えてくれるなどということはないのです。いや，それではわれわれの方が困ってしまう。ではききますが，確かに居るんだけれども出てくれては困るもの，なあに？

C：ホラーなら任せてください。それは幽霊です！　何とかと幽霊は出たためしがない，とも言います。先生はわれわれに一度御馳走してくれると言ったが，そういう御馳走と幽霊は出たためしがない，というわけです。

Prof：ごめん，ごめん。でもそんな約束していませんが。なにしろ贈与交換嫌いなもので。ところで，幽霊には何が無いか？

C：それはもう，足と決まっています。ヒュードロドロと出るときには足の方はすうっと消えるように透明になっています。

O：C 君，やけに詳しいなあ。

Prof：では，幽霊には何故足が無いか？

Q：おそらく，地面に降りることができないようにしている。いつまでも空中を彷徨う。あちらと思えばこちら，こちらと思えばまたあちら。何とも捉えどころなくふわふわしている。ゴルギアスが好みそうですねえ。「存在は存在していない」でしたっけ？　いいなあ，あれ。

Prof：法の世界では，われわれは死ぬと皆幽霊になります。

C：えっ？　ホラーの世界の話でしょうに。法とホラーが近いとなると，俄然親近感が増したなあ。

Prof：そのとおり。われわれは死んでも無くなりません。幽霊になってタタリをもたらします。怖いですねえ。

J：脱線もいい加減にしてください！

Prof：いや，われわれはオハナぼうを守るべく最短距離を歩んでいます。いいですか？　われわれは死ぬと幽霊になる，と仮定しましょう。するとどうなりますか？　つまり，法的に言うとどうなりますか？

S：法的に，というわけですから，占有を考えろ，ということでしょう。そうすると，う？　消えずに残っているから占有し続ける？　それとも幽霊はふわふわと足が無いから占有できない？　どっちだか，ひどく頭が混乱してきた。

Prof：普通じゃないですね。しかしそのとおり。足が無いのは普通の占有をさせないためです。死者が普通の占有をしたらえらいことです。目に見えない相手にいきなりなぐられたりする。おちおち安心して暮らしていられない。しかしそれでも，幽霊はたたるということがある。呪いの表現であるということがある。ホーンテッドというわけですね。これも一種の占有です。一種どころか，英語では区別しません。どちらもポゼッションです。事実，法はここに着目します。もちろん，おはなボウを守るためですよ，いいですか，**J** さん。

J：どのように着目するのですか？

Prof：被相続人が死んだとしても無にはならない。幽霊として占有し続ける。しかしただの占有ではない。ただの占有であれば，自分で本当に食べたり飲んだりしますから，困ったことになります。しかし，幽霊の占有ならば，恐ろしくて誰も手が出せない，という効果のみ生まれる。ほら，「いったんストップ」しましたね。いや，本人，つまり死者，つまり幽霊，さえ手を出さない。なにしろ手足が無いので，手も足も出せない。だから文字どおり誰も手足を突っ込んでくることがない。

G：馬鹿馬鹿しすぎる。相続の話になって急について行きにくくなった。幽霊が占有するとか言って，現実の法律を無視している。それは，裏から法の世界に入ろうというわけだから，冗談に決まっています。しかし過ぎるとついて行けない。

Prof：大変お気の毒ですが，この幽霊というところでわれわれは一番現行法制に近づくのです。それが証拠に，ではききますよ，幽霊が占有するとなると，幽霊は出たためしがなく，目に見えませんから，必要なものが生じますね？

R：何か目印が必要ですね。ヴァーチャルなものを社会的に動かすためには記号を必要とします。死者になりかわって占有する人が必要でしょうね。

Prof：しかし，このなりかわり占有は普通の占有ではありませんね？

R：確かに。決して自分では手を出しませんし，死者つまり本人も手を出しませんから，もっぱら他人が手を出して来るのを妨げる遮断専用の占有ですね。

Prof：素晴らしい！　全くそのとおりです。「相続財産の占有」という2000年以上の伝統を誇る制度です。高度な法概念ですので，大昔から幾多の名論文が書かれました。日本でもそうです。幽霊効果を利用して自称相続人や債権者に手を出させない，というのが着眼点です。人が死ぬとこのシャッターが直ちに降りて遮蔽するわけです。反射的にオハナぼうは守られます。いいですか，**J**さん。

G：「相続財産の占有」など授業で聴いたことがない！　かけ離れすぎです。断固抗議します。

Prof：では，**G**君にききますが，現行民法において，人が死ぬとどうなりますか？

G：死亡時に遡って権利義務関係が承継されます！

Prof：間違いですね。実際には？

D：確かに，いったん相続人達が遺産を共有することになります。遺産分割協議が終了して，その結果が死亡時に遡ることとなります。遺産分割協議の家事審判が成立していないと，遺産請求の本案訴訟が却下される場合もあります。

Prof：「共有」のところが，それこそ，「実は合有じゃないか」等々，大論争，大問題なわけですが，いずれもかなりの混乱です。「共有」は，もちろん近似的には正解で，組合等の規定が準用されるという正しい付随効果をもたらしますが，それでも近似的な正解にすぎず，混乱ももたらします。正しくは，裁判所が誰かに相続財産の占有を付与する，ということが生じなければなりません。相続財産の占有者は，自分のためでなく，また死者のためでさえなく，さしあたりは「皆になりかわって」，「皆のために」（erga omnes），その本当の意味は nobody のために，占有するのです。現行日本法でも遺産分割までは勝手に動けない，とか，家事審判が進行中である，それを経て訴えろ，などというようにむしろ珍しく生かされているロジックです。全然徹底しませんが。

K：何故それを占有と言わなければならないんですか？　普通の占有と大分違うなあ。

Prof：遺産分割までの間，いや，分割後承継人に引き渡すまでの間，誰かが占有訴訟などをし，勝手に持って行こうとする人間に対して守らなければならないし，その間の果実をきっちり収取して管理しなければなりません。その果実も遺産の一部を構成するわけですね。現代ならば法律家に相応しい仕事ですね。誰かを雇うと報酬を払い，利害関係がかえって発生しますから，相続人の一人が無償でするのが普通でした。現代の日本では費用償還のみで弁護士がすることが望ましいと思います。そしてこの「相続財産占有者」は，手を付けようとする者に対して占有保全をします。相続財産占有の侵害者には，協議および分配から排除される，という制裁が課されるとよいですね。基本を破壊するようなことをしたわけですから，レッドカードです。

天女は羽衣を何故とられたか？

J：わかりましたが，相続財産占有はいわば束の間の平和，嵐の前の静けさではないですか。分割協議が終われば，ゼン子やゼニヨ達が勢いよく乗り込んできてオハナぼうはひとたまりもありません。時間稼ぎもよいけれども，限界も感じます。

Prof：確かに。相続財産の占有という制度が動くかどうかさえ大問題です。相続はこの制度を動かしたいという必要を内包してはいますが，そうなるとは限りません。それで，仮にこの制度が動いたとしても，いくつか他の条件が加わらなければ，おはなボウはなお依然救われませんね。まず，遺産分割完了までですね。ここではどのようなことが必要ですか？

F：それはもう，政治システムです。「相続財産占有者」だけでは心もとない。相続人達が政治システムを作って互いに手を出せないようにしなくては。さらに，ここでただ話し合うだけでは意味が無い。談合と変わりない。二人の相続人が結託して自分達に有利に分捕る算段をするとか。そうすると，遺産分割協議もむしり取りの共謀にすぎなくなる。きちんと理性的に議論しなければならない。

N：同じ事じゃないかな。だって，理性的に議論してオハナぼうをミンチにするという結論になることもある。

T：そのとおりかな。政治システムも絶対必要だけれども，それじゃ足りない面がある。おはなボウをミンチにしない方がよい，というセンスかな。つまり物事を大事にする，良いことは大事にする，という考え方。その方が結局自分たちの利益になる，という思想。少し読めて来ましたね。お金に換えるとか，売り方の問題とか，コメディアンの話とか……。

Q：確かに，相続財産の占有って，幽霊がふわっと包み込む全資産に対応しますねえ。政治システムに際して現れることを **F** 君が論証してましたねえ。

T：いや，それでも足りない何かがあるな。

Prof：そこできますが，三保の松原の伝承を御存知ですね。天女が三保の松原に降りて来て海水浴をする。そのために，まとっていた羽衣，これがどういうものか知りませんが，その羽衣を松の枝にかける。その松はこの松だったなどという言い伝えがあるわけですが，天女はそういうことをしたばかりに，漁師にこれを取られてしまい，返してくださいと懇願する。ところが，もちろん漁師はただでは返さない。返してもよいが，ならば結婚してくれ，と迫る。その後どうなったか，知りませんが，天女の行為には明らかな判断ミスがありますね。

K：というか，むしろ，非常識にもほどがある。当然の報いです。常識を弁えた行動をしましょうという教訓です。

O：松の木にかけたのがいけなかった。きちんと鍵のかかったロッカーを使えばよかった。海水浴場ではそれが普通です。

A：判断ミスとか何とか言っているけれども，それがきっかけになってロマンスが生まれたわけですから，いいじゃないですか。

E：いや，この漁師のやり方には問題がある。たまたま手にしたのを奇貨として迫るところが汚い。服なしでは動きがとれないところに付け込んだわけでしょ。

M：いや，当然の利益確保だと思う。取引するのは当たり前じゃないですか。

I：天女のミスは，何かを質に取るような卑怯な人が居るとは全く想像できなかった点です。天上界では，そういう人が居なかったのでしょう。何故ならば，おそらく天上界では全ては信頼関係の中にあり，したがって紳士的で，物を摑んで引っ構えていなければ危ないとかはない。物を押さえるということを誰も考えず，理念どおりに事が進む。ところが地上界では正反対なわけですから，地上に降りる以上はこの点をしっかり認識していなければならない。ところがうっかりそのことを忘れていた。天女にあるとすれば，天上界と地上界の弁別を怠った廉だと思います。ということは，相続の結果，おはなボウから生まれる利益を誰かが取得するのはよいが，しかし決してオハナぼうには指一つ触れさせない，いや，触れようとしない，という人々が遺産分割協議をするべきだ，ということになります。ということはまた，相続は天上界の事柄ということでしょうか？

Prof：天上界かどうかは別として，一階とは区別された二階，ヨーロッパ流に言えば地階と区別された一階，最初の上の平面，だということになりますね。何故ならば，さっき議論したように，幽霊が何を占有するか考えると，まずは包括的に覆うような占有が有る。きっと天上界の占有は羽衣のように重さを感じさせないヴェールのようなものなのでしょうね。そして，それをめくるとその下の個々の構成物の占有がある。ここは一つ一つしっかり別途存立している。ほら，このとおり，二段になっている。二階建てになっている。どう売るかを議論した時も，売り方の違いがありましたね。これもこの二段に対応している。

S：物を一個一個摑んで駆け引きするのでない，それを超越したコラボを実現するという点では，政治システム自体にそういう性質があると僕は思うな。想像力を働かせてプランニングをする。このときに物に執着する個別の利害から皆が解放されている。透明性がある。その上で連帯するから，高度な信頼関係に基づくことになる。

F：そのとおり。だからこそ，お金に換えるという発想も，政治システムに固有の部分と，単に売買していればそうなる部分と，ここを区別しなければならないと言ったわけさ。全部をそのまま金銭価額評価するというのは政治システムの特徴だということをペロペロアメの例を引いて言ったのは僕さ。しかしでもね，いくら政治システムの議論の結果でも，やはり物に手を付けなければならないという結論が出ることもあるじゃないか。

T：そうかもしれないな。そうだとすると，決定と言ったって，完全に自由なわけではないということにならないとオハナぼうは助からない。本当の政治システムだったら，真っ白なところに描いていくようにする，と先生は言っていた。しかしそうではなく，制約があるということさ。

A：なあんだ，そうなるとますます理想論で，あの条件があれば，この条件があれば，とどんどんハードルが上がって行ってしまった。典型的な無い物ねだりじゃないですか？

R：けれども，相続はきっかけになる。いやでも幽霊が出る。幽霊は決して手を出さない。それに誰だって利益の大きい方を好む。手を突っ込んでも利益にならないということがわかれば手を突っ込まない。
Prof：互いに手を突っ込まないという紳士協定を理解する上で大きなきっかけがあることは疑いないし，政治システムというアイデア自体，最初はどうせ無から作り出さなければならない。よく料理に喩えるのですが，冷蔵庫のありふれた残り物の材料で作らなければならない。いや，そして十分作ることが可能であることを証明することができる。とはいえ，作るためには大いなるファンタジーを要するということも確かです。われわれの問題に戻れば，政治システムの考え方が既存であるとか，政治システムを形作る意識が根付いているとか，の方が遥かに事を簡単にすることも事実です。しかし他方，政治システムがあればそれで十分というわけではないことも確かです。何かが加わる必要がある。
L：盛り上がっているところへ水をさすようですが，一体何をもとに議論というか協議するのか，その前提のところが抜けてますね。遺言があるじゃないですか。幽霊はただの幽霊でなく，意思を持った幽霊です。これに協議が拘束されている。
B：そこが最初にもめるところだと思いますね。偽造だとか，認知症に乗じて誰かが書かせたとか。
M：必ずしも意味のはっきりしない遺言の解釈も問題となる。
E：それをまさに議論するんじゃないのかな。
L：いや，これはあくまで議論の前提で，その前提の上でどうするかは別次元だと思う。つまり先決問題だね。
Prof：その争いが前提問題だとして，ではどうやって解決しますか？
P：そこは専門家に見てもらった方がよいのではないですか？　鑑定人とか。
S：それでもやはり最後は判定の問題が残る。複数の鑑定人が立った場合を想定すれば容易に理解できます。そして，判定人が遺産分割協議のメンバーと同じというわけにはいかない。
Prof：じゃあ，その辺の人々に頼みますか？
S：それもおかしいから，天上階の人々，あっと，天上界の人々と言った方がよいかな，それに限る。なにしろ，もう本人は居ない。その本人のために遺言の有効性や意味を確定するわけだから，未来に向かってイマジネーションを善意で働かせる人でないといけない。今の利益と物を握ることしか想像できない人だと困る。
J：そういうプロセスが一個，別に立つのは歓迎です。また一段，おはなボウを守ることに近付きます。
H：政治システムの自由な決定をさらに縛る必要があるならば，いっそ，この遺言で縛るのはどうか。
Prof：そのとおり。しかしその問題は最後に回します。

一階が無ければ二階も無い

Prof：少し戻りましょう。政治システムを使って遺産分割協議をしても，おはなボウが安泰なのはその間だけで，遺産分割協議の結果，皆でミンチにする，ということになるかもしれない，ということでしたね。いや，分数が効いて，その方の確率が高いのでは？
O：確かに，相続人が天上界の人だとは限りません。ゼニ子やゼニヨは決して天上界の人々ではありません。
B：でも，ゼニ子やゼニヨだって，ミンチよりもお金の方がもっと好きです。
H：その問題はもう論じたじゃないですか。分ける，特に分数にする，そのためにはお金に換える，そうすると自動的にオハナぼうが助かる。いや，売り方の問題次第だ。中を分解しないで売る方が価値を保存し結局は得である。などなどと論じたのではなかったですか？
M：それは皆が天女であれば当然そうなるという話でしょう。しかし皆が天女であるわけがない。
B：だから言ったでしょ。天女である必要はない。お金が好きならそれでいい。
T：そうはいかないな。いくらお金が好きでも，ミンチにしなければ確実に手に入らないとなれば，たとえ額が減ってもミンチの方を選択するな。全体をまとめて売った方がお金になるとわかっていても，それには皆の協力が必要だ。その協力を信頼できなければ，とにかく分捕れる物は分捕ることになる。
Prof：しっかり分割協議をする。それだけでかなり人々は天上に近付きます。もうコラボしてますからね。それに言語を使っている。スニーカーに履き替えて夜陰に乗じ持ち出すか，それとも言葉を使って皆と協力するか。後者の場合に全資産を売るという方向に一歩近付くことは確かでしょう。あのダイヤの指輪をこの手で握りしめたい，という欲求から脱します。しかしもちろん，そうなるとは限らない。分割協議が終わった途端，てんでにむしり取る，ということもありえます。いや，誰よりも相続債権者が黙っていないかもしれない。彼は元来相続財産がお金に換えられることを望むように見える。しかし競売の結果を信頼していなければ，代物弁済を受けると称して何かを持って行くかもしれない。

I：それだけではありません。もっと大きな問題を忘れていませんか？　競売で売ったとしても，買主が何をするかわからないじゃないですか。現に今迫って来ているのはゴンザエモン一派であり，ゼニ子達ではありません。

S：いや，少し違うな。遺産分割協議以前にゼニ子達は相続持分をゴンザエモンに売り抜いたのですよ。

Prof：確かにそれはブロックできる，遺産分割協議でね。しかし，問題は残ります。売りました。それも全体を一切分解しないで売りました。しかし，買主は買った物をどのようにしようと勝手ですものね。何とか天上界にとどまってもらう，地上に降りないようにしてもらう，そういう手段は無いものでしょうかねえ。

J：簡単です。占有を大事にすればかえって経済的価値が保存されます。

G：何だって？

J：せっかく分解しないで売ったのですから，買主には分解しない状態を尊重して欲しいものです。分解するときには一階に降りなければなりません。そうして一階で個々の部分を占有している人，個々の占有をコラボさせている人々，をいちいち追い出さなければなりません。占有が成立しているくらいですからその状態は良好であるとします。占有間にも良好なコラボが成立しているものとします。これを占有訴訟などで保護すれば簡単には破壊できなくなり，それを尊重したまま果実を吸い上げた方が得だということになりませんか？

Prof：J さんはずいぶん力をつけましたねえ。相続をめぐるいくつかのプロセスは障壁を作り占有を守るわけで，幽霊が一役買うことになりますが，相続財産の一部または全部を手に入れたからといって直ちには一階の占有を獲得できるわけではない，という占有の基本原則を尊重するならば，むしろ二階に居ることの価値は高まる，というか，このようにして初めて二階は維持される，ことになります。だから相互的で，二階の占有がしっかりしていれば一階の占有は保護されやすくなりますが，他方，一階の占有がしっかりしていればいるほど，二階の占有の価値が増し，二階の占有が束の間でなくそのまま保持されやすくなる。

幽霊は永遠不滅です！

L：たとえそうだとしても，永続的な縛りにはなりません。一階の占有はコストを発生させ，尊重の方へ誘導するが，これは法的ではありません。買った人がいずれは追い出すかもしれない。占有保全をしても，直ちには追い出されない，というにとどまるじゃないですか。更地にしなければカジノは建ちません。いったんはミンチを諦めたとしても，ぜんべえドンとオハナぼうは追い出されます。いや，カジノにするには9分の8よりは全部の方がよい。全部を誰かに売って9等分する，そうすると一人に2億円入るというわけです。それに，更地にするからこそ2億円の値がつくのですよ。相続財産をまとめて売る，と言ったってその意味はこういうことでもありうるわけで，その場合，おはなボウに未来はありません。

E：何とか縛りをかける方法はないものか。

J：お金は味方だ，ということでしたが，場合によるということですね。一時にどかっと降るお金は駄目だということです。細く長く安定的なお金に換えるなら別ですけれども。ならばいっそ，徹底的にシエラザードを見習えばよい。いろいろ前提問題，先決問題，が入ってきてなかなかオハナぼうのミンチに辿り着かないということでした。これを徹底させて永遠に遺産分割に至らなければよいではないですか。宙ぶらりんのまま固定してしまう。宙ぶらりんの間だって相続財産占有者が立って果実を収取しているのでしょう。これがどんどん貯まって行く。それを相続分に従って配当していけばよい。

T：なるほど，それはいい。おはなボウの幸せと姉さん達の欲望を両立させることができるかもしれない。

G：そうは甘くないな。そのままの形だと，大した果実は上がって来ないな。更地にして売るから18億円だ，と認識したばかりじゃないか。

P：だいいち，遺産分割を請求されればどうすることもできない。宙ぶらりんのまま凍結すると言ったって，どうやったらそれができるのか。

F：あっ，そこは任せてください。なにしろ偶発的にではあれ政治システムを作ってしまったのですよ。それは身分不相応です。しかしとにかく，勝手に持って行ってしまう奴が出ないようにと皆でテーブルについたわけです。なにしろ政治システムですから，もし怪しい談合をせずに合理的に話し合うことができれば，プランニングが可能です。ま，さしずめ，ビジネス・プランニングですね。学習困難者にあるまじき，格好よさでしょ。まるで憧れの「ヨンダイ」（四大法律事務所）に就職した気分です。「スキーム」やら「ヴィークル」なんか作ったりして。いかっすかあ，全体をリースしませんかあ，経営委託ですね。二大ホテル隣接の観光農場はいかが？　老いボレ落ちこボレ教授の授業で有名なオハナぼうの取れたてのミルクがホテルのレストランで毎朝呑み放題，なんてのはどうかな。信託という手もある。ゴンザエモンには信託したくないけれども。

D：なるほど，よいかもしれない。プランニングしやすいように遺言をしておくともっとよい。法律家は遺言作成時にアドヴァイスしてそのように誘導すべきでしょうねえ。さっき話に出た政治的決定を遺言で縛るということです。
I：おはなボウはどうなってしまうんですか？
D：ぜんべえドン自身が受託者になるのもよし，受託者に対してテナントとして入るもよし。ま，せっせと「黄金のミルク」を両隣のホテルに卸さなければなりませんが。
B：でも，何年かかったって2億円には届かないわねえ。お姉さん達は不満じゃないかしら。
M：でも，9分の1が惨めに残っていると売るに売れませんよ。それにミンチなんか貰ってどうするんですか。それよりましじゃないかな。
S：ぜんべえドンの方も，「黄金のミルク」を産出して収益を上げなければならないというプレッシャーに曝されるな。でもお互い犠牲を払うということで仕方ないか。
Q：トスカーナの黄金の麦畑を思い出すな。
A：だったらむしろスティングだろ。
Prof：何のことかわからないけれども，宙ぶらりんのままに置くということはどういうこと？
K：どういうことと言われても……。
R：いつまでも幽霊が保持したままだということかな。だから皆，金縛りにあっている。
Prof：金縛りって？
R：勝手はできない……。
I：特に，おはなボウには手を付けさせない……。何故かと言えば，さっき議論したように，幽霊が保持している間は地上の占有は尊重される。それが持続する……。
Prof：では第一に，幽霊が保持したままということはどういうことかな？　リースとか信託とか出ていたが，幽霊の保持を端的に表現するとすれば？
L：そもそも相続財産は共有となり，組合の規定が準用されますから，まずは組合になります。
Prof：組合とは何かは難しい問題で，後の回で触れますが，さらに一歩進んで幽霊を生かすとすると？
Q：わかった！　法人だ！　法人を設立するといい！　それでこの農場を経営する。
C：急に「農場」に出世したんですか？
Prof：ということは論理的に？

Q：わかった！　法人は幽霊だ！　幽霊出ずっぱり，ちっとも引っ込まない，ってえやつだ！

Prof：そのとおり！　英語では moral person ですが，moral とは幽霊という意味です。

一同：？？？

Prof：さて，そうすると第二に，幽霊によって金縛りにされる，のは当然として，この金縛りは実際には何を意味しますか？

E：わかった！　天女だ！　幽霊の世界は天女の世界！　共に手足がありません，なんてえのはどうですか？

B：あれあれ，**Q** 君が **E** 君に伝染した！

F：なるほど，そうすると全員，天上界，いや天上階に昇れるというわけかあ。いや，昇らなければいけなくなる。政治システム，幽霊，天女，法人，といちいち符合するなあ。透明性，超越性，信頼，ふわふわ，物摑み無し，等々。

M：なんか，天上階というか，二階が急に具体的になって来たなあ。

Prof：そのとおり。実は，民事法の世界は二階建てになっているのです。舞台に喩えれば，必ず，バルコニー等々を使って二階の舞台装置を演出しなければならない。どうです，知りませんでした？　だから，判例の事案を図にするときも，必ず二階建てにしましょう。しかし，このように立体的であるということがわかると，法に対する興味が増しませんか。平板なため余りに退屈，という感想をよく聞きますからねえ。これからは，この二階がむしろ話の中心になります。二階を貫く基本精神は，bona fides と言います。これは bonne foi および good faith として直訳されます。いずれにしてもテクニカルで日常語とは切り離されています。日本には「善意」と「信義誠実」の生き別れで入って来てしまい，わけのわからないことになってしまいました。しかし，或る種の信頼関係を意味する言葉であることはおわかりでしょう。ただ，それは特殊で，固い連帯や友愛を意味しません。むしろ自由で透明，怪しい隠れた意図など無い，とりわけ漁師のように物に対する支配にものを言わせるようなことが無い，という具体的なニュアンスを持っています。というわけで，相続などという特殊な問題ながら，地上の単純な占有に続いて決定的な第二歩がここから例解できるというわけです。そして面白いことに，ここに，第二の占有を概念しうるということです。相続財産の占有ですね。この占有はただの占有でなく，明らかに二階に属します。相続財産の占有を付与された者は皆のためにその占有を行使します。そして一階の占有を包含しつつ間接的にそれを尊重します。法とは占有のことですから，第二の占有が出て来たということは，明らかに，第二の法の世界に突入したということを意味します。そういうわけで，今回は決定的なステップを一段上がったということになります。

再入門後の学習のために

Profが言っているのは本当です。相続を通じて資産というレヴェルの占有への道が開かれ，この新しい平面に豊饒な諸々の法制度が展開されていきます。相続を通じて，という部分は実際にローマにおいて辿られた道筋でした。とはいえ，ローマにおいてはこの第二平面の発展は途中で無残に破断されることになります。このためもあって概念構築が不十分であり，しかも近代の法学はそれ以上にこの発展を理解しませんでした。したがって「資産の占有」というレヴェルの概念は未発達なままです。かくして，諸君は勉強のしようもないのが実情です。

とはいえ，面白いことに日本でもむしろ実務が相続財産の処理をめぐって問題を感じ始めています。さらに，この問題の理論的射程を十分に意識した若い世代の先端的な研究が現れ始めています。金子敬明「相続財産の重層性をめぐって(1)〜(5)」法協118巻11号〜121巻6号（2001年〜2004年），そして岡成玄太「遺言執行者の当事者適格を巡る一局面」東京大学法科大学院ローレビュー8号（2013年）46頁以下は，凡そ現在の実定法学として最も優れた研究の一角を成すと言えます。これらにチャレンジすると法律学への尊敬と興味が蘇るでしょう。相続法は家族法だろう，だから財産法とは無関係だ，などと考えなくなるでしょう。財産法の最も重要な鍵が意外にも相続法に潜んでいるのですよ。

第二に，気付いた人が居るかもしれませんが，前回の宿題，つまり金銭債権者達から占有を守るための切り札がここから生まれます。確かに占有原理こそは消費貸借の猛威を遮断するのですが，しかしその猛威は占有という防波堤を乗り越えかねない力を持っている。かくして占有の外壁が不可欠であるわけです。金銭債権者が襲って来たときにブロックするのは他ならぬ金銭債権者達の競合です。しかし彼らが合議体ないし政治システムを形成しなければ束になって襲うだけです。どうしても相続のときに現れる考え方を模倣する必要があります。つまり包括執行手続です。破産手続ですね。再生型であればなおのことです。相続人のように，債権者も一人として抜け駆けやフライングを許されず，テーブルについて合議するしかありません。並んで待たなければならない。手を出しただけで失格してしまいます。折角債務者の全資産を最良の仕方で金銭に換えたとしても，そういう人は配当に与れないのです。手を出せば並ばせてももらえない，ということです。管財人のような人に全資産の占有が付与されます。破産財団の形成ですね。彼が資産占有を守ります。手を出す者に対して占有保全をします。反対に，認定や分配に不満がある人はこの人を被告として訴えます。占有者が被告になるのでしたね。つまり，債権者どうしを競わせ牽制させればよいと誰か諸君の中の一人が言っていましたが，山賊の談合になると反論されていました。そうならないための条件は，相続財産の占有と同じです。政治システムのバックアップがあり，bona fides がある，つまり天女の二階がある，ということです。再生型の場合にはその度合いが強まります。ビジネス・プランニングの要素が強まるということですね。幽霊の永遠化です。

第三に，実は次回登場する契約法が全体としてこの新しい平面に載っている，ということがあります。契約法全体を貫く理念は bona fides/bonne foi/good faith である，というのは世界の常識ですが，その限りにおいて近代もまたローマのこの「二階」を理解したということが言えます。契約法は実は二階に展開されるものである，ということは次回たっぷり見ます。

そして第四に，組合，信託，法人，等々，高度な信用に対応する多少とも組織的なデヴァイスは全てこの新しい平面を滑ります。したがって会社法をはじめ（知財法や租税法に至る）今日のビジネス・ローは全てこの平面に基礎づけられます。

かくして，ここが重要な関門であるということになります。その際，注意しなければならないのは，政治システムの概念が，対抗する法というシステムの内部で再利用されるということです。したがって政治システムの概念をしっかり押さえる必要があります。このときにこそ，むしろ本当の政治の概念が要求される，ということが面白いですね。現代の政治を語るときの雑な概念の方は役に立たない。この連載で使われている意味の政治の方が本家なのだ，と言っても，現代の政治を前提とする限りピンと来ないでしょうけれども，却ってビジネス・ローで直ちにアクチャルな問題になる，というわけです。

そしてもちろん，この授業において初めから鳴り響いているオハナぼうの動機はこういう発達した分野において極大化されるということを忘れてはなりません。「最後の一人」を大事にするということは，結局は高度な社会組織と経済価値を生み出します。そのような形でその社会は報われます。占有原理はヨリ高次でヨリ複合的なヴァージョンを得るわけです。全体が，金銭債権者の猛威をブロックして高度な信用システムを作るという方向を向いているのです。

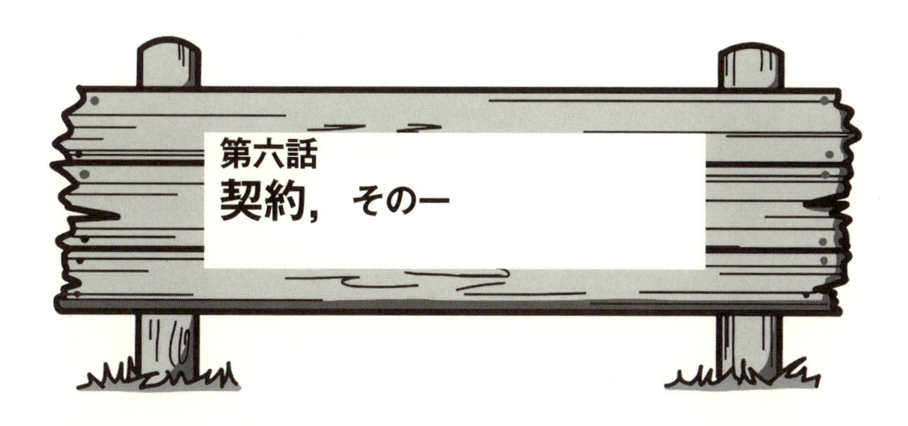

ぜんべえドンとオハナぼう，第六話

あっ，またしても，ぜんべえドンとオハナぼうは何やら幸せに暮らしていますね。ホテル・リッツ・カールトンとペニンシュラの間，突如豊かな緑があります。おはなボウの仲間の牛たちもいます。瀟洒なコッテージや，「黄金のミルク」や「黄金のチーズ」の公開型工場，全体がテーマ・パーク風ですね。あっ，知りませんでした？　前回の話のあのスッタモンダの最中，何と，おはなボウが「黄金のミルク」を出したのです。これで強欲なお姉さんたちもすっかりオハナぼうを大事にすることとなり，相続分をゴンザエモンから取り戻しました。こうして，八人のお姉さんたちとゼンベエどんの間で組合契約が締結されました。各自相続分たる九分の一を出資しましたね。組合ですから，ぜんべえドンが自分の名義で営業しますが，その収益は結局皆に帰属します。組合の帳簿が作られ，組合資産が形成されます。

村人たちはこれを見て，お金をこの組合に預けたい，とてんでに言い始めました。一体どうしたのでしょうねえ。実は，人々が集団ノイローゼに陥ったのです。ゴンザエモン一派が何でもコジツケて奪い取るため，取られては困るというので，誰もが金貨の入った壺を庭に埋めていたのですが，「ここ掘れワンワン」と言って掘り出す犬が続出。村人は皆犬が吠えるたびにドキッとして大丈夫かと裏庭へと駆け出す始末。いつも見回っていれば安心だが，そうすればそこに埋めたということがばれるし，というので，皆，神経衰弱に陥ってしまいました。そこへゼンベエどんの組合が現れたというわけです。ぜんべえドンにとって村人たちの申し出を受け容れることなどわけもないことでした。何しろ，今や，幅広く取引をしており，全て帳簿で管理しているわけですから。

村人たちはさらにこれを見て，ぜんべえドンを通じて収穫物を売ったり，種子や肥料を買ったりしたい，と言い始めました。お安い御用，とゼンベエどんは言いました。

さて，こうした業務も軌道に乗ったころ，これを見たゴンザエモンどの，再び絶好のチャンスが巡ってきたのを感じました。ある日，「大人の雌牛一頭」の買い注文をゼンベエどんに対して出しました。絶妙の一手ですねえ。しかしこれに気付かず，丁度，ぜんべえドンは，リョウサクどんから，「大人の雌牛一頭」売ってくれという依頼を内々に受けていましたから，これはよい，というので注文に応じ，契約を締結します。

案の定，たちまち売買代金を払い込んだゴンザエモンどのは，ゴンベエどんたちを連れてやって来たかと思うと，

農場の雌牛の少なくともどれか一頭はオレ様のものだ，オレ様が買ったのだ，代金だって払い込んだ。

と大声で宣言しました。

契約は締結された。契約は遵守されなければならない。昔聴いた民法の授業では，パクタ・スント・セルヴァンダ（pacta sunt servanda）と習ったぞ。

と。そしてゴンベエどんたちに命じました。

オレ様はこの牛にする，直ちに屋敷まで引っ張って来い。

と。指示されたのは，何と，「黄金のミルク」のオハナぼうではありませんか。確かに，たまたま他に大人の雌牛は居ませんでした。

何すんなだ！

と叫ぶゼンベエどん。

この話の中では，少ねぐども，おいさ，占有が認められんなだ。どごさ住んでるつもりだ？　誰も占有を知らねぇどごぞの田舎どは違うなだぞ。

わかった，しかし期限までに雌牛一頭引き渡さなければ今度こそ何が起こってもお前の責任だ。

という捨て台詞を遺してゴンザエモンどのは去りました。

一難を逃れ，何とかオハナぼうを守ることができたゼンベエどんでしたが，困ったことに，リョウサクどんがなかなか牛を渡してくれません。その牛を給付して何とか追求を免れよう，という思惑がはずれてしまいました。それどころか，リョウサクどんは心変わりして，牛はやはり売らない，と言い始めました。ゴンザエモンどのは裁判に訴えてきました。もう占有に立て籠もることもできません。必死に雌牛を付近で探しますが，誰も売りたいと思っていません。農場の他の牛たちは今現在ちょうど皆子牛だったのでしたね。おはなボウを差し出すしかないのか。

困り果てたゼンベエどん，やけのやんぱち，魔がさして隣のホテル・リッツ・カールトンのカジノに入って行くではありませんか。大金を手にして。ゴンザエモンどのから入ったお金。リョウサクどんの農作物を売った時の代金がそのままゼンベエどんのところに預けられていたそのお金。幸い，ぜんべえドンはビギナーズラックでスロットマシンを当てまくります。お金を倍に増やして意気揚々と帰って行きます。

これで安心だ。のう，おはなボウ。心配すっごどねぇぞ。オメを奪いに来た奴なの，札束で顔を引っ叩いで追い返してやっさげの。

とゼンベエどん。

ところがそこへ，ゴンザエモンどのが，待ってましたとばかり差押をかけてきました。売買契約について債務不履行があったとして損害賠償の訴えを起こし，その仮処分が認められたというのです。何しろ「黄金のミルク」ですから，千倍の価格で転売できることになっていたので，その「得べかりし利益」だというのです。ぜんべえドンの儲けを吹っ飛ばす額です。

怒ったのはリョウサクどんです。雌牛の代金を受け取れなくなったのはこちらも雌牛を給付していないのだから仕方がないとして，その前累積していた農作物の取引代金まで危機にさらされたのです。ぜんべえドンはリョウサクドンに対して必死に弁解します。

大丈夫だ。心配すっごどね。差押は違法だ。それに，オメの金はオイが２倍に増やしておいてやったさげの。むしろ，オイさ感謝さねばねぞ。

それでも，ぜんべえドンは困り果てています。もし差押が効くのならば，信用は壊滅で，続けていけません。そのお金は自分のものでないと抗弁し差押を跳ね返したとすると，おはなボウを持って行かれてしまいます。絶体絶命のピンチですねえ。

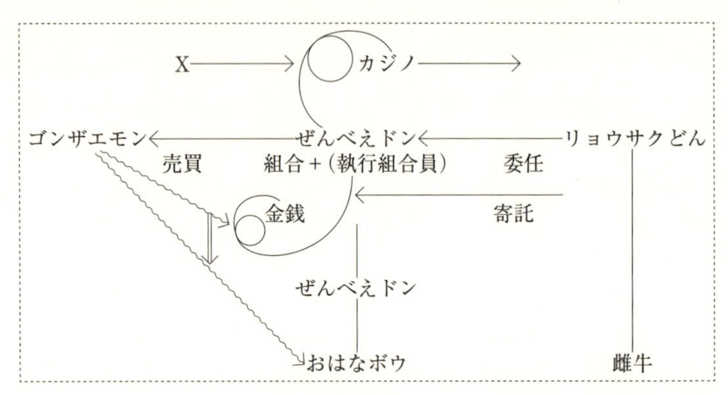

庄内弁訳（ぜんべえドンの科白）：放上鳩子

魔がさすにも理由はある

Prof：さて，またまたオハナぼうが大ピンチ，今度こそゴンザエモンどのが宿願を遂げる時でしょうか。ようやく猛犬ゴンは見事なビーフ・ジャッキにありつけるでしょうか。

N：しかし，そもそもドッグ・フードやミンチは関係ないみたいですよ。ゴンザエモンだって「黄金のミルク」とやらに興味があるようです。

H：一体何ですか，それは。

Prof：何でしょうねえ。お話ですから，私にもわかりません。しかしオハナぼうが大事にされる保証はありませんね。ぜんべえドンや，生まれ育った牧草地から切り離して，果たして「黄金のミルク」が出るものか。

I：今回，私はかなり傷ついています。何故ならばゼンベエどんの人格がすっかり変わってしまったようだからです。堅気なところを失ってしまったのでしょうか。カジノに行く人ではなかったはずです。ゼニ子やゼニヨの攻勢にも屈しなかったのに。

D：話として，少し不自然ではないかな。そもそも，人々がゼンベエどんを信頼した，というところが不自然です。二転三転，そのゼンベエどんが裏切る，というのも破綻気味かな。ま，初めから無理のある話の連続だけれどもね。

Q：そうとも限らないな。こういう魔がさす時には深いわけがあるものさ。オセロだって，あれだけの高潔な人士がまさに高潔な故にイアーゴーの吹き込みであなったのだし。今回の話の背後にも何か宿命的な回路が潜んでいる予感がするな。まさに一個の精神の内部に途方もない葛藤を抱え込み，一個の原理がその内在的論理故に他方の原理に崩されていく，という面白さ。近代演劇の特徴であるところの「キャラクター」さ。

C：また始まった，**Q**君の無駄話が。ぜんべえドンは，「キャラクター」は「キャラクター」でも，むしろ「ゆるキャラ」に近いんじゃないの？　くまモンとかの。

M：それにしても，ぜんべえドン自身の迷走が理由でオハナぼうの身に危険が迫っているのだから，これまでと趣が違うと思わなくてはならないな。

海賊のロマンは宝探しの大冒険

Prof：そのとおり，謎解きは少々複雑になります。ところで，どうです，君。私にお金を預けませんか？

A：いやです。

Prof：えっ，どうして？

A：貧乏そうだから。

Prof：お金持ちになら預けるんですか。お金持ちだって信用できるとは限りませんよ。その点，私は正直者で通っています！

C：「バカ正直」という言葉もある。酸いも甘いも嚙み分ける，手練手管に通じた，やり手の金貸しか何かに預けるな，僕ならば。

T：いやあ，金回りがよくたって，そういうのには預けないなあ。そういうのにはかえって，自分にも強力な債権者たちが居て，その連中がまず全部持って行ってしまうんじゃないですか？　預けたお金を取り戻さなければならないような場合ですけれども。**B**さんはどうですか？

B：私も先生には預けません。貧乏だからではなく，人柄が今一つ……。

Prof：不徳の致すところで，相済みません。ならば，誰に預けますか？

B：もちろん，銀行に預けます。

T：銀行ならば人柄が信用できますか？　銀行に人柄などあるかなあ。

B：いや，人柄が信用できるわけではないけれども，家に置いておいて泥棒にあうよりはまし。

T：いや，タンス預金の方がよほど安全だと思うな。

D：一定限度ですが，銀行預金は保証されていますよ。

E：でも，保証する国家や中央銀行が破綻する時代だからねえ。

Prof：けれどもゼンベエどんの組合に，何故村人たちはお金を預けるんですか？

F：率直に言って，そこがよくわからない。話が唐突で。しかし多分そこをきいて来るのだろうと予測していました。そこをきくためにこういう話にしたに違いない。narratological な観点から言えば難がある，とどうせうるさい **Q** 君が言うでしょう。

Prof：じゃあ，質問を変えましょう。海賊は何故宝物，つまり自分たちの戦利品，をどこかの無人島に埋めるんですか？　そしてまたその秘密を嗅ぎつけて掘り出そうとする者が出て来るのですか？　そしてそれが泥仕合になるのか？

G：もちろん，タンス預金の弱点を補うためでしょう。自分の物は大事に隠しておくべきです。空き巣に入られても簡単には見つからないようにしておく。

Prof：自分でもわからなくなりはしませんか？　ときどきそんなのがゴミ処理場で発見されますね。

H：だから秘密の目印，秘密の地図，が作成され，これを巡って冒険とロマンが展開されるんじゃないですか。ゴミ処理場だなんて，身もふたもない。

I：でも何故無人島でなければいけないのか，わかりますか？　海賊は互いに裏をかいたり裏切ったりする人たちですよね。だから人を信用できない可哀そうな人たちなわけです。だから誰かが預かっておくとか，どこかへ保管されている，とかはありえない。

Prof：なるほど，銀行に預けたり，それを国家が保証したり，では全然ロマンティックではない。はかない，もろい，束の間だ，変転流転する，というのでなければ面白くない。占有保障すら無い世界で，実力によるしかない。実力ははかないものである……。

J：海賊で話が終わってしまってどうするんですか？

Prof：ごめんごめん。何かを預けて安心できるかどうかというのは，なかなか複雑な問題だと言いたかっただけです。

天女の世界に入って行くには？

Prof：そのうえでもう一度ききます。何故村人はゼンベエどんにお金を預けたか。話を素直に聴きましょう。
K：犬が吠えたから。
Prof：素晴らしい。犬は何故吠えたか？
L：そこがよくわからない。金貨を埋めても何も匂わないはずです。なのに何故犬が吠えるか？
M：掘り出そうとする人の気配に犬が吠えるのではないですか？
N：そうは書いてありません。地表面上もしくは地中の痕跡に犬が反応しているのです。したがって，犬が吠える理由は，地表面もしくは地中に問題が発生したからです。
Prof：素晴らしい。そうすると，ぜんべえドンに預ける理由の半分は理解できましたね？
O：わかった！　地表面上もしくは地中には楽園は無い，楽園が在るとするとそれは天女の住む二階だけである，そして前回この相続人たちは二階の住人だという話になった，現にゼン子やゼニ子といったお姉さんたちも改心して二階に昇って来た……。
Prof：お見事！　けれども，本当に大丈夫でしょうかねえ。現に何だか怪しい空模様じゃないですか？
E：二階とか言ったって，それは現実には何なのか考えなければいけません。
Prof：まさにその通り！
Q：なあんだ，先生ネタばれ。三保の松原五月晴れ。
Prof：だって私は落ちこボレ，おまけに老いボレ，合わせりゃ二ボレ，けれどもあなたは一目ぼれ，それもそのはず宮城のお米，あっ，何を言わせるんですか，先生を意図的に乗せてはいけません。
Q：と，誤魔化しても無駄ですね。これはもう全くモリエールの『守銭奴』です。プラウトゥスの『アウルラリア』だと言ってもいい。『守銭奴』の種本です。
Prof：モリエールが種本を使ったくらいですから，私が使ってどこが悪いんです？
R：と，先生は居直っていますが，彼らが種本だとすると，これはちょっと大変ですね。プラウトゥスやモリエールは，自身，庭に金貨を埋めるような手合いを心の底から笑うことができたばかりでなく，劇中でそれを的確に物笑いにする人々を具体的に描いているわけだし，そういう感じ方を具体的に共有して大笑いする観客を当てにできたわけだから，社会の側にもそういう人々が実際に居たということになる。われわれなんかは，銀行は天上界ですよと言われても，そんなものは当てにできずにタンス預金する人々のことを心の底からは笑えません。空き巣にやられるよりはましか，とおっかなびっくり預けるわけです。

S：彼らだって，手放しじゃないさ。主人公も皮肉るが，それを笑う側の底の浅さにも鋭い目を向けている。そして，本当にあなた方が天上階を築くつもりならば，どの点がポイントになるのか，わかっているんですか，と課題を突き付けている。

Prof：あれっ？　この辺りは何かグルですね。読書会でもしているんですか？
それとも演劇サークル？　私のような落ちこボレにはさっぱりわかりませんが，そういう高級な話は抜きにして，どのような約束事にすれば「預けてもよい」となるか，具体的に考えてみましょう。天女は羽衣をまとうわけですが，これは天上の占有はなにやら幽霊に相応しいものだという表現ですから，いまいち，入って行きにくい話になってしまいます。羽衣にかえて，そう，あなたの着ているそのコートにしましょう。確かに寒いですね。着たままで結構です。さて，あなたはそのコートを劇場のクロークに預けました。寒い日であったので，クローク係の私はその間それを羽織っていました。そして何事もなかったように，芝居がはねて取りに来たあなたに返しました。これはオーケーですか？

T：何か変です。

Prof：でも何も損害を与えていませんよ。それでも駄目ですか？

T：着てよいとは言っていない。それだと貸したことになる。

Prof：そのとおり，「貸した」「借りた」は芸者のときに言う言葉，おっと間違えた，「預けた」「貸した」は月とすっぽん，貸せば御代も頂きます，と言うじゃありませんか？

A：ぜーんぜん！　先生に **Q** 君が伝染しちゃった！

D：どうやら先生は，「寄託は無償だ」と言いたいようですが，有償の寄託契約もありますよ。

Prof：そんなことを言う人が学習困難者の中に紛れ込んでいること自体，想定外ですが，しかしクロークにコートを預けてお金を取られますか？　通常対価は果実との交換です。ところが寄託の場合，預かった人がコートを着てはいけない。果実を取ってはいけない。すると，本来取りうるところ，それを我慢したのだから，替わりに金を払え，とはなりません。ちなみに，汗水たらして保管してやったのだから，労賃を寄越せ，ともなりません。これだと労働契約か請負契約ですね。観劇の場合，高度なパーフォーマンスの果実を頂く。他人の占有の中に入ってですね。そのときに作用する高度な相互信頼，その一環としてクロークに預けます。そうした後に，対価を払って果実，つまりお芝居を得る。通過点は透明で交換なしです。倉庫の保管料も，本来はやがてどこかへ商品が運ばれていく通過点に過ぎないが，劇場と違って，そのための施設が余計に必要となる。その分の費用だけ別徴収する，というわけです。コインロッカーと同じ原理ですね。本来は寄託前後の運送という有償契約に伴う対価に吸収されていてよいはずのものです。

L：受寄者は果実を取ることができないということはわかりましたが，果実は占有に従うということでしたから，すると受寄者は自分の支配下に対象物を置いたとしても占有していないということでしょうか？　すると一体誰が占有しているのですか？

Prof：あなたはホテルのクローク係である私に，明日の朝チェックアウトするまでお願いします，と言って預けました。ところがすぐに出掛けなければならない用事ができた，何しろ寒い日ですから，コートを取ろうと思ったら，「契約では期限は明朝となっています，明朝まで返しません，期限の利益です」と私に言われてしまいました。頭に来て勝手に持っていったら，泥棒，と叫ばれ，たちまち逮捕されました。これはどうですか。

G：全然おかしい。私のものじゃないですか。

Prof：でも，自動車を有料で貸しました，でも私のものですから，急に使いたくなったので，勝手に借主のガレージに入り乗って行ってしまいました，というとき，これは立派な窃盗です。何故ならば，占有を侵害しているからです。いくら自分のものでも，占有が相手にある。引き渡して貰わなければなりません。相手は期限まで使う権利があります。このように，またしても占有が決定的です。ですが，**L**君の質問は大変重要ですね。寄託において通常占有は寄託者の側に在る，という大原則は，およそ法がさらに或る決定的な一歩を踏み出すことでもあるからです。何だか少々占有の概念が違うでしょ？　ちなみに，「必らず」でなく「通常」と言ったのは，占有は，契約の性質や有無と独立に実質で判断するからです。これを折り返すように反映して，寄託契約は実際に預けて初めて成立します。占有のところを目的とする契約だからです。占有状態を変更して初めて寄託が実在するということです。寄託契約成立に物の移転を要求する理由はこれだけではなく，この後にお話しする契約というもののパブリックな性質，つまり皆に対して透明で明確な性質を保障するためでもありますが。それはともかく，寄託した途端，世界が変わりましたね？

Q：（「よっ，待ってました」の歓呼を受けながら）私のコートは羽衣になる！

私はもう何も摑んでいない，であるのに私は，あな不思議や，占有している！　何という奇跡だ！　天女だって，クロークに預ければ何でもなかった。寄託をすればよかったんだ！

Prof：いや，あれは，地上にはクロークも寄託も無かった，というお話です。で，何故地上には無いか，何故天上にはあるか，どうすれば天上が現れるか？

オケラだって，アメンボだって，お金だって，みんなみんな生きているんだ友だちなんだ！

Prof：預けるのは，そう，コートでなく，お金でしたね。お金ならばますます信頼できる人に預けたい。私がお金を銀行に預けました。これと，私があなたにお金を貸しました，と，同じですか違いますか。

B：同じです。だから利息を付けて返して貰います。

Prof：同じである，と，特に経済の方では説かれていますね。でも，利息は付かない場合も有りますよ。それに，気付きませんか？　コートと自動車の違いはどうでしたか？　同じならば，お金の占有は私には無く，銀行の側にある。「やっぱり返して」と言っても期限までは待たなければならない。それに，銀行が破産した時に一番大きな違いが現れます。私が占有していれば，銀行はまずは私に返し，残りを債権者が分ける。銀行が占有していれば，預金したあなたもただの債権者。「さあ並んで並んで！」となる。あなたの番になるころ，金庫はすっからかんです。頭に来て先に取っていけば違法です。コートの場合，これでは困る。まして，虎の子のあなたの預金は困るでしょう。預金の場合，金庫に預けるならば別ですが，預けたお札をそのまま返して貰うのでなく，帳簿に付けておいて，同額を返して貰う。このタイプを消費寄託と言います。

D：あれっ？　おかしいな。金銭には占有も何も無い，所有権と占有の区別が無い，と習ったのに。先生は金銭について占有を論じうるとでも言うのですか？

Prof：確かに判例はそのように言っていますが，やや意味内容不明だし，そもそも出処が怪しいドイツの一学説だということが突き止められています。ただし，金銭に占有が成り立たないというのは正しい。何故ならば，占有という幹と幹の間を流れる果実には債権しか成り立たないのでしたね。金銭に占有を認めると，土地を占有する者がその土地の上を支配しうるように，金銭を流し込んでおいて人々を縛る，ということが起こるからです。奪われそうだ，奪われた，の時にも占有保護はない。まして，寄託のように，依然占有は留保されている，いつでも取り返しに来る，では危ない。貸したつもりでなくとも手放した瞬間あなたは債権者ですよ，ということですね。

M：えっ？　そうすぐに反対のことを言われても困ります。銀行に寄託した場合，占有は預金者にあると先生は言ったばかりじゃないですか？

Prof：矛盾していませんよ。ですから，「銀行に」と私は言ったわけです。銀行でなければ，認められません。

E：すると論理的に，銀行とは何か，が問題になって来ますね？

Prof：そのとおり。銀行とは何ですか？

P：お金を預けたり，お金を貸したりするところ。

Prof：金貸しと同じですか？

C：同じ金融業じゃないですか？

K：消費者ローンが銀行系列だったりして，銀行のお金がそこへ流れているのじゃないですか。ノンバンクとかもある。

Prof：金貸しが銀行をしたら，どうなりますか？

一同：？？？

Prof：刑事罰を科されます。先ほどの消費寄託を受け入れることは一般的に禁止されています。

N：おかしいなあ。しかしちょっとお金を預かって用を足すということは幾らだってあるじゃないですか？

Prof：よく聴いてください。私は「消費寄託」と言いましたよ。特定の金銭を預け何かして貰うということ自体，金銭の占有効果をほんの少し認めることになるので，極めて例外的にのみ認められます。認められる条件については後に触れます。消費寄託となると，もっときつい条件が課されます。何故かと言えば，一度に皆が返せと言うことはないので，常に余剰が存在している。これを運用してよい，ということになるからです。つまり，寄託している癖に，そして寄託者に占有があるのに，同時にあたかも受寄者にも占有があるかの如くにしてよい，ということになるからです。よほどの条件が満たされないとこのことは認められません。第一に，一種のペテンだからであり，第二に，もっと重大なことですが，横領だからです。相手に占有があるのに，自分にこっそり占有を成立させた，というのは横領罪の古典的定義になります。

L：刑法典の条文は違いますが？

Prof：それには深い理由があるので，今は説明できません。しかし，敢えて横領をしてよい，難しい言葉で言えば違法性が阻却される，お医者さんが手術のため他人の体を傷つけても傷害罪にならないのと同じですね，そのためにはもちろん特許が必要であり，厳重な審査を受けます。相続人の合議体どころではない。

あたかも政治システムがあるかの如くである，などというものではない。端的な政治システムの直接のコントロール下に置かれ，かつそれ自身の政治システム，つまりガヴァナンス機構ですね，それを持っていなければならない。それも，そういう二重機能，消費寄託と同時に与信するということですね，これが銀行の定義とされますが，二重機能に即したチェックをしうる体制ですね。しかし，こうしたことが実現したあかつきには，重要なことが実現しますね？

S：危ないお金が天に昇る，というわけでしょう。つまりお金に占有が初めて成り立った。しかしそれは二階でのことだった，ということですか？

Q：映画『黄金の七人』の中で連中が地下トンネルを掘って獲得した大量の札束を仲間割れして争った挙句，スーツケースが開いてその大量のお札が宙を舞う。人々がてんでに拾う。だとしてもどうしようもないわけですが，銀行の帳簿の上にお金があれば，帳簿の記載を動かすだけで大金を動かせます。そのかわり完璧に透明ですから，「黄金の七人」には向きません。

H：例によって**Q**君はＢ級映画ばかり観ているようだけど，スイスの銀行なら使えるよ。

F：いや，今そのスイスの銀行が透明性の要求にさらされているよ。そもそも銀行が政治システムを備えるならば，透明なはずだ。

Prof：前回登場したbona fidesの極であるはずなのですけれどもね。しかしお金が怪しい実力から逃れて透明な世界で生きるようになるということは重要なことです。初めて人々の相互信頼の中に置かれるということですね。そのためには寄託を通じて占有の関係がヴァーチャルになる，したがって記号を使って表現する，帳簿上の記載という形態をとる，ということが不可欠です。

J：しかし，二重の機能とかやらで，銀行自体にも占有が発生する。これをどこかへ投資してよいのですね。いや，投資する方がよい。どういう投資も可能なのでしょうか？　ぜんべえドンはカジノで一儲けしました。危ないと思いますが，儲けたのだからよいような気がします。けれどもやっぱり何かおかしいような気もする。銀行が何に投資してもよい，とはされていないのではないですか？

Prof：これは本当に難しい問題です。信用を与えるわけですが，どういう信用ならばよいのか，賭博や競馬は駄目だろう，くらいはわかります。しかし高利貸しはどうか。いや，土地投機や商品取引はどうか。非常に複雑な信用供与ないし投資のどこでどういう線を引くか，まだ全く答えが出ていない問題です。アメリカの最先端の立法が金融危機後取り組んでいることです。折角チェック機能を備えたとしても，そういう機構を担う人の知性の中身も問題ですが，実体の基準自体も明確でないと，チェックはしようがありません。ここは学者の出番ですね。

身代わりは御免だ！

Prof：しかし，ぜんべえドンは銀行を始めたのではありませんでしたね。たぶんやがて認可も受けたのでしょうが，少なくとも最初は銀行でない。例えばリョウサクどんがお金を預けているようですが，これは何がきっかけでしたか？
P：農作物や牛を売ったり，肥料を買ったり。
Prof：それで一体どうして預かるんですか？
B：それは簡単です。子供に「何か買って来てね」と頼むじゃないですか？　そのときお金を預けますね。それと同じです。
Prof：本当にそうですか？
L：それは違います。子供のようなのは「使者」と言います。ぜんべえドンがしているのは代理です。代理人として売買しているのです。
B：全然わかりません。どこが違うんですか？
L：代理人だとすると，様々な責任が問題になります。無権代理では本人に責任が発生しないとか，しかし表見代理が成り立てばやはり責任を取らされるとか，利益相反問題とか，非常に複雑です。子供の場合にはそういうことはなく，ただの手足と同じです。
一同：しーん。
Prof：まあ落ち着いて，本当にそうか確かめましょう。**B**さん，お子さんにお金を渡して「何か買っておいで」と送り出した，この時，どうです？　お子さんの買って来た物をすぐに受け取りますか？　『ジャックと豆の木』のジャックは「雌牛を売っておいで」とお母さんに頼まれた。対価として受け取った豆をすぐにお母さんに渡しましたね。さもなければ，「そんな豆なんぞ庭に捨てておしまい」という怒りの科白は成り立ちません。ところがどうでしょう？　リョウサクどんは農作物を売って貰ったお金を直ちには受け取らない。肥料を買うときにはどうでしょう？　「このお金で買って来て」とお札を渡すでしょうか？
K：いや，その必要が無い。何故ならば，そのために農作物を売って貰ったその代金を受け取らずにおいたわけです。
Prof：ならば，ききますが，リョウサクどんは誰に農作物を売るでしょうか，リョウサクどんは誰から肥料を買うでしょうか？
G：決まってるでしょう。八百屋さんに売るのであり，肥料屋さんから買うのです。
Prof：そんなことをする人は居ませんね。必ず間に入る人が居る。つまりこの場合で言えば，第三者に売るのはゼンベエどんであり，ぜんべえドンが第三者から買って来るのです。確かに，その代金や肥料はやがてゼンベエどんに渡されるべきものです。しかしまだ渡されていない状態のままそこで凍結されているとしましょう。ヴィデオ映像をそこでストップしてあるようなものですね。**B** さんのお子さんのオツカイやジャックの場合と全然違います。どうしてそんなことをするのですか？

R：それは，ゴンザエモンどのとの取引を見ればわかります。買い注文が先にある。あるいは売り注文が先にある。買いたいという人が居る。しかし売主は見つからない。売りたいという人が居る。しかし買主が見つからない。

Prof：ならば，見つけてあげるだけでよい。あとは勝手にお二人でどうぞ，私は出会いを設定しただけです，いつまでもつきまとう野暮はいたしません，でいいじゃないですか？　どうしてゼンベエどんが主体となって売ったり買ったりするのですか？

M：その方が取引が円滑になる。

E：それもそうだが，決定的なのはタイム・ラグでしょうね。農作物を生産するには肥料が必要だ，しかしそれを買うお金が無い，としましょう。農作物を売らなければそのお金が工面できない。農作物を必要としている人が農作物を得て代金を支払うのを待ってから肥料を買うというわけにはいかない。だから，ぜんべえドンが先に農作物を第三者に売って代金を得る。これをリョウサクどんに渡す。これで肥料を買い，農作物を生産し，ぜんべえドンに対して最初の分を補填する。立て替えたようなものですね。これらの予測でゼンベエどんが動き，そしてリョウサクどんは予測通りに動いて信頼に応える。同じように，「肥料を買う」のところも，実際には，ぜんべえドンが肥料を買ってリョウサクどんに渡し，代金は立て替えて払っておく。その肥料を得てリョウサクどんが良い農作物を作る。そして先の農作物立て替え分を渡してくれる。いずれにせよ，第三者に農作物を売った時の代金がやがて入って来ますから，肥料代の立て替えと相殺できる。

C：なるほど，これはすごい！

Prof：これが天上へのもう一つの梯子です。『ジャックと豆の木』は，取引とかニセの天上は危ない，地に足をつけよう，という健全な感覚を表現していますが，本物の天上に通ずるのは豆のツルでなく，この梯子です。これが「委任」という契約です。「初めての契約」は消費貸借でなくて，委任です！

一同：何ですか，それ。またしても意味不明。

L：しかし，委任契約が締結されるときには通常代理権の付与があると解すべきだと習いましたが？　何故代理では駄目なのですか？　時間の先後を別とすれば，ぜんべえドンはリョウサクどんのためにやっているのではないですか？　まあ顕名主義とかの問題はありますが。

Prof：そういう法学的な観点からして難しい問題について実感を持って考えるための道具は何でしたか？

I：おはなボウです！　占有です！　何でゴンザエモンどのによってオハナぼうを持って行かれそうになっているのか，どこに問題があるのか，それと無関係のことを議論しても意味がありません。

L：だからこそ私は言ったのです。代理の方がいい，とね。ゴンザエモンに言ってやればいい。「私はリョウサクどんの代理人だ，牛が欲しければリョウサクどんの牛を取ればいい」と言えるじゃないか。リョウサクどんの牛を中途半端に当てにして注文に応ずるからこんなことになった。きちんと代理権授与を受けるべきだった。

J：そうですか？　リョウサクどんにはオハナぼうに相当する可愛い雌牛は居ないんですか？　売らなければ仕方がないかと思った。十分に可愛がってくれる買主ならば売ってもよいと思った。ところが相手がゴンザエモンで，猛犬ゴンのためにミンチにするということがわかった。それで売るのをやめたいと思った。もし，ぜんべえドンが身代わりならば自分が売ったのと同じですから，すぐに持って行かれてしまいます。しかしゴンザエモンと直接の関係は無いということになれば，精々，ぜんべえドンに謝って弁償すればよい。売ってくれと頼んだけれども，少し趣旨が違う，誤解を与えたとすれば弁償する，と言えばよい。

F：確かに，ぜんべえドンがゴンザエモンの魂胆を見抜けずに変な取引に応じたのがいけない。その責任をリョウサクどんに取らせるのはよくないな。他人につけを回すのでなく，自分限りでゼンベエどんはオハナぼうを守らなければならない。

D：しかし，お金の問題もある。代理であるとすると，直ちにお金はリョウサクどんのものだ。リョウサクどんもさっさとお金を受け取ればよかった。なまじゼンベエどんのところに預かって貰っているから，ゴンザエモンどのから差押を喰らうことになる。

H：自分の家にタンス預金をするのでは危ないという設定ではなかったですか？

D：それとこれとは違う。銀行預金をしていても差押は免れない。

S：しかし，反対のことも考えましょう。もしリョウサクどんの経営が行き詰っているとすると，債権者がたくさん襲ってきているはずだよね。前回やったような破産手続などお構いなく，連中，ハイエナのようにむしり取るつもりであるとしよう。どんどん差押をかけて来るよね。しかしリョウサクどんにお金を渡すまでは，ぜんべえドンの預金なんだから，差し押さえるわけにはいかない。

T：なるほど。ぜんべえドンがゴンザエモンのような債権者に襲われたときも，同じだ。いや，これはリョウサクどんに渡す金だから，手を付けてはならない，と言えるねえ。

C：それはいい。リョウサクどんの雌牛，オタマぼうもこれで助かるなあ。

Q：いつから，そんな名前になったんだい？

R：けれども，確かに，リョウサクどんが危なけりゃ，これはもう売れたも同然と言ってゼンベエどんが守る。ぜんべえドンが危なけりゃ，これは私が預けた物と言ってリョウサクどんが守る。鉄壁です。

Prof：そのとおり，委任の場合，受任者が襲われた場合，「残念でした，委任者からの預かり物です」とアアカンベエすることができるのです。委任者が襲われた場合，「残念でした，第三者からの預かり物でした」とアアカンベエするのです。この結果，ひとまずオタマぼうは大事にされるという効果が発生します。

I：何言ってるんですか？　今襲われているのはオタマぼうでなく，おはなボウなんですよ，皆さん！　忘れたんですか？

J：けれども，わかったこともありますねえ。ぜんべえドンがどこで間違ったかです。ぜんべえドンは，まずお金について，預かり物であるのに，自分の物であるかのように振る舞った。自分の物であるかのように，お金をカジノにつぎ込んでしまった！　だからゴンザエモンに襲われてしまった！　次に，雌牛がそのとばっちりを受けた。とばっちりは二重だった。何故ならば，とばっちりを受けるのはオタマぼうのはずだった。ところがオハナぼうにすり替わった。要するに雌牛だ，ともに「雌牛一頭」に違いない，というのでね。こうしてオハナぼうがゴンザエモンに襲われた！

C：しかし，そりゃ，ぜんべえドンには無理だ。僕にだって複雑すぎる。自分がやられれば，向こうのものです。しかし向こうがやられれば，いや私のものです。そうか私のものかで，ついついカジノか競馬場，ってわけですものね。

Prof：そう，だから二重の意味が発生したばかりか，脈絡によって摩訶不思議，意味が変わるんですよ。マジック・ミラーですねえ。「鏡よ，鏡，世界で一番美しいのは誰？」ときくと，自分が映っていたはずで「それはあなたです」と答えてくれるはずが，いきなり白雪姫が映ったりして。

Q：何故ゼンベエどんが幻惑されたか，これでわかったというわけだ。無理も無い。

G：そういうことは授業で聴かなかったなあ。委任を習ったかどうか忘れたけれども，少なくともそういうことは出て来なかった。ぜんべえドンが知らないのも無理からぬところがある。

I：じゃあ，もう自業自得で，ぜんべえドンにはオハナぼうを救う手段が全然残されていないんですか？　そういうときにはどうすればいいんですか？

一同（Prof を含めて）**：**しーん。

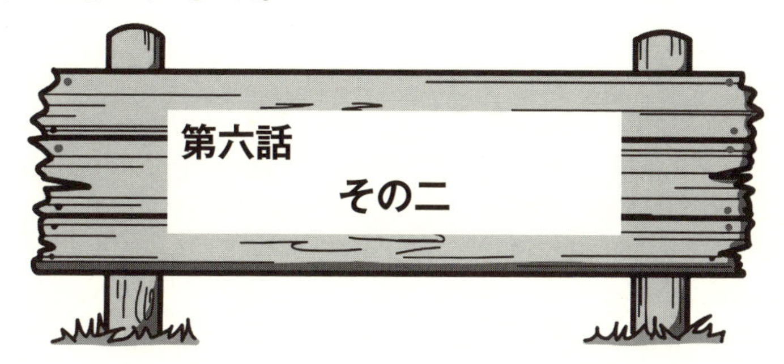

お山の柿の実，誰の物？　みんなで食べてもいけません，お山のカラスの物だから

M：ぜんべえドンが委任をよく理解しえなかったばかりに預かった物を自分の物の如くにして振る舞い，結果，それを取られそうになる。それを何とかかわしても，元に戻って自分の物であるオハナぼうを取られてしまう。こういうディレンマに陥ったのも自分のせいだから，仕方がないんじゃないかな。

I：おはなボウはゼンベエどんの物かしら？　相続の結果，組合を結成したのではなかったかしら？

D：同じことさ。組合財産だと言いたいんだろうけれども，ならば合有だということになる。すると組合がゴンザエモンから契約責任を問われ，まずは組合財産に対して執行される。そうでなくとも組合員の無限責任ルールがあるから，どうせオハナぼうを取られてしまうね。

R：組合が何だか知らないけれども，相続財産は幽霊が占有していて，それを永続化するのだということだった。ぜんべえドンがどういう契約をしたか知らないが，幽霊の呪縛を破ることはできないんじゃないか？

Q：それはもう，たたられるに決まっています。ボクたちはホラー同好会だということを忘れてはいけません。

Prof：どういう契約をしたのでしたか？

H：売買。

E：いや，委任じゃないか。買ってくれ，という依頼だった。買うのはゼンベエどんだ。それが果たせなくなり，責任を追及されている。
T：委任契約の相手，つまり受任者はゼンベエどんなのか，組合なのか？
O：皆，組合を信用しているのではなかったですか？
B：じゃあ，ぜんべえドンがカジノに投入して儲けを出したお金も組合のお金？
I：組合が何故信頼されるかと言うと，幽霊の呪縛があって，皆が物を摑んで勝手をすることがない，つまり天上界に収まっている，からでした。一人が勝手をしても，それを皆が批准しないから，自分で責任を取らなければならない。
Prof：その関係は何ですか？　つまりですねえ，幽霊は自分では動けない。だから動くためには何かをしなければならない。どうするんですか？
S：あっ。これもまた委任かあ？　受任者が組合だとしても，どうせ誰かに委任しなければ動けない。
G：ここも代理じゃいけないんですか？
Prof：実はこれがアプリオリで，代理をしてはいけないのです。そうすると法人になり，そのためには厳格な要件が課されます。これはずっと後に議論することです。それで何故代理は駄目で委任でなくてはならないかと言うと，まさに**I**さんの言うとおり，直ちに効果が発生すると幽霊の物が不当に害される恐れがあるからです。代理ということは本人が居るということです。しかし幽霊は「居ない」存在です。代理を認めると少なくとも合有を認めることになる。本人は「皆」であるということになる。そこに「皆」が居る。皆で食べちゃえばいいか，となる。しかし実は誰も居ない。空白へと先送りされている。こっちから攻めると向こうに消え，あっちから攻めるとこっちに消える。おかしなことであれば，他の組合員が否認します。
D：えっ？　すると組合財産はどうなるんですか？　合有じゃないのですか？
Prof：そこには根の深い誤解があり，ドイツやフランスに遡ってもまだどこで間違ったか発見できないくらいです。組合財産は第三者からは見えないのです。そして皆が占有しているのでない。皆で占有しているのでもない。したがって合有でない。誰も占有していないのです。
Q：確かに委任と似ていますね。こっちから執行しようとすると逃げられる，ならばあっちからかと攻めると鬼さんこちらとなる，ということでした。
Prof：そのとおり。組合はあくまで契約に過ぎません。互いにシバリをかけて結果を引き取らないで留保したままにしておく。いつでも清算できるということに敢えてしておく。物的なシバリは無いよ，と。あるのは信義だけ。そして互いの信義にかけて勝手に脱退・清算することは絶対にしない。だから，脱退自由のくせに身勝手な脱退は信義則違反に問われます。さて，委任の場合にはやがて結果を委任者に引き渡します。普通の状態に戻り，通過点でのみ，例の「鬼さんこちら」効果が発生するに過ぎません。組合はこれを互いに委任者や受任者になったまま長く宙吊りにしておくのです。第三者は契約者本人にしか請求・執行できない。ただし，他の組合員がきっとその取引を批准してくれるだろう，穴を埋めてくれるだろう，と信頼する。宙ぶらりんから契約当事者組合員に給付がなされるだろう，これを見込んできっと契約当事者組合員は早くに自分つまり第三者に給付するだろう，契約を履行するだろう，と信頼する。組合契約で結ばれているくらいの連中だから bona fides に欠けるところがあるわけがない，と。こういう高度な信頼ですね。あの選手はディフェンダーを引き連れてスペースを空けてくれるだろう，そこへあの選手が走りこんでくれるだろう，だから僕はまだ誰も動き出していないけれども，そこへパスを出そう，てなもんですね。決まると痛快です。誰かが紙に書いてそのとおりにしているわけではありませんからね。ブラインドで信頼し合って何人もが動く。

C：おやおや，また始まった。先生は気分がよくなると何でもサッカーにしてしまう。

F：いや，そうすると，組合は政治システムと同じですね。だって，誰の物でもない公共空間を備えている！

Prof：決定的な違いは，果実を取ってよい，つまり占有は成り立つ，ということです。しかし，皆で占有し皆でなら果実を取ってよい，わけではない，ところは似ています。誰かが預かってその占有をまた組合財産に組み込む。ちょうど分割前の相続財産について相続財産占有者がするように。制度の趣旨自体が，組合員の取引を複合させて形成される資産を継続的に保存する点に存します。繰り返しますが，外からはその預かった人の占有があるっきりです。まだ委任者に渡していない受任者がいるだけです。「そこにはただ風が吹いているだけ（♪）」というわけですね。

一同：先生，またまた古過ぎで意味不明！

Prof：よくまあ，古いということがわかりましたねえ。

セーフティー・ネットは天女の羽衣

L：わかりました。おはなボウはゼンベエどんの物ではない。だからゼンベエドンの責任を追及するからと言ってオハナぼうに手を付けることはできない。しかし，委任であるのに自分で預金に手を付けたところからカウンターを喰らってしまったわけです。占有してしまった，だから差押をされた。この行為がオハナぼうに対する占有にも響きませんか？

Prof：お金の話になったので，少しお金の話の続きをしましょう。天上界にはお金を預けて安心だ，くらいまでは既に話しました。しかし，何故組合だと急に人々の信用がさらに増すのか，という点は議論していません。組合とは何か，少しわかりかけただけですから。また委任から出発してみましょう。ぜんべえドンが受任者として活動している場合，どうでしたか？

A：牛を売って貰う，その代金をすぐには受け取らないで付けておき，何か買って支払わなければならなくなるだろうお金と精算するのでしょう。

Prof：現金を動かさずに済みますね？　これを拡張するとどうなりますか？

R：皆がゼンベエどんを使えばですが，牛を買った人はゼンベエどんのところの帳簿に 100 と書いておく。やがて 100 を振り込みますよ，ですね。だからマイナス 100 です。リョウサクどんのためにも 100 と書いておく。これはプラスですね。リョウサクどんが飼料を買った時，100 は 70 に減るが，売主のところにプラス 30 が付けられる。最初の牛を買った人も，何かを誰かに売れば，彼のマイナス 100 はその分減ったり，帳消しになる。

K：これは便利だ！

P：いや，むしろ一番面白いのは，まだ 100 が来たわけでもないのに，もうそれで何か支払っているということさ。**A** 君が 100 払うというので **B** さんに 100 のプラスが付いた，**B** さんがそれで **C** 君に 30 支払った結果，**B** さん 70，**C** 君 30 となったとして，**C** 君がよく納得するなあ。**A** 君からの 100 が大元で来なかったら，全てぱあじゃないか。

Prof：しかしこのシステムが大規模に発達して皆がこの形で消費寄託していれば一人くらい払い込まなくたって大丈夫です。実は銀行の原点はここにあります。つまり本当は，クロークに預けますというところからの道筋は無いのです。コートと同じ発想でお金を預けてはいけない。お金に関する限り委任や組合のあるところでのみ許される。あとで触れると先に言っておいた点です。もちろんこの委任や組合に銀行が伴走することが望ましい。銀行の帳簿を利用して委任や組合に関係するお金を動かすということですね。銀行は特別の政治システムによりチェックされていますから。この表裏の関係を物語るように，ローマの銀行は何の原因も無く消費寄託することを認めませんでした。何かの取引があり，それに見合った額を付けて置く，ということだけを認めたのです。決済専用の銀行ですね。これも信用供与です。だって果実が来る前に投資できる。しかし理由も無く預かった金を町の金貸しのように消費貸借に回すことはローマでは認められませんでした。消費貸借は危ないことだからです。それに対して，くるくる取引が回っていれば **B** さんに 100 付けて置くなどは安全ですね。

O：けれどもそれは多くの人がその組合を通じて取引をするから成り立つのであり，しかしそうするとは限らないではないですか。そうしたとしても，皆が引き出しにかかったらどうするんですか？

Q：読めた！　そこで組合だと先生は言いたい！　契約でしばる。何をしばるかと言えば，簡単には付けられた 100 を引き出さない。少なくとも組合メンバーは。コアの連中が引き出さないとなると，出したり入れたりする連中がそこに誘い込まれる。

B：引き出さないなどという余裕はありません。子供の養育にはお金がかかります。小学校だって幼稚園だって何やかにや様々な名目のお金をしょっちゅう持たせなければならないんですよ。

Q：いやそれでも，引き出す必要は無いさ。小学校のためにマイナス 30，幼稚園のためにマイナス 20 と付けておき，100 には手を付けない。皆が現金に換えるとシステムが消えてしまいます。現金と言うけれども，金貨ではないのだから，お札でしていることはこれと同じですよ。現物の金を寄越せと言わないというシバリを掛け合っている組合をわれわれは作っているわけだ！

T：なるほど。一定の資産が確実にずっと宙に浮いてぶらぶらしているわけですよね。これが組合財産でした。これを誰かが勝手に持ち出してカジノに行くなどということはない，と保障されている。それをやったとしても，その人の責任で組合財産は関係ない，と否認することができる。賭博でスッた若旦那が着ている物まで出してクシャミをしながら付け馬共々お屋敷に帰って来る。しかしお父さんは払わない。払わなければならない取引ならば誰か豊かな組合員がしっかり補填する。となるとその組合の帳簿を使って取引してみようかな，となる。

L：大いに結構だけれど，ぜんべえドンはそのようにして預かったお金を引き出してカジノで倍に増やした。それは今おそらくゼンベエどん名義の口座に眠っているね。これを差し押さえられた。何故ならば，ゴンザエモンどのが委任したことを遂行できなかったからその責任を追及されたんだ。しかしここで，「残念でした，そのお金はゼンベエどんのものではありませんでした，カジノの取引を組合が承認しませんでした」とこう逃げる，というわけだよね。甘いな。確かにゼンベエどんの行為は組合が委任しないものだ。とんでもない違法行為だ。しかしそうであればあるほど，委任は成立しない。すると「他人の物を預かった」も成立しない。他の組合員はゼンベエどんの責任を追及できる。勝手にお金を引き出して勝手なことをしたのだから。しかし，それはゴンザエモンどのとて同じことだ。共に賠償責任の債権者に過ぎない。ということは金銭はゼンベエどんの占有に属する。したがってこれに差押をかけることは可能だね。組合訴権を持つに過ぎない他の組合員は，ゴンザエモンどのに劣位する可能性だってあるよ。彼の訴権の性質によるけれども。同じ理屈でオハナぼうだって取られかねない。組合財産と言ったって，現実にはゼンベエどんの占有下にある。組合がゴンザエモンどのとの取引を事業外と見なせば，たちまちオハナぼうは金銭と同じ状況に立ち至る。

一同（Profを含む）**：**しーん。

Prof：こういう人がこのクラスに紛れ込んでいてはいけませんね。皆，がっくりきてしまいます。それではまるで，実定法はおろか，ローマ法だって勉強したみたいじゃないですか。それも18世紀以前のね。もっとも，そういう切れ者の法律家がゴンザエモンどのについているとも思えませんから，大丈夫とは思いますが，万が一，そう攻められたときに，さてどうしますか？　ギヴアップですか？

I：（ややあって）お金は仕方がありません。取られてしまうかもしれません。問題は，おはなボウが襲われてしまうということです。あらゆる場合に最も緊急の問題が必ず一つあるというのが私たちの出発点でした。それは占有であるということでした。それが法なのだということでした。おはなボウを守るためならば，たとえお金のところでゼンベエどんがどうなろうと，まだ占有があります。ここのところ少し高度な占有ばかり議論し過ぎました。お金の占有ですね。しかしオハナぼうはお金ではありません。そして天上の羽衣をヴェールに被っているとしても，地上でしっかり暮らしているのです。お金の差押は免れないかもしれません。むしろ，相続分や組合持分が差し押さえられるのかもしれません。しかしだからと言って，おはなボウに手を付けてはならないはずです。天上階の人のすることではない。だから，ぜんべえドンでさえ占有していない，ということが大事です。万が一，ぜんべえドンが勝手にオハナぼうを占有してしまったとしましょう。それに対して組合の誰かとゴンザエモンは対等な立場に立つでしょうか。お金の問題，つまり賠償ならばそうかもしれません。しかし地上の占有は全てに先立つのではなかったですか？　ぜんべえドンの違法な簒奪に対し，誰かが相続財産占有者やその後継者のような資格で，まずはアプリオリに取り戻すのではないですか。これはゴンザエモンのような債権者に対して絶対的に優先するはずです！

一同（L君を含む）**：**（再び）しーん。

契約の原点

Prof：ところで，契約って何ですか？　ゴンザエモンどのは「契約は遵守されなければならない」と言ってオハナぼうをねらっているのですよね。

N：約束じゃあないですか？　私買います，私売ります，と言って約束します。そして何よりも約束は守らなければいけません。

K：コンビニでお茶を買うとき，何も約束しないけれども，立派な売買ができるよ。あれも契約だと先生が言っていた。

Prof：君は何故契約を守るのですか？

H：守らないと訴えられるからです。

E：えっ？　コンビニでお金を払うのは，そうしないとお茶が買えないからじゃないですか？

N：だから約束だと言ったじゃないですか。約束だから守るのです。約束でなければ，契約が何故守られるか説明できません。

R：じゃあ，約束は守らなければならない，と小さいころから教わったからだとでも言うわけ？　男の誓いだ，死んでも必ず約束は守ります？

F：『走れメロス』さ。「きっと戻って来る」と約束した以上は絶対に戻る，というやつだね。

Q：『走れメロス』はそういう話ではありません。

一同：よっ，待ってました！

Q：あれは南イタリアのギリシャ植民都市圏，ピタゴラス教団周辺から出た伝承で，ヘレニズム期，ローマ時代に書き継がれ，近代になっても翻案されました。これを太宰治が新たに翻案したわけです。政治に対抗する強烈な横断的連帯の特殊な形，つまりデモクラシーの特殊な形に呼応する思想に基づいています。だから，「約束どおり帰って来たぞ」ではなく，「何故，帰って来るのだ，私が替わりに死ぬと言っているのに」，「いや，死ぬのは自分だ，だから帰ってきたのだ」というやりとりにクライマックスがあります。そういう友情の謳歌です。言うならば，「約束を守れ」でなく，「約束を守らなくともよいのに」です。

Prof：なるほど，知りませんでしたが，しかし，そうであれば何だか契約の話と似てますね。固い友愛とは少々違ってもっと自由ですけれども。実際，契約は守らなくともよいのです。だけれども守る。だからこそ守る。自然とそうする。約束したからしようがない，守るか，ではありません。もっと実質レベルの信頼関係のために自発的にそうするのです。

G：えっ，契約は守らなくともよいだって？　契約というのは「意思表示の合致」で「合意」のことだと習いました。

Q：確かにねえ。レジのアルバイトの可愛い子の眼をさりげなく見てペットボトルを差し出す。サインを送っているよねえ。「意思表示」さ。ペットボトルを受け取って彼女は「120 円頂きます」などという。これもまた，マニュアルどおりだけれども，サインを送っている。何となく嬉しく感ずるよねえ。お金を差し出すとおつりが貰えて，ペットボトルを袋に入れてくれて……。確かに意思表示が完璧合致しているなあ。ハリウッド映画だと，ここから何かロマンティック・ラヴ・コメディーがスタートする。

C：何が合致しているのか。それは一方的な思い込みってやつでしょ。

Prof：まず，コンビニの売買は「現実売買」と言って，いわゆる「契約」ではありません。便宜「契約」として扱って処理することもありますが。約束説と「意思表示の合致」はどう関係しますか？

N：私が「みかんを売る」と約束する。あなたが「リンゴを買う」と約束する。これでは契約にならない，というので「意思表示の合致」が求められます。

Prof：そのとおり。

一同：えー？　今のは **N** 君の冗談ですよ，先生。

Prof：いいえ。「意思表示の合致」は，約束を「意思」と「表示」に分解し，味わいやすくしてみました。サインだけがたまたま符合したとしても，私そんなつもりじゃなかったの，と言えるようにしてみたわけですね，うふふ。

L：錯誤の問題などが俄然扱いやすくなったというわけですよ。

S：そうかなあ？　表示ならば記号を使うわけだ。だったら，シニフィアン（signifiant）とシニフィエ（signifié）をきちんと区別できなければおかしいよ。**Q** 君のケースは，錯誤だけれど，レジ係の動作と内心の意思が不一致であるというわけではない。レジ係の動作は完璧に意思と一致している。**Q** 君もそれを完璧に認知している。しかしそれは自分への気持ちを表現する手段でもあると勝手に解釈した。シニフィアンをそもそも共有しながら，そのシニフィアンをシニフィエに繋ぐコードを **Q** 君が勝手に想像してしまった。だから，やりとりは成り立っているのに，合意が成立しなかった。シニフィアンのところを共有しながら，コードの多義性から別々のシニフィエを呼び出したときが錯誤じゃないかな。双方合意があると思っている。一方は現実売買，他方は恋愛。逆に，シニフィアンを共有しなくとも相手が言い間違いだということがわかってシニフィエを共有できれば，立派に契約は成立だよ。合意があるから。「意思」のところで最終チェックをかければ或る意味安心だけれど，動機とかそういうのが出て来て，きりが無い。

Prof：シニフィアンというのは，発した言語の音が有する分節的差異に対応した記号上の価値のことで，シニフィエというのは，その分節的差異にコードで結びつけられた観念の分節的差異によって切り出された特定の観念のことですが，ま，こういう難しい話は無しにして，では，しばらく着たコートをネット・オークションに出した。「私売ります」と約束したわけですね。誰かが或る値段でクリックして落札した。「私買います」ですね。意思表示は合致していますが，これは契約ですか？

P：それこそ契約でしょう。

E：何か引っかかるなあ。まあ，便宜契約でもいい，と思うけれど，コンビニとあまり変わらない。契約とか大袈裟に言わなくてもいい気がする。

Prof：何が欠けていますか？

E：契約書とか……要するに言葉ですね。余り言葉を交わしていない。だから，実際思ったとおりの物でなかったらどうするんでしょう。まあ，それでもいい程度のものしかネットでは買いませんよね。

Prof：そのとおりですね。「契約」と普通に言うのは「諾成契約」のことで，言葉を丁寧に交わしてコラボの内容を詰めていく。厳密な議論が不可欠ですね。そんなはずではなかったなどということがないようにですね。そしてしっかり決めて書いておく。このとき，全ては青写真であり，将来に向けて白いキャンバスに描いていくようである。ファンタスティクな未来が洋々と広がっている。一方的に何かを約束したり何かを給付したりということが先立っていない。だからお前もやれとプレッシャーをかけているということがない。その結果，大事なことですが，約束した以上は守らなければならない，という論理は働かない。固い友情さえ働かない。相手を拘束しない。緩やかにさりげなくコラボする。もちろん自分の利益を追求する。しかしコラボの精神を発揮すればもっと大きな利益が出て来ると信頼している。この信頼のみ，互いに決して裏切らない。あくまでさりげなく。諸君の言葉を使えば，「ナニゲに」ということになります。

R：異議あり。語用論的に見て誤用です！

F：しかし，将来に向かってのコラボだなんて，まるで政治システムのようじゃないですか？

Prof：そのとおり。政治システムの決定を流用しているのです。ただし二人だけで自由にできる。

F：すると，透明性も要求されますか？　何か隠れた魂胆があるのではないとか，何かの権威に従っていたり，何かの手先になっていたり，とかがあってはならないとか。

Prof：そうです。そういう絡まりは遮断されていなければならない。遮断の手段が批判的な言語であり，合意はそれによって厳密に概念を共有することを意味します。「お前，そう言ったじゃないか」と言質を取る姿勢は不透明の方に加担しています。信義に反します。ちなみに言えば，「意思表示の合致」は約束系統の発想を遺していて，だから批判的な言語の作用を重んずる伝統的な「合意」概念に親和的な記号理解と齟齬します。**S**君が言ったのはそれですね。そういう記号理解は，記号が直ちに現実平面を呼び出すとは考えない。「キ」という音を出しても相手の頭の中に「木」のイメージが浮かぶだけで銀杏の大木が「はいはい」といきなり出てきたりしない。「開けゴマ」と言うと本当にドアが開く自動ドアの反対です。現実を動かす前にゆっくり言語の観念分節機能を楽しもうというわけです。

M：透明透明と言うけれどもおかしいなあ。ビジネスでは駆け引きがあってもいいのではないですか？　余り透明だとね。水清くして魚棲まず。

Prof：では，『鶴の恩返し』の話を知っていますね。音だけが聴こえて中で何をしているのかわからない。夫婦である以上，隠し事があってはおかしいのではないですか？　透明性が信頼の元では？

J：それは違います。信頼していれば踏み込みません。真の信頼は詮索を拒否します。「恩返し」というくらいですから，交換関係ですが，しかし鶴としては利益を返しているというようには思われたくなかった。それを越えたものです。そこを察しえないところに問題が生じたわけです。

H：そうかあ。信頼というのは実に繊細なものなのだなあ。

B：毎日の生活ではそこまで気を遣っていられません。

Prof：契約では，互いに自分の利益を追求してよい。また相手の自由を尊重しますから，相手のことを詮索しない。唯一，信頼できるかどうかだけを見る。そして一旦信頼したのであるならば，盲目を貫く。

L：しかし，同時履行の抗弁権などはどうなるのですか。先生は bona fides を強調しているつもりでしょうが，この抗弁は bona fides の証しとされていますよ。

Prof：だから，最近のヨーロッパのローマ法学など勉強するのはおよしなさいと言ったではないですか。ローマでも所有権思想が登場してからの訴訟法上の問題処理のためこの抗弁が主張されました。しかもこれこそがシバリの原理だ，fides だ，と近代の一部の学説が言いました。本来は，当然，相手を信頼してさっさと自分から給付をするわけです。互いに人質を交換するときのように留置効果を主張するのでは契約の精神に反します。

契約するなら摩天楼？

T：何だ，そうすると，契約は天上界でするものだったんですね。だって，政治システムの流用だと言うし，bona fides だと言うし，自由で厳密な議論で将来に向かってプランニングすると言うし。それで「初めての契約は委任である」などと言うわけですね？

Prof：そのとおりで，合意が生命です。合意とはそういうものです。「意思表示の合致」は 19 世紀の初めにドイツで生まれた概念ですが，繰り返しますが，微妙に概念をずらすものですから注意が必要です。長い歴史の中では常に合意という概念を軸として契約が論じられてきました。

I：あっ，わかりました。だとすると，契約でできること，というか，契約をした人ができること，は限られるというわけですね。なぜならば，契約をする人は天上界の人々である。そういう人は，三保の松原の漁師のように地上の物を押さえて脅しをかけるような真似をしてはならない。いや，そもそもヴェールを突き破って地上にどやどやと降りて来てはならない。委任であればもちろん，たとえ売買であったとしてもゴンザエモンどのは「オレは買ったぞ，力づくでも持って行くぞ」は許されない。そもそも許されない。組合なんか無くとも許されない。

Prof：いや，委任や組合が関与しているからこそ，この「売買」が天上界の物であると推定されるわけです。しかしそうなったとき，組合のヴェールと契約のヴェールは，およそ bona fides のフィルターとして，現物に対する自力執行はおろか，現物に対する裁判後の執行も排除します。預金や持分権のようなものを押さえうるだけですね。もちろん，その前に占有が立ち塞がっているわけですが，これは自力執行を排除するのみである。ところが契約は裁判後執行をも排除します。

G：そんなバカな。買ったということは自分の物じゃないですか。自力執行は乱暴だからいけないというのはわかりますよ。しかし裁判を通じてであれば，買った物を自分の物にできないなど，到底認めがたい。

R：天上界の人々はそんなに現物に固執しませんよ。

Prof：そのとおり。それどころか，物事の厳格な実現に固執することはない。約束だ，男の誓いだ，男でござる，男がすたる，などというダサイ発想とは無縁です。青写真を描いたけれども，天変地異のために実現しない。

Q：それでも取り立てるのは悪代官でござる！

Prof：それどころか，人間に誤算はつきもの。お互い様。ドンマイドンマイで先に行きます。

Q：あらゆることを犠牲にしてでも心臓の脇の肉を1ポンド寄越せというのは契約の精神に反します。

A：何だ，そうするとオハナぼうは初めっから救われているんじゃないか。

J：委任があり，しかも受任者の背後に組合がある。売買だとしてもこれは契約である。ゴンザエモンどのも契約法の精神に従わなければならない。だからたまたまオハナぼうが今ゼンベエどんの占有下にあったとしても，これを売買の対象として差し押さえることはできない。高々金銭を差し押さえうるだけである。

L：そうすると，特定物給付の履行請求権やその執行はありえないということになりますか？

Prof：そのとおりです。それは原則ではありません。何故ならば，契約をする人はそういうことに興味が無い人々です。資産の占有にしか興味が無い。最たるは金銭です。ですから金銭執行で済みます。或いはまた持分権のような資産の占有をのみ押さえます。契約法の基本原理がbona fidesであるということは世界で認められています。その内容については様々な考えが対立していますが，とことん現実履行にこだわるのでなく，お金で簡単に関係を清算しどんどん先に進み取引の回転を高速化する，という基本線は共有されています。

ぜんべえドンの改心

N：おかしいなあ。ぜんべえドンがカジノに行ったことはやはりどう考えたっておかしい。主役の人格が不自然に変わるという問題ではなく，つまり，これが御咎め無しというのは不条理だという意味ですが。

C：いいじゃないですか。ゴンザエモンどのがごってり損害賠償請求をして来ていますよ。丸ごと持って行かれます。

K：持って行かれて困るのはリョウサクどんでしょうに。

S：契約というのは紳士的なものなのだ，ごりごりと履行を求めたりしないものだ，というのはわかりましたが，勝手なことをしておいて「契約は紳士的なものなのだ，まあそう固いことは言わずに」と逃げるのはどうかなあ。

F：いや，政治責任さ。そういうことをすれば信用ガタ落ち。以後信頼されなくなるだけだよ。

Prof：原則は政治責任で，だから国際仲裁などで政治的に決着を図るのが望ましいのです。それでも占有原理に基づく民事裁判も使われますし，仲裁の場合も，民事裁判にかけたならばどうなるか，が一つの基準を提供します。

O：一体どうやって占有原理なんかに持って行くのかなあ？
E：資産の占有とか言うくらいだからそれが基準になるのだろうねえ。
Prof：占有侵害の要件は？
J：徒党を組むことです。
Prof：そう，「実力」vis（ウィース）ですね。
E：しかし天上界では誰も実力行使をしませんよ。
T：いや，だから，にもかかわらずそれをした，地上に降りた，松の木にかかった羽衣を攌んだ，というのがそれに該当するだろう。
Prof：あとは，不透明なことをした，言葉を批判的に使い厳密に議論をする精神に反するようなことを積極的にした，といったことですね。ひっくるめてbona fidesに反することですね。これをdolus malus悪意という語で表現します。これがあると言わば「占有侵害」が認定されます。占有が回復されるわけですが，資産の占有ですから金銭で済みますね。ただ大事なことですが，ローマでは政治的な性質は結局完全には失われずに，悪意が認定されるとごってりと懲罰的な賠償責任を課されます。おまけにブラック・リストに登録され信用を剥奪されます。破滅ですね。取引世界からレッド・カードにより追放されるわけです。ですから，bona fidesに従っていれば，極めて自由である，しかし一旦これに反すると厳しい制裁が待っている，というわけです。誠実ならば失敗が許される，しかし汚いことや粗野なこと，あるまじきこと，があるとただでは済まされない。ぜんべえドンのしたこともこれに該当するでしょうね。契約法の基本は「故意責任」であるというように普通表現します。過失責任主義ではないということですね。ただ，過失責任の反対語には厳格責任もありますから，注意してください。「黄緑ではない」と言うとき，必ずしも黄色でなく緑の場合もあるということですね。
P：よくわからないなあ。じゃあ，ゴンザエモンどのの賠償請求は認められることになるのですか？　しかしリョウサクどんとの関係ではとんでもないことをゼンベエどんがしたわけだが，ゴンザエモンどのとの関係では特にひどいことをしていませんよ。牛を買ってくれ，と注文を受けたのは特に悪意があってのことではない。
G：でも，ゴンザエモンどのはもう代金を払い込んだかもしれない。その他にも当て込んで色々投資したかもしれない。これを賠償せよ，というのは当然ではないかなあ。
Prof：実は委任のところで言ったことがそのまま売買に妥当します。「売ります，買います」で売買の対象と対価を厳格に言語で規定します。しかし買主はきっと売主がその物を手に入れてくれるだろうと信頼している。そして第三者ともう売買契約を締結している。信用の上に立ってどんどん事が進んでいくわけです。いちいち相手がそこに居ることを確かめてパスを出したりはしない，と先ほどは言いました。問題は結果としてこの信頼を裏切ったときです。パスを出したのだが蹴り方が悪く正確ではなかった，ときですね。ぜんべえドンに背信的な行為があったわけではないから，本来責任は生じません。しかし代金を受け取っているときはどうでしょうか。その他様々動き出しているときはどうでしょうか。このときに単純に関係を巻き戻すための制度があります。不当利得返還請求権と言います。bona fides を前提にします。つまり善意を前提にします。そのように君たちの民法典にも書いてあります。大事なことはこれが賠償とは違うということです。初学者には大変わかりにくい。賠償が懲罰的であればはっきりするのですが，日本ではそれが無いために，区別がつきにくい。しかし当て込んだことによる損害など賠償する必要はない，ということは考えとしてはわかりますね？

具体的に巻き戻しと賠償を区別せよとなると，学生には至難の業ですが。

L：おかしいなあ。契約があれば，原因があるので，不当利得にはなりません。だから解除しなければならないのではないですか？　本当は，賠償だって，契約があるうちは現実履行請求が優先するから，解除が必要かもしれない。第一，何時誰が判断して巻き戻すのですか？　一方が勝手に判断して不当利得を請求してよいものか。少し遅れてもやはり買った物は欲しいということもある。

Prof：もちろん，不断に言語を交わしコミュニケーションを取るということが bona fides の原点です。むしろそれは契約から来る，契約の効力として要請される。一回きりの約束が根拠であるということになると，解除しておかないと説明がつかないし，やりにくいでしょうね。

B：じゃあ，やっぱりゼンベエどんは御咎め無しですか？

Prof：そうですか？　ぜんべえドンは誰に謝ったらよいのでしょう。

T：リョウサクどんでしょう。委任契約上重大な責任を負っていたはずです。であるのにとんでもないことをしてくれた。たまたま損害が無いけれども，レッド・カードは確実です。

Prof：ゴンザエモンどのの金銭差押は無効だが，リョウサクどんのそれはオーケーだということですか？

A：受任者は組合ではなかったですか？

Prof：だとすると？

O：リョウサクどんが組合財産を差し押さえる？

M：いや待った，もう一つ委任が絡んでいるから，ぜんべえドンのところのお金を押さえようとするとアアカンベエと言われる。

S：けれどもリョウサクどんはゼンベエどんに対して裁判によって請求することができる。このツケを組合に回す。つまり，ぜんべえドンは自己に生じた債務を弁済したことにつき組合や他の組合員に補塡を請求しうる。他の組合員はこれを呑まざるをえない。

H：ならばそんなことを他の組合員にさせるような真似をしたことが悪いということになる。

Q：わかった！　こりゃあ面白い。カジノの違法な儲けは一旦宙ぶらりんになる。ここをリョウサクどんが追いかけるが，そんなヤバイ物が紛れ込んだがために他の組合員大迷惑。ほうほうの体でリョウサクどんに謝りつつ，お前何やってんだ，とゼンベエどんをどやしつける，とまあ，こういうわけでござんすね。

Prof：要するに，第三者に対して賠償しながら，組合訴権により，カジノに行ったことの責任の追及ができます。

I：ということは，組合の実質であるオハナぼうに対して謝るということですね。おはなボウの眼を見て改心するしかありません，ぜんべえドンは。

Prof：どうです？「契約」と気安く言いますが，どっこい極めて高度な文化の上にのっていることがわかりましたか？　その上，何重にもオハナぼうが救われますねえ。契約は，確かに占有と直接関わるわけではないけれども，占有を尊重する裏側に花開くというわけです。だからこれも法だというわけです。もっとも，民事訴訟というルートにのせるためには，少々の擬制が不可欠です。密かに資産のレヴェルに占有を観念し，原状回復したり，損害賠償額を決めるのです。合意は本来政治システムの決定のようなことなので，直ちに占有原則に基づく民事訴訟になじむわけではないのですけれどもね。ローマでは仲裁，それも国際仲裁が管轄し，やがて民事訴訟本体に組み込まれた後にも異種を構成していました。何故国際仲裁かと言うと，地中海世界一杯に転々と星の如く分布するギリシャ系の自治都市，つまり独立の政治システム相互の間の「国際取引」にそういう都市の政治的階層，つまり名望家層が関わり，この人々の間の緩やかな横断的結合こそが「天上界」を構成したのです。そのくせ，全体を包含するローマの支配体制から見ると，政治でない世界，つまり領域ないし経済社会の側の出来事であるので，ローマの民事裁判管轄が外国間のことであるのに担当しました。これが諸君の契約法の起源です。F 君が言うように，政治システムの原理を髣髴とさせる面があっても何の不思議もありません。

再入門後の学習のために

契約は非常にしばしば法学入門の最初に置かれます。売買などおよそ取引というものに人々が日常的に接しているからですが，そのように考えると大きな落とし穴に遭遇します。現に契約法の複雑な規律はそこから入ってもなかなか理解できません。急に難しくなったと感ずるでしょう。

もう一つ，「民法総則」の「法律行為」の部分に出て来る高度な哲学的な概念ですね。どうやら契約のことらしいし，時に先生は「実質契約のことを考えなさい」と言うのに，実際には代理の話ばかりで，わかりにくい。これは，所有権という次回登場する概念に対応するヴァージョンの契約法を基盤に，さらには債権総論で学習する諸制度をそこに組み入れ，おまけに身分法や手続法までを「意思」概念に服せしめる，という無理な操作をした残滓です。ここを最初に教えられたのではたまりません。19 世紀のドイツという時代的にも地理的にも限定された思考を身に付けろということになるからです。実際にはこれとは別のところに大きな見通しのよい世界が広がっているのです。もっとも，20 世紀にはフランスやイタリアなどの法もこのドイツ由来の概念に大きく影響を受けます。日本ではなおさらで，必要以上にフランス系統の条文をドイツ流に解釈し，またドイツ流の条文を信じられないくらい脱線させて解釈したりしました。これらのことはよく知られた事実ですから，良心的な民法の講義ではきちんと説明されるはずです。

実際には，契約法は bona fides という原理を「体感」で身に付けないと理解できません。極めて高度な取引を念頭に置いています。しかしそれは高度で魅力的なエートスに基づくというのでもあります。実は分厚い多層的な意識で，本物の教養ですね。その精神に触れるためにはプラウトゥスの喜劇に親しむことが不可欠の手段となります。或いは，これを種本とするヨーロッパの古典喜劇ですね。軽やかで洗練された都会的な楽しい気分を味わえます。笑っているうちに契約法が自然と身に付くのですから，早速コメディー・フランセーズの DVD を買ってモリエールを鑑賞する価値がありますね。何ですって？　そうしたら，ことごとく判例通説と逆の結論を出す羽目に陥った？　それは請け合いです。しかし自分が感じたのと常に正反対のことを書けば常に正解なわけですから，あなたは既に民法を学習しえていることになります。

それでも，契約各論の条文は組合などを除いてよくローマ以来の伝統をフランス法から受け継いでいます。それを手掛かりにしましょう。今回は委任・組合・売買が登場したわけですが，この三つが古典的な形態で，特に委任は民法典がよく規律していますから，契約法の精神はまずこの委任によって学習することが勧められます。善管注意義務や無償性ですね。受任者が対価を受け取ってはならないという原則は，受任者が占有してはならないという準則のコロラリーです。したがって果実を取ってはならず，果実と交換関係に立つ対価を受け取ってはならない，となります。受任者は自己犠牲的精神を発揮するか，と言えばそうではなく，費用の償還は受けますし，信用面のリスクを含め取引費用の縮減に寄与したため第三者から有利な条件でペイバックがなされます。新幹線の切符をエイジェントで買うと手数料を取られないばかりか安く買えますが，当然JRが取引費用分安く売るので差額を取れるのです。なお，日本では「委任」に（特約が無い限り，かえって）代理権授与が伴うとされますから注意してください。そこから「委任」と「代理」の区別が無いと説けばそれは誤りです。「代理」に委任の規定を適用しうるということとは別です。他方代理はこれも実は複雑な制度で，その成り立ちは所有権概念の登場を待って初めて説明しうるので，後の回に譲ります。

組合に関しては，実務も条文も学説も恐ろしく混乱していて，ゼロから出発するしかありません。ここに示したのはローマの古典的な姿ですが，中世以来近代でもほとんど十全には理解されてこなかったばかりか，一定程度理解した場合にはかえって徹底的に批判され「克服」されました。有限責任，法人格，合有，総有，等々の道具立てがこれに寄与し，合有のようにそれ自身明晰でない概念がその中に含まれます。ここが鬼門であるということだけは意識されていますから，講義ではここは教えられないでしょう。だから安心，とは行かないことには，実務で最近大きな需要が発生しているからです。むしろ参考になるのは相続や bona fides の基本ですね。そして，若い人たちがしっかりした研究を発表することでしょう。それを待っていてください。

売買に関しては，現行法典の規定等所有権を織り込んで規律されていることが多く，かなりの混乱が見られますが，所有権者間にも bona fides が要請される分，古典的な形姿は残っていますし，それをも含めてローマ以来の伝統が相対的によく保存されている部分です。契約総論は売買を念頭に置いていますから，これをも含めて学習に値しますが，所有権が登場する以前の層も含めて，やはり所有権の層との対比や関係で教えるのでなければ教えにくいということはあります。次回以降，乞うご期待，ですが。

最後の問題，契約の履行や責任の問題，は頭でっかちの学説が考え過ぎている部分ですが，基本をきっちり押さえましょう。その上で，所有権という概念に対応するためにどのような変形が加わるか，特にその対応の部分で様々な混乱や逸脱がどのように形成されていくのか，あるいはまた目にする個々の立法例やリステートメントや判例や学説がどこの位置に立っているのか，というように見て行きましょう。座標軸が無ければ五里霧中になる厄介な分野です。ま，このことは全ての回について言えますけれども。この連載が提供することは，しばしば民法の授業で教わるところと大きく異なりますが，後者は区々に様々です。どういう変化や逸脱にも対応できる基軸の認識を持っている必要があります。その基軸とその意味，特にそれが何に基づいているか，をこの連載では示唆しているつもりです。裏から言えば，直ちに右から左に適用しないことが肝要です。

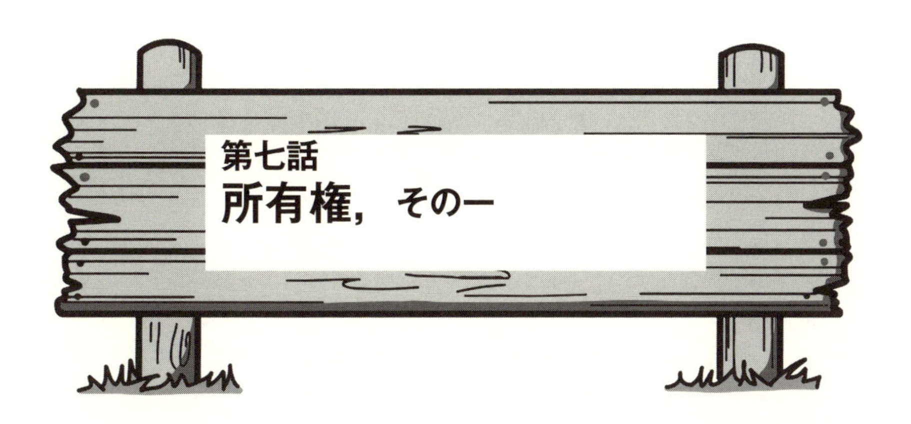

 ぜんべえドンとオハナぼう，第七話

ここでまたゴーゴーと音をたてて時間が大きく遡りました。すると，ぜんべえドンは例によってオハナぼうに草を食ませ，幸せに暮らしております。ポンポコ山の広大な山裾は，優良な牧草地です。おや，不思議ですねえ，どこの時間の隘路に迷い込んだか，ゴンベエどんがにこやかに笑みを浮かべ，何やら真面目な様子でゼンベエどんと相談していますねえ。一体どうなってしまったのか，ちょっとここでお邪魔し，インタヴューしてみましょう。

「ゴンベエどん，ゴンベエどん，こんにちは，私は芸能突撃レポーターのキーバと申します。今，ぜんべえドンとにこやかに何か話をしていましたが，やくざなあなたとも思えない，何か，改心するきっかけがあったのか，全国の皆さんに，心温まる話をすこしお聞かせいただけませんでしょうか？」

いやあ，ありがてえこった！　ゴンゼーモンの旦那が，オラを救ってくださっただ！　ホラヨ，ぜんべえドンとゼン子だのゼニ子だのゼニヨだのが相続でもめているとき，ゴンゼーモンの旦那が土地さ全部買い取って，その代金を兄弟姉妹が九等分して分けただな。しかし心のヒローイごんぜーもんドノは，ぜんべえドンとオハナぼうを末永く一緒に暮らせるよう，ありがてえ思し召しをしてくださっただ。つまりだな，土地をゼンベエどんに貸し与えただよ。今までどおりにゼンベエどんはオハナぼうのミルクをしぼって生きていくというわけさ。ほら，隣のゴンパチどんの牧草地も，その隣も，みなみなゴンゼーモンどののものでねえか。こったらを全部まとめてオラが借りて，オラがゼンベエどんやゴンパチどんに貸すっちゅうわけだな。今日はなんか問題ねえか，ゴンゼーモンどのの肝いりで整備された水路の水はけは十分か，なんか話しちょったばい。

相変わらず，どこの方言だか，かなり地域的混乱が顕著であるような気がしますが，ま，いいでしょう。ゴンベエどんもやっと堅気になったようで，めでたし，めでたし。

と思って感心していると，あれっ，ゴンロクどんがやって来ましたねえ。こちらは，相変わらず，くわえ煙草にスポーツ新聞なんか抱えて，一昔前の日本のチンピラですねえ。なんか頻りにゴンベエどんと話しています。あっ，ゴンベエどんが手を合わせて拝んでいますね。どうしたんでしょう。

「ちょっと失礼。あなたはあの有名なゴンロクどんではいらっしゃいませんか。私は芸能突撃レポーターとして有名なキーバと申します。何ですって？『芸能突撃レポーター』などという肩書は，昔聞いたような気がするけれども，そんなものまだあったのか，ですって？　すいません，それがその，まだ生き残っておりまして。ところで，改心したゴンベエどんに向かって今何をおっしゃっていたんですか？」

するとゴンロクどんが言うには，

いや，単純明快，たぬきは約束を破り，子供は障子を破り，『売買は賃貸借を破る』，古代ローマ以来の掟です，あなた知らないんですか？

「確かにゴンベエどんは総賃借人兼総賃貸人のようなことを言っていましたねえ。さては，あなたはこの土地を買ったというので，賃借人たるゴンベエどんを追い出しにかかっていた？」

人聞きが悪い。丁重にお引き取り願っていただけですよ。そもそも私が買ったのではない。私のボスのゴンダエモンさまがゴンザエモンさまからお買い求めになられた。オラは乗り換えて，ゴンダエモンさまのエイジェントっちゅうことになるぞなもし。ゴンベエどんのお役目はおしまい。明日からはオラのお役目。

なるほどねえ。そうでしたか。それにしても，ちょうどよいところに出くわしたものです。

さて，数か月後，ぶらりとまたゼンベエどんを訪ねてみると，行く先に何だか騒音が聞こえて来ます。あれっ，やはりこれはゼンベエどんの牧草地から聞こえて来るようですよ。あっ，何だか工事が始まってますねえ。柵をブルドーザーで破壊しようとしてますねえ。向こうでゼンベエどんとオハナぼうが不安そうな表情で固まっています。一体どうしたんでしょう。あっ，工事を指揮している方がいらっしゃいますねえ。またインタヴューしてみましょう。

「ちょっとそこの方，ごきげんよう，何を建てるんですか？」

そらもう，もちろん，ファッションビルだんべ。

「はあ，ファッションビルねえ。それは何ですか？」

ブチックやら，レストランやら，ゲーセンやら，カラオケやらが入るビルだんべ。

「何だ，雑居ビルですね。で，資金はどうしたんですか？　あなたお金を持ってそうにありませんが。」

そりゃもう，ABL にリンクしたセキュリタイゼイションに決まっとるぞなもし。

と，急に変な方言を使い，舌を噛みながら言いました。

「あのお，失礼ですが，どちら方面の方でいらっしゃいますか？」

どちら方面もこちら方面も東京方面も大阪方面もない！　工事屋方面に決まっとるだろうが！　泣く子も黙る土建のトラゴロウとはオレのことだ！　コンコンチキのやつ，手付しか払わねえでどこかへ消えやがって。消えた以上は工事を続けるわけにはいかねえ。

その言葉も終わらないうちに，こんどは，ぱりっとしたビジネススーツのお兄さんが恰好いい車で乗り付けてきました。

「金は天下のまわりもの。オレはくるくる宙返り。ただでは起きない狐の嫁入り，コンコンチキ，とは俺様のことだ。オレは，現金でヤスウクこの土地を買い取った。良い物件があるとポンポコタヌキが持ちかけてきた。見ると立派な登記でねえか。しかも破格の安さ。ファッションビルさすべえと，すんぐに思い付いただ。」

恰好の割に田舎者なのか，正体不明の訛りがありますねえ。しかし全部を言い終わらないうちに，トラゴロウがコンコンチキに一発見舞いましたねえ。大変です。

はっとここで私は職業意識に目覚め，早速ダウン寸前でうめいているコンコンチキさんにききました。

「そのポンポコタヌキさんはどうしてこの土地を持っていたのですか？　これは確かゴンダエモンどのに売られたはずですよ。」

「ゴンダエモンなどいうヤツは全然知らない。確か，登記上はゴンザエモンというヤツのものだったんじゃないかな？　ゴンザエモンとゴンダエモンの聞き違いでねえかの？」

このように，コンコンチキは喘ぎながら言いました。

運よくそこへゴンロクどんが通りかかるじゃないですか。早速私はききました。

「ごきげんよう，ゴンロクどん！　一体どうなってるんですか？　ゴンダエモンどのの総賃借人は首になったのですか？」

金に困ったゴンザエモンどのが土地を手放すつもりでゴンダエモンどのに売ったはよいけれど，ゴンダエモンどのにもお金がなく，代金をぐずぐず支払えねえでいるとき，ゴンクロウのヤツ，ゴンザエモンどのの権利証と白紙委任状と印鑑証明を勝手に持ち出してポンポコタヌキとかと取引をしたんだべな。ゴンクロウのヤツに，何をするんだ，と食って掛かったら，わけのわからないラテン語なんか使いやがって。ヒョウケンダイリとか，キョギヒョウジとか，ゼンイノダイサンシャとか，タイコウヨウケンとか。

確かにこれは日本語ではありませんねえ。きっとラテン語に違いありません。ラテン語なんか勉強する人にろくな人間は居ません。それにしても，わけのわからない話です。必要以上にこんがらがっています。これではまるで司法試験予備校の練習問題のようではないですか。

あっ，それよりもわれらのゼンベエどんとオハナぼうですね。今回はまだ一言も発していません。懐かしい庄内弁もまだ聞こえてきません。二人，いや一人と一頭は，余りの展開に隅で震えながら小さくなっています。誰も助けに来ませんねえ。庄内弁が聞こえないと寂しくてたまらないという読者の方々にお応えすべく，ひとつここはインタヴューを試みましょう。

「ぜんべえさん，読者の方々に，今の率直なお気持ちをお聞かせ願いますでしょうか。」

オイだば，ただただ目が回ってしまって，何が何だがさっぱりわがらね。天井裏で恐竜が食い合って吠えでいるようだ。天井さ居るおかげで，少しは時間が稼がいんども，上で決着がついだら，ドスンど降りで来て，オイとオハナは丸ごど食われでしまいそうだ。おかねぐでおかねぐで。こういう目さ遭ってみねぇど分がらねんでろの。んだんども，賃貸借方式さしてしまったオイが悪がった。組合方式さしておげば，何とがなってだがもしれねなやのぅ。

では次に，真の主人公とも言うべきオハナぼうに，本邦初のインタヴューを試みましょう。今や全国の法律学学習アレルギー患者のアイドルと化したオハナぼうの貴重な肉声を，ついに皆様にお届けします。

第三話で，人権まで与えで頂いだ私ですが，その後も，私をドッグフードさしようどする猛烈な風は収まらねなです。その風は，どんどん，私の手の届がねぇ方向がら吹いでくるようだ感じだなです。せっかぐ，天上界のヴェール，いえ，羽衣で覆われで，あやぁこれで安心だちゃ，ど思っていだら，その天井裏さ，まさがネズミどごろが恐竜が棲むどは。もう，私をドッグフードさして，猛犬のゴンを喜ばせるどごろではありましねの。単なる廃棄物どして，処理されでしまうなんでねぇがど，おかねぐでおかねぐで……。

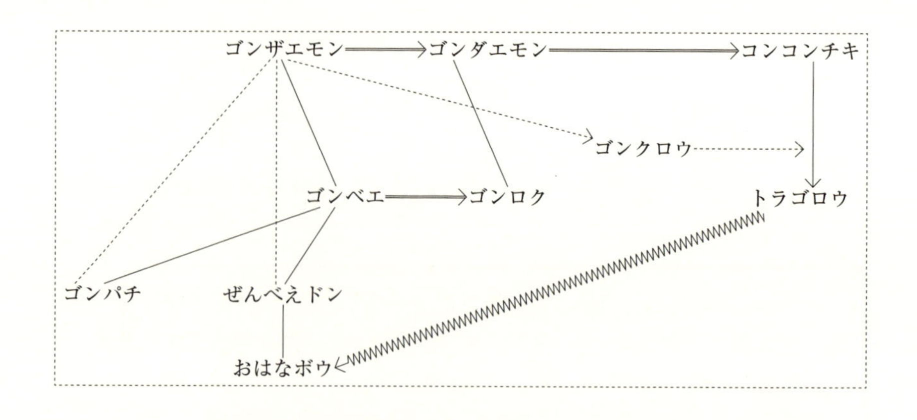

庄内弁訳（ぜんべえドンとオハナぼうの科白）：放上鳩子

天井裏はイバラの道

Prof：慌ただしい春休みも終わり，新年度，また勉強，というかこの授業に関する限りヴァカンスの続きみたいなものですが，今日から後半に入ります。第三のレヴェルが登場し，かつ，これ以上別のレヴェルが現れることはなく，したがって後半はこの三つのレヴェルの間を行ったり来たりしてずっと考えていくことになります。少し話がテクニカルになりますが，これまでの基本の感覚さえ身に付けていれば大丈夫。

今回は所有権ですね。所有権と言えばお待ちかね，G君の出番ですね。

G：占有ばかりでここまで話が進むなどということ自体，ありえない。所有権をないがしろにするもので，言語道断，クレイジーです。今回の話でも，現に，この土地は誰のものか，がはっきりしなければ，論じようもないじゃないですか。

I：誰のものか知らないけれども，おはなボウが追い出されて草を食めなくなっては大変だ，というのが法の立場だと聞きました。生きていけません。

P：追い出されても，どこかへ売られて行って草を食めばいい。

A：土地を借りたり買ったりしてオハナぼうに草を食ませるのはゼンベエどんの責任じゃないか。

T：追い出されることが正当ならばそう言えるけれども，何とか生きていける人ならばいつでも追い出してよいということはないよ。何故追い出されるのか，さっぱりわからない。

N：ファッションビルを建てなければならないから，追い出されるわけさ。
E：何が「ファッションビル」だか。
O：「複合型商業施設」とか「モール」とか言ってほしいな。職住接近だし，その中で超豪華に何でも揃う。一歩も出る必要が無い。
K：「ガーデンヒルズ」とか，「レイクタウン」とか，「グランダムール」とか，ロマンティックだね。
B：それを言うなら，「グランドモール」か何かじゃない？
F：そういう透明性の無い街なんかウンザリだね。空気が悪くてウンザリ。囲い込まれて，圧迫感がある。文化も自然も無く惨めだねえ。
C：F 君はどうせ，政治システムにとって有害だなんか，言い出すよ。
Prof：でも，どうしてオハナぼうは追い出されるのですか？
M：それは，土地が他人の手に渡ったからです。
D：それは正しくないな。ゴンザエモンどのの手に渡った段階では追い出されなかった。
H：けれども，ロジックとしては，土地がコンコンチキのものになったから追い出される，ということに違いない。コンコンチキにしてみれば，今やその土地は自分のものだ，だからそれをどうしようと勝手だ，ということさ。ゴンザエモンどのは長年の経緯を尊重したから，追い出そうと思えば追い出せたけれども，そうしなかっただけさ。

おお，ロメオ！　一体何時から あなたはわたしのものなの？

Prof：ゴンザエモンどのの手下のゴンパチが牛を飼っています。この牛は誰のもの？
M：ゴンパチのものでしょう。
N：そうとは限らない。ゴンザエモンどののものかもしれない。ゴンパチは預かって世話をしているだけかもしれない。
T：いや，はっきりしないかもしれない。
Prof：はっきりさせるには？
S：占有概念が機能しなければならない。ゴンパチがゴンザエモンどのに頭が上がらずに勝手に牛を持って行かれてしまうようならば，ゴンパチの占有は保障されていない。
C：それはわかるけれども，ゴンザエモンどのにその牛をやがて返さなければならないのならば，ゴンザエモンどののものさ。

H：ありゃ，分裂した。

Prof：どうしてまた分裂しちゃったのですか？

D：それはもちろん，賃貸借契約のためです。

R：すると，この賃貸借が一体何者なのかが問題だというわけですね？

Prof：でも，分裂ならばお手の物，もう一つ出して見せましょうか？　**P** 君，君のそのパソコンを私買いました。お金も払いました。パソコンは誰のもの？

P：もちろん，先生のもの。

Prof：ならば，私，持って行きます。いいんですか？

P：お金を払ったのだからいいに決まっています。

J：いえ，困る場合もあります。私が住んでいる私の家を売ったとしても，いきなりどやどやと入って来て取り壊しの作業など始められても困ります。おばあちゃんが居て，病気か何かで，引っ越すのに手間取るということも考えられます。然るべき日を決めて鍵を渡すというのが常識でしょう。

Prof：その常識を理論的に言うとどうなりますか？

T：もちろん，**J** さんには占有がある，と言います。

Prof：J さんには占有があるけれども，やがて買主に引き渡さなければならない，というわけですね。ほら，分裂しましたね。すぐに「買主のものだ」と言いたければ言ってもよいが，占有の移転はいずれにせよ，別途問題になる。場合によって裁判をして引渡を得なければならない。勝手に持って行ってはならない。暴力的である場合など，その態様によっては犯罪にさえなります。買主のものだと言っても，余り大きな意味が無い。引き渡す契約上の義務を **J** さんが負っているとだけ言うのでもよい。占有の方は厳密に考えなければなりません。時間軸を一点で切るようにして占有移転はなされます。

L：第三者が出て来れば，そう簡単には行きません。そうこうしているうちに，盗まれてしまったとしましょう。占有訴訟はどちらがするのでしょうか。窃盗の懲罰的訴権はどちらに帰属するのでしょうか。

Prof：問題はそういう難しい問題が何故登場するかです。というのも，**P** 君のパソコンの場合，いきなり持って行かれてしまえば **P** 君は怒り心頭ですが，私としては，引き渡してくれなくとも，お金を返して貰えればよいだけです。また他から買いますから。**P** 君が引渡という契約上の義務を果たせなくなってお金を返す，ということが起こるだけです。問題は，これでは済まなくなるのか，済まなくなるのはどうしてか，です。

R：けれども，賃貸借の場合は，第三者が出て来て奪っていけば，必ず大家さんも頭に来て，返せと怒鳴り込みに行きそうですね。だから，大家さんも占有を持っていそうです。

B：しかしそうすると，買ったとしても，ちゃんと引渡を経なければ安心できない，つまり自分のものにならないということですね。

Prof：というわけで，G君，何かが誰かのものであるというのは大変難しい問題で，しかもまだわれわれは所有権という言葉を使っていない。所有権は複雑高度な概念で，なかなか扱いに苦労する代物です。まずは，「所有権というのは，何かが誰かのものであることであり，素人でも一番わかりやすい」という考えを捨てましょう。

G：おかしいなあ。「近代的所有権」は絶対的観念的で，使用収益処分の自由が特徴である，つまりは竹を割ったように明快である，と習ったなあ。

Prof：それは幻想です。そのように書かれることがあったとしても，一時代のイデオロギーを反映しているだけで，余り意味のある言明ではありません。そもそも所有権を攻撃するサイドからネガティヴなレッテルとしてそのように言われることの方が多かったと思います。まともな法律家は，そんなスローガンを頼って思考したりしません。

天井裏の帝王は誰？

G：そんなに僕を袋叩きにしないでください。所詮このクラスでは占有派に勝てないことくらいわかっています。なにしろ，「ぜんべえドンとオハナぼう」というタイトルの授業ですからね。どうせ，おはなボウを追い出せるかどうかがポイントになるだろうくらいのことは，もう学習済みですよ。けれども，一体誰が追い出すのかが決まらないうちはそれも論じえないはずです。誰のものかを決めようと言ったのがまずかったわけですが，ならば具体的に，追い出すのはトラゴロウなのか，コンコンチキなのか，ゴンダエモンどのなのか，ゴンザエモンどのだったら追い出せるのか，そういうことをひとつ皆にきいてみましょう。追い出し権獲得トーナメントですね。

E：要するに，天井裏で誰が勝つか，ということが知りたいわけね。

Q：いや，闇の帝王は天上ではなく，地下と決まってます。

B：やっと出たわね，Q君。

Q：闇の世界と言ってもバカにしてはいけません。「仁義なき戦い」などと言いますが，実際には厳しい掟があるのは御存知のとおり。この掟に背けば指を詰めなければいけません。

D：Q 君の好む映画がろくなものでないことは知っていたけれども，物権変動の世界をやくざ映画に喩えられたら，少々むかつく。いいですか，誰が追い出すかは簡単ですよ。ラテン語とか言い囃して先生がまたふざけるに決まっていますが，「手鍋提げても」，おっと間違えた，「たとえ悪意だろうとも，あなたのお傍を離れません」，おっとまた間違えた，どうも Q 君から怪しいテレパシーが来るなあ，たとえ悪意だろうとも，登記を持っていれば勝ちで，誰が追い出すかは登記によって決まるのですよ。仁義なんかお呼びでない。これは，まともな教室では御馴染みの二重売買の問題，初歩も初歩，イロハのイ。「私買いました」，「私買いました」と二人が同時に言ったとき，じゃんけんで決めるのでなく，登記で決めるというわけです。じゃんけんより衡平でしょ。

C：何ですか？　その登記って。そんなに偉いんですか？　いわゆる「御墨付」ってえやつですね。

M：登記って何かを記録するわけだよね。何を記録しているんですか，D 君。

D：売買して所有権を移転した，ということかな。

T：じゃ，堂々巡りだね。だって，「所有権を移転するって何ですか？」ときかれて，「登記を移転することです」って答える。じゃ，「登記を移転するって，何ですか？」ってきかれて，「所有権を移転するってことです」と答える。所有権が移転しないのは何故かときかれて，所有権を移転しなければ所有権が移転しない，と答える。それと論理的に同じになる。これほど愚かな説明は無いな。

S：これは面白い。記録するとか言うわけだから，これは記号だな，さてはおぬし。シニフィアン signifiant は登記の文言として，第一のシニフィエ signifié であるところのことは余り意味をなさなくて，「なんかモゴモゴでよい。モゴモゴとやれば第二の signifié に送られる」というわけだ。問題はこの第二の signifié が何かだ。それは概念であるはずだけれど。

Q：けっ。やくざ映画かと思ったけれどもとんだ思い違い。やっぱりミステリーかあ。謎の怪人，登記の正体はいかに。掟が謎じゃあ話にならない。

D：だからですねえ。公信力と言って，登記だけで決める場合もあるのだけれど，日本ではそうではなく，公示の機能があるだけだから，登記即所有権とならず，対抗要件主義になるのです。

C：はっ？　さっぱりわからない。登記で決めるんじゃなかったの？　登記で決めるなら決める，決めないならば決めない，どちらかはっきりしてほしいな。チュウトハンパやなあー。

H：それ，どこかのコメディアンのギャグじゃなかったかな。かなり古いけれども。

L：いいですか。まず，ゴンダエモンどのも正しく売買してこの土地を獲得しました。次に，コンコンチキはと言えば，ゴンクロウのしたことが少々無権限のきらいがありますが，しかし一応書類を持っており，コンコンチキは善意ですから，こちらの売買も有効です。このように，原因を有する二人の当事者が共に所有権獲得を主張して争うとき，登記を得ているコンコンチキが勝つということです。例えばコンコンチキが悪意で表見法理が働かないとき，コンコンチキには原因がありませんから，登記を持っていても勝てません。この場合でも勝てるというのが公信力です。つまり登記を持っていさえすれば，その人が所有権者だと安心して信じうるわけです。これに対して対抗要件主義であれば，一応信じてよいが，全く原因無く登記を得ている者を正統化することまではできないから，少々のリスクは仕方ない，ということになります。登記万能でないことを忘れないように。

一同：はあ（溜息）。

C：正しい人が二人いるときには，登記で決めるというわけだから，それはやっぱり籤引きの一種だね。それとも PK 戦くらいはいくかな？

L：そうではなく，土地などを売買したならば登記を怠らないようにしましょう，勤勉でない当事者は不利を蒙っても仕方ないという思想です。

S：思想とは大きく出たけれども，余り思想らしくないなあ。何故そんなところで二宮金次郎が出て来るのかさっぱりわからない。

J：やっぱり，登記が何かわからないから，そう言われても説得力が無いのではないでしょうか。

謎が謎を呼ぶときにゃ……

Q：しかし今日はやけに謎が多いなあ。追い出すのが誰だかわからなくて探ってたら，それを決める掟がまた謎と来た。こういう場合には何かがあるねえ。いやな予感がする。生ぬるい風が吹いて来たりとか。

A：それにしても，今日は **L** 君主導で先生が出て来ないなあ。

Prof：いや，ここにちゃんといますよ。あ，そうそう，ソクラティック・メソッドを忘れてはいけません。何をきくのだったかな。最近は台本を見ないで暗譜ですからして……。そうそう，まだミステリーがありますね。どこですか？

一同：しーん。

N：ゴンベエどんやゴンロクどんが何やら改心してすっかり大人しくなってしまったのは何故か。

一同：は？（ずっこける）

Prof：いや，なかなかよい着眼です。

B：確かに猛犬ゴンはどこへ行ったのかしら。ゴンザエモンどのも焼きが回ったかな。ゴンクロウなどに勝手されて。ゴンロクどんはそれを見越してさっさと乗り換えたじゃないの。

T：確かにおかしいな。何でこの連中が蠢くんだ？

Prof：まずもってこの連中がしていることは何ですか？

K：賃貸借。

Prof：そうすると？

O：あっ，それはゼンベエどんがしていることだ。そうすると，ゴンベエどんやゴンロクどんもしている賃貸借と合わせて二つ。またサッカーの試合にボールが二つ入った！

L：何を騒いでいるのか。これはいわゆる一つの「サブリース」でしょうに。だからこそ，「総賃借人」などという言葉まで登場しているわけでしょう。何と親切な設例でしょう。

一番のミステリー

Q：しかし皆は一番のミステリーを忘れているなあ。一番のミステリー，ミステリーの元祖と言えば，それは何か？

H：そんなこと知るわけないだろ。

Q：もちろん，それはソフォクレスの「僭主オイディプース」に決まってるじゃないか。テーバイという国に災厄がもたらされ，解決できない。そこへ現れた聡明なオイディプースが明晰な頭脳で探求していく。預言者テイレシアスの力を借り，「父を殺し母と結ばれた息子」の存在が災厄をもたらしているということが判明する。さてこの謎をどう解くか。特別捜査官オイディプースは尋問を続ける。すると，捨て子として育った彼自身がかつて偶発的に死をもたらした相手はテーバイの元の王であり，自分はその未亡人と結ばれたことになる，ということが判明する。それでもまだ，彼自身がこのカップルの息子であるわけがない，と思える。しかし鋭く追究すればするほど，このカップルの間に生まれた男の子がかつてそっと捨てられたことがわかり，息を呑むスリルの中で，時空の格子上，事実連鎖の円環が閉じる。最後の希望を託してこれでもかと厳密に論証すればするほど，どんどん厳密に，それは自分自身であるということを，その作業が証明していってしまう。

H：わかったけれども，それが一体なんだと言うんだ？

Q：いいかい，またしてもゼンベエどんはピンチを迎えている。次から次へとわけのわからない謎の経過が現れ，ラテン語まで飛び出し，とうてい学習困難者のクラスとは言えない状況じゃないか。それが証拠に，活躍するのはD君やL君ばかりで，Iさんなどは出る幕がない。

A：やっと普通の法律学になったとも言えるよ。

Q：それも含めて，何故そういうことになったのか，よくよく振り返ってみようよ。

I：発端は相続でした。お姉さんたちと遺産を分けなければならない。しかしオハナぼうが九等分されるのは困る，ミンチになるのは困る，今までどおりゼンベエどんとこの豊かな牧草地でオハナぼうを幸せに暮らさせたい，というので，妙案として賃貸借が考え出されました。これが間違いの元だったのかもしれません。

M：そうとは限らないさ。だって，あの他ならぬゴンザエモンどのの下でうまくやってたじゃないか。いや，それどころか，ゴンダエモンどのが現れてもなお，大丈夫だった。コンコンチキやトラゴロウなどという動物系が出てきて空気が悪くなった。

C：へへっ。植物系ならいいんですかい？

R：いや，ここはひとつ真剣に考える必要がありそうだなあ。相続で初めて二階が登場したねえ。二階なのにはや天上階とは，こはいかに，だけれども，相続後も二階建を維持したいということだった。組合も面白かったけれども，ぜんべえドンが賭博なんかしてしまっててんやわんやだった。そこへいくと，賃貸借はずっと平凡だけれども，平穏に事が推移するように思えたさ。

E：そうそう，その天上階がいつの間にか天井裏に変わったんだよ。ネズミがゴソゴソ，キツネやトラまで入り込んで，天井板を破りどすんと落ちてきて下を荒らし回るという有様になった。

S：ははん，そうすると，問題は簡単で，「天上よ，汝はどうして，天井かい？」となるかな。

B：ちょっとくだらなすぎです！

天井裏誕生秘話

R：たまたま動物系ということもあるが，動物系が入りやすい，あるいは入ることができる構造物ができあがったことがもっと大きいような気がする。

Prof：その構造はどうしてできましたか？

C：あれ？　先生居眠りしてたんじゃないんですか？

Prof：Q君がギリシャ悲劇なんか持ち出すものだから，ついついウトウトしてしまったよ。

J：怪しいのは，やっぱり，ゴンベエどんやゴンロクどんの動きかしらね。どう見たって，一階と二階の間，つまり一階の天井裏に棲息する種族だわね。

F：はじめっから，どうも気に入らないのは，こう，縦に人が連なるってことさ。

K：でも，賃貸借だし，それに地上のオハナぼうと二階の利益を共存させようというビジネス・スキームなんだから仕方がないだろ。

F：だから，二階なら二階で，ゴンザエモンどのが居るのはわかる。一階に居るのはゼンベエどんとオハナぼうだ。ところが間に入ってチョロチョロするヤツが居る。ここが気になる。

E：そうだ，そうだ，もう一人ゴンクロウのことも忘れない方がいい。

T：そう言えば気になる場面がある。ゴンザエモンどのからゴンダエモンどのに売られたとき，ゴンロクどんがゴンベエどんに話をつけようとしたじゃないか。そして結局ゴンベエどんは何やらラテン語のおまじないかなんかかけられて，追い出されたじゃあないか。**D**君，あのおまじない，どういうのだったっけ？

D：「売買は賃貸借を破る」ですか？　ラテン語なのかなあ。日本語として一応理解可能だけれども。

T：僕たちにはさっぱり。

D：いや，簡単ですよ。要するに売買で大家さんが替わるでしょう。そのとき店子は，もし新しい大家さんが「お前は気に入らないから，別のを入れる」と言ったとき，大人しく出ていかなければならない，というわけです。

T：変だなあ。ぜんべえドンも賃貸借だぜ。けれども，「出ていけ」とか言われてない。ゴンベエどんだけが出ていくのかい？

J：冗談を言ってはいけません。ぜんべえドンには占有があります。ふらふらしているゴンベエどんとはわけが違います。**Q**君，ほら，得意のあの科白，何でしたっけ？　芸者とかなんとか……。

Q：ああ，「別れろ切れろは芸者のときに言う言葉」ですか。だったら，「地上げ立ち退きは占有してないときに言う言葉」となりましょうかねえ。

B：どうも，**Q**君がからむと，皆，言葉遣いまでおかしくなるわねえ。

P：なあんだ，折角良いところに着目したように先生に言われたけれども，これじゃ，謎が増えただけじゃないか。

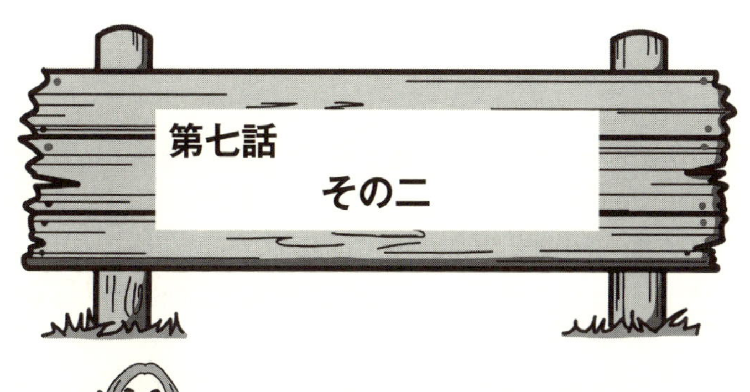

再び，困ったときには……

Prof：われらが探偵団は困ったときには何をするのでしたか？

C：神頼みはしないよな。お天気任せ，風任せ，というのも粋だけれど。

O：よく落ち着いて深呼吸する。

Prof：そこでどうします？

H：道に迷ったときには周囲を注意深く見る。

Prof：誰の目で見ますか？

I：もちろん，おはなボウの目で見ます。バリバリと塀を破って襲って来るのはトラゴロウどんであるという事実から出発することになります。ここが一番確かな事実だし，そしてここを解決できなければ，何の意味もありません。

G：けれども，トラゴロウどんが襲って来るその由来はなかなかに複雑だよ。今回はトラゴロウどんに対して占有訴訟をして，とりあえず逃げれば勝ちだとは到底言えないじゃないか。誰に対してどう守るのかもわからない。

Prof：そのとおりですが，その点を探求するにしても，最初の問題はトラゴロウどんですね。こんなのがどうして出てきちゃったかな？

N：それはコンコンチキが建設を依頼したからです。

A：でも，被害者は差し当たりオハナぼうではないなあ。だってコテンパンにやられたのはコンコンチキだよ。

Prof：お気の毒に。でもなぜそんな目に遭うんですか？

K：建設を依頼しておいて，お金を払わないのですから，トラゴロウどんでなくとも怒りますよ。

Prof：で，何故払わないのですか？

O：お金がないからでしょうね。

C：ABL とかセキュリタイゼイションとか舌を噛みそうな言葉を発していた

じゃないか。それでうまくお金を集めたんじゃないのか。
H：なんか怪しいなあ。
D：そんなことはない。普通のヴィークルだよ。
H：なんだ，そのヴィークルというのは。ピンクルのビー玉みたいだなあ。それともラテン語か。
D：資金を広く募って事業をし，その収益を担保とするだけのことです。債権者がデットというよりエクイティ的になり，直接事業の内部に介入する余地が狭まります。この授業の占有理念に近いかな。ゴーイング・コンサーンを保障します。
Q：それは少なくとも嘘っぱちだ。トラゴロウが暴れていてゴーイング・コンサーンも何もない。
D：それとこれとは違う話で，少々の手違いです。
Prof：手違いかどうかはわからないけれども，コンコンチキにとってトラゴロウにボコボコにされるというのは誤算であることは疑いないですね。この誤算はどうして生じましたか？
A：だからお金がうまく回って来なかったという点に尽きる。
B：しかし，トラゴロウは請負人でしょう？　普通は工事が終わってゆっくり代金を請求するんじゃないかしら。始める前から金を寄越さないと言って暴力を振るうというのは常軌を逸しています。
S：トラゴロウどんは非常に違う。
M：一体誰と？
S：ゴンベエどんやゴンロクどんだ。
M：何でそこに話が飛ぶかなあ。
S：ゴンザエモン：ゴンベエ，ゴンダエモン：ゴンロク，と置いてみよう。するとコンコンチキ：トラゴロウじゃないか。
Prof：法の世界は基本的にアナロジー，つまり相似の関係で成り立っています。**S**君のように思考するのは悪いことではない。
S：さて，かたやゴンベエやゴンロク，かたやトラゴロウ，両者の一体どこがアベコベか？
C：クイズを出すのは先生の役割だろ？
T：ゴンベエやゴンロクは払う人。トラゴロウは払ってもらう人。
S：ピンポンパンピンポンパン！
C：第四話でしょ，クイズ番組だったのは。
S：ゴンベエやゴンロクは自分で賃料を取ってゴンザエモンやゴンダエモンに支

払う。

L：だからサブリースだと言ったじゃないか。

S：ゴンザエモンやゴンダエモンは先に賃料を受け取って悠然と構えていればよい。ゴンベエやゴンロクはせっせと賃料を徴収する。そのためには賃借人に大いに稼いでもらわなければならないから，賃借人の商売を邪魔するような暴力的な態度を取るわけがない。

K：賃借人と請負人では違いすぎるなあ。それに，トラゴロウがまともな請負人かどうか大いに疑問だし。

E：でも，お金の向きが反対だということはあるね。請負人だって工事終了を待って大人しく請求すればいいけれども，どうしても早く寄越せと言いたくなるねえ。何故かと言えば，工事にいろいろお金がかかる。現に三分の一前払というのが取引の慣行じゃないか。

J：おはなボウにとってもそこは大きいです。ゴンベエどんやゴンロクどんの場合の方が平和ですね。そうすると，その辺りの関係が崩れるからオハナぼうが危機に陥るということなのでしょうか。「ゴンダエモンはいい人だったけれども，コンコンチキは悪党だった」などということではない，と**S**君は言いたいのかな？

S：お役に立てて光栄です。

二階は二階でもボロ屋の二階じゃあ……

Prof：すると，おはなボウの安心には何か仕組があったことになりますねえ。たまたまよい大家さんに恵まれたなどということではない。大家さんの性格で運命が変わったのではたまったものではありませんよね。その仕組をもう少し詳しく見てみましょう。それは賃貸借の関係である。この場合の賃貸借というのは？

M：「賃貸借というのは賃貸借のことで，それはまた賃貸借を意味する，という答えは間抜けの定義である」などと二度も老いボレにして落ちこボレの二ボレ教授に言われたくはありませんから，必死に考えますと，おそらく，賃貸借が二つ出て来て，「サッカーボールが二つ入ったようなものだ」とさっき誰かが言いましたから，あれに関係するのでしょう。

Prof：それで，どう関係するんですか？

M：ぜんべえドンタイプか，ゴンベエどんタイプか。

L：サブリースは転貸借だから，賃貸借が二つ重なっているんです。A タイプも B タイプもありません。

J：いえ，区別してもらわないと困ります。ぜんべえドンの方にはオハナぼうの運命が懸かっているんですから。そこへ行くとゴンベエどんの方は，お気楽というか，現にゴンロクどんなどは，さっさとゴンザエモンどのに見切りをつけて乗り換えてしまったではないですか。それで，ゴンベエどんに，今度はオレの番だからどいておくれ，と言う。腕の立つマネージャーなら，包丁一つ，あ，間違えた，iPhone 一つで世界中を渡り歩きます。

Prof：だとすると，それは自由に結んだり解消したりしていい関係ですね。それに対してゼンベエどんタイプはそうはいかない。占有が懸かっています。それに対してゴンベエどんタイプは占有の関係と言うより？

D：なるほど，契約だとおっしゃりたい。

Prof：民法の典型契約としての賃貸借です。ぜんべえドンタイプでは占有がからみ借地借家法などの規制が及びます。それに対してゴンベエどんタイプは契約であるとして，だとすると？

R：あっ，そうか，bona fides に基づく諾成契約じゃないか！

F：なあんだ，そうするとゴンベエやゴンロクはゴンザエモンやゴンダエモンのところの三下奴かと思っていたら急に堅気になって驚かせたが，さては bona fides なんか身に付けて契約なんかし始めたっていうことか！　二階にお住まいになられる方々というわけだ。

B：一階の天井裏どまりという説の方が有力だったじゃない？　ゴンクロウやトラゴロウだって居るし。

Q：けれども，bona fides と言うわりには狭くないかなあ。天上界は広々としているはずだった。青くどこまでも透きとおっていて。天上界というくらいだから，どこかで固まってコソコソしているなどということはない。透明というくらいだ。天女の羽衣だって，パリコレ最新流行の繊細で限りなく存在が希薄なヴェールさ。それにひきかえ，この連中，確かにヘッドハンティングされて世界を股にかけるのかもしれないが，どちらかと言うと，土地の上にへばりついて仕事をする感じだなあ。

C：けっ，なんだ，それじゃ，天上界とは言ってもミニ開発の建売木造三階建住宅の二階のようなものだね。天上界もせせこましくなったものだ。一階も一部屋，二階も一部屋，の小さなその二階の一部屋へと細切れにされちまった。

R：だいぶわかってきた。せせこましい以上は，この二階建構造はゴンザエモンとゴンベエの間の bona fides だけに依存しているね。ここが無くなると bona fides が消えて，二階の床が落ちる。

N：何のことかわからない。

E：「床が落ちる」の比喩がわからないという意味だよね。でもすぐに思いつく。おはなボウがやられそうになるという意味さ。ぜんべえドンがオハナぼうを飼って黄金のミルクをしぼり，高収益を上げているとしよう。そればかりか，周囲の環境や文化価値にも貢献しているとしよう。ゴンザエモン一人だったら，急に気まぐれを起こし，カラオケボックスや違法貸しルーム・脱法ハウスにしてしまうかもしれない。しかし，ぜんべえドンの見事な牧草地を見て，それならば賃貸業務を任せてください，と契約したゴンベエが黙っていない。逆に，ゴンベエがひどい管理で緑の絨緞を台無しにしそうである。このときはオーナーであるゴンザエモンが黙っていない。責任を追及し，高額の賠償を取ろうとするだろう。こうして両者とも迂闊には動けなくなる。反射的にオハナぼうは安泰となる。つまり一階と二階を分ける構造は崩落せずに済む。

D：どこかで聞いたことがある。なかなか思い出せないなあ。

L：東京さ。

Q：東京どこさ。

L：テンバさ，テンバ山には狸がおってさ，いや，キツネがおってさ，いや間違えた，下北沢さ！

D：そうだ，最高裁がそんなようなことを言った（最判平成14・3・28民集56巻3号662頁）。

Prof：そんな判決のことは知りませんが，問題がロカティオー・コンドゥクティオー locatio conductio に存することだけは確かです。ぜんべえドンとゴンベエどんがともに賃借人に見えますが，それはともに locatio conductio であるからにとどまり，その内部で実は全然違う locatio conductio なのです。すみません，ラテン語で。これらを括る日本語が無いんです。フランス語なら，ルアージュ louage という言葉に置き換わっているんですが。二つの類型の違いは諸君の言うとおり，一方は占有のジャンルに属する制度で，他方は契約です。それから，ゴンベエどんとトラゴロウどんが賃借人と請負人の違いがありながらどこか似ているのも，共に，locatio conductio におけるコンドゥクトル conductor だからです。類型的な差異は，近代になってから，対価の向きが逆になるという倒錯によって生じました。対価を前払せよなどという逸脱は日本独自かもしれませんが。locatio conductio は同一の対象物に二主体が重畳して関わり協業関係を形成するところに特徴を有し，ラフに言えば，二重構造を作り出します。そして好んで一戸建ての二階屋に棲息ないし寄生します。一種のヤモリですね。

C：出たー！　オバケだ！　いや本物のラテン語だ！

P：むしろ両生類でしょう。ヤモリの学名がコンドゥクトルだとは知らなんだ！

R：だとすると，bona fides に基づく良質の locatio conductio が，トラゴロウ・ケースの場合崩れて対価が逆向きになり請負という別類型に移行してしまったのが問題の元凶であるということになる。つまりオハナぼうを襲ったものの正体だ。

鉄仮面が仮面を脱いだ！

Prof：とはいえ，別類型へ移行したことの責任はトラゴロウにあるだろうか？

J：もちろん，コンコンチキの方にあります。

I：ゴンクロウのことも忘れてはなりません。コンコンチキとゴンクロウは悪質なグルなのではないですか？　占有にとって最も危険な匂いがここから漂って来るように思えます。どうしてこんなことが許されるのかわかりません。

D：そんなことはないな。民法の授業でも，教材でも，民集でも，「善意の第三者」が必ず出て来て勝つと決まっているんだよ。

B：コンコンチキが善意だなんて。

D：「善意」というのはそういう意味ではありません。まさかゴンクロウがいんちきしているなど，到底知らなかったという意味です。

M：知らぬが仏かあ。

一同：？

T：棚から牡丹餅というのはわかったけれど，牡丹餅とは一体何のことだろう。

G：所有権に決まってるだろう。

A：いや，登記だったような気がする。

L：正確に言えば，物権変動の対抗要件だ。

C：もっと本物のラテン語だ，参ったねえ。さっぱりわからない。

J：ラテン語で何と言うか知らないけれど，結果としてトラゴロウを送り込んだのはコンコンチキだということを捉えなければ，ただの時間の無駄でしょ！

K：コンコンチキは土地を買って入ってきた。

H：ってことは，売買契約だ。

F：ってことは，bona fides だ。

J：その前によく考えて。コンコンチキは占有を取得したんですよ。いや，取得したかどうかが大問題です。おはなボウを追い出せるかどうかです。売買はよいけれども，どうして売買で占有を獲得できるのか。

O：当たり前でしょ。物を獲得するために売買する。売買すれば占有がやって来る。

J：そうとは限りませんでした。うちのおばあちゃんの問題がありました。家を売りました。しかしそれだけで直ちに土足で上がられたら困りました。占有移転，引渡は別途しなければならない，とほんの数十分前に確認したばかりじゃないですか。土足で上がり込むのは法が無い証拠です。だって占有が尊重されてないもん。きっと，コンコンチキは土足で上がり込んだに違いない。
L：どっこい，そうは問屋が卸しません。コンコンチキもさるもの，キツネもの，売買しただけじゃない。ちゃんと登記を移してます。ゴンダエモンは買ったきりそれをしなかったから，はい，さようなら，となりました。
R：あっ，閃いた！　皆もわかったよね，この瞬間。闇夜の一瞬の雷光に照らされて秘密の場所がわかったようなものだ。闇夜に身を委ねて仮面を脱いでいた男の顔がくっきりと浮かび上がった。隙を見せたな，おぬし！
L：むむ，何のことだろう，しくじったかな？
R：**L**君が今何と言ったか，皆も聴いただろ？　**J**さんが占有移転，引渡のことを言っていた。コンコンチキのやつ，これを済ましていないじゃないか，と。ところが**L**君は，いや，細工は流々，と言ったんだ。登記を移転してあります，とね。われわれは登記の正体が見破れなくて困っていた。前代未聞のミステリーで，**Q**君をすっかり興奮させてしまった。しかし登記の正体は，何と，占有であることがわかった。所有権ではなかった。「売買をして，占有を移せば，所有権が移る」と言えば，論理的にすっきりする。もうトートロジーなんかじゃない！　もうオレたちは間抜けの典型などではない！
C：わかったけれども，ならば，占有を移転すればいい。なんで登記などという制度を拵えるのか。
M：それに，ゴンダエモンだって引渡くらいはしてもらっているよ。それが証拠にゴンロクがゴンベエに取って替わろうとしていた。
S：人が記号を使う目的は様々だが，目に見えない物を指すときにはどうしても記号を使わざるをえない。
P：登記の正体は占有であるとすると，その占有が目に見えなくなったというわけだね。忽然と透明になった占有かあ。
E：難しいことではない。相続財産の占有は目に見えなかった。資産の占有だね。
T：天空に昇ったということか？
Q：いや，天空まではどうかな。ボロ屋の二階に，きしむ階段をつたって昇った，てなところだろ。
H：もっと，正体が見えて来た。占有とか，占有を移すとか，言ったって目に見えないわけだよ。目に見えるのは目に染みる緑の牧草地で悠然とオハナぼうが草を食んでいる光景だけだよ。それには何の変化も起きない。ぜんべえドンも相変わらず心を込めて乳を搾っている。変わるのは，ぜんべえドンが賃料を持っていく先だけだ。さっきまで，ゴンザエモンが占有していた。賃料を取るということは占有しているということだ。今はゴンダエモンが占有している。いつ移ったんだか。わかりにくいから，記号を使うべ，となって当然じゃないか。

I：けれども，占有しているのはあくまでゼンベエどんです！

R：それと同時に，いや，ぜんべえドンの占有を尊重すればこそ認められる二階の占有がもう一つ成り立って共存する。ゴンベエのような者が間に入ってしかも bona fides の関係を結んでいてくれればもっとよい。安心だ。二階の占有をゲットした者がどかどかと下へ降りて来にくいからね。

F：二階に上がればそこはもう天上界だということを忘れないように。登記には公示の作用があるということだった。天下晴れて皆の前で明確だということだね。それを見て皆が信頼できるということだね。フランス語では publicité，わたしがここで政治システムのことを持ち出しても誰も文句を言えないよ。公的な認証といえども間違えることは想定されている。しかしこれを使う者は全員フェアであって汚いことはしない，ということは織り込まれているだろうね。

D：実質審査はしないんだよ。

Prof：いや，それは原因関係に立ち入らないという意味で，占有移転という意味を持つ引渡はそれとして正しく存在していることは当然とされる。錯誤で無効である売買契約の結果なされる占有移転も，それとしては有効だよね。占有は移ってしまう。だから，勝手に取り戻してはいけない。いざというとき，裁判をして取り戻さなければならない。いずれにせよ，登記が化体しているのは，実は，市民的占有という新しいタイプの占有だ。特定の土地などの上に成立するから普通の占有のようでいて資産の占有の要素を持つ。だからこの占有が捕捉する対象は単一の延長を有するにすぎないくせして内部に複合的な構造を持ち，かつこれが尊重されるべき価値を有している。この点で資産の占有に似る。つまり二階の代物である。とはいえ，二階のくせして単一の土地の上に成り立っているから，しばしば「オレはただの占有だ」と勘違いする。そうしてドカドカ階下に降りていく者が出現しやすい。そういう小さな二階屋を構築するときには locatio conductio が関係することがとても多い。

天井裏の掟は天上の掟

J：しかしそうすると，登記の正体よりももっと大事なことがわかります。

一同：えっ？

J：売買しただけではだめだ，占有も移転しなければ，というのでコンコンチキは登記の移転を済ませている。ゴンダエモンは済ませていない。そこでコンコンチキが目出度く乗り込んで来る，という筋書は成り立ちません。

一同：えー？

J：F君，今何と言いました？　登記は政治システムに属すると言いませんでしたか？　本当にそうかわかりません。けれども，少なくとも政治システムと少し似た公正さや透明性が不可欠であるということではないでしょうか。だとするならば，コンコンチキは失格です。楽園を追放されてしかるべきです。どう考えたってゴンクロウが白紙委任状やら権利証やらを勝手に持ち出したに違いないくらい，どうして気付かないんですか。知らないわけがないと思います。

Q：知らざあ言って聞かせやしょう，ですかい？

J：ゴンザエモン本人に確認するくらいわけないでしょう。ゴンベエどんにもちょっと聞いてみるべきです。それに，初めからオハナぼうを追い出していかがわしいビルを建設する計画だったに違いないと思います。ぜんべえドンとオハナぼうの関係は昨年の4月号以来よく知られています。ゴンザエモンやらゴンダエモン，ゴンベエやゴンロク，いろいろなことがありましたが，皆，ぜんべえドンとオハナぼうの切っても切り離せない関係がこの豊かな牧草地と一体を成しているくらい常識です。この関係を尊重しながら売買するのであれば，正々堂々と皆の見ている前で，皆の暗黙の承認のもと，売買するでしょう。引渡をするでしょう。登記というのは実際に引き渡すよりもっと正々堂々と認証を受けるということなのではないですか？　ところがゴンクロウとコンコンチキはこそこそとしました。当のゴンザエモンさえ知らない間にしてしまった。形の上では登記が移転したとしても，実質は欠けます。だから占有は移っていません。その何とかいう新しい占有が移っていないんです！

D：あ，それで背信的悪意者はいくら登記を持っていても対抗力を取得できないんだ！

G：あくまで「背信的悪意」の場合だけですよ。特にひどい場合です。コンコンチキなどは，ゴンクロウがよい話を持ちかけてきたのでそれに乗っただけで，特に悪質な通謀によってゴンダエモンを陥れようとしたわけでもない。

F：けれども，登記を使う以上は天上の掟には従ってもらう必要があります。きっちり本人の意思を確認するなど初歩中の初歩です。それに，二階屋の構造を壊さないことも含まれます。ゴンザエモンとゴンベエの間にさえ生まれた信頼を破壊するような輩に bona fides に基づく制度を使わせるわけにはいきません。

S：それに，登記は所詮記号だ。原因は問わない，というのが二ボレ教授のお言葉だが，市民的占有とやらがもぬけの殻じゃあしようがない。その中身がヴァーチャルで，ヴァーチャル故に bona fides に依存するということだ。ここはまさしく天上だ。

R：地上の物を扱おうなどという下心を天女が抱いたからこんな騒ぎになったような気もするけれど。

I：すると，コンコンチキはその新しい占有を実は持っていなかった。持っていないのにトラゴロウを差し向けた。だとするとこれは違法な実力行使ですね。ゴンクロウとつるんだことの延長線上の事柄ですね。

H：ぜんべえドンの占有は明白だったけれども，これでそれが少し補強されたなあ。ゴンザエモンどののところに市民的占有はまだとどまっているんだろう？だったらゴンザエモンどののところの連中がコンコンチキなどという動物系を阻止してくれるじゃないか。

N：え？　そうかい？　引渡はゴンダエモンに対してなされているよ。ほら，ゴンロクがやって来たじゃないか。あれはゴンダエモンが差し向けたんだ。

L：そんなに楽観しない方がいいと思うな。なるほど，僕は見事にはめられた。落ちこボレにして老いボレでも腐っても鯛，いや，年の功，二ボレ先生にやられたねえ。対抗要件主義とはそういうことかとわかったよ。市民的占有もね。天上界で普通の占有原理を働かせているだけだというわけだ。わけあってその占有は登記を使って動かす。そのわけは二階建てのボロ屋が作り出している。大した天上界だよ，全く。けれども，ボロ屋にはボロ屋のプライドというものがある。

A：そんなものは聞いたことがない。

Q：「狭いながらも楽しい我が家」というのならあるよ。

K：それで，ボロ屋の誇りが何故ゼンベエどんに厳しい掟を突きつけると言うんだい？

L：まず，コンコンチキを受けて立つのは果たしてゴンザエモンかゴンダエモンかを考えてみよう。

C：音が紛らわしいねえ。

L：ゴンダエモンは登記を得ていない。したがって引渡を受けていない買主ということになる。もちろん，契約がある。だから契約に基づいて引渡を請求しうる。しかしこれは占有とは別の話だ。名前はまだない。おっと間違えた，占有はまだない。オバケが出るかどうか，あ，間違えた，占有が来るかどうか，誰も知らない。現にゴンザエモンは，賠償を払えば契約なら解消しうる。場合により代金を返すだけでいいかもしれない。

M：この場合，代金はまだ支払われていないようだよ。

P：占有は王者で，占有を維持していることが決定的というわけだね？

L：ところが，うっかり登記を移転してしまった。しかし売買契約には重大な錯誤があったとしよう。占有は行ってしまった。

Q：「カムバック，シェーン！」かな？

L：と呼んでも虚しくその声は響くばかりであった，とはこの場合ならないんだよ。占有は帰って来る。ゴンザエモンは取り返すことができる。賠償を得て占有は失うなどということがない。もちろん実力行使は駄目で，裁判を通じてでなければならない。しかし占有を動かしうる。占有を動かすというのは余程のことだ。

B：へえ，するとゴンザエモンは強いんですね。どうしてですか？

L：どうしてもこうしても，これが所有権者というものさ。

N：元々の持主というのはこうも強いのか。

T：いや，違うねえ。元々の持主はゼンベエどんのお父さんさ。だから一旦，原因と占有の二枚のカードを揃えた人間は，どちらを失っても他を取り返して起き上がりこぼしのように蘇るんだ。

L：そのとおり。所有権とは起き上がりこぼしなんだ。

C：浅草の仲見世で売ってるとは知らなんだ。

E：それはいいけれども，それがどうしてオハナぼうを脅かすのか。

L：二枚のカードを揃えた旦那は，ボロ屋の二階の火鉢の前にちんまり座っているんだけれども……。

A：見てきたように言うねえ。法律学を勉強するとこうなるのか。

L：いや，**Q**君から学習した。旦那はボロ屋全体を占有している。ということは，一階も自分の占有だと心得ているんだ。

C：ほう，それで？

L：気に入らなければ一階の住人を追い出す。

O：それはえらいこっちゃ。

L：まず手始めにゴンベエのような者を追い出す。

D：（少し興奮して）「売買は賃貸借を破る」ですね！

C：あの美しいラテン語ね。

S：それは構いやしない。しかしゼンベエどんを追い出せるわけがないだろう。固有の占有を持っているんだよ。それに，二階の住人はそのような手荒なことはしない。ぜんべえドンの占有よりも収益性の高い良質のものがあるわけないだろう。

L：そうと話が決まっていればね。逆ならばどうか。トラゴロウが緑が目に染みる牧草地を構築しようとしている，ぜんべえドンは脱法ハウスを経営している……。それなのに，ぜんべえドンは仲間と結託してトラゴロウを入らせない。折角ゼンベエどんにオハナぼうを緑目に染む牧草地で飼ってもらおうというのに。おまけにもうしばらく賃料を払っていない。この場合にゼンベエどん一派はボロ屋を一歩も出ていない。だから完全に占有のルールに従っている。実力行使をしていない。トラゴロウの介入に対してピケットを張っているだけだ。それでも違法で占有侵害である，というのが市民的占有と所有権という概念の味噌なんだよ。

目を覚まして見れば……

B：先生，大変なことになってますよ。

E：先生，また寝ちゃってるよ。有名な落語家ならば，通が「寝かせとけ」と掛け声を掛けるところだが，二ボレじゃあなあ。

G：またしても **L** 君独演会で，先生の出る幕無し！

Prof：懐かしいブルートレインのようですねえ。目を覚ましたら懐かしい故郷の田園風景だった。

H：何言ってるんですか，それどころではありませんよ。

Prof：しかし所有権には立派に到達しているじゃありませんか。何が所有権か，わかりましたか？

J：それが，さっぱり見えて来ません。

G：いえ，多少は，「自分の物になったのだから自分の好きにさせていただく」という要素があるということで安心しました。

I：根本的な疑問があります。法は占有を原理とする。したがって，ぜんべえドンの占有は，他を論ずることなく，保障されるはずでした。ところが，何だかもう一人占有を持っている人が現れ，しかもその人の事情が物を言う場面があるということのようじゃないですか。そんな制度を搭載して本当に法は矛盾しないのかどうか。前回までは実にクリアに部品が組み立てられていく感じがしていましたが，所有権になって急にがっかりです。

B：だから，寝ている場合じゃないと申し上げたじゃないですか，先生。

Prof：（目をこすりこすり）それは済まないことをしましたね。難しい問題を抱え込んだことは否めません。第一に，所有権というのは概念というよりも思想のような部分があり，考えの方向であるにすぎません。まして端的に機能する基準でもなければ，端的な効果を伴う道具でもありません。したがって，かなり漠然としているばかりか，内部に矛盾を包含しているのです。むしろ，具体的な一個の軀体構造を常に念頭に置き，これを補助線として使って考えた方がよい。この軀体構造だけは安定的です。その軀体構造をどのように動かすかという点になると，矛盾した様々な線が提出され競合している，としか言えません。第二に，法の本来の原則から見るとこれを根底から compromise してくる部分があることも否めません。自分の物はどこまで行っても自分の物だという素朴な帰属意識は，物に紐を付けて紐を引き回収する思考を伴います。法ないし占有原則はこれを徹底的に嫌い，この紐をドラスティクに叩き切るものでした。この紐こそが怪しい取引やら支配従属関係をもたらすからです。切りの無い泥沼の紛争，リヴェンジの応酬，がその帰結です。しかし所有権という思想は，わずかな区間ですが，この紐を復元するのです。誤解の無いように言っておきますが，最短初乗り区間のみの復旧であり，占有という基本原則を台無しにするようなことは無いというのが公式の立場です。現にうまくすればそのようになります。とりわけ大事なのは，bona fides によるバックアップを強化することです。それでも，堤防に穿たれた小さな穴であるということは否定できません。そしてなお悪いことに，この所有権が例外的なジャンルでなく，一般的なジャンルになってしまうということです。それどころか，シャッター街の全ての店の中でここしか開いていない，といった有様になることがあるからです。共和政期末以降のローマ，近代，特に大陸法，はまさにそれでした。そうなると，ほとんど制御が効かず暴走する装置を搭載してしまったも同然となります。

C：急に話が抽象的で難しくなったなあ。

N：『法学再入門』には相応しくないなあ。

E：そうではないさ。ここは難しいんだから気を付けろ，ということは，とりわけ初心者には言ってもらわなくては困る。

T：悩ましいということがわかっただけでもいいさ。

R：そんなに難しくないよ。今の，bona fides で補強するという話だって，ゴンザエモンとゴンベエが契約で結ばれれば勝手はできない，反射的にゼンベエどんの占有が安泰だというあの話さ。

D：うん，下北沢だね。下北沢に記念碑でも立てたくなって来た。信義則大明神の祠がいいかな。

F：登記を使うならば公明正大でなければならない，市民的占有自体が bona fides を要件とするからだ，という話もそうだ。軀体構造というのは例の二階建てボロ屋のことさ。

J：しかし，そうまでしてこんなものを搭載するメリットというのはあるんですか？

Prof：そこはどうでしょうねえ？

一同：うーん。

L：土地などは今回見た様々な制度がなければなかなか取引できないことは確かだよ。

H：そんなことはないよ。土地の取引なんぞどこの社会でもしているよ。

S：土地を bona fides の原理で取引することは難しいんじゃないかな。そもそも，受任者が自分の名前で契約し，先に供給しておく，あとから委任者がそれを補塡する，などという絶妙の連携は土地については考えにくい。占有は一個一個立会人のもと儀礼的に移転するしかないということだった。登記自体，その儀礼を，ローカルなものから政治システムに似たものに変換した産物だろう。**F** 君の説にすぎないかもしれないけれど。それでも，おかげでスムースに土地の占有が移転するじゃないか。

M：ならば，bona fides の帝国が少しは拡張したということかい？　それにしてはコストが大きいと **J** さんが言い始めるよ。

G：ボクも「素朴な帰属概念」は払拭することにしたけれど，その上でなお，今回のゼンベエどんの話を聴いて所有権の良さだって無くは無いと思える。元々，相続にもかかわらずゼンベエどんが今までどおりにオハナぼうを飼っていけるよう，その工夫から出た話だということを忘れないでほしい。その関係を大事にし保存したまま売買した結果じゃないか。

L：少しその売買について考えるとよいかもしれない。お父さんが死んだ時，本当ならばゼンベエどんが自分で買い戻せばよかったわけだ。しかしその資金は到底無い。そこでゴンザエモンどのが買い，ぜんべえドンに貸し返すことにしたんだよね。ゴンザエモンどのが支払った代金でお姉さんたちは満足したさ。ゴンザエモンどのはこのとき投資をしたことになる。資金を投入し，そしてリターンを末永く獲得し続ける。元々，単純な占有があり，費用が投下され，果実が収取されていた。ところがこの費用投下機会の価値が急に上昇した。するとしばしば，費用投下は二段になる。つまり費用投下機会の取得のための費用と取得後の経常的な費用投下の二段階だ。この二段階を隔てるのはあくまで占有だよ。それが無ければ一続きさ。単純な占有者に対して投下費用分を貸し付ける債権者のことを考えればすぐわかる。債権者から占有者に流れた資金はやがて占有内に投下されるけれども，これを一続きと見るか，区分するかは，占有のところを意識するかどうかだけに懸かっている。さて今ゴンザエモンどのはこの一続きを全部自分の物にした。果実は全部自分の懐に入る。その地位を買って投資した。ということは，これを売って回収することもできる。長期間賃料を収取して回収するのでなく。ということはこの二つの事，つまり地位の売却代金と長期間の賃料収入は交換関係に立つことを意味する。これが所有権を前提とする土地の売買の意味だ。これがさらに何を意味するかと言えば，地表面上の連続的な延長を基礎として資産複合体をじっくり形成する事業に継続的な信用供与が行われるということだ。その評価が売買の市場を通じてなされる。つまりそのゴーイング・コンサーン・ヴァリューがチェックされ，ひどい構築物がただ居座るのを動かせないということではない，ということが保障される。

一同：（しーん）。

C：さっぱりわかりませーん！

Prof：わからなくとも仕方がありませんが，所有権が信用を呼び込む器になるということはこれからも少し見ることになるかもしれません。それよりも，言っておかなくてはならないのは，**L** 君の話が成り立つのはあくまで所有権者が厳格に bona fides の原理に服した場合だけであるということです。市場がゴーイング・コンサーン・ヴァリュー評価の適性を保障すると言ったって，その市場が bona fides を原理とするアクターによって成り立っている場合だけです。ゴンクロウとコンコンチキが結託し，トラゴロウをのさばらせれば，良い関係が破壊されるだけで，安手の投資が促進されるだけです。とりわけ，じっくり，狭いながらも楽しい我が家，あ，間違えた，**Q** 君に感染しましたね，コンパクトで規模は小さいが堅い事業体の形成に賭けてみよう，最初の 10 年はいっさいリターンが無いかもしれない，というときに，所有権は有用な装置，俗に言うヴィークル，ピンクルでない適切なヴィークルです。ということを全て認めてなお，**J** さんの言うように，この所有権をわれらが法に搭載するかどうかはなかなか問題の残るオプションであるということを忘れないように。しかもなお，実は民法の授業で学習することはこのオプションを搭載した部分，搭載した後，の話ばかりであるということも忘れないでください。大変なバイアスが初めからかかっているのですね。

再入門後の学習のために

Profが最後に述べているように，所有権の問題は複雑かつ深刻な性質のものであるので，なかなかにわかりにくい。それでいて，所有権は民法の授業で扱う素材の多くに浸透しているため，学習を省略することもできない。要するに，民事法の学習を躓かせている大きな要因の一つです。

敢えて勧めたいのは，一旦ここを迂回してしまうということです。そうして基礎を強固に養う。前々回までに見て来たように，基礎部分は所有権抜きに十分に学習できます。とりわけ契約法ですね。それから民事訴訟法の基礎部分，さらには商法やビジネス・ローの多く，知的財産法，などは所有権抜きに成り立っていますから，非常に広い分野をカヴァーできます。また，世界の実務はアメリカを中心としますから，所有権抜きです。そのかわり"property"という固有のジャングルを英米法は抱えますが。

その上で，じっくり所有権を料理しましょう。そのときに，所有権をドグマとして掲げる議論や論考は完全にパスすること。著名なものも含めて精度が非常に落ちます。もっとも，この辺は普通教えられませんから，問題ないでしょう。次に厄介なのはいわゆる物権変動で，代理のところの次に現れて如何にも法律学らしい玄人の論法を知ったと得意になる人が居るかもしれません。しかし代理も物権変動も民事法全分野の中でも非典型担保などと並んで最も質の悪い部分です。そしてまた日本法を特徴付ける部分です。真剣に社会の問題を考えようとする人はここですっかり嫌になってしまうでしょう。それは完全に正しい感覚です。そして，そもそも制度が一体何のためにあるのかという正しい思考方法を決して放棄しないようにしましょう。すっかり台無しにはなっていますが，例えば対抗要件主義には占有原理から流れ出る重要な動機が隠れているのです。

さらにその上で，サブリースや転用物訴権などの判例を見て，信用の問題を分析してみましょう。このとき，思考方法を切り替えましょう。占有からbona fidesまでは，一見何でもない制度に実は立派な理念が宿っているという新鮮な驚きで進んで来ることができます。しかし所有権を前提とする方向に進んだのならば，B級オプション・ツアーにゲテモノ趣味で参加しているのであるという遊び心を持ちましょう。典型的には債権総論や担保物権ですね。何ですって？　ここまでだって遊び心以上のものを持ったことが無い，ですって？　それならなお結構，このB級オプション・ツアーではさらに突き放してクールに登場人物たちを見ましょう。するともっと笑えます。

まず代理ですが，本当は委任の超高速化の故にいちいち委任者が受任者の得た結果を批准していられない，スルーしていきなり第三者と委任者の間に直接の契約関係を樹立する，ということから発生しました。スーパー委任ですね。超スーパー委任として，委任したことを少々はみ出していたとしてもお互い様ですから「ドンマイ，ドンマイ」でいいことにしてしまう。これが表見代理ですね。ともに，bona fides が特定的に高密度な環境においてのみ動く制度です。もっとも，所有権の基礎に在るあの二重構造から派生して来る「代理」と少々混同されます。ぜんべえドンが占有をゲットした物はゴンザエモンの市民的占有の内部に自動的に入りますね。このときエイジェンシーの関係が認められます。或いは，ゴンベエたちマネージャーがオーナーのためにすることですね。ロカティオーが関係している場合が多いのです。委任ではなくてですね。この二つはいつも対立していますよ。この方面の「代理」，ましてこの方面の「表見代理」，は要注意です。委任系統が（改正前の）民法 110 条であるとすると，要注意方面は 109 条です。bona fides に欠けることが多いですから。109 条も 110 条も第三者の bona fides を要件に掲げていると解されていますが，判例も学説も，それを第三者についてのみ見るという狭い立場をとる，つまり仕掛けた方の悪意は考慮しないのみならず，ただ「知らなかった」（non sciens）ことであると誤解していますから気を付けましょう。いずれにせよ，そういうわけで，「なんとなく善意の第三者」とばかりに 109 条と 110 条を区別せず一緒くたに使う（そこに 94 条 2 項さえ混ぜる）のは，味噌も何とかも一緒にするが如くに最低です。それが有名な判例理論です。判例理論の何とも言えないドンブリ勘定ぶりに気付いて笑うにはよい素材ですが。

物権変動の方に戻ると，「善意の第三者には対抗しえず」と言って突っ走ってきたのが日本の近代ですが，もうかれこれ半世紀近く前から「背信的悪意者は除く」という修正が加わり，少しはほっとさせる場面もあります。とはいえ，とりわけ悪質だったり，登記が単純な手違いで事実を反映していないのを奇貨とした場合などに限られますから，大きな誤解はそのまま残っています。この辺りですっかり「ああ，下らない」と失望するあなたの気持ちはよくわかります。私も長い教師生活でそういう学生に多数遭遇して来ました。しかし譲渡担保のところでも申し上げたように，何故このように歪んでしまうのか，と考えれば夜も眠れなくなるほど興味が尽きなくなります。

そしてわれわれの社会や歴史の深い深い問題に目を開かされますし，またそもそも 19 世紀以降の産業化や植民地主義の悲惨さとの関係に気付かされるでしょう。それでも，これから少し見ていくように，所有権という思想は形而上学にまで及びますから，自由の或るヴァージョン，或る仕方で要塞化された自由，を供給した功績を有します。さらにまた **L** 君が強調したように，上手に使えば，良い IP を持った小さな事業会社のファイナンスなどに有用なヴィークル，おっと，老いボレが無理してジャーゴンなどを使ってしまいましたが，法的枠組を提供しうるのです。

なお，賃貸借や請負，locatio conductio の問題には後の回でまた本格的に触れます。今回は所有権の軀体を構築する脈絡でのみ登場してもらいました。

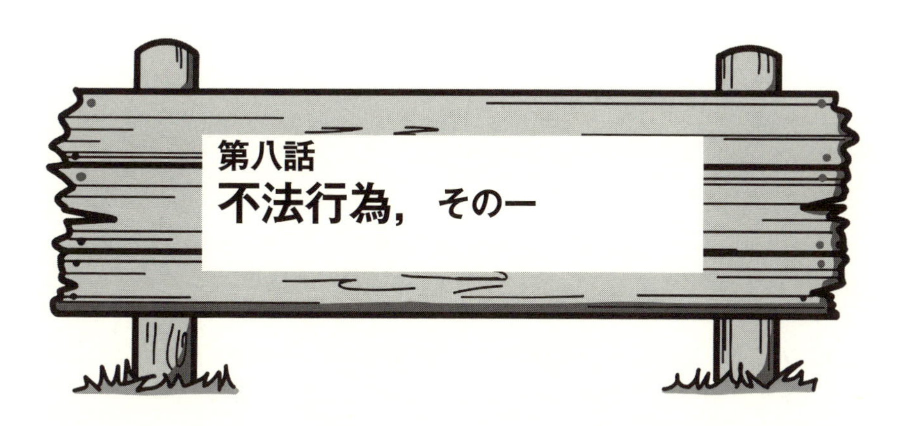

第八話 不法行為，その一

ぜんべえドンとオハナぼう，第八話

コンコンチキの「ファッション・ビル」建築計画は，素早く所有権の本性を見抜いた二ボレ教授ゼミ学生諸君の的確なアドヴァイスの結果頓挫しました。コンコンチキとトラゴロウの違法性は法廷の場でこれでもかと明らかにされました。彼ら二人は多額の賠償金をゴンザエモンどのに支払う羽目になり，ゴンザエモンどのはお金の融通を付けることに成功しました。だからゴンダエモンどのにも売る必要がありません。ゴンベエどんも総賃借人の職に復帰し，せっせと仕事に励んでいます。

「それにしても気になるのは，ぜんべえ農場の両隣にあったはずの豪華ホテルのことだ」，ですって？ 「一度お茶でもしに行きたいとかねがね思っていた」，ですって？ お気の毒様，シャボン玉とバブルは弾けるもの，リニア新幹線駅もろとも蜃気楼のように消えてなくなり，今はまた一面緑の牧草地が広がる長閑な風景を見ることができます。ぜんべえドンとオハナぼうのツーショットも昔のままに復帰しています。この辺りは，ぽんぽこ山を豊かな水源とする，ぽんぽこ川が潤す一帯なのですね。その水を上手に引いてこの辺りの牧草地は成り立っています。水はけもいい。山麓を緩やかな起伏が波打っています。「ぽんぽこ地方のトスカーナ」と言われるだけのことはありますね。牧草が織りなす緑の絨緞を撫でるように初夏の風が吹き抜けて行きます。「黄金の大麦畑」ではありませんが。

と，まどろんでいると，宣伝カーのラウドスピーカーから何やらけたたましい声が響くじゃないですか。

「みなさまっ，この夏オープンのっ，ぽんぽこ山レジャーランドッ，ぽんぽこ山レジャーランドッ，東洋一のテーマパークへっ，是非是非，ご家族おそろいでっ，お出かけっくだっさい！　30日間はっ，半額でっす！」

ばらまかれたビラをゼンベエどんが手に取って見ると，どうやら「かちかち山」の物語がテーマパーク化されているようですねえ。やがては「ぽんぽこ山ロープウェー」も開通するようです。おっと，目玉は，「泥船と沈む体験コーナー」ですねえ。是非皆と一緒にぶくぶくと沈んでみたいものです。しかしその前に，ありとあらゆる意地悪を実際にすることができる仕組がそろえてあります。可哀そうなタヌキ。ぜんべえドンはまたぞろ嫌な予感がしました。

んだんども，こげあくどい商売をどうやって考え付いだんだが，オイさだばさっぱりわがらね。まさが，コンコンチキとトラゴロウであんめの。キツネがタヌキランドなど思い付ぐわげもねえんども，タヌキをコケさする辺りがらすっど，この線も捨て切れねの。ここんとご，ダンプカーがウヨウヨとこの辺さ入て来でだなは，このためだったんだのう。ぽんぽこ山の中腹辺りをやたら掘り返しでだでゆう噂は，本当だったでゆうわげだ。

などとつぶやきましたが，すっかり馬鹿にして，すぐにきれいさっぱり忘れてしまいました。

ちょうどその時です。ポツリ，ポツリ，と大粒の雨が降り始めました。みるみるうちに，雨は土砂降りになりました。強い雨は全然止みません。何日も何週も降り続きました。

ぜんべえドンはオハナぼうに向かって言いました。

のお，おはな。こんな大雨，今まで降った事あたけが？　真っ黒い空が何日も続いで，何かが起こるようだ気がして，オイは不安で仕方ねえ。

数週後，大変な事態が発生します。ぽんぽこ山の中腹の緑を無残に剝がすようにして大量の土砂が積み上げられていました。基礎工事の残土ですね。残土ばかりか，何だか汚泥も混じっているようですねえ。産業廃棄物がどさくさに紛れて置かれていますねえ。工事関係者が一儲けをねらって預かったのか，それとも不法投棄なのか。そもそも誰も人がいなくなっていました。例によって資金切れで工事は最近中止になったのです。工事が中止になった現場などというのは廃棄物を捨てやすいですよね。元々大量に木を切ったため，自然の土砂崩れ，鉄砲水が発生し，これが工事現場の残土の山を押し流しました。ぽんぽこ川を一旦埋めて自然のダムを作りましが，このダムが決壊，泥流が一気に駆けくだりました。折しもゼンベエどんは大きな傘をさしてオハナぼうに草を食ませていました。何かゴーという音が聞こえてきました。見上げると，土石流のようなものが襲ってくるではありませんか。ぜんべえドンとオハナぼうは走って逃げ，幸い怪我ひとつせずに無事でした。しかし，雨が上がって一面を見渡すと，そこはもう牧草地として使えるところではありません。まずは，虚脱状態に陥りました。

のぉ，おはな。オイとオメ，二人は一体どうやって生ぎで行げばいいあんがの。

次に，怒りがこみ上げるのを覚えました。

これは，ぽんぽこ山レジャーランドの奴らさ違いねぇ！　あいづらが山どご掘ったさげ，こげだ事さなったんだ。一体，誰が掘ったんだ？

調べると，やったのは，やはり，ミニバブルによる失地挽回を図ったコンコンチキとトラゴロウの二人組でした。またしてもコンコンチキがお金を払わないので，トラゴロウが工事を中止し，産業廃棄物を預かって儲けていました。そもそも宣伝カーをコンコンチキが差し向けた時には既にトラゴロウは工事を中止していたのです。

これはもう，訴訟を起こすしかありません。リョウサクどんなどと一緒にゼンベエどんはコンコンチキとトラゴロウを訴えました。彼らが果たしてお金を持っているか心配でしたが。不法行為に基づく損害賠償ですね。

しかし困ったことがたくさん出て来ました。

第一に，長い裁判の間，一体どうやってオハナぼうが生きていくのか。ぜんべえドンはカップめんでもすすって生きていけます，ぽんぽこ地方にもコンビニくらいはあるのです。しかし豊かな牧草地無しに，われらがオハナぼうは一体どうして生きていけるでしょうか？

第二に，裁判の行方です。コンコンチキの弁護士は，

牧草地はゴンザエモンどののものだ，だからゼンベエどんには何の損害も無い。

と言ってきたのです。

> お前は賃借人にすぎない，とっとと失せて余所の牧草地を借りろ。

と。ところがゴンザエモンどのも，マネージャーのゴンベエどんも訴訟をする気がありません。ぽんぽこ山中腹をコンコンチキに売って多額の金銭を受け取っていたのです。ひょっとするとかつての損害賠償支払いの時にできた腐れ縁がもとかもしれません。

第三に，コンコンチキの弁護士は言いました。

> オレラは悪くねえ。真面目に工事をやっただけだ。許可だって得ていた。産業廃棄物は勝手に捨てに来たやつが悪い。それに，未曽有の大雨，想定外だと言うではないか。オレラは悪くねえ，オレラは悪くねえ。悪いのは，ぽんぽこ川だ。現にぽんぽこ川から土砂が押し寄せたじゃねえか。

というわけで，裁判は形勢不利だし，それどころか，今現在，どうやって生き延びたものか。絶望的ですが，さあ，どうしましょうか？

庄内弁訳（ぜんべえドンの科白）：放上鳩子

覆水盆に返らず

E：先生，大変ですよ，洪水です，鉄砲水です！　寝ている場合じゃありませんよ。しようがないなあ，前回から寝てばかりだ。

Prof：すまん，すまん，寄る年波には勝てません。老いボレ教授にはこの季節はこたえます。これは6月号でよかったですかねえ，五島さん。なに？　そんなことは自分で考えろ？　すみません。しかし，こう空気が重くジトッとしてくると，そう，昔から若い学生諸君でさえバタッと机に突っ伏して寝てましたねえ。

B：今度こそゼンベエどんとオハナぼうは絶体絶命だわねえ。でも，これを救えなければ法などあっても意味が無い。

G：伝家の宝刀，占有も今度こそ使えそうもない。

N：占有も流石に未曾有の自然災害を前にしてはお手上げです。何もかにも流されちゃった！

K：無常観にとらわれるなあ。

C：なんか，ピントがずれてないか？

R：ボク達の頭まで流されちゃったということが無いようにしたいものだ！

Prof：ならば，どこから考えますか？

E：じっくり占有の問題を考えましょう。ぜんべえドンの占有が奪われていないのかどうか。もうそこには居ることができないのだから，やはり占有が奪われているのではないか。

D：では誰が奪ったと言うのですか？　土地はそこに立派にあり，そしてゼンベエどん以外誰も占有していません。私が占有している，その庭に今恵みの雨が降っている。これは占有と関係ありません。傘をささないと庭にも出られないじゃないか？　高々妨害しているのは自然です。これは神々でも逆らえません。いくら土砂に埋まっていようと，ぜんべえドンはいつでも自分の土地に入って自由にすることができる。

L：いや，正確に言えば，そもそもゼンベエどんに占有があったのかというところから問題にしなければならないね。占有はゴンザエモンどののところにしかなかったかもしれない。ぜんべえドンのところにあるのは契約関係だけだ。その結果土地を利用できていた。しかしゴンザエモンどのは自分とは全く関係のない事情により「利用させる」という契約上の債務を履行することができなくなったのだから，全然責任が無い。

一同：しーん。

P：けっ，嫌な感じ。

Prof：ぜんべえドンが本当に困っているその事情からスタートして考え救う方法に至る，といういつものやり方ができませんねえ。本当に困っている人のことを考えるということと占有から考えるということは今までは同じことだったけれども。さてどうしますか？

I：ぜんべえドンの占有から考え始めることができないとして，ならば，どうしてそうか，ということからまず考えたらどうでしょうか？

Prof：素晴らしい！　それでどうしてゼンベエどんの占有から考え始めることができないのですか？

L：ぜんべえドンに占有があればの話だね。占有はゴンザエモンのものかもしれない。

T：しかし，緑の牧草地を事実として利用することができない，妨害されているのだから占有の問題でしょ。

M：けれども，コンコンチキが取ったわけでもトラゴロウが取ったわけでもない。誰も妨害していないのに，妨害されている。

Q：生暖かい風が吹いてきたかと思うと，誰も居ないはずの寂しい山寺の鐘がゴーン，ゴーン，鳴り止まないので，おい，誰か行って止めて来い，ということになったが，止めに行った者は誰ひとり帰って来ない……。

C：最初に鐘を突いていた者が居て，そして皆，面白いので次々にその者とグルになって突き続けているだけのことじゃないかな。

Prof：ぜんべえドンに占有があった，否，今現在ある，と仮定した場合，それでもこの占有から考え始めることができない理由は，そうすると，以下のようになりますか？　占有は妨害されているのに，誰も妨害していない，こういうこと？

S：誰も妨害していない，と言うことはできないように思います。誰かは知らないが，現に妨害されている。おはなボウの牧草地が現に大量の土砂で埋まっている。この一体どこが占有侵害でないんです？

N：誰かが意図してこの土砂を送り込んだのではない。全ては自然のせいでしょう。

D：そうでないとしても，今現在占有妨害は無い。たとえ土砂で埋まっていようと，「ぜんべえさん，どうぞお入りください」と土地自体が言っている。

P：えっ？　本当にそんなこと言っているかなあ？　これが占有妨害でないとしたら，今日は大変よいことを聞いたことになる。あの手この手で居られなくして追い出す地上げ屋が聞いたら喜びます。不法投棄の山で居られなくしてしまっても占有侵害ではないとおっしゃる？「私何もしていません，むしろ，あの人にはここへ居て欲しいと心から願っているのです」と全ての地上げ屋が言いますよ。

T：土砂のせいでゼンベエどんが追い出されたことは確かだな。

N：だから，自然災害には勝てないと言ったでしょ。

T：これのどこが自然だか，さっぱりわからない。

Prof：まあ，その問題はあとでゆっくり考えましょう。物理的な力で追い出されたとして，どうです？　今は？

K：帰って来ることができます。誰も邪魔しない。

S：あっ，一つ秘密が解けましたね。占有侵害があったとしても，今は侵害していない。だから無かったように見える。

A：じゃあ，いいじゃないですか。無事に取り返したのだから，めでたし，めでたし。
I：あっ，またわかりました。取り返しがつかないことが問題なのです！　占有訴訟ができないということより，そういう問題でなくなったことが大問題です！
　牧草地が台無しになった。たとえ占有訴訟を起こしえたとしても何の意味も無い。到底緑の牧草地は戻って来ないからです。
C：確かに，あの頃の自分にはもう戻れない。
K：そういうロマンティックな気分にはなれないよ。
O：問題が占有と無関係であることが証明されればこの授業が終わってしまいますが，それでもいいんですか？　私はいいけれども。
J：授業が終わる問題ではなく，おはなボウが食料を失ったという問題でしょ！
R：冷静に考えよう。緑の牧草地が戻って来ないことは占有と無関係なことかな？　占有が侵害されなければ緑は失われなかったのではないかな？　自然災害ならば別だけれど。牧草地の上に天から雨粒が落ちて来ても天が占有侵害しているわけではない。しかし，緑を押し流した土砂はコンコンチキとトラゴロウの工事現場からやって来たことは疑いないよね。少なくとも一旦は侵害した。今も土砂がそこに積もっているならば，侵害し続けているとさえ言えるじゃないか。だから，問題は，占有と関係が無いことではなく，占有侵害されたのに占有訴訟では取り返せない，ということだ。

リヴェンジしたけりゃ，カチカチ山

B：取り返しがつかないということねえ。それは困ったわねえ。
O：世の中に取り返しがつかないことなど，そもそも存在しうるかなあ。
Prof：おや，どういうことですか？
O：「あってはならないこと」などと金屛風の前で頭を下げられてもねえ。それより，幾ら賠償してくれるかだと思うなあ。
A：普通，弁償して済ませることも確かだね。
D：不法行為による損害賠償の要件の一つは損害です。確かに，取り返しがつかないということをこの「損害」という概念で言っているとも考えられますね。戻って来るものがお金に変わってしまいます。
E：「賠償」とか「弁償」というのはどうも感じが悪いなあ。「金で落とし前をつける」というのは典型的なヤクザ的思考じゃないか。買収しているとも言える。「金で黙らせる」という言葉もある。「札束で頬を撫でる」とか。ヤクザが入り込んで立ち退き料をせしめるとか。

M：それは補償のことで，賠償とは違うよ。
C：そうかなあ？
M：でも，「賠償」と言うとき，「埋め合わせろ」ばかりではないな。「責任を認めさせる」とか，「謝罪させる」という意味が強いことも多い。
K：それより，やられたら悔しい。やったらやり返せというのは普通の感情だと思う。
E：報復はよくないね。サッカーだって，やった方はイエロー・カードだが，報復はレッド・カードだ。
B：報復がよくなくたって，償いくらいはさせたいです。
Q：ははん，読めた！　それで今回の話に『カチカチ山』が出て来るというわけだ。何の因果かお婆さんを殺してしまったタヌキがウサギにしつこくいじめられる話だ。
Prof：それは濡れ衣です。私はよく知られた『ぜんべえドンとオハナぼう』という昔話を忠実にお伝えしている。その中にたまたま『カチカチ山』が現れたというわけです。もっとも，『自転車泥棒』へと発展したときほどの驚きはありませんが。
H：そういうことはどうでもいいけれど，『カチカチ山』の解釈はなかなか難しい気がする。
K：そうそう，タヌ公がいじめられる話じゃないね。腹黒いタヌキの自業自得という筋書ばかりだった気がするけれどもね。
O：そう，ひどく思い上がっていて，そこをウサギに突かれ，自業自得となる。泥船に乗って沈むところはスカッとする。
J：暗い話で好きになれません。
Q：雲が晴れるような話というより，救いがたい世界が描かれていると思うな。発端からして，恩を仇で返したということだけれども，狸汁にされるのを免れたとかいう恩で，タヌキにしてみれば，生きているだけでありがたいと思え，思ったなら年貢を払え，と言われているようなものだ。それに適合しない不届者はポトラッチに引き込まれ悲惨な最期を遂げるという教訓話になっている。
S：ぜんべえドンが「嫌な予感がする」と言っているけれども，その辺りが匂うに違いないと思ったよ。テーマパークはコンコンチキ達の世界観の表現で，不透明な取引に様々な人間を巻き込む事態がぽんぽこ山の工事の背後には隠れている，と見抜いたんだと思う。
C：でも，何故キツネがタヌキなのか。蕎麦屋でも，これはもめるねえ！
F：なるほど，キツネがタヌキで，タヌキがキツネねえ。揚げと天かすを両方入れたら，その蕎麦はキツネかタヌキか，今度蕎麦屋できいてみる。けれども，下手に捻じ込んでこの連中に賠償でも請求しようものなら，同じ穴のムジナになっていくような気がする。ありゃ，キツネでもタヌキでもない，ムジナが出ちゃった。

D：刑法なら，「タヌキ＝ムジナ事件」というのがあったような気がする。

F：ともかく，賠償も責任追及も贈与交換の擬制じゃないか。怪しい社会関係の匂いがする。いいかい，子分の犬が別の組織の子分の犬に噛み殺された。犬が犬に向かって自分で自分の命を返せと主張するならいいが，どうしてもこっちの子分が向こうの子分に要求する。いや，親分が親分に，大親分が大親分に請求する。大親分が出て来て，「うちのもんが厄介かけた，すまんこってす」と賠償する。特に死んでしまえば，少なくとも親族団体が出て来てしまう。これだと政治システムの「個人の自由独立」という原則に反する。そもそも，消費貸借のところであれほど勉強したように，「やったとった」という危険な絆を叩き切るのが政治システムと占有の大原則じゃないですか。今回の問題だって，賠償とかの問題じゃないな。こんな違法建築を許可したことがそもそも悪い。ぽんぽこ山の環境に手をつけさせてはならなかった。あれは「誰の物でもない」物じゃなかったのか。それを許したやつらが居るはずさ。どうせ結託しているに違いない。この連中を叩くことが先決じゃないか。

H：それはわかるけれども，償わせたい，場合によっては報復したい，というのは自然な感情だと思うな。不透明な組織とは一応別の話だと思う。

O：家族を殺されたら，犯人には命で償って欲しい。だから死刑制度が強く支持されている。

T：犯人を殺して欲しいと遺族が思ったとしよう。殺された本人はもう居ないから，犯人を殺すことができない。だから，遺族か，他の人，要するに誰かが犯人を殺すしかないよね。国家の役人が犯人を殺したとしても同じことだ。すると，殺された犯人の遺族はまたしても復讐を誓うだろう。そして殺した人間を殺すかもしれない。こういうことをしていると，永久に殺し合いになる。ネガティヴな結果が発生したので，相手にもネガティヴな結果を発生させる，というのは不毛なばかりか，問題を考えさせることにならない。むしろ，問題から目を背けさせる。そうでなくとも，一番いけないことには，泥沼になる。

Q：『曽我兄弟』だね。

A：何ですか，それ？

Q：歌舞伎にもなった日本の伝承だよ。例によって「息子 VS. 母方の叔父」の果し合いさ。あ，これ，知らないかな。文化人類学の教科書でも読んでね。レヴィ・ストロースだともっといい。とにかく，何かリヴェンジしようと息子が叔父を殺そうとした。ところが刺客は誤って叔父の息子，つまり従兄を殺してしまう。殺された彼には二人の息子がいたが，妻は再婚する。育つにつれ，この兄弟は復讐を誓うようになる。初め叔父の方が勢いがいい。ところが平家方だったから，没落する。反対に，刺客を差し向けた甥は源氏にくっつき，頼朝の寵臣となり出世する。兄弟のうち弟の方は，自分の父を殺した張本人を殺す機会を得るが，失敗。しかし許され，諭されさえする。しかし頼朝が狩りをする機会を捉えてついに復讐に成功する。加えて頼朝を殺そうとするが，兄は殺され，弟は捕えられる。そして処刑される。もちろん，これは美談とされる。何でこれが美談となるのか。興味は尽きないけれども，難しすぎる。

F：こういう仇討の連鎖というのは，政治システムにとっては一番の敵だよね。どこかでアムニスティーに至らなければ政治が成り立たない。

L：今は政治とか死刑の話はしていないよ。これが「民事法篇」だということを君達は忘れているんじゃないか？　仮に今の話が正しいとしても，だからといって賠償制度まで非難するのは間違っている。政治システムの話は知らないが，賠償は立派な法制度じゃないか。

Prof：本当にそうか，そうだとして，それにどのような意味があるのか，政治システムや占有と本当に矛盾しないのか，などは今日の授業中でしっかり考えて貰います。**Q** 君がそこまで言うなら，一つだけ付け加えましょう。社会人類学の言う「交換」関係，「やったりとったり」ですが，これには権力に逆らって素朴ながら「自由」を主張するという側面が無くはない。しかしそのような意味になるのは特殊な条件が揃ったときです。そうでなければ，権力を支えるだけです。やったらやり返せというエネルギーで権力の方もでき上がっているからです。だから非常に屈折したことになる。権力の方も，鬱憤を晴らしたい連中のエネルギーに上手に媚びながら利用する。

C：さっぱりわからない。

R：わからないけれども，わくわくします。そういうことはどうやって勉強できますか？

Prof：直接この問題を扱っているわけではないが，日本の社会の底知れない権力構造の出来上りに光をあてる桑原朝子「近松門左衛門『大経師昔暦』をめぐって――貞享改暦前後の日本の社会構造」北大法学論集 64 巻 2 号，3 号（2013 年）をどうしても読まなければならない。この続きの研究がどんどん出て来れば，いろいろ意外なことがわかってくるかもしれない。

E：犯罪被害者が厳罰主義を主張する時にも嫌な感じがするけれども，嫌な感じとか言ってないで，どうしてそういう風潮が拡大するのか調べろ，ということですね。

I：私もゼンベエどんと同じで『カチカチ山』は嫌いです。賠償にも意味のある場合があるでしょう。でも，これだけは確かです。ぜんべえドンとオハナぼうは，取り返しがつかないからと言って，リヴェンジしようと思っているわけもないし，賠償などしてもらっても嬉しくありません。万が一大金を手にしたとしても，どうやって豪華マンションで暮らせるというのですか。強欲なお姉さん達が出て来た回にこういう科白がありました。緑の牧草地が帰って来なければオハナぼうの幸せは無いんです！

お金では買えないが，お金が無いと買えない物，何？

G：ならば，一体全体何がして欲しいというわけ？　返して欲しいと言ったって，失われた物は返って来ない。ならば賠償してあげると言うと，お金はいらない，元に戻せ，とくる。これじゃダダをこねる五歳児じゃないか。

Prof：ここは一番，ぜんべえドンは一体何を求めているのか，胸に手を当ててゆっくり考えてみましょう。

B：緑の牧草地が欲しいというのがあるでしょうねえ。それもぽんぽこ川の水質が保証されての話。要するに元の通りということね。

N：それが無理だから，今議論しているんじゃないか。彼女はもう帰って来ないという話，あっと間違えた，時間の不可逆性というやつだ！

E：待てよ，時間の不可逆性じゃあないな。「元に戻す」と言ったって二通りあるよ。時間を巻き戻すというのが第一だとすると，第二に，その間のことは戻らないとしても，できる限り元の状況に戻すということがある。これは今の時点から将来に向かって考えることを意味する。一個の未来としての復元だ！

P：何だか判じ物だなあ。

L：たぶん，**E** 君は原状回復のことを言っているらしい。現在あまり認められていないし，突き詰めて独立には考えられてもいないけれどもね。確かに，物の取戻とも賠償とも違うことだ。勘定を「元に戻す」というのが賠償だが，それは要らないから，とにかく私の土地を原状回復せよ，というのはありうるな。

J：ならば早く言ってよ。ぜんべえドンが求めているのはまさに原状回復だと思うわ。要するに，お金じゃなくて，具体的に何かしろということだと思う。それも建設的な方向でね。

Prof：原状回復という問題にはよく気付きました。誰かが具体的に汗水を垂らすということですね。

A：汗水垂らすと言ったって，専門の業者じゃなければ産業廃棄物の混じった土砂を取り除くなどという高度な作業はできないさ。すると，そういう業者を雇わなければならない。雇うためには金が要る。

H：だったら，いっそお金を寄越せと言い，そのお金を使い自分で原状回復した方が早いじゃないか。

O：あれ？　賠償とどこが違うんですか？

D：なるほど，これが賠償制度の意味ですか。これならば『カチカチ山』にならない。

F：ならないという保証は無いな。

T：ならないという保証があれば，この意味の賠償を認めた方が便利だということになります。

N：お金で片が付いたではないですか。

D：意味が全然違います。賠償は限定されるし，報復の意味を含まない。

Prof：どういう条件が整っているときに，賠償させても報復の泥沼を招きませんか？

F：逆説的だけれども，政治システムが定着しているとき。政治システムの方でリヴェンジの悪循環は完全に切断されているから，原状回復くらいの賠償は認めても安心だ。

R：そう言えば，契約のところで，ブラック・リストに載せた上で懲罰的賠償というのがあったなあ。あれは bona fides の世界，天上界だから可能だったんだね。

B：そういう償いならば納得できます。

F：ならば罰金の方がよほどいいのではないですか？

R：いや，政治システム本体が出しゃばるより，自分達自身の問題だ，と bona fides の住人達が判断するのだと思う。そして互いに関心があるのは資産だから，これを一対一で剝ぎ取るのが一番効果的で，二度とそのようなことはしなくなる。

Prof：その通りです。取引社会における不法行為は今のように概念されます。

良い法律家は問題発生の前に解決する

I：それでもなお，ぜんべえドンが困っていることにはうまく対応できたという気がしません。いくらお金をかけても本当の原状回復は不可能だということが一番大きい。それに，お金をかけて原状回復しても，何か，割り切れないものが心に残ります。

P：わかる気がするな。一種の後悔だと思う。こうなってしまう前に何か手を打てなかったのかどうか。迂闊だったなと思うに違いない。

S：確かにこの被害は予見できたねえ。ぜんべえドン，抜かったねえ。

Q：「遅かりし由良之助」かい？

S：前の段階でこういうことが起こらないようにさせればよかった。これがゼンベエどんが一番したかったことだと思う。

L：そう考えるのは自由だが，それは法の問題ではなく政治の問題じゃないかな。

F：政治で結構！　政治こそは将来に向かって創造的なプランニングをします。未然に防ぐのも政治の力。占有は過去のしがらみを切り裂く。しかし政治はそれに加えてまだ見ぬ問題に対処しうる。イマジネーションの力です。

I：少し違う気がします。皆で厳密な議論をしている時間が無いからです。それに，皆の判断に依存してもいられない。直ちに，何かをアプリオリに守ってくれないと困ります。

A：するとやはり占有の問題だと言いたいんだね。法の問題とは占有の問題であると習った。ところが，占有は現在しか扱えなかった。未来は無理だ。まだ何も起きていないから，占有の問題にはなりません。

D：I さんが考えたのは工事の差止請求のことだと思う。場合によっては裁判所もこれを認めるんじゃないか。

M：簡単には認めてくれない印象が強いなあ。

L：どういう論理で判定するのか，なかなか難しいからだと思うな。

Prof：まだ事が起こっていないんですね。占有が侵害されていない。さっきは，占有侵害が最早継続していない場合でしたが，今度は，まだ占有侵害が起こっていないときにどうするか。確かに，政治が瞬時に出動すれば一番良い。しかし政治の性質に反する部分が出て来る。政治であれば，鋭く厳密な議論を戦わせる。たっぷり調査もする。ところがそれでは間に合わない。だから占有の問題にしなければならない。どうやってそうするか？　まだ占有侵害が起きていない。少なくとも何も見えない。しかし占有侵害があるも同然だ。あったとみなしうる。このように思考しうるのでなければならない。しかし一体どうやればそう言えるようになるのか。

N：われわれには無理な課題だ。

S：少なくとも一義性には反するなあ。占有は直線を一点で切るように明快でなければならないということだったはずだ。サッカー・ボールが全部ラインを越えなければ得点とは認められない。点Pを越えているかどうかは一義的で，越えてはいないが越えたと同じだというロジックを認めれば，全ては破綻する。
C：食べたか食べないかだよな。食べてないのに食べたとみなす，と言われても空腹は癒されない。
B：でも，真っ黒な雲が出たところで洗濯物を取り入れるのが賢い主婦たる所以です。雨がざんざん降ってから取り入れるのは愚かを絵にかいたようなもの。
H：それで，降らなかったらどうするの？　洗濯物は乾かず，悔しい思いをするわけ？
M：だったら，降ったのに取り入れなかったときのダメージと降らないのに取り入れたときのダメージを厳密に比較計算し，判断したらどうだろうか？
P：そんなことを考え終わった時にはもう土砂降りになっているよ。それこそ最も間抜けなやり方だね。
J：それでも，大雨の降る前に，誰かが止めていなければいけなかったことは確かです。ひどいことになったのはゼンベエどんとオハナぼうだけではないはずです。これを事前に防ぐことができなければ何の問題解決にもならないことは疑いありません。占有というセンサーはまだ全く反応していません。けれども深刻です。もしかすると，占有が役に立たないという感覚の最大の原因はこれかもしれません。
Q：犬は吠えずに役立たず，替わりにガチョウが啼き騒ぎ，こうしてローマは救われた。果たしてガチョウは居るのか居ないのか。

郵便ポストが赤いのも……

C：差し止め結構，ガチョウ結構，けれども，一体誰が猫の首に鈴を付けるか，あ，間違えた，どの猫の首に鈴を付けるのか。
N：何のことだい？
C：賠償請求だろうと，原状回復請求だろうと，一体誰に向かってするのか，と言ってるんですよ。
T：なるほど，厄介だねえ。コンコンチキなのか，はたまたトラゴロウか。
P：産業廃棄物を投棄した連中かもしれない。
M：ぽんぽこ市の責任も重大だ。事業を許可した上に，放任した。
A：そこにからんで蠢いた連中の中にはゴンザエモンも含まれるよ。だいぶ利権が動いたねえ。

N：それを言うならば，一番悪いのはお天気さ。いや，地球温暖化のせいかもしれない。こんな土砂降りの雨はぽんぽこ山周辺では想定外だった。

E：天を相手に賠償も差し止めも無いじゃないか。

N：でも，そうなんだから仕方がない。

Prof：要するに，こんなことになったのは誰のせいか，ですね。こんな私に誰がした，ですね。郵便ポストが赤いのも，みんなみんな生きているんだ友達なあんだ，ですね。あっと間違えた，みんなみんなこのボクが悪かった，ですね。

Q：その種のことは任せてください。一体何の因果でボク達がこんなに苦労して法律学を勉強していると思います？　それはもう，風が吹いたからに決まっています。風が吹くと船が出ません。船が出ないと人々は何日も待たなければならず，暇を持て余します。人々が暇を持て余すと学問が発達します。「スコレー」と言うくらいですから。

C：なんだい，それ？

Q：ま，ギリシャ語で暇のことだね。「スクール」の語源さ。とにかく，学問が発達すると，それは面白いというので大学が人で溢れます。溢れすぎて困ると，少し学生を減らせというので，つまらない法律学でも教えておけ，となる。それでわれわれはこんなひどい目に遭っているわけだ。どう？　明快だよね？

B：なんて馬鹿馬鹿しい。どうせ，落語かなんかの剽窃でしょ？

S：因果連鎖は無限で，切りがないという喩えさ。だから，どこに原因が在るとか，誰が悪い，と言ってもね。凶悪な犯罪が起こるたびに，いや，親が悪かった，いや，校長先生のせいだ，いや，社会自体が悪かった，時代のなせるわざだ，等々ということになる。

M：だと困るじゃないですか。因果連鎖が芋づる式にずっと伸びている。そうすると，一体誰に責任を負わせるのかがわからない。

D：だからこそ，「相当因果関係理論」というのがあると習ったじゃないですか。

L：いや，芋づるをどこで切るかは結局は誰に責任を負わせるかということから逆算するしかない。「相当因果関係」などと言って責任が自動的に決まるかのように言うのはフィクションだ，と平井宜雄先生が見事に看破したよ。

Prof：さすがに**L**君はよく勉強しているなあ。二ボレ教授は大変やりづらくて困っています。

J：でも，どうやって芋づるを切るんですか？　責任のある人が責任を負うのだと言えばこれはこの授業で悪名高いトートロジーじゃないですか。

Prof：諸君，芋づるを切るにはどうすればよいか？

N：植木屋さんに頼んだ方がよいと思います。

P：根元からザックリ切らないと元の木阿弥ですよ。

Prof：といったアプローチには理論的にアプリオリな難点があります。さて，それはどこか？

S：偽哲学的トンチならば，私に任せてください。わかった！　果たして芋づるは存在しているか。パルメニデス風の存在論から出発しないところがこれらのアプローチの欠陥です。存在していないものは語ることができない。というばかりか，存在していないものは切ることができない。

T：芋づるの存在が確認されただけでは駄目だな。次は芋づるとは何か。

S：芋づるとは水だ！　いや，原子だ！　いや，素粒子だ！

T：切ることができないのが定義上原子じゃなかったか？　少なくともデモクリトスはそう言っている。

B：これだから哲学同好会の連中は困り者だわねえ。

O：少なくとも法律学の勉強は無理だね，ここまで哲学が来ていると。

R：けれども，何故この芋づるは切りづらいんだろう？　ここが切れないと，賠償だろうと原状回復だろうと差し止めだろうとオケラだろうとアメンボだろうとどうすることもできない。今日は何回も嫌な感じがする。生暖かい風が吹いてくる。そろそろ梅雨時期で先生が寝てしまいそうだというばかりではなさそうだ。芋づる問題の際限の無さは何かの際限の無さと関係していそうだなあ。そもそも今回は占有が役に立ちそうもないこととも関係していそうだ。幽霊のように，占有を奪われたわけでもないのにいつの間にかすうっとどうしようもなくなっている。まだ占有が奪われたわけではないのに今のうちに占有を取り返しておかなければ危ない気がするという不思議な感覚も，何か芋づる式に繋がっていそうだ。

芋づるとは何か？

Prof：芋づるを切るには「芋づるとは何か」と考えるしかない。対象の性質を十分に理解しなければ切れません。木の性質をよおく知っていなければ木彫はできません。魚の構造をよく知らなければ三枚に下ろすというわけにはいかない。われわれは芋づるのことをよく知ってこれをどこかで切りたい。切らなければ責任を問えない。さあ，芋づるとは何か？

一同：（しーん）。

Prof：芋づるの比喩は，ずるずると絡まって際限が無いということをいうものでした。

P：この場合，それは因果連鎖でしたね。

Prof：因果連鎖というのは？

P：大雨が降って土砂を流し，ぽんぽこ川を下り，ぜんべえドンの牧草地を押し流した。

Prof：君が隣の席の **Q** 君の頭をポカリ，それで **Q** 君の頭にこぶができた，という単純なものではないということですね。どうして複雑になる？

A：自然の働きは複雑なものです。

K：生態系の微妙さです。

Prof：けれども，今までは何の問題も無かったのではないですか？

O：大雨さえ降らなかったらね。だから地球の温暖化が悪いんじゃないかという説が出た。

E：大雨が降ったって，こうなるとは限らないよね。コンコンチキがよくない。

M：大雨も含めてそこが単純でないから悩んでるんじゃないか。誰を訴えればよいのかさえ見えてこない。

I：複雑な芋づるが現れたのは自然なことではないということになりませんか。

誰を訴えたらいいかわからないわけだけれども，わからなくした人を訴えたらいいのではないですか。責任を問いにくくした人が責任を問われるべきです。

Prof：で，誰がそうしたんですか？

C：それは少々難しい。それがわかれば，初めから芋づるは切れています。

T：ははん，そうすると，それがわかりにくいということが芋づるだ。つまり，誰がやったんだかわからないように絡まっている，誰が絡ましたかわからないようにしている，のが正体だ。芋づるの本体はそういう風に絡まっている人間の集まりだ！

B：よくわからないんだけれど。

H：何とかわかりましたよ。因果連鎖が複雑なのだけれど，複雑にした張本人は誰か，となった。ところが複雑にしたのは誰か一人でなく，複数の人間が絡まり合っているからそういうことになったのだ，とまあ，こう言いたいらしいね。

Q：蔦の葉絡まるチャペルで，あ，違った，ぽんぽこ山のジャングルで，複雑怪奇な利害関係，欲と欲が相乗りする花電車，どっちがどっちを出し抜くか，とやっているから土砂崩れになった，とこう言いたいわけだ。確かに，大事な水源地をハゲ山にして一儲けしようというのだから，単純ではないよね。ぽんぽこ市議会だの，怪しいプランナーやコンサルだのが，土建の華の蜜の周りに集まった，というのは十分想像できる。それが芋づるに似ていないかと言われれば，ほとんど同じだと答えるかもしれない。

D：しかし，それが因果関係だと言われても，法学的には困るなあ。所詮面白おかしい社会学的考察の域を出ないんじゃないか？

N：それに，本当にその連中が今回のことの原因だと言えるか。少し飛躍がある。

芋づるカッターはこちらにてお求めいただけます

F：そこまで芋づるの性質が明らかになったのならば，細工は流々，任しといてください。政治システムの出番です。そういう人の絡まりを叩き切って透明にし，さわやかな風がぽんぽこ山の山肌を再び撫でるようにすることこそが政治の役割です。

B：何だか，選挙キャンペーンのようだわねえ。

F：どっこい，大真面目です。政治の観点を採れば，「誰のものでもない」聖域たる水源地をグルになって破壊することは犯罪です。結果的にゼンベエどんの占有が死んでしまったじゃないですか。政治システムという生命線が破壊されれば，占有は生きていけません。

L：だから，繰り返し言うように，これは民事法篇であり，続く公法・刑事法篇が出るのかどうかは，まだ決まっていないと言われている。

R：そうとも限らないな。いや，公法・刑事法篇のことではなく，それは民事法の問題でもあるよ。だって，民法典にも道路や水路やライフラインの規定が無かったかしら？　それらを断たれれば占有が死ぬからこそ，保障されているように思える。囲繞地通行権等々，つまり法定地役権は，占有が生きる前提条件として「誰のものでもない」スペースに繋がってこれを享受できるということがあるからこそ，存在しているはずだ。

F：通してくれというのを越えて，今回はそもそもその「誰のものでもない」スペースであるぽんぽこ山とぽんぽこ川を破壊した連中が居たということさ。これは犯罪だ！

L：百歩譲ってそれを認めるとしても，ならば一体どうやって民事訴訟を起こすというのか。検察官は今のところ動いていません。訴追してくださいとお願いでもしてみますか？

G：川が無いと生きていけない。しかし今回は川から土砂が押し寄せた。悪いのは川だというので，川にお仕置きをしても，川のことだから，どこ吹く風と流してしまいます。

J：占有も芋づるを切るのではなかったのですか？　占有はそこに在る具体的なグルを解体するためのものでしょ。これならば，絶対に民事訴訟になります。民事訴訟は占有のことだったじゃないですか。

O：そう言われてもねえ。

S：少なくとも占有は切断するな。何故ならば一義的だからだ。A 区間と B 区間の境目は A 区間なのか B 区間なのか曖昧だ，などということは絶対にない，というのがユークリッド幾何学の公理だ。カステラを切る，そのナイフには厚みが有ってはならない。じゃあ，A 区間から B 区間へと移る時に，一体何時境目を通過するのか。通過時間ゼロのはずだね。通常は幅のある帯で境界を指し示すけれどもこれはただの記号だね。その帯の中点が境界だ。ところが，このことが深刻なディレンマをもたらすということは有名だ。われわれは絶対に境界を越えることができない。何故ならば，幅の無い点を幾ら通過しても一向に進まないからね。少なくとも無限の時間がかかる。ゼノンという哲学者は，100m 競争をしてもわれわれは決してゴールできないと言った。中間を通らなければならないが，どこまで行っても必ずまた中間点がある。つまり永遠に中間点があり，ゴールに無限に近づくことができたのだとしても，ゴールには至らない。

C：その何とかいう哲学者はよほど暇だったに違いないねえ。現に土砂は境界を越えてやって来たんだよ。無限に境界に接近しうるだけであるなどと構えて寝ていたら今頃ゼンベエどんは生きていない。

J：あっ，でもこれで責任は辿れるようになったわ。占有ごとに隣の区間は隣の責任だということになる。土砂はやって来ても責任は絶対に越えられない。責任は境界の向こうに一義的に帰属する。そういう意味だったのね。

C：隣は何をする人ぞ，とふと見れば隣は轟々と音を立てる濁流でした。濁流なんぞに責任を取らせて一体どうしようってぇんだ。

F：場違いだと却下された政治システムがまたぞろ現れてすみませんが，川は「誰のものでもない」のだから，そこには決して占有が成り立ちません。延長は有っても無きが如し。ユークリッド的立場からすると境界線には幅が無いのと同じですね。

J：そうすると川に土砂が流れ込んだその地点を探さなければならないわね。それはもうぽんぽこ山中腹の工事現場だということになるわ。

S：因果連鎖のその先はまだ繋がっているようだが，それが切られて，まずはこの区間に責任が在るということになった。

Prof：占有は自由を保障する分，責任の単位を構成します。自然の因果関係を法的な観点から切ります。A 区間から B 区間に因果連鎖し，B 区間から C 区間に因果連鎖し，C 区間で損害が発生したとしましょう。しかし B 区間の占有者は C 区間にこの因果連鎖を及ぼしてはいけなかったと評価されます。もちろんそれができなかった，不可抗力（vis maior）だったという抗弁は許されます。また B としては一旦責任を認めたとしても A に求償することができるという場合があります。しかし「ひどいのは A だ」ということで C から直接 A に対して責任追及を及ぼすことはこの占有原理の結果難しくなる。これはリヴェンジの泥沼という逆の弊害を避けるために占有が働くためでもあります。

切っても切っても芋づるのときには？

I：折角ですけれど，工事現場が元凶だくらいはゼンベエどんだってわかったことでした。工事現場と言えばコンコンチキとトラゴロウが居るに違いない，だからこの二人を訴える，ということになったのでした。しかし，それでいいのか，他の誰かではないのか，二人のうちどちらかも，はっきりしません。それで困っていたのではなかったですか。

一同：（しーん）。

P：確かに，折角辿り着いたそのＢ占有の先は雨だった，いや雪だった，いや闇に包まれていた。

F：その先の闇は政治システムの問題だと言ったではないですか。

Prof：闇には違いないが，しかし少なくともそこには何かがあるというようには言えませんか？

A：少なくとも山がある。だから登るのだ！

C：少なくとも川がある。だからお婆さんは洗濯をするのだ。すると大きなモモがどんぶりこどんぶりこと流れて来るのだ！

E：いや，少なくとも市有地がある。だから払い下げて貰って一儲けするのだ！

Prof：払い下げて貰ったらどうなる？

G：それはもう，自分の物になる！

Prof：自分の物，自分の物，と一口に言ってもその意味は広うござんす。当店ではお客様の様々なニーズに合わせて様々なタイプを豊富に取り揃えてございます。

M：一儲けしたいのだから，当然，投資ピンクル，いや，投資ヴィークルとしての所有権！

Prof：鴨はネギを背負って来る。所有権は何を背負って来る？

H：出たー！　お化けだー！　腰が抜けたー！　というあの正真正銘のラテン語！

Prof：そう，ロカティオー・コンドゥクティオーですね。わかりにくければ，要するに請け負わせて二重構造を作ること。入れ子のグルですね。丸投げ，ダミー，下請け，等々と豊かにイメージが広がりますね。まるで口の中に広がる高級チョコレートのプラリネのような味わいです。

T：そういう味わいならば，元々の払下げのところからあります。ひょっとするとこれも賃貸か請負，業務委託や信託かもしれない。公有地の信託による再開発事業なんぞは最先端ですよ。

B：盛り上がるのはいいけれど，少し違う話ではなかったですか。所有権というのは，良質の安定的テナントが基礎を形作っており，地道に収入が得られるということだったと記憶します。だからこそ，おはなボウも安心して暮らせる。そういう土台があれば，経営委託もできる。

J：あっ，「その先も闇」なのはそのせいね。因果関係を辿ればピンポイントでこの占有が怪しいとわかるはずなのに，なおも闇なのは，そこに所有権が有り，かつ有るはずのその土台が無いからです。わけのわからない連中が絡まってひたすら無責任なことをしている！

K：二重構造や良好なテナントなどありはしない。あるのはハゲ山に産業廃棄物。それどころか，ただでさえわけのわからない連中がそのうえドロンと雲隠れして，ようとして行方知れず。**I**さんの発想で言えば，誰の責任を追及すればよいのかわからないときは，まさにわからなくした連中に責任がある！

Prof：所有権を支える土台があるべきところ，それが崩れている，溶解している。そのために一体何が起きましたか？

N：鉄砲水。

Prof：そうですね。結果的にはね。それは，そら見たことか，ということです。しかし，所有権を支える土台が崩れた直後にそれだけで生じたのは何ですか？

A：え？　まだ何も起こっていない。

Prof：そう，起こっていないけれども，しかしそれを見るとどう感じますか？

B：怖い。

Prof：素晴らしい。怖いということは？

O：危ない。

Prof：これが「危険」の概念です。占有の枠をまだ越えていない。ダムは決壊していない。しかし内部には既に客観的事実として溶解が生じている。溶岩ドームは既にある。内側は仕切りが溶け落ちて火の玉である。これが「明白にして現在の危険」です。大きな枠に限定されているけれども，その内部では軍事化が生じているのです。このときには，裁判所は既に違法，つまり占有の線を越えて侵害が発生したとみなすことができるのでなければならない。そして直ちに命令を発し，工事を差し止めることができるのでなければならない。起こってしまったらおしまいだからです。不可逆的な破壊が起こりそうだからです。差し止めは単純なストップを意味しません。元に戻す様々な作業を命ずることができます。いいですか，こういう法律構成は占有の概念をきっちり動かして初めて可能となります。誰が差し止めの命令を受けるかと言えば，例の市民的占有の帰属先ということになります。払い下げられていればコンコンチキ，市有地のままならば市ですね。工事を正統化する行政処分の問題には立ち入りません。

I：確かに，これこそがゼンベエどんのしたかったことです。鋭く察知してこれができていればどんなによかったことか。

過失の正体

P：何度も繰り返し議論していることですが，現実には被害は発生してしまった。そうなると占有概念の運命も尽きたということだった。

F：そもそも賠償させること自体，問題を孕みます。

S：芋づるが二重に切断され，コンコンチキの市民的占有という一点に一義的に責任が帰属しただけで相当に違うと思うなあ。何がいけなかったかもはっきりした。

Prof：危険が実現し，現実に占有侵害が起こったとき，まずは占有訴訟でブロックしようとするでしょうが，手遅れで損害が発生してしまった。この時ですね。初めて賠償が日程に上る。その場合も一度占有の線を越えたという事実は極めて重要です。これを「権利侵害」と言ってきました。しかし本権思考は狭すぎるのですね。人々は不自由を感じました。そこで「法律上の利益の侵害」と言い換えました。広くはなったが曖昧にもなった。ただの利益侵害と不法行為はやはり違うのですね。間に立つ分水嶺が占有です。占有侵害が不法行為の第一要件であるという常識を忘れると無用に混乱します。

D：「違法性」も占有侵害のことですか？

Prof：そうですね。

L：コンコンチキが内側で危険を発生させた部分が違法なのではないですか？

Prof：だからこそ占有の線を外側へと越えることになったのだから，ここに不法行為の核を見たくなるのは当然です。しかしこれはちょっとした混乱ですね。AだからこそBだと言っても，BがAに還元されるわけではない。

L：話を振り出しに戻して申し訳ないですが，不法行為責任の基本は一体どうなっちゃったんですか？　コンコンチキには故意も過失も無いじゃないですか。ぜんべえドンの牧草地を破壊したいとは一度も思ったことがない。ここまでの大雨が予測できたわけもない。そもそも，工事はトラゴロウのやったことです。まして，産業廃棄物を捨てに来る連中をどうやって押さえろというのか。

R：ずさんなことをしたのはコンコンチキの責任に違いない。払い下げられた場合だけれどもね。所有権者である限り，しっかりした土台を築く義務がある。

L：なるほど，そういう注意義務違反が過失を構成すると言いたいわけだね。しかし，立派なテーマパーク建設プランを持っていたかもしれない。テーマパークというのはビジネス・モデルとして優良推薦株だよ。ただ，トラゴロウのやつがヘマをしやがった。しかしそこまではチェックできるわけもなかった。

D：そんな弁解は無用です。原告が過失を立証しなければならない。

P：過失の問題がいきなり闖入してきて私は呆気にとられている。

E：不法行為責任を問うときに過失が要件になるという部分が頭越しになっている。説明されていません。ぜんべえドンやオハナぼうの運命を何故これが左右するのか。

L：そんなこと言ったって民法709条にそう書いてあるんだからどうしようもない。

C：それで，何故そう書いてあるんですか？　そこをさっぱりわからせてくれない。民法の授業はそういうことの連続だ。だから眠くなる。法事で聴くお経と同じだ。たまに沿革に触れることもあるけれど，そういうものとして伝わっているのだから我慢しろと来る。しつこく訊けば，良い先生の場合，「何か咎が無ければ責任を問えないでしょ」という答えが返ってくる。しかしそれでもぴんとは来ないなあ。

Prof：いや，ここばかりは民法の先生を責めても仕方がありません。過失責任主義の思想的背景は大問題で，是非が激しく争われる問題だからです。良心的な授業は，必ず，現在答えの出ていない余りにも高度な問題だから，じっくり考えてください，と言うはずです。そして若干の文献を指示するはずです。

J：そういう難しいことはわかりませんが，おはなボウの視点を採る限り，過失があったかどうかを問うても，ひどく的外れな気がします。

Prof：そうですね。そしてそれがどうしてか，考えることが極めて重要です。どうして的外れな気がしますか？

B：誰かがそこで失敗しているとかしていないとか，細かく分析しても仕方がないからでしょう。

M：そのとおりだと思う。これだけひどいことがドカンといきなり押し寄せた。

Prof：過失責任主義とは何かを説明するためには形而上学を要するので，今日全面的に説明するのは無理ですが，ほんの少しイメージを持っておきましょう。まず，ここはひとつ皆幽霊か神々になりましょう。

C：お，久々の意味不明質問！

Prof：幽霊か神々になるとどんないいことがありますか？

Q：もちろん，神棚に供えられたお団子を食べることができます。子供の頃，食べたいとは思うものの，見つかれば罰を喰らい，下手をするとお団子どころか夕食さえふいにする。いや，食べたとしても，お団子が消えていればどうせ僕のせいだと疑われる。誰も神々が食べるということを信じていない。

Prof：しかし，神々のために供えられたお団子をその辺のヒラ幽霊が食べたとしましょう。どうしてこれが可能ですか？

O：幽霊は目に見えないから見つからない。

Prof：お団子に手を伸ばしたところ手元狂ってお灯明を倒して火事になった，などということは無いんですか？

M：幽霊は霊的な存在ですから，手元狂いなどということはありません。

Prof：そう，結局思えば思ったとおりに物事を実現しうるのですね。物的な世界を媒体として要しないからです。政治システムは天上界を創出しますが，すると神々によって出来上がっているのでしょうか。

F：そんなことはない。政治は理念を掲げてプランニングしますが，他方，現実主義で，その理念を実現しなければ零点です。

Prof：そのとおり。政治システムによって自由を概念することの重要な帰結は心身二元論です。「故意なければ責任なし」という刑事法の大原則はそのひとつの表れです。政治は実力及び利益交換に満ちる領域から離脱する空間を構築するということを意味します。しかし同時に，その領域の実力及び利益交換を制圧する任務を帯びます。だから二元論です。後者を放っておくわけではない。

Q：そう，それが人間の栄光なのだ，と『オデュッセイア』が言っています。それに比べて神々は気楽でいいが，そんなのは面白くもなんともない，とね。有限な力で現実の困難に立ち向かう。大概は挫折する。

Prof：個人の自由もこの二元論によって支えられます。精神と精神であれば，何だか融合してしまいかねない。交換も悪いことばかりじゃない。何かしたら返って来る。スキンシップですね。これは体が無いとできない。これが相手の尊重と深く関係する。相手の身体の尊重こそがヨリ堅固な個人の自由を基礎づける。

Q：そう，『イーリアス』では，最後に神々が肉体を得て泥んこになってじゃれあい，子供のようにはしゃいで自由を謳歌します。人格を獲得するのですね。

N：「神格」の間違いじゃないか？

S：われら「哲学同好会」としては，ピタゴラス教団の功績を付け加えたいねえ。デモクラシーになれば身体のサイドに要塞を築くようにして個人の自由が一層強固になる。これに抵抗して，政治からさえも自由だがしかし横断的に強固に結合する連帯，アプリオリで高貴な友情，をほとんど「精神の相互流用」のように概念して重視した。

K：それじゃ，セクトを作るから危険だとか思われても仕方ない。

R：なるほど，二元論が基本だということはわかりました。二元論だから失敗が概念される。だから過失責任主義は人間のものであり，神々には厳格責任原則が妥当する，という例の理論ですね。過失責任主義は主体の自由と深く関係する思想であるというわけですね。けれども，疑問があります。責任を占有で一義的に画す，という考え方も出て来ました。一定の範囲内で起きたことは何が何でも占有者の責任であるということですね。先ほどの「ドカン」は明らかにそれで，だからこそ「過失が有るか無いか」と詮索することに対して違和感が表明されました。

Prof：占有という考え方も，政治システムの下，或る意味で厳格な二元論によって基礎づけられています。主体とその客体を一義的に分けます。これは個人の自由を厳密に概念することのコロラリーです。他方，これと別に占有は責任の考え方を拒否します。現在の状態を確定し責任を追及したりしない。意図的でないとしても占有侵害があればこれをブロックしうる。勝手に庭の木が枝を伸ばして隣の日照を遮った。隣はこれを排除しえます。これは責任追及でない。誰の責任かではなく，淡々と排除するだけです。この責任凍結を解除して損害がある場合に限り賠償請求を認めるときも同じように考えます。一義的に占有侵害を認定できるという観点が基軸になります。道に迷って庭に入ったとしても，使用料分の損害は発生しません。何故ならば占有侵害が意思的作用だからです。多少の継続性を要します。枝を勝手に伸ばした庭の木の作用は継続的です。道に迷っただけとはいえ植木鉢を壊せば永続性が発生します。多少のフィクションにより占有の一義性と二元論が調和していることに注意してください。つまり，二元論でありながら過失責任原則は登場せず，故意責任原則の方に忠実であることに着目してください。これは占有の一義性をヨリ重視するからです。さて，これに対して過失責任原則を欲する事態が新たに登場します。占有が二重に概念され，二重構造で思考しなければならない，そういう状況になると自ずから責任帰属が複雑になる，ということは自明ですね。そう，所有権概念が基軸たる役割を担う段階で，テクニカルな意味での過失概念が登場したのです。主体＝客体間の二元論が一層複雑に二元化されるとき，責任分配が一層複雑になるのは当然のことです。Ａに市民的占有が帰属している。しかしその下で単純な占有をＢが有している。Ｂから発した占有侵害から発生した損害にどこまでＡが責任を負うか。Ａの市民的占有圏内に事柄が起因するとも言える。だったらＡに賠償請求するか。しかしＡは「自分は日頃重々Ｂに対して注意喚起していた」，「しっかり管理していた」と言うだろう。こういう抗弁は認められてしかるべきだろう。この抗弁は大きな占有の内部の縦の中仕切り，つまりＡの占有の下部にＢの占有が入れ子になっていることに対応しているだろう。これが，確かに私の占有内に発しております，「しかし私に過失は有りません」（sine culpa）という抗弁です。

S：なあるほど，そういう酌量的抗弁としての二元論をデカルトは叩き切ったわけだ。政治の原点の二元論に帰れとね。

D：またピンクルの「哲学同好会」が出て大いに迷惑だが，民法715条の使用者責任のことを考えると少しわかるような気がする。外形理論があって，事業性があって，しかし注意義務を果たしていたという抗弁が出来るようになっている。

けれども逆に言えば709条は全然そうなっていない。そもそも原告が過失を立証する。抗弁なんかじゃないじゃないか。

Prof：過失責任主義を一般化し，しかも要件の側に含めたため，大きな問題が生じました。無過失責任論が20世紀において噴出したことはよく知られています。

逃げ道を塞げ！

P：はあ，と溜息しか出ませんが，しかし，理解できた範囲で言えば，所有権が妥当する場合でなければ「過失無し」の抗弁を認めない，ということかと思います。コンコンチキはしかしながらまさに所有権を持っているのではないですか？
　つまり「過失無し」の抗弁を主張しうる典型じゃないですか？

L：だから言ったじゃないですか。そのうえ，トラゴロウを管理するにあたって特に大きな注意義務違反は認められない。何より大きいのは工事に関して許可を得ているということだ。行政の監督も受けていたはずだ。実質，市の事業だものね。

E：行政だから正しい，市だから正しい，とでも言いたいわけ？

G：そうではないけれども，コンコンチキだってどうしようもなかったさ。

H：過失の有無を判断するということが何か的外れに思えることも依然として確かだなあ。

D：それは過失が無いからではないか？

C：いや，責任はあるに決まっている。所有権者には「過失無し」の逃げ道があるはずなのにそれが無いようだ，というギャップが疑問のポイントだと思うな。

Prof：皆，推理がうまくなったなあ。名探偵の域に近付いてきた。

Q：僕たちは初めから想像力だけは豊かです。これこそ落ちこボレの特権。身を持ち崩して三本立ての名画座に入り浸らなければ，こうはいきません。

J：と，レトロな**Q**君がマニアックに昔のことを言っていますが，私たちは問題を見つけるだけではありません。相手の出口も素早く塞ぐことができます。困っているゼンベエどんのことがわかるからです。危険と差し止めの関係を理解できました。コンコンチキは所有権者であるべきはずのところ，その義務を果たしていないからこそ，重い責任を免れなかった。事後の賠償の場合も，本来は「過失無し」の抗弁を認められるはずなのに，自分でその前提を崩しているのではないか。だからこそ，その抗弁の余地は予め奪われているのではないか。だからこそ，この抗弁が全く問題にならないと感じられるのではないか。

B：「かちかち山ランド」が完成した暁には立派なヴィークルをこしらえて所有権者になったかもしれないわね。ひょっとすると株式を上場したりしてね。

M：しかし実際には，工事中止に追い込まれ，誰も居ない状態だ。不気味な残土の山だけがある。

T：確かに，そうなると「所有権を支える二重構造」など始末の悪い代物だ。トラゴロウが人員を引き連れて入り込んだだけでも何だか荒っぽい感じになる。ところがそのトラゴロウが現場を抛り出した。何も構築されず，何よりも，誰も居ない荒れた状態になる。所有権の実質が有れば「過失無し」の抗弁が認められるとして，その実質が失われれば「危険」や「故意」，「過失有り」の推定が一転なされるのではないか。そういうことをしたところで責任が直ちに生ずる。

D：あっ。民法717条です，それは。「工作物責任」！　責任の存在が推定されています！

Prof：所有権者と占有者の間で迷走し規定の書き方は混乱してしまったけれどもね，本当のことを言えば。市民的占有の帰着先が責任を負う。この規定だと「過失無し」の抗弁を認めているようであるけれども，少しおかしい。ましてその抗弁の成功と占有者の責任を結びつけた，いやそれどころか，先に「占有者」に抗弁させ，補充的に「所有者」の責任を規定するという書きぶりは，頭がクラクラするほど捻れている。

C：そういうややこしいことはわからないが，わかったのは「ぽんぽこ山レジャーランド」の廃墟は，綿あめを紡ぐクルクル回る機械みたいなものだということさ。

O：何だい，一体そりゃ？

C：綿あめでなくて芋づるが紡ぎ出されるのさ。

A：あ，なるほどね。その開発をめぐって人が連なり，その場所に危ない人員が凝集したと思うと，そこから危険な因果連鎖がにょきにょきとはみ出していった，というわけだ。

R：そういう事態をピンポイントで摘出し責任を問えば，「過失無し」の逃げ道は塞ぐことができる。しかも占有を基準にして事態を把握しているから，差し止めを考えやすいし，それができなくて賠償を求める場合にも，やられたらやり返せとは全然違う。

G：コンコンチキの所有権者たる責任を問うのなら，それは同じく所有権者たるゴンザエモンに限るね。

一同：（しーん）。

C：これは痛いなあ。

L：緑の絨緞はゴンザエモンどののものだ。彼が損害を受けたにとどまる。それは確かにゼンベエどんにも占有があるかもしれない。しかしオハナぼうを連れてうまく逃げたのだから損害は無い。契約上の地位を奪われたということはできるが，債権侵害とか言ってもねえ。「おはなボウを連れて他の牧草地でも借りれば？」と言われれば万事休す。

H：確かにその問題には決着がついていなかったね。

P：そう言われるとほとんど反論の余地が無いけれども，何かひどく違うような気がするなあ。

Prof：どこが違うだろうか？

E：コンコンチキとゴンザエモンの関係は財産と財産の関係だ。ゴンザエモンは緑の絨緞を傷つけられた。だから弁償せよと言って当たり前だ。こんなもの傷つけられても生活には影響ない。ゆっくり支払ってもらって何年後かに帳尻が合えば結構。合わなくたって騒ぐほどのことではない。このことを持ち出され，「だからゼンベエどん，お引き取り願います」と言われると，「あれっ？　何だか飛躍じゃないか？」と思えてくる。ゴンザエモンは呑気かもしれないが，ぜんべえドンは切羽詰まっている。

Prof：切羽詰まった分はどこから生まれたかしら？

一同：？

Prof：ゴンザエモンの余裕はどこから生まれたか？

A：そりゃもう，財産があるから。

K：むしろ，コンコンチキと結託しているからじゃないか？

Prof：自分の緑の絨緞がやられた，でも余裕だ，それは何故か？

Q：これはもう大阪城さ。

一同：はっ？

Q：外堀を埋められても大丈夫なのは内堀が有るからだ。つまり二重だからだ。で，何故二重なのかと言えば，それはゼンベエどんが居るからだ。つまり例の locatio conductio というかサブリースのおかげだ。ぜんべえドンが緑の絨緞を大事に守っている。それも，言われたまま仕方なく守っているのではない。水，土壌，牧草，おはなボウ，そのミルク，と掛け替えのない組み合わせを精密に維持し大いなる創意で守っている。だからこそ，ゴンザエモンの緑の絨緞は経済的価値を維持している。逆に言えば，ぜんべえドンが自分の肌で痛みを感じて守っているからこそ，ゴンザエモンは余裕を持つことができる。緑の絨緞を失うと，痛みは無いが，やがて彼の帳簿上に反映される。損失としてね。帳簿の分，間接的だ。

Prof：それが市民的占有というものでしたが，コンコンチキの側に帰ると，こちらも余裕の裏側ですか？　つまり何か間接的に，相手に間接的なダメージを与えている？

M：一応そのはずです。彼も市民的占有者で，だからこそ，「過失無し」の抗弁が与えられています。

J：しかしそれが今例外的に効かない。しかも自分で効かなくしてしまった。

T：わかった，そういうことか。こっちのビルのテナントがガス爆発を起こし，隣のビルのテナントに損害を出した。窓枠が破壊され，天井が焦げたとしよう。しかし幸いテナントが店の中に有していた商品に損害が無かった。隣のビルのオーナーは修理してテナントに提供する契約債務を負うから，この部分をガス爆発側に請求できる。爆発側ビルのテナントの全くの個人的なミスならば，爆発側ビルのオーナーは「過失無し」の抗弁を主張できるね。被害側ビルのオーナーは，まさに余裕で帳簿上の損害を賠償してもらう。このとき，被害側テナントには，占有侵害されたが損害は無い。しかしゼンベエどんの状況は全然違う。**Q**君の言う，「掛け替えのない組み合わせ」が根こそぎやられた。だからこそ，これは危険責任のロジックにより予めストップしうるということだったじゃないか。それというのも，コンコンチキ自身が二重構造を融解させて危険な火の玉を作り出したからだ。

B：市民的占有の長閑な余裕はどこかへ吹き飛んだというわけね。

J：そこへ逃げ込んでゼンベエどんの請求を許さないのは一種の混乱ということね。

ええ，御破算で願いまして

D：で，ぜんべえドンは幾ら取れるんです？　損害の範囲の認定もその金銭評価も，難しい問題ですよ。「掛け替えのない組み合わせ」がそこに有ろうが無かろうが知ったことではない，とコンコンチキが言いますよ。

R：だからこそ，差し止めが第一義で，あとは，原状回復費用の負担ということになる。「掛け替えのない組み合わせ」の市場価値は難しいからね。

G：損害といえば，履行利益と信頼利益があり，それを画するに相当因果関係で判断する，ということになると思う。

L：履行利益と信頼利益とかいうのは，債務不履行による損害について言うことでしょ。

C：けっ，どっちでもいいよ。細かい計算はゼンベエどんには鼻っからカラキシ当てはまらない！

Prof：細かい計算が厄介なのは？

K：それはもちろんゴンザエモンどのの場合。なにしろいろいろ財産を持っていて管理が大変。

Prof：その財産管理には何が必要？

H：帳簿ですか？

Prof：はは，そうだね。一つのテナントのところで発生した損害が，帳簿上どう響くか。これは何の問題？

N：計算問題。

A：違うだろ。応用問題じゃないか。小学生の頃，苦手だったねえ。あの苦手意識が，このクラスにまで繋がっている気がする。

E：素直に考えよう。どう響くかというのだから，媒体の問題だ。媒体ということは，何かを伝っていくということさ。だとすると，これは例の「風が吹けば」だね。

P：て，ことは，因果連鎖？

E：そうさ。ガス爆発被害側のビルでは，修理したとしても巡り巡ってビルの資産価値に響いてくるかもしれない。これをカウントするのかしないのか。修理代にとどめるのか。

S：資産価値の場合と修理費用の場合，「幾らですか」ときく，その相手となる市場が異なるね。

Prof：そうすると，資産価値を問題とする場合，損害をどのレヴェルで捉えている？

Q：これは見え見えの読める質問だ。二ボレ君は「市民的占有」と言わせたがっているよ。諸君！　お年寄りをいたわろうじゃないか！

Prof：ひとをそう簡単にお払い箱にするものではありません。しかし完全に読まれてしまったことは確かです。対するに，修理費用は原状回復費用とあまり変わらない。損害を見るときに単純な占有を想定しています。

R：ま，資産の占有のところで出て来たあの問題だね。複合的に把握して価値を計算するのか，一個一個の価値を一個一個測るのか。

Prof：もちろん，これは損害の範囲の問題で，これを金銭価額へと評価するに際しては別個の問題が現れます。安定的な価格を計算の根拠とするのか，たまたま高値で売り抜けたチャンスなどというのは考慮しなくてよいのか。修理費用などはむしろ安定的に計算できるでしょう。

再入門後の学習のために

不法行為法は，民事法体系の中で鬼子の部分をなします。賠償思考が占有原理と相容れないからです。社会人類学の言う réciprocité の核に位置する「賠償」という観念は法にとって危険を意味する。réciprocité のイメージはこれまでも繰り返し登場しましたから，賠償と占有原理が水と油であることは理解して貰えると思います。

そのうえ，発達した不法行為法は所有権概念が働く場面を念頭に置いています。したがって，二重の意味で，不法行為法ならばわかりやすいだろうという想定の下にここから初学者を法律学へ誘導することは誤りです。

にもかかわらず，占有原理を公理とするローマ法の系譜を現在の日本の民法が引くという事実があります。主として過失責任主義を通じてこの系譜に連なっているのです。つまり過失責任主義の思想がローマ法由来であるということになります。この点については，以下のように順を追って説明する必要があります。

ローマでは，紀元前5世紀に占有原則が確立し民事法の基礎が定まると同時に一旦賠償思考は払拭される。しかしほぼ同時に，将来の不法行為法の芽が生まれる。つまり，殺人は刑事法の分野に囲い込まれ，物損には賠償を認めない，のであるが，身体に対する傷害についてのみその本人への加害者本人の賠償が認められた。十二表法は同害報復を法外の仲裁に管轄させる。同害報復は文字どおりに解されるべきではなく，懲罰的報復を排除する趣旨である。英語の injury に流れ着くラテン語 iniuria は，かくして傷害を意味すると同時に，後には不法行為を意味するようになる。つまり，本人の人格とその身体という極小化された距離においてのみ，réciprocité 禁止を解除するのである。

紀元前3世紀初頭，平民会議決という特別立法により，傷害以外のケースにつき賠償が定められる。この場合にも法源が特殊であり，依然正規の民事法とは認められないという考えを見て取ることができる。それでも，その限りで賠償思考を復活させてよいと判断されたのは，その頃占有原理が盤石になり，占有者相互の連帯が高まったからである。言うならば réciprocité の結果怪しい関係が繁茂するおそれが少ないと考えられたことになる。そういう条件下ならば，互いの善隣友好関係にかけて，占有侵害の結果たる損害を金銭賠償しておくことが絆を強化する。だからといって互いに恨みを遺すということはない。

不法行為法に劇的な変化が生ずるのは紀元前1世紀初頭のことで，ほぼ80年代と特定できるくらい意識的な法学主導の転換であったと推測される。所有権概念の登場，それを必要とする社会状況の出現，これらに伴って「過失無し」の抗弁が認容され，対極に，それが許されない故意のケース，危険な実力が形成されたケース，が概念される，という経過が今日でも史料から手に取るようにイメージしうる。同時に，過失ケースにおいては懲罰的意味なしの賠償が，そして故意のケースについては類型に応じて二倍額，四倍額，八倍額，などの賠償が，制度化される。

不法行為法のこの大転換後，ようやくその中心は過失の有無ということになります。同時に，この概念はどうしても主観的に理解されます。つまり市民的占有者が十分注意して客体をコントロールしていたかどうかが責任の有無を決することになります。責任を遡らせると結局はそれが内面に及び，過度の内面化を避けようとすると注意義務 diligentia を規範遵守の形で概念することになります。注意事項を箇条書きにし朝礼で連呼するという感じで，余り法の精神に相応しくないことになります。つまり一人一人の個人責任の明確化から遠ざかります。

こうして占有判断から不法行為法が離れがちになるが，不法行為の要件においても柱はあくまで占有です。これを基準にまずは判断する。「権利侵害」では狭すぎ，単なる利益侵害では広すぎる，というので「法律上保護すべき利益」などとわけのわからない文言に辿りつくのは，占有がまさに権原と事実の中間に位置するからです。もちろん，実際はこの占有のアナロジーをどこまで効かせることができるかという問題に現代法は直面しているのですが。日照権などは占有そのものですが，名誉など目に見えない部分ですね。しかし占有で判断するという基本に対してどこまでアナロジーを働かせうるかという問題であることを忘れないようにしましょう。

次に，授業の中で触れられているように，因果関係論もまた占有を基準に構築され，かつ，市民的占有が存在しているケースの場合にはそれは複雑になります。不法行為成立要件における因果関係と損害の範囲に関わる因果関係は区別されなければなりません。市民的占有の構造が関わる場合，後者は複雑になります。

そして，過失責任主義を市民的占有ケースでないのに振り回すのは大変ミスリーディングです。もちろん，市民的占有が実際には存在しなくともこれを擬制することは主体の自由をヨリ一層保護するために望ましいということもあります。しかし逆に市民的占有を擬制しては絶対にいけないケース，危険な大規模施設のようなケースもあり，これが過失責任主義批判，無過失責任論を生み出してきました。民法 717 条の問題はここに位置付けられます。元来はローマ法では危険責任に対応して予め賠償額を供託させる制度でした。

民法 715 条の問題も厄介です。産業の時代になって所有権概念が 19 世紀に高揚期を迎えると，それまで考えられなかった責任遡及が（コモンロー圏を含め）世界大で構想されます。しかし日本では，組織における責任所在の不明確，下請けの曖昧構造，等々とこの責任芋づる遡及が連動し，使用者責任のところが異常に肥大してしまっています。

もう一つ，取引関係の内部における不法行為は，元来 actio doli：悪意の訴権が担い，したがって，善意悪意，つまりは故意責任が支配する領分です。ところが，過失責任が一般化したため，契約責任と不法行為責任の谷間に落ちて空白を成すに至った。bona fides が所有権全盛下独自のテリトリーを築けなかったという近代固有の限界も考慮しなければなりません。actio doli の源流近くに位置した actio aedilicia の系統も忘れられました。これは市場警察を司る政務官が固有に管轄する訴権であり，事業者が一般消費者に対して負う責任を追及します。事業者は一方的に厳格な善意を要求されます。したがって「過失無し」の抗弁が端的に排除されるか，または故意＝悪意が推定されます。瑕疵担保責任はこの系統に属します。

不法行為法を勉強するときには，相対的に独立の分野であることを意識しつつ，以上のような基本を押さえることが混乱から逃れる道です。そのうえで個々の局面で激しく戦わされる議論をフォローしましょう。つまり，一元的に思考することを回避する必要があります。

第九話 賃貸借・役務提供，その一

ぜんべえドンとオハナぼう，第九話

あの大雨の後，ぜんべえドンとオハナぼうは失意の日々を送っていました。例の裁判は案の定うまくいきませんでした。ただでさえ長引いて負担であったところ，ぜんべえドンは結局敗訴してしまい，上訴する資力など有ろうはずもなく，泣き寝入りするしかなかったのです。ぜんべえドンとオハナぼうは土石流の被害を免れた友人の牧場に一時身を寄せていたのですが，長く居るわけにもいかず，裁判中，早々に自活の道を探らねばなりませんでした。

まず，おはなボウですが，隣村の或る牧場に貸し出すことになりました。賃貸借契約が結ばれたのですが，賃料は，おはなボウが食べる牧草と相殺されることになりました。しかしオハナぼうから採れるミルクは借主つまり牧場主のものとなり，牧場に収益をもたらします。次に，ぜんべえドンですが，ぽんぽこ市が行うぽんぽこ川改修工事現場で働くことになりました。そうか，ぽんぽこ市に雇われたのか，と安心してはなりません。工事の下請に入ったゴンクロウどんに雇われたのです。あれ，何でまたこんなところでゴンクロウどんが復活するのか，ぜんべえドンは嫌な予感がしましたが，そんなことを気にしている余裕は有りません。今日一日，食べていけるかどうか。

そのようなわけで，このお話が始まって以来初めてゼンベエどんとオハナぼうは別れ別れに暮らすことになりました。この二人，おっと間違えた，一人と一頭が果たしてバラバラになってやっていけるのか。全ての読者の胸をよぎる不安はやがて的中することになりますが，別れるその晩，ぜんべえドンはオハナぼうに向かってこう言いました。

のおオハナぼう，裁判で勝つまでの辛抱だぞ。きっと，原状回復して見せっさげの。そしたら，またあのぽんぽこ川のほとりの，懐かし緑の野さ帰ろう。それまで，慣れね土地で辛いんでろの。水が違えば草も違う。んだんども，隣村のキンジロウどんさも，きっと気に入られるはずだ。オメの出すミルクは極上だもの。キンジロウどんは厳しい人だんども，良いものは良いと評価する人だ。

こうして二人，おっと間違えた，一人と一頭は泣く泣く別れたのでしたが，それはまだ不幸のほんの始まりでした。

まずはゼンベエどん。「いよいよ今日がら働ぐぞ」と現場に行ってみると，あれっ？　現場を仕切っているのはトラゴロウどんじゃないですか。川をこんなにした張本人が何故またここに居るのか。答えは簡単，トラゴロウどんが元請なのでした。確かに，ぽんぽこ市には深く食い込んでいますよね。それにしても，ぜんべえドンはトラゴロウどんにこき使われることになります。休憩施設も無ければ，休み時間も満足に取れず，長時間労働を強いられました。けれども，ぜんべえドンはその分手当が多いはずだと期待し，むしろ一生懸命働きました。

にもかかわらず，一向にお金が支払われる様子が有りません。流石におかしいと思ったゼンベエどんはゴンクロウどんに詰め寄ります。人がよいので，ひきつった顔の割には言葉は穏やかでした。

ひょっとして万が一，私さ給料を支払うのをお忘れではないでしょうか？　そうだどすれば，少し思い出してもらわれっど有り難(ありがで)なですんども。安いアパートを借りで住んでいるとはいえ，タダっていう訳ではねえし，きつい労働をするには，しっかりど食べねば身が持だねものですさげの。

ゴンクロウどんの答えは何とも意外なものでした。

おめえ，なあんか，勘違いしとんじゃなかんか？　これはイナゴ，いや，ハケンぞなもし。じゃけん，トラゴロウどんば，払うことになっとるだっちゃ。

ぜんべえドンは，例の正体不明の出鱈目方言がまた出た，と思いぞっとしました。どうして肝心のところになるとこれが出るのか。この話の作者に問題が有りはしまいか，確かめなくては，と思いましたが，すぐに忘れてしまいました。それどころではないので，息を切らしてトラゴロウどんのところに行き，以下のように言いました。

ゴンクロウどんが，こげだ事を言たなです。私さ給料を払うのはあなたです，ど。これだけ働いたのですから，お願いです，給料を払ってください。働いても体を崩さね環境を整えで欲しいなどとは言いません。お金さえ貰われればいいなです。社会保険料も払ってくれなんて言いません。給料を払ってもらて，今日一日，また一日，とにかく食べられさえすれば，いいなです。

トラゴロウどんの答えは，なかなかに乱暴なものでした。

てめえ，ぶっ殺すぞ！　明日からクビだ！　給料とか寝ぼけたことを言うんじゃねえ。これはコヨウじゃねえど，ウケオイだど。おれっち，てめえなんぞとケイヤクしてねっち。馬鹿言うんでね。ウケオイっちゅうことは，マルナゲっちゅうことばい。マルナゲ，ドンブリカンジョウ，と昔から決まっとる。社会保険料とかいう言葉はオレ様の辞書には載ってねえなあ。

それからというもの，ぜんべえドンはゴンクロウどんとトラゴロウどんの間を何度往復したか知れません。昼間は必死に汗水たらしながら。

それにつけても，会いたくなるのはやはりオハナぼうです。どうしているだろうか。新しい牧草地の牧草は果たしてオハナぼうの口に合うだろうか。

ぜんべえドンはとうとう取れないはずの休みを取って，隣村のオハナぼうに会いに行きました。

びっくりしましたねえ。真っ先にゼンベエどんの目に入って来たオハナぼうのその姿に。痩せ衰えてガリガリになり，目もうつろで，見る影も有りません。

どげしたなだ，おはなボウ。

しかしオハナぼうはモーと答える元気も有りません。急いでキンジロウどんを探し出し，問い詰めました。

おはなボウは一体どうしたなです？　もし病気だんば，獣医さんの所さ連れて行ぐなが，大事な雌牛を預かた人のすべきことでねが。

キンジロウどんの答えも冷たいものでした。

おはなボウは乳を出さない。乳を出さない雌牛はドッグフード用と決まっているが，猛犬ゴンがここのところインフルエンザにやられて食欲不振なので，仕方なく，飼料運びの荷車を牽かせている。

どうしてまた，あの黄金のミルクが出なくなったのか，不審に思ったゼンベエどんはキンジロウどんの牧場を見て回りました。水と土壌に何の配慮もなされず，過密な牛舎にたくさんの牛が押し込められており，抗生剤や栄養剤，果てはホルモンまでが，大量に投与されていました。過密な牛舎は，であるのに不衛生で，これではオハナぼうにとって大変なストレスだろうとゼンベエどんは思いました。出荷される原乳は，キンジロウどんが「価格勝負」と言うだけあって，安かろう悪かろうでした。

ぜんべえドンはキンジロウどんに向かって言いました。

ひどいんでねえが。これでは約束が違う。おはなを借りた以上は，賃借人として賃借物を大事にする義務があんなでねが。

するとキンジロウどんは顔色一つ変えず例の事務的な口調で言いました。

お金を頂いて預からせていただければ，それはもう，デラックス・マッサージつきなど，大いにサーヴィスさせていただきますが，なにしろ，ただですから。ま，食べさせてやっているだけ有り難いと思え。

あなたが対価を支払って借りだんでねが。それが餌代さ相当する。その代わりオハナぼうの乳を絞っていい，ていう事だったはずだ。黄金のミルクを採っていいっていう事は，大変だ事(ごと)です。この話の読者だば，誰もが羨やみます。

はっきりさせておきましょう。ミルクが採れなければ何の価値も無いということです。あなたの債務不履行です。かわりにオハナぼうにはたっぷり働いてもらいましたよ。あなたがお金を払ってペットの面倒をみてもらう契約に変わったのですよ。それを御存じない？　それでそのお金を払わないのだから，こちらで徴収させていただきました。いやなら，とっとと連れて帰ったらどうです？　いや，もう荷車を牽く力も無いようだから，どこかへ捨てに行こうと考えていたところですよ。ちょうどよいところにあなたが来た。

とうとうここでわれらがゼンベエどんとオハナぼうも力尽きるのか。どうしてこんなことになったのか。果たしてこの話の作者に慈悲は有るのか。いや，学習困難者の皆さんに彼らを救う知恵は有るのか。

庄内弁訳（ぜんべえドンの科白）：放上鳩子

涙，涙，涙……

C：可哀そうで，聴いていられねえなあ。

P：まったく，『フランダースの犬』か，はたまた『マッチ売りの少女』以来だねえ。こんなに泣けるのは。

G：どうかなあ。普通じゃないか？　誰の物も奪われていない。

N：それより，いけないのは，笑いながら法律学を勉強しようというキャッチフレーズがこれじゃ文字通り泣いちゃう。不当表示だ。

B：どうしちゃったんでしょうねえ。作者，というか老いボレ先生は。寒いギャグが枯渇して御涙頂戴で視聴率を稼ぐつもりかしら？

O：とことん可哀そうな自虐的ドラマがときどき流行るねえ。

Prof：あっと，遅くなりました。皆さん，もうお話は聴きましたね。では授業を始めましょうか。あれっ？　どうしたんですか？　そんなに湿っぽい顔をして。

E：先生，少し過ぎますよ。これじゃ，**I**さんが泣いちゃいますよ。

Q：とことん笑い続けようというのがこの授業のコンセプトじゃなかったんですか？

H：如何なる連勝記録もいつかは途絶える。如何なる笑いもいつかは途切れる。そして哀しい現実に引き戻される。
B：あれっ？　H君って，そういう人だっけ？
Prof：人は誰でもクールな目をどこかに備えているものです。そう見えなくとも。いずれにせよ，私のせいではありません。この涙の雨はね。
J：では一体，誰のせいだと言うのですか？
Prof：よくぞきいてくれました！　話せばナガークなる，それは数奇な物語。捩れ捩れて三社祭の若い衆の捩り鉢巻きより捩れている。そしてこれが世にも哀しい話を夜空の星の数ほども生み出してきた。この広い法の世界で，ここが哀しくなければ一体どこが哀しいと言うのか。どこで泣けばよいと言うのか，諸君！
C：おやまあ，先生，どうかしちゃったよ。千々に乱れたご様子。

こんな私に誰がした？

Prof：如何なる状況下でもまずは冷静に分析するというのがこのクラスのコンセプトでしたね。絶望することもなく，怒ることもなく。笑いは冷静になるための手段です。それに明るくなる。未来を見る。想像力が働く。悪いことが重なり，とことんひどい状況に陥りました。全く出口が見えません。
T：全てが尽きたと見えるとき，忽然と現れるのが占有でした。この占有を足掛かりに逆襲しうる。しかし前回辺りから怪しくなってきた。それでも前回は何とか占有を立て直し，手遅れかもしれなかったが，責任を追及し代償を得た。理論上はね。ぜんべえドンを現実に救うには至らなかったらしいけれども。しかし今回ばかりは手も足も出ない。
A：帰りたくなってきた。
K：オレもだな。
O：どちらかというと，今回の問題がオレ達の現実に近い。これまでの話は，所詮お伽噺にすぎない。今時，呑気な牛飼いなどどこを見渡しても居るわけがない。二ボレ先生は放蕩息子の肩を持っていると誰か友達が言っていた。彼は学習困難者じゃないので，ここには居ないけれども。オレ達だって，わけもなく，学習困難者になっているわけじゃない。何と言ってもきついバイトに追いまくられていることが一番大きい。大教室は嫌いだけれど，授業に出席しなくとも単位が出るというのは有り難い。朝までバイトだから，どうせ出席しても寝ちゃうし。今回のゼンベエどんに起こっていることは，このクラス開始後初めて，他人事ではありません。

一同：（しーん）。

Prof：この問題にメスが入らないとなると，法律学などただの暇人用パズルにすぎなくなる，とおっしゃりたい？　そのとおりです。しかしだからこそ，学習困難者の出番です。われわれ学習困難者および法学部窓際科目落ちこボレ教授若干一名は，呑みこみが悪いのでとことん説明してくれないとわかりません。「そんなのは簡単だ」とか，「とにかくそうなっているのだから，それを覚えてそのとおりにしておこう」とか，にはついて行けません。遠回りに遠回りを重ねて時間を浪費します。緊急事態だというのに，理論的な省察を始めてしまいます。しかし，簡単には解決できない問題ほど深く考えなければならない，というのは当たり前のことですね。深刻なだけに焦ってバタバタしてしまいがちですが。

C：そうだ！「優等生にはわかるまい！」音頭を踊りましょう。「残念でした秀才君！」マーチにのって胸を張って行進しましょう！

H：そう，やけになるなよ。

G：窓際だから落ちこボレたのか，落ちこボレて窓際に追いやられたのか，やや曖昧なような気がする。

O：ただでさえ置いてけぼりを食ったオレ達のような学生にそんな難しい問題にチャレンジする力が有るわけがない。

M：極度に困ったときには，一見迂遠だが占有から出発するということだった。しかしそれが効かないからこそ焦っている，というか，諦めているんじゃないですか？

I：毎回繰り返しになりますが，どうしてそうなのか，から考え始めるのが近道だと思います。全く手掛かりさえ無いように見えるが，それはどうしてか。どうしてかが突き止められると出口は無いという結論が出て来るかもしれません。しかしそういう厳密な探求でなければ却って出口は見つからないと私は思います。本当に追い詰められた人の立場に立つというのはそういうことでしょう。

R：そのとおりだと思うな。いつもよりもっと，ゆっくり考えよう。ゆっくり考えるときのコツはテクストにつくということだったね。テクストというのは立ち止まることを意味し，そのテクストに立ち止まると二重に立ち止まることになるよね。

E：そうかなあ。「条文からスタートしよう」などと言って条文の向こう側を考えさせない本も多いような気がするなあ。

R：条文の向こう側を省察するには「条文からスタートする」しかないということは動かない。だから，「条文からスタートする」ことの責任ではなくして，それはたまたまその本が省察を怠っただけだと思うな。

B：テクストというと，この場合はこのお話のテクストだわね。ポイントを探しましょう。でも簡単。ぜんべえドンとオハナぼうの別れの場面に一番光があたっているわ。
P：そうだ。ここのところをバラバラにされたのが致命傷だった。
C：どんなに離れがたい二人にもやがて別離の日は訪れる。
H：波止場の汽笛が夜霧の桟橋に響き渡る。
K：悪くないドラマだ。
A：少々古すぎるけれども。
Q：少々どころでないね。ボク達はもうそういうのはやめにしたいね。「カラリと笑いのめせば二人は見事ゴールイン」と行きたいな。頭を使おう。パンチ力のある笑い話を作ろう。
T：そのためにも鋭い分析が不可欠さ。どうして二人はバラバラになったのか。
O：「一人と一頭」に修正したいと思います。
M：バラバラの理由は簡単だ。大雨が降って緑の絨毯が流された。
Prof：その結果失われたものは？
M：だから言っているじゃないですか。緑の絨毯が失われた，と。
Prof：ということは？
N：ということは，おはなボウが草を食めなくなった。
Prof：ということは？
H：どこか代わりの牧草地を見つけなければならない。
Prof：見つけて，また二人，いや一人と一頭が幸せに暮らせばよいではないですか？
K：そうはいきません。
Prof：何故ですか？
K：そういう土地を買うことができればよいが，その資力がない。そういう土地をまた借りることができればよいが，条件のよいところはおいそれと転がっていない。
Prof：条件が悪くたって仕方がない。どこでも借りてとりあえずオハナぼうが食べていくことができる牧草地を確保すればよかったのに。
E：それは，ぜんべえドンが単身で身軽な場合の話です。ぜんべえドンとオハナぼうが切り離しがたく結びついている。しかもまたそれと特定の土地が切り離しがたく結びついている。その根元を破壊されたのです。
Prof：どうしてその根元は成り立っていたのですか？
D：占有ですか？

Prof：その占有はどうして成り立っていたのですか？
L：賃貸借ですね。サブリース構造が有って，これで緑の絨緞の上の安定が保たれるということでした。つまり賃貸借契約の bona fides が反射的にゼンベエどんの占有を保護していた。われわれは下北沢に石碑を建てました。
Q：最高裁判例も勉強する価値が有るということかな？

天国も地獄も賃貸借？

S：おかしいな。下北沢の記念碑が目黒川の氾濫で倒壊したというのはよくわかるけれども，賃貸借を惜しんでいる場合じゃないと思うな。何故ならば，おはなボウは賃貸借に出されてしまい，それでひどい目に遭っている。
D：驚くことはありません。もともとサブリースの中身は二つの異なる賃貸借の重ね餅だった。賃貸借は様々だと習いました。
P：これだから法律学は嫌になる。それだったら異なる名前を付けておいてほしいな。同じ名前だが中身は違うから気を付けろというのが多すぎる。哲学同好会の方がよほど話しやすいよ。
S：そういうことが言いたいのではないよ。哲学同好会の方でも，語と概念の関係は難しいということになっている。「緑のキツネと赤いタヌキ」というのは，本当のことを言うとわけがわからない。キツネうどんの容器を緑にし，タヌキうどんの容器を赤にし，そうやって識別したのだとは思うが，言葉はこういう風にラベルを貼るようにはできていません。「緑のキツネ」と言う以上は「赤いキツネ」が居る。いや，「緑のキツネ」と「赤いキツネ」が居るからこそ，「キツネ」が居る。〈緑のキツネ〉を「クテノ」と言い〈赤いキツネ〉を「ケトナ」と言えばよいところ，〈キツネ〉という軸を〈赤〉と〈緑〉で切るから，こういう表現になる。その軸を指示するために「キツネ」という語が必要になる。それが証拠にもし黄色のキツネが居たらどうします？　それは「赤いキツネ」なのか「緑のキツネ」なのか。オレンジ色のキツネが居たらどうかな？　ま，「赤いキツネ」と言われるだろうね。「キツネ」自体，「タヌキ」—「キツネ」という軸を切るために有る。だから「緑のキツネ」と「赤いキツネ」の間を結ぶ軸に名前がついている。動物として，あるいはキャラクターとして，「タヌキ」—「キツネ」という軸が有りそうな気がするけれども，軸自体には名前は付いていない。それがそれでまた垂直に交わる別の軸を切るという関係が存在しないからだ。もっとも，〈うどん〉という軸が有るならば別だけれど。確かにうどんには「タヌキ」と「キツネ」が有る。この軸に語が付着しているのは，おそらく「うどん」—「そば」という軸が有るからだ。それが証拠に，蕎麦屋で「きつね！」と言うと「そばですか，うどんですか？」ときいて来る。

C：これは面白い。

Q：敵ながらあっぱれ！

B：余りにも馬鹿馬鹿しいので呆れるわ。よくそんな暇が有るわね。どうせ，暇を持て余していたギリシャ人が考えたんでしょ。奴隷に任せて政治に熱中していたとか。

F：それはひどい俗説です。よく確かめもせずそんなのが流布して本当に困るなあ。どうせ，ハンナ・アレントか何かの解説本の紹介本の受け売り本か何かを見たんでしょ。労働についてのギリシャ人の考え方は非常に複雑で，高度な哲学をさえ生み出しました。「デーミウールゴス」という一語を想起するだけで十分です。わからない人はプラトンの『ティマイオス』を読みましょう。ちなみに，暇を称賛する立場は政治の対極に立ちこれを批判する人々のものでした。

S：確かにギリシャ由来の考え方だが，人文主義，特にロレンツォ・ヴァッラの考えだし，20 世紀の言語学，特にソシュールと彼に続いた人々の考え方さ。

R：それにしても，何故ボク達が法律学の学習に向かないか，今ほどよくわかったことはないね。

A：連載の頁数は限られているというのに，こんなことに費やしてよいものなのか。五島さん，いいんですか？

Prof：大丈夫，五島さんはいつも展開を読み切っています。今回は賃貸借とかその他それに類した制度をどう区分けするかという分類 classification が主題なのだな，と読むはずです。そうか，これはその伏線であって，読者の意識の中にそっとその思考法を埋め込むつもりだな，とね。

H：それはいいけれども，いい加減，賃貸借に戻ってくれませんか。バラバラが悲劇の始まりと言うけれども，確かに，ぜんべえドンがオハナぼうを貸し出したりするからバラバラになってしまったということは否めません。すると，賃貸借が壊れたことが悲劇の原因であるとしても，賃貸借が出来上がったことが悲劇の元であるというのも事実です。

オセロ・ゲームで頭ふらふら

D：同じく賃貸借だというので騒いでいるようですが，いいですか，一方の場合，ぜんべえドンは賃借人です。ところが今回は賃貸人になったのですよ。おはなボウを貸してあげたのです。

N：普通は賃借人の方が賃貸人よりも不幸なんじゃないかな。お金持ちの大家さんに食うや食わずやの熊さん八つぁん。相場はそうと決まってる。ところが，ぜんべえドンは賃借人の時には幸福で，賃貸人になった途端不幸だなんて，例によって話が少々不条理すぎる。
G：おかしいな。おはなボウが他人の所有地で草を食んでいる点は同じだ。なのに何故一方は賃借人で他方は賃貸人なのか。
E：だから分類が必要だ。交通整理しないとわけがわからない。
L：分類以前に，ぜんべえドンが賃貸人になっているこの賃貸借はちょっと変だね。ぜんべえドンは賃料を受け取っていないじゃないか。
B：自分の牛を食べさせて貰っているのだから，それが賃料だ，という取決めのようだけれど？　相殺ということかしら？
M：ミルクは賃借人が取ります。これが餌代と相殺されるんじゃないかなあ？
D：勤勉なキンジロウどんはまた別のことを言っています。有料の託児所，或いはペット預かりだというのです。むしろその対価を免除してやった。ただし，ミルクと相殺だ。ところがミルクが出ないから，働いてもらった，というロジックです。
Q：『小公女』を思い出して感激していたところさ。おお，懐かしいミンチン先生！　豪華寄宿舎生活もお父さんの破産とともに終わりを告げ，屋根裏部屋暮らし，女中として昨日までの友達にかしづく毎日です。
C：そりゃ，だいぶ違うなあ。お父さんの破産とかじゃなくて自分のパーフォーマンスが落ちたのでお払い箱になるという，現代的雇用関係の問題さ。「♪歌を忘れたカナリアは，裏の山に捨てましょか，歌を忘れたカナリアは，柳の鞭で打ちましょか」という方じゃないか？
L：しかしこの賃貸借は，いつかの「間違い探し」ゲームのように，どこかおかしいね。先生，まさか今日は間違い探し記念日なんじゃないでしょうね？　カレンダーの確認をお願いします。
Prof：カレンダーには何も記されていませんが，しかしどこがおかしいですか？
L：餌代を持ってやるから賃料と相殺だ，という部分かな。餌代は元々キンジロウどんの負担だ。何故ならば費用だから。費用は賃借人持ちだ。これに対してミルクは元々キンジロウどんのものだ。そこは問題ない。果実だからねえ。
G：えっ？　費用は所有権者が払うんじゃないの？　大家のプライドじゃないか，雨漏りの修繕は。民法606条や608条だってそう言っています。
L：馬鹿だねえ。躯体の費用，つまり躯体の修繕だね，それから躯体の価値を増加させる有益費，これは賃貸人の負担になる。これに対して経常費用，電気・ガス・水道などは賃借人持ちと決まっている。この費用に果実が対応するけれども，賃借人はこの果実を採るかわりに対価を賃貸人に払わなければならない。これは市民的占有の果実ということになるからね。

P：なあんだ，そうすると，餌代を持ってもらえると恐縮して賃料をただにしてやる必要が無かったわけだ！

H：そうとも言えないね。キンジロウどんは，「そもそも対価を貰うべきは自分である，果実を頂けると言うのでそれを免除した」と主張している。本来は自分に対価を払うべきであるという限りで，「自分は賃貸人のようなものだ」と言っている。「スペースを貸し，ファシリティーを提供し，サーヴィスまで付けた」とね。

C：またしてもゼンベエどんはシガナイ賃借人だったのか！

M：しかし，オセロ・ゲームみたいにこうも簡単にひっくり返ってよいものなのか。それにしても目が回る。賃貸人かと思えば賃借人，賃借人かと思えば賃貸人。特殊相対性理論だな。

A：両者の間でいろいろなものをやったりとったりしている。ここで問題が生じているのではないだろうか。

K：馬鹿だねえ。それをするためにこういう契約が有るんじゃないか。

B：さっきの**L**君の理論だと，キンジロウどんの変更後の法律構成も少しおかしいのではないですか？　ぜんべえドンが賃借人みたいなものなら自分で費用を投下し自分で果実を採るはずじゃないですか？

D：その点は大丈夫です。その果実を対価と引き換えに採らせているのです。おまけに費用まで払ってやっている。つまりおつりが来る。

E：何だか変だなあ。ケチなキンジロウどんが何故そういうサーヴィスをするんですか？　数字の上では確かに「費用を払ってやっている」ことはキンジロウどんがゼンベエどんに対して施している恩恵のように見える。しかし費用と果実の両方をまとめて取っていってしまっているような感じもするなあ。

I：今**E**君が言ったことはよくわかります。何かまとめて取られてしまった感じですね。このことがゼンベエどんの不安，というか私の不安をよく説明します。大事なものをまとめて委ねるとき，全幅の信頼が無ければできません。そうでないとき，心配でたまらないものです。ベビーシッターの方の家で子供を看て貰うということを考えればすぐにわかります。

R：たとえ費用を持ったとしても，費用果実関係の総体を握るということは決定的なアドヴァンテージを意味するのではないかと思えてきた。どうしてかと言えば，費用果実関係は即占有のことではなかったろうか。まだ何がどうなっているのかさっぱりわからないが，占有という琴線に触れかけているような予感がする。

名前は変われど，闇鍋は闇鍋

J：話を聴いていて，同じような迷路がぽんぽこ川の方にも有りそうな気がしてきました。

Prof：と言うと？

J：大変に複雑で私には整理できませんが，誰が誰に対価を払うのか払わないのか，さっぱりわからないところがよく似ています。

D：私が少し整理しましょう。こちらの場合，トラゴロウどんとゴンクロウどんの間には請負契約が有ると見られますから，注文主のトラゴロウどんがゴンクロウどんに対価を払いますね。替わりにゴンクロウどんは仕事をします。

L：諾成契約のくせして，請負人は同時履行の抗弁というか留置的な力を発揮して「代金を受け取るまでは仕事を引き渡してやらない」と言うことができるんだよ。民法633条だね。

A：キンジロウどんの言い分と同じだな。「おはなボウの世話をしてやったのだから，本来ならば有料だ」と言っていた。

J：うそでしょ。実際働いたのはゼンベエどんですよね。するとゴンクロウどんが請け負ったとしても，それをさらにゼンベエどんにやらせたことになる。ならばゴンクロウどんは，たとえ何某かピンハネしたとしても，残りの何某かをゼンベエどんに支払うはずでしょ。しかしゴンクロウどんは払わない。「何故ならば自分はゼンベエどんをトラゴロウどんに紹介しただけだ」と言っている。「働いた分はトラゴロウどんに直接請求せよ」と言っている。ゴンクロウどんはトラゴロウどんから何某かを支払われたかもしれないが，それは紹介料ですね。ところが，ならばというのでゼンベエどんがトラゴロウどんのところへ「払え」と言って行けば，トラゴロウどんは「お前なんかと契約していない」と言う。「ゴンクロウどんが請け負っているのだ」と言う。ぜんべえドンは永遠にクルクル回るしかない。

C：絵に描いたようなたらい回しだなあ。

Q：たらい回しか皿回しか猿回しか知らないけれど，ひどすぎる。こいつら完全にグルだねえ。タヌキに尻尾を出させるには落ち葉をたいて煙を出し，燻すしかない。

O：一体どうやって落ち葉をたくんですかい？

D：しかし仕事を紹介するには特別の認可が必要なはずだ。黒い連中にやらせると危ないから厳重な公的コントロールの下に置かれているはずだ。

H：だからこそ，「これは紹介ではない，請負だ」という逃げ道を連中は用意してるんじゃないですか。
E：しかし聴いているうちに，ぜんべえドンとオハナぼうが同じに見えてきた。
K：そりゃまたどういうことだい？　幾ら離れがたいとは言っても人間と牛の違いは有ると思うがなあ。
E：要するに，「ゴンクロウどんはゼンベエどんという人の好い農夫を飼っておりました。二人は幸せに暮らしておりました。ところが或る日，故有ってゴンクロウどんはゼンベエどんをトラゴロウどんに貸し出さなければなりませんでした。」と，ま，こういう話でしょ。だから賃料をトラゴロウどんが払う。
N：払う相手は確かにゴンクロウどんだ。
G：なるほどね。そうするとゼンベエどんは餌代をトラゴロウどんに請求できる。L君が費用とか果実とか言っていた。
C：餌代の請求なのか餌そのものの請求なのか。
B：これで「派遣」がやっとわかったわ。以前「派遣」で勤めていたとき貰っていたのは餌代だったのね。
M：おいおい，よしてくれ。ぜんべえドンが幾らオハナぼうのことを可愛がっているからと言って，自分が家畜になったりはしないぜ。幾らオハナぼうに人権があるからと言って，逆は真ならず，ぜんべえドンが牛として認められたら大変だ。
Q：ぜんべえドンがついに家畜になったのか。感慨深いなあ。朝起きたら虫になっていたなどというよりはましかもしれないがね。どういう気分がするだろう，貸し出されたりしてねえ。首に縄を付けられて牽かれて行くのさ。抗議しようとしても言葉は出て来ない。全部「モー，モー」という音になる。
S：ギリシャ人は人間を定義して分節的な音声で啼く動物だと言ったけれどもね。
A：何だい，その「分節的音声」ってのは？
S：簡単さ。まず，「ミャオオオオ」というような連続的な音でなく，しっかり音節に区切られている。その一つ一つの音も，例えば日本語の母音で言えば，「あ，え，い，お，う」と綺麗に五つに区分されている。切り方は少し曖昧になっても五分法が意識されていれば通じる。英語の母音などはもっと複雑だよね。いずれにせよ，音が分節的だから，われわれは分節的な差異を識別しうる。したがってこの音をリソースとしてコードを作ることができる。このコードを使って，音の分節的差異を，イメージの分節的な差異へと，送ることができる。前者に後者を指示させるということだね。分節的な音声を相手の知覚に打ち込むことによって差異識別的に分節的イメージを話し相手に共有してもらう。要するに，自然言語を持つのが人間だとギリシャの人々は言ったわけだ。言語的記号は単なる記号とは違うということだけれども。
B：何のことだかさっぱりわからないわね。哲学同好会はやっぱり苦手です。
Q：確かに，自然言語を欠いて，法螺話を大展開できなくなれば何の楽しみも無くなるね。
C：意外な結末が待っていたものだ，『ぜんべえドンとオハナぼうの物語』も。ぜんべえドンが牛になって終わるんだ。シュールだねえ。
J：シュールなんかじゃなく，現実でしょ！　ぜんべえドンとオハナぼうがそれぞれ陥った二つのシチュエーションが同じに見えてくるという現実がそこに有るという話です。同じはずはないのに同じに見える。しかし同じかなあと思うと違う。違うどころか，一つ一つが幾つか矛盾することのように見える。お化け煙突さながら。そして一番同じなのは，そういう摩訶不思議で危険な坩堝が口を開けて待ち構えているというところだわ。たくさんの鏡が乱反射して同じようで違う，違うようで同じ，しかしどこが同じでどこが違うか，何が何にあたり，何が何に対応するのか，考えれば考えるほどわからなくなる，という点が一番同じです。ひょっとすると，ぜんべえドンまでが家畜に見えてきたのはそのせいかもしれない。

お菓子の家

Prof：そのマジックの仕掛けをよおく分析すればひょっとすると彼らを救う道がひらけるかもしれませんね。大きな手掛かりを得ました。ぜんべえドンが家畜になったのですね。何故なったか？
Q：言い換えますと，魔女のおばあさんはヘンゼルとグレーテルを食べようとしたのですから，もうちょっとのところで彼らを家畜にすることに成功したのですね。そのストラタジェムはお菓子の家でした。ぜんべえドンにとって一体何がお菓子の家だったか？
C：一体どっちが先生なんだい？
P：Q 君の質問の方が面白いなあ。答えさせるインセンティヴが強い。
H：それがお菓子の家なんじゃないか？
M：ぜんべえドンも甘い話に引っかかったことは確かだ。利益に誘導された。
B：でも生活のためには仕方なかったのよ。面白くも無い普通の話じゃないの。家畜になるという感じはみんな持ってるわよ。わるふざけの授業にはあるまじき平凡さね。

T：しかし，どうしてそうなるかということは平凡じゃないさ。

Prof：おはなボウの境遇の方も忘れないでくださいね。両方が似ているという話でした。どうせオハナぼうは牛なのだからそれでも構わない，ということが言えるかどうか。

J：それは言えません。いやむしろ，おはなボウが痩せ細ってしまったことこそが究極の問題です。おはなボウの幸福がこの授業のテーマじゃないですか。

G：結局，賃貸借なんぞに同意して土地を手放したからこういうことになった。だからこそ，土地を自分のものにしておく必要が有ったんだ。自分の土地だったら，幾ら洪水が襲ってきても何とかなる。

R：幾ら自分の土地であったとしても，荒れ果てていれば何もそこからは得られない。おはなボウも他所の土地で草を食まなければならない。自分の土地が有りながら出稼ぎしなければならない人は大勢居るよ。

K：じゃあ，一体どうすればよかったと言うんだね？

F：少し急ぎ過ぎだね。われわれ落ちこボレは急がないのではなかったか。「どうすれば」の前に「どうして？」を考えるのだった。

I：今回は，費用果実のところ以外，主役の占有が本当には登場していません。どうしてでしょうねえ。占有はどこへ行ったのか。それに，ぜんべえドンとオハナぼうがバラバラになったことが致命的だということを私たちは直感しました。そうだとすると何が言えるのか，まだまだ推論を重ねていかなければなりません。

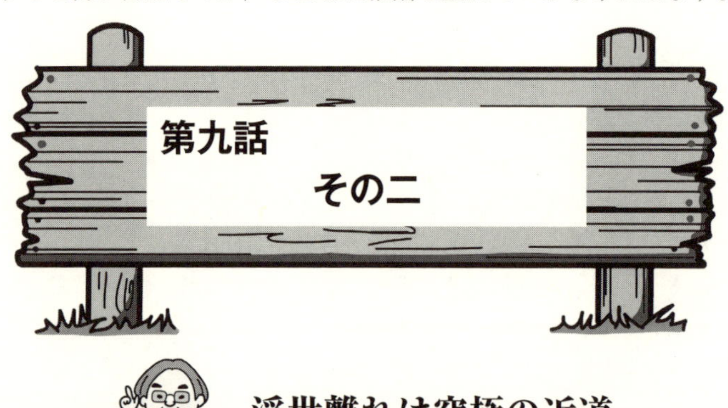

第九話　その二

浮世離れは究極の近道

R：問題がこれだけ錯綜していて手も足も出ないと，かえって「いっそ，深く沈思黙考してうんと理論的に考えてやろう」という気になるね。

K：画面に登場している一番困っている人の，その一番困っている状況から具体的に出発するという大前提が，それでは崩れないだろうか。

E：われわれは十分にそこから出発したと思うなあ。

Prof：それで，**I** さん，「占有から考えるという定石が役に立たない場合，『何故役に立たないか』から考えるべきではないか」とあなたは言いましたね。

I：一番困っている人を助けるわれわれが困ってしまって動けない。ならば次に，何故動けないのか，これを考えなければならないと思いました。

O：そんな暇は無いと思うけれどなあ。

A：そういうのは学者先生たちに任せましょう。これは落ちこボレ用の補習授業でしょ。

M：それは少々違うなあ。ただの選択科目，いや，単位にさえならない。バイトで忙しく暇ではないかもしれないが，そんな中，せめて気分だけは暇を味わいたいとわれわれはこうしてここへ集まっているんじゃないか。単位にならない純粋な遊びをこそわれわれは求めている。

H：確かにそうだなあ。学者先生は皆忙しそうだしなあ。授業の中身も忙しい気分に満ちている。こちらまで「忙しく勉強しなければ大変だ」となる。考えている暇は無いよね。

C：確かにその点，この二ボレ先生は余り学問してそうにないなあ。授業に出た先輩に聞いたら，いきなり，「こんなに天気がいいのに，こんな辛気臭い授業などに出てないで，どこかへピクニックにでも行きなさい」とやられ，がっくりきた，と言っていた。先生，本当ですか？

Prof：確かに，5月や10月の爽やかに晴れ渡った日の朝など，開け放たれた窓から銀杏の葉越しに緑の陽光が注げば，そりゃどうしたってそう言っちゃうよね。

S：そうでなければ哲学はできません。

G：だから哲学は授業科目から外されるんじゃないか。不人気科目の中では二ボレ先生の科目に次ぐんじゃないか？

T：はは，ならばこれだけは言える。こういう難解な問題を考えることができるのは最早この落ちこボレクラスの学生くらいなものだということさ。われわれだって暇じゃないけれども，しかし暇を愛する点では人後に落ちない。暇を愛する人が学者先生の中にも居ないし，学生の中にも少数だとなれば，われわれ以外にはこういう「お手上げ問題」を理論的に省察するなどという輩は居そうにない。

水平コラボに垂直コラボ

Prof：君たちにその覚悟ができたのならば問いますが，何故占有が機能しないように見え始めたか。

F：政治システムから見ると，人が横一列に並んでいなければいけないのに，今回の話だとやたら人と人とが入り組んでおり，誰かが誰かに使われるという，縦関係ばかりが目立ちます。

J：しかしそれは世の中では当たり前の状況で，その芋づるをばっさり切るために占有が登場するという筋書きだったじゃないですか。これがうまく行かない。ということは，芋づるにしてもこれまでの芋づるとは性質が違う。

Prof：素晴らしい。理論的考察の始まりですね。そういう風に手掛かりを探しましょう。それで，これまでとどこが違いますか？

B：ぽんぽこ山方面にはこれまでと同じ黒い雲のような芋づるがかかっていますけれども，ぜんべえドンにしてもオハナぼうにしても何だか他人の支配の中にめり込んでいるわね。

P：ははん，そうすると白血球の細胞が細菌を内部に取り込んで殺してしまうようなものだな。

Prof：細胞はこの場合何ですか？

D：占有だとおっしゃりたい？　確かに，他人の占有の中にゼンベエどんとオハナぼうはそれぞれの仕方で入り込んでいます。けれども，細胞の中に入り込んだウィルスが免疫系を破壊して細胞を殺してしまうこともあります。

K：おはなボウについての占有はどうなるんだい？　おはなボウは，キンジロウどんの占有の中に入り込んだ以上キンジロウどんが占有しているのか？　つまりゼンベエどんのオハナぼうに対する占有がキンジロウどんの占有の中で押し潰されているのか？　それともオハナぼうの占有はゼンベエどんによって留保されており，ところがその占有の内部にキンジロウどんが入り込んで中からゼンベエどんの占有，その免疫系とやらを破壊しているのか？　占有の留保というのは寄託のことを考えれば素直に理解できる。キンジロウどん自身，おはなボウを預かったと言っているんだぜ。そうとなれば，やっぱり細胞の中にウィルスが入り込み細胞が死ぬケースさ。

N：どちらがどちらに入り込んだのかわからないと言うのならば，ぽんぽこ山方面も負けてはいません。トラゴロウどんの支配下にゴンクロウどんが入ったのか，ゴンクロウどんが支配する者をトラゴロウどんが「失礼します」と言って使わせて貰っているのか？　どちらがどちらに入り込んだのか。寝技師対寝技師みたいな感じだなあ。
H：その連中だと，どちらがどちらに入り込んだのかわからない状態を作り出すのがむしろ目的なのではないですか。
C：そう突き放すものではない。
R：いや，一理あるなあ。どちらがどちらに入り込んだのかわからないのは病理としても，少なくとも一方が他方に入り込むというのは病理というより何か目的が有りそうだ。
Prof：入り込むというのは占有の中に入り込むということですね。一体何のために？
A：キンジロウどんは何故ゼンベエどんがオハナぼうについて有する占有の中に入り込んだのか？
T：これは簡単だね。むしろ最初はゼンベエどんが中に入って貰ったんだ。「おはなボウが食べてミルクを出せるように」という目的が有る。
Prof：「おはなボウが食べてミルクを出す」というのは，占有の観点からは？
L：占有に費用が投下され，そして果実が生まれる，ということです。
Prof：結構。だったらそれを自分ですればよいではないですか？
M：だからそれができない。だから代わりにやって貰う。
S：わかった。一方が占有を持っているけれども費用投下果実収取の力が無い。これをＰとしよう。他方は費用投下果実収取の力を持っているけれども占有が無い。これをＱとしよう。ＰとＱの両者が交換するんですね。コラボすると言ってもよい。
H：コラボかなあ。乗っ取られただけじゃない？
D：結局は対価の形でＰは無事果実をゲットします。
P：「費用を投下することまでやっていただいた」というのでむしろ対価を払わなければならない場合だって有りそうだぜ。ＰとＱの両者の力関係じゃないか？
Prof：コラボだとして，このコラボの特徴はどうですか？　これまで出て来た別のコラボと対比して？
F：それはもう，政治システムのコラボと全然違います。それに似た，委任や組合のコラボとも全然違います。委任や組合の場合には，互いに自由に好き勝手するように見える。完全に自発的にね。それでいて相手をよく見ていて微妙なアンサンブルが奏でられる。対話している。ファンタスティクだねえ。
C：悦に入っている場合じゃないよ。話は占有で，しかもお互いに相手にめり込んでいるというのだから。

J：占有だって，横一列で，それぞれ不干渉のまま隣人同士協力することも有るという話だったじゃないですか。取得時効のところに出て来たわ。委任や組合だって占有が二階に概念されるということだった。

Prof：政治システムの問題を今は脇に置いておくとしても，占有や法も横一列に並んだ独立な主体が相互対等に協力するということを主として考えるものでした。いや，それどころか，まず政治が横の線を一義的に設定し，続いて占有というシステムが構築され，これがまた第二の横の線を一義的に設定する。これで初めて縦横の座標軸が一義的になります。90 度回転させると縦の軸になる。つまり占有間の方向が横で，占有とその対象間の方向が縦ですね。そして縦方向には協力関係は無いはずでした。一方的な支配・保護関係ですね。けれども，この占有の内部，つまり縦関係にもコラボを実現できないか。費用果実のところですね。それは占有内関係ですが，ここに相互乗り入れして協業関係を築く，という大きな課題ないしジャンルが現れます。

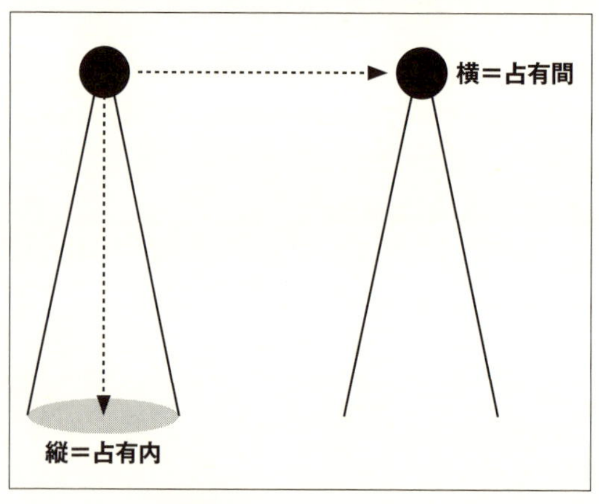

七変化に目を回さないためには

H：占有という基本からして，そんなことをすれば危ないんじゃないかなあ。コラボはよいけれど，交換とか言うし，エションジュ échange とか言って怪しい駆け引きをするということだった。一つの占有に二人も入り込んで密室の闇取引になりませんか？

E：危ない関係もいろいろあるような気がする。きちんと腑分けしなければ暇な分析とは言えないね。

Q：なになに，危ない関係の分析だって？　騙すか騙されるかのぎりぎりの勝負だって？　わくわくするねえ。ローマの喜劇でも，悪い女衒の手から彼女を救い出すために痛快な詐欺を仕組む。彼自身が仕組むのではないけれども。放蕩息子は金も無いけど頭の方もいまいちだからね。大概は頭のよい落ちこボレ，いや，奴隷が付いていて，こちらが仕組むんだよ。どんなに悪い手を使っても平気さ。元々浚ったり騙したり違法に彼女を縛っているんだから，女衒はやられても告訴さえできない。まんまとただで彼女を請け出すことができる。悪の中に入り込む悪だねえ。

E：そういう手口にも様々あるんじゃないか？　ざっと分類してみてよ。でもローマの喜劇なんかボクたち全然知らないよ。

Q：でも『スティング』という映画なら知ってるよな。ギャングをくたばらせる詐欺師の話だね。手口もたくさん出て来るよ。分類に困るくらいさ。いかさまと言ったって，トリックは様々。

M：そんなオタクな観点を持ち出されてもこちらの方が困っちゃう。分類というのはどうしてもマニアックになるな。

Q：だったら，基本的な観点を教えようか。映画の中で，重要な伏線は列車の中のポーカーだよね。ギャングが仕組んでいるいかさまポーカーさ。ここへ詐欺師が被害者として入り込む。ところが上手のいかさまを仕組んでギャングに涙を呑ませる。大金を吐き出さなければならないからね。悔しいというので一発逆転の心理を植え付ける。ポトラッチの一種だよ。これで釣っておいて大罠にはめるんだ。今度は違法な場外馬券賭博さ。しかも全部贋物の賭博場で，そのギャングをはめるためだけに書割が作られる。精巧に競馬中継のラジオ音声が流される。この中継音声は現実のレースより少しだけ遅れるという設定になっている。電信でニセの「本当の結果」を密かに前もって聞き出すといういかさまができるぞ，と誘ってはめるわけだ。いかさまのいかさまだ。いいかい？　トランプの場はギャングが仕切っている。入り込んだ方が上手のいかさまで乗っ取った。そうかというので，ギャングは乗り込んで来る。入り込んで上手の詐欺をやってやれ，というんだね。ところがものすごい大金を賭けたところで元々インチキなその設定自体をブレイクしてしまう。この金は「返せ」とさえ言えない代物だ。だから丸儲けだね。

B：どこが一体「有意味な分類」なの？

Q：あ，すまない。二つのいかさま合戦の結果が違うのは，どっちがどっちに入り込むかという以前に，基本の設定というか場というかそういうものをどちらが握っているかに大きな違いが有るからさ。ギャングはいくらなんでも列車を支配できるわけがない。カードに細工するかどうかだ。ここを簡単に相手に持って行かれた。自分もいかさまをしたので追及するわけにもいかない。しかしニセの場外競馬賭博場はいかさまのいかさまだ。入り込まれる方が設定をしっかり握っている。一瞬にして全体を消すことさえできる。

I：よくわかりました。ぜんべえドンがキンジロウどんに入り込まれたまではよいが，そのとき同時にオハナぼうがキンジロウどんの占有の中に入ったことが大問題だと言うわけですね。確かにこれで完全にオハナぼうはキンジロウどんに隷属してしまいました。だからわたしたちはどちらがどちらに入り込んだのかわからないほどでした。二重と言うけれどもゼンベエどんの方のオハナぼうに対する占有はゼロに等しくなってしまった。

K：なるほど。ぜんべえドンがトラゴロウどんの占有の中に入り込んだ場面では，そういう基本の占有をトラゴロウどんの方が握っているから，ぜんべえドンはピンチなんですね。

O：え？ 「入れたつもりが入ってしまった」というのではないよね？ 初めから「入った」つもりなんだから，全然違うじゃないか。

C：自分で自分の体を貸した，つまり自分の体に「入居」させたつもりが，相手の占有の中に入ってしまったというわけだろ？

J：そうだと思うわ。そもそも，ぜんべえドンがトラゴロウどんの占有の中に入り込んだところ基本の占有もトラゴロウどんの手の中に握られていた，というのでは「基本の占有」を区別した意味が無いわ。ぜんべえドンは自分の占有の中に入れてあげたところ，それでもその自分の占有が有るからいいか，と思っていたら基本の占有が相手に有ったので，有るはずのその自分の占有が無力化された，ということでしょ。その場合，占有していたのは自分の体というか労働以外には無い。でも仕方がなかった。占有していても投下する費用もその費用を投下する術も無かったのだから，果実の上げようがない。それでは生きていけない。だから身を切る際どいコラボを強いられた。しかし悪いことに相手の設定の中へと乗っ取られモギとられるような態様で「中に入られた」。だから自分の方の占有は無力化された。さっきの符号を使えば，PはQを入れてやるつもりが，いつの間にかPはQの中に入っている。いや，入り込んだと言うより占有の対象になってしまった。何故ならば自分の方の占有は実質ゼロになってしまったから二重構造が無い。だから家畜みたいになった。

Prof：ぽんぽこ山のゼンベエどんが実は入り込んだQではなく入り込まれたPであるというのはそのとおりです。入り込ませたり入り込んだりして占有内に二重構造を作ることをラテン語でlocareロカーレ，これは動詞の不定法ですが，名詞形で言えばlocatioロカーティオーと言います。これは入り込ませる方で，この語が主軸になりますが，入り込む方はconducereコンドゥーケレ，conductioコンドゥクティオーと言います。これは大きな手掛かりになります。何故ならば，プロテウスのように様々な形を取って来る相手に対して惑わされることなく理論的な省察を向けるためには，基本形をしっかり把握する必要がある。このラテン語は，われわれの民法典で言えば賃貸借・雇用・請負を統一的に包含する概念を指示します。そればかりか役務提供や偽装請負やその他様々なものを包含することができます。相手がどう化けて出ても大丈夫。涼しい顔です。そんなのは古代の話だろう。われわれは近代だ，などと言わないでくださいね。locareはフランス語でも維持され，louerになります。名詞はlouageですね。賃貸借ばかりか請負や運送を含めて広く使われる言葉です。とはいえ，原型に即した理論的省察がなされているわけではない。フランスでも，その必要性を80年前に言った人が居るのですが，皆忘れています。統一的な語があれば自動的に人々が原理に遡って考察する，などということはやはり無いんですね。ちなみに言えば，先ほどの水平的なコラボは委任などであって，絶対にこのlocatioにはなりません。何かをやって貰ったというので，委任か請負か困る，法律行為か事実行為か，それでも区別できずに準委任などという変な言葉を考える，などというのは滑稽以外の何物でもありません。水平と垂直の座標軸を失った中世以降の人々に固有の混乱です。近代ではその座標軸喪失の原因は代理という怪しい制度を樹立したからです。水平なのに手足だなんてね。

ありがたいなら芋虫はクジラ

N：基本形はいいけれど，てんでおかしい。ぽんぽこ山でゼンベエどんはむしろ「占有の中に入られた」とか**J**さんは言ったね。占有しているのは体であるとか。そんなバカな。体を占有するなどということが有るのか？　ぜんべえドンはオハナぼうまで手放して素寒貧だぜ。「それでもまだ体が有る」などというのはただの強がりじゃないか？

J：確かに土地の占有を失った。おはなボウも失った。それでもゼンベエどんには自分の体というものが有ります。体を使って果実を生み出すことができます。だからやはり占有だと思います。その果実は本来ゼンベエどんのものです。いや，その体の使い方についてとやかく言われたくはない。自由が懸っています。だから占有です。ゴンクロウどんのところで働くというのは，汗水を貸してあげるのです。

P：Jさんがそういうつもりだということは聴いていてわかったけれども，そんなところにまで占有という概念が成り立つのだろうか？

L：それは無理ですね。それに身体はやはり別です。人格が有り身体が有り，そしてその身体を通じて何かを占有する，という仕組になっています。しかし確かに，locatio operae ロカーティオー・オペラエとか言って，「労働のロカーティオー」という考え方はローマ以来です。この場合，働く方が「入れてあげる人」，つまり locator ロカートルなんだよなあ。

T：わかる気がするな。ボクたちはきついバイトもしなければならないけれども，家庭教師をするのもなかなかいいよね。そういうときどうさ。三時間ばかり高校生の勉強を見てやる。終わると高校生の子のお母さんが紅茶をいれてくれ，近くの有名なケーキ屋さんのケーキかなんかを出して来る。そして小さな袋に入ったお金を差し出す。これを受け取る時，君たちは「ありがとう」と言うかい？

A：それは言うよね。今時，お金を貰ってケーキまで御馳走になるなんぞ，これほどありがたいことはない。

Q：情けないねえ。それじゃ気分ぶち壊し。そこはぐっとこらえて咳払いの一つもする。そしておもむろに受け取る。するとお母さんの方が，「どうも，先生ありがとうございました」と言うんじゃないか。君の方で「毎度おありがとうごぜえますだ，またの御依頼をお待ち申し上げております，値引きセールもごぜえます，スペシャル・サーヴィスもごぜえます，景品もつけます」とやったら台無しだ。そんなのに大事な息子の勉強を任せて大丈夫か，となる。大学だって同じだ。教壇で揉み手をしてサーヴィスしている教授の講義なんぞ聴く気がするかい？　だめな大学ほど「あれもついてます，これもついてます，学生はお客様です，お客様は神様です」とやっている。ああ，ここは低レヴェルの大学なんだねえ，とはっきりする。

B：確かにそうだわねえ。お医者さんだって，サーヴィス券なんか渡されて「またの御来店を」とか，「ポイントカードお作りしますか」とか言われると藪医者かニセ医者に違いないと思う。

C：まさか，そんなのあるわけないでしょ。**B**さんもうまい冗談が出るようになったねえ。**Q**君が伝染したね。というか，われわれ皆相互に伝染し合っていい感じになってきたねえ。

E：しかし，店先で客を呼び込んでいるのは十中八九怪しい商売だね。これは確かだ。そういった意味ではデパートなんかも気持ち悪いなあ。

S：そう言えば，哲学同好会でヨーロッパに行き古本を探したんだけれど，どこの店先でもカウンターは小さくて，奥に膨大な本を持っているという感じだった。そして店に入って行くと「ふん」という感じで睨まれた。「これこれこういう本がありますか」と言いかけただけなのに「ノン」が返ってきた。奥の本にアクセスするためにはこちらもよほど知識を持っているというところを示さなければならない。本気の客だというところをね。

Prof：「ありがとう」というのは高校生のお母さんと患者さんの方だね。お金を払うと同時に「ありがとう」とも言う。これはどうしてだろう？

R：対価を払って果実を取るのだけれども，例の基本の占有とやらがもう一つ働いて，その対価関係以外にその基本の占有に「お入れいただいた」というのが効いてくる。これに対して普通の労働者は，自分の身体を他人に使わせているのに，基本の占有が相手にあるため，ありがとうと言って貰えない。むしろ，「働かせていただく」となる。そうすると請負に近くなる。もっとも，請負だと道具や材料が自分のものだし，作業の場も自分が仕切る。しかしゼンベエどんが働くときには何も無い。普通の労働者にも何も無いかもしれない。

M：なんだかズームレンズのようだ。

P：おかしなことをおっしゃいますね。

M：占有を提供する方が，自分を中心に自分の体もしくは労働，そして自分にとって大事な物，おはなボウのようなものだね，それから少し自分に遠い土地や建物，手前ほど条件が厳しく，先に行くほど楽だね。自分にとって手前ほど相手に押し込まれているのだから相手が強い。相手にもよるけれど。たとえば，こちらが医者で向こうが患者ならば，自分の身を切る労働でもこちらが強い。

D：確かに，住む家の賃貸借ならば普通貸主の方が優位ですね。もっとも，「貸主が自分で住まなければならなくなったけれども，借主に居座られて困る」というのもある。

L：もう一つ，サブリースのような場合も考えるといいかな。貸す方，つまりlocatorはもっと楽だね。しかし，なるほどこれはズームだね。

マッチ箱の力学

J：面白いけれど，いつまでも遊技場で遊ぶ子供のように興じてばかりいないでください。どうしても locatio conductio とやらをしなければいけないとき，重大な問題が発生しますね。それは何ですか？

C：あれ？　**J**さんがソクラティック・メソッドを始めた！

O：入ったり入られたり，潰れやすい。

J：そればかりですか？

F：locator と conductor のどちらが潰れるか，必ずしも予断を許さない。
J：そうですね。そのとおりです。だとすると，どうしなければなりませんか？
H：マッチ箱がぐしゃりと潰れるというわけだから，補強をしなければなりませんね。
J：どうやって補強しましょうか？
A：弱い方をテコ入れする。
J：その都度ですか？
S：なるほど，そこで類型化というわけだ。類型化して捉えなければ，どっちをどう補強してよいかわからない。
G：所有権者が locator となるとは限らず，人を雇い入れれば conductor にもなると言うのだから，ここは大いに場合分けして貰いたいね。
Prof：類型化と言えば，三分類，賃貸借・雇用・請負，だけれども，これでいいかな？
L：分類したこと自体，悪くないし，分類の結果だってそこそこだと思う。確かに特別法をまたなければ有効な補強はできなかったかもしれない。しかしそれでも，雇用の場合は locator たる労働者を補強し，賃貸借の場合は賃借人たる conductor を補強したなどは「なかなかやるではないか」という感じがします。
P：でも請負はどうなります？　ここがなにやら怪しい気がするなあ。
T：確かに，ぽんぽこ山ではこれが介在しておかしくなっている。
D：キンジロウどんだって，賃貸借をひっくり返し，寄託を大きくはみ出し，ついには請負に至ったとも言えます。サーヴィス提供，役務給付の契約とか言っているようですが。
Prof：請負には重大な異形点が認められますね？
E：対価と果実の関係でしょうか。普通は locator が対価を取り，conductor が代わりに果実をいただく。これは雇用も賃貸借も同じです。ところが請負においてだけ，locator に果実が真っ直ぐ行き，locator が conductor に対価を払う。
L：なるほど，果実をストレートに取るならば，conductor はただの通過点のように見えてくる。対価と言うけれども，特に前払いされれば実際には費用を当てがわれて飼われているようなものだ。日本の判例を読んでいるとそういうのはよくあるよ。請負人に資力がなく，前払いして貰ったり，前払いしてもすぐに酒代に化けるとでもいうのか，必要に応じてちびちび出す，つまり対価なのに出費管理みたいにして支払われる，というケースがたくさん出て来る。特に公共事業の請負がひどいね。
J：するとこの場合は中に入った側が弱くなったケースでしょうか？　その大き

な原因が対価果実関係の逆転であるということでしょうか？

S：すると，論理的に言って，対価果実関係の一定方向はマッチ箱が潰れないための重要な役割を引き受けている？

K：locator が対価を取り，conductor が果実を取る，ことによって何かの力学が働き均衡が取れるということに違いない！

I：でも何故逆転したのでしょう？

一同：うーん。

H：力関係のせいだと答えると堂々巡りになる。

G：請負人は少なくとも簡単には果実を引き渡さないということはあるよ。日本の民法典でも，どこか留置権的にわざわざ同時履行の抗弁が規定されている。

L：locator が果実を取るのは locatio conductio という契約の効果ではないと思うよ。locator が持っている基本占有の効果さ。言うならば付合してしまうからだ。請負人は作業現場を立ち去る前に成果が付合しないように必死で押さまえているというわけだね。ローマ法源には，金細工師のところへ金を持ち込む話が出て来る。ローマなのにもう対価果実の向きが逆転してまるで請負だ。しかし，自分で細工して売る代わりに金細工師に細工させて売るという状況を考えれば，原型を簡単に推測できる。つまり，いっそのこと金を持ち込んだところで対価を受け取る。そして金細工の結果は金細工師が売る。この形を続けられず自分で金細工を買い戻すということは，金がブーメランのように帰って来るのだから，所有権の如きものが観念され，金細工師がその中に組み込まれたということだ。金細工師は「独自にオープンな市場に立つ」ということができていない。

P：なんだ，そうすると請負も対価果実関係を逆転させてバランスを取っているんじゃないか。

H：必死にバランスを取っても取り切れないところが問題だろうね。

北が無ければ日本は三角，一階が無ければ二階は一階

B：バランスを取り切れないのは，対価果実関係の外に基本の占有の問題があるからだと言ってよいのですか？

Prof：まず，locator の占有の懐の中に conductor が小さな占有を作る場合には，「この locator の占有＝基本の占有」で，特に問題は無いのです。ノーマルな形ですね。ところが，おはなボウを借りたキンジロウどんのように，背景に強力な占有を有しつつ懐の中に入って来た者が有ると，locator の基本占有が実質的に簒奪されてしまいます。そこに待ち受けているのは占有内に在りながら対価果実関係を既に逆転させている conductor，つまり請負人の運命です。locator なのに conductor になっちゃってる。対価を支払われる点で同型ですから混同されやすい。本来ならば locator の方は相手の占有内になど埋没していない。ところがそれが変質していると本当に混同されていきます。

N：でも，キンジロウどんの農場よりももっとひどいことがぽんぽこ山で起きている。この場合など基本の占有が持って行かれたどころではありません。請負のもっとひどい形が近代の雇用なのか。

D：賃貸借の場合は逆だと思います。基本の占有が強力過ぎるので中の小さな占有を保護しなければならない。そこで借地借家法のような立法による規制が重要な役割を果たします。

P：具体的には？

D：借主を簡単には追い出せないようにしています。

L：でも，実際には貸主借主双方のいろんな事情を考慮するんだよ。占有とはだいぶ発想が違うなあ。むしろ，ADR に近いな。つまり柔軟な仲裁案を出して「ここで借主が追い出されたら困るだろう」「いや貸主だって切羽詰まっているんだ」とかを調整する。特に契約を更新するかどうかという場面では大事だよね，こういう交渉が。それに，賃貸借と言ったって様々あるさ。知ってる？　ファイナンス・リースというものもある。「この機械を買って生産をしたいなあ」という者 Q が居たとしよう。しかしお金が無いし，お金を貸しても貰えない。そこへリース業者 P がやって来る。「私が替わりにお金を出して買ってあげましょう」と言います。現にサプライアー R から買って来てくれる。そして P はユーザー Q にこれを貸します。もちろんただでは貸しません。それどころか普通の賃料とも違ってくる。5 年なら 5 年で売買代金の全額と利息を回収できるだけ賃料を取る。実質は高利の消費貸借ですね。機械は担保に取られています。しかも一種の譲渡担保です。つまり P はユーザー Q から所有権にものを言わせて「賃料滞納」を理由に何時でも機械を回収できる。サプライアー R はもちろんこれら全体のアレインジメントを見てこの取引に応ずる。RQ 間売買に対して P が融資したのと変わりません。

E：確かにこうなると Q の占有を保障しない限りどうしようもない。

M：しかし敵が実質消費貸借と譲渡担保の鉄の同盟だけに，手も足も出ない。conductor にテコ入れをしたくとも，賃貸借の規律を変えただけではどうしようもないなあ。

C：さっきから聴いていて，どうも気が知れないなと思うのは，自分で進んで入ったり入られたりしながら，どうしてこう簡単に相手を潰すかな，ということだね。

P：全く同感。物の占有が問題となる賃貸借の場合だって，占有を持っているPと資金を持っているQのコンビネーションということだったけれど，PとしてもQを大事にすればこそ果実を得られる。

T：それどころではないよね。locatio conductioしていればこそlocatorはリスクを回避できる。果たして順調に果実が上がって来るかどうか，本来はハラハラするんだが，それに比べれば資力の有る借主が成績に関係なく払ってくれる賃料はずいぶんと安定的だ。

B：逆の場合も有るわね。locatorに働いて貰うconductorつまり雇い主だって，locatorを潰してしまったら元も子もありません。むしろ最高の条件で気分よく働いて貰った方がよい。私はモンセラート・カバリェという名ソプラノのファンでしたが，日本ではあの公演が最後になったかしら，オペラの場合キャンセルは普通だし，本当に歌ってくれるのか心配だった。でも聴けたんです。私はまだ高校生だったけれども，天国の鈴を転がすような得も言われぬ声で感動しました。しかしもし聴けなかったとしても誰も文句を言わなかったでしょう。鞭で強制しようなどという人は居ません。そんなことをしても意味が無い。皆辛抱強く最高の条件で彼女が声を出すのを待つのです。

一同：はあー（深いため息）。

R：そんなに飛躍しなくたってlocatorとconductorが互いに尊重し合うことができる場合を見たじゃないか。第七話のサブリースを忘れたかい？　物のlocatio conductioと言ったってそんじょそこいらの物とはわけが違う。「その物が絶品だあ」と来る。なにせ「ぜんべえドンがオハナぼうと幸せに暮らし，そのおかげで黄金のミルクが得られます」というその全体が「物」さ。これをオーナーのゴンザエモンどのがゴンベエどんに賃貸した。ま，管理委託に近いね。このときこの二人は相手を潰すったってそのためには肝心の物自体に手を付けなければならない。そう，これが何とかヒルズのような商業ビルだとしよう。オーナーが気まぐれを起こしガラの悪いカラオケボックスに改装しようとしたらどうだろう？　賃借人はキレるね。賃借人がガラの悪い連中をテナントとして入れたらどうだろう？　オーナーは放っておかない。お互いに相手を尊重する，ということが共通の利益になり，しかもこの点で相互にチェックし合うよね。

Prof：もちろん，その根底には「対価果実関係がしっかりしており，マッチ箱が潰れにくい」という構造が有ります。さらにその基礎には，おっしゃるとおりゼンベエどんとオハナぼうが作っている関係が貴重で価値が高いということが有ります。しかし，この場合「入らせ入る」関係としての locatio conductio はどうなりましたか？
A：どうなったって，それは安定したということかな？
Prof：ならば，賃貸借とか何とかは何の一種ですか？
D：契約の一種です。
F：あっ，そうか！　縦が横になった！
B：F君どうしたの？　目でも回したの？
F：違う違う，縦の関係だったくせに locatio conductio が bona fides に基づく諾成契約になった。元々所有権者というか市民的占有保持者たるオーナーは二階の住人だ。しかし賃借人もそうなった。そのオーナーと言わば信頼で結ばれたビジネス・パートナーになったのだからね。そもそもそこで寝泊まりしなければ生きていけないということがない。そして決定的なのは，互いにゼンベエどんとオハナぼうが作っている幸せな関係を決して破壊しないという暗黙の信頼が基礎になっているということだ。一方がそのようなことをすれば根本的な信頼破壊として bona fides に賭けて訴えることができる。ごってり賠償を取ることができる。
B：カバリェの場合とどこか似ているわね。
Prof：おはなボウの場合はどうかな。キンジロウどんは「預かってやったんだ」と豪語していますね。
O：だったらいっそ寄託の考え方を応用できないかな？　あれは bona fides を原理としていた。
K：そのとおりだな。本来は locator が基本占有を死守しているはずだ。しかし理由が有って conductor は自分の占有の中へと作業を持ち帰らせて貰った。よほど大切にしなければならないね。
L：善管注意義務，custodia が発生するね。receptum などというのも有るんだよ。
K：そう。conductor は占有せず，locator が占有を留保する。conductor は何一つ勝手ができない。荷車を曳かせたりミンチにしたり遺棄したりすれば取引社会からの追放が待っているはずだ。
Prof：寄託であれば，無償が原則だが，費用の償還はして貰える。そして若干の honoraire つまり謝礼だね，これは払われることがある。請負に固有の対価逆転と混同しないように。「対価が払われない場合，対象物を潰して利用してもよい」という帰結はどこからも出て来ません。いわゆるサーヴィス提供契約のポイントはここに有ります。

縦のものを横に直すだけでは

I：そうすると，バラバラにされたゼンベエどんのような人が働く場合にどうやってそれを横の関係にするかというのがわれわれの問題だということになるわね。何とかヒルズのようなビルをサブリースに出すオーナーでもなし，カバリェのような声に恵まれているわけでもなし，ただ汗水たらして働くしかない人がどうやって bona fides に基づく locatio conductio に至るか。

C：流石にそれは土台無理というものです。自分にとって自分の身体は掛け替えの無いものです。だからカバリェの声のように bona fides で尊重してほしいものですけれどもね。

H：自分の体と自分は切っても切れない関係にある。だから locator の占有は強いように見えるが，哀しいかな，相手の広い占有の中で働かなければならない。おはなボウと離れ離れになった後，言わば自分の体ともおさらばだ。

Q：それで，“Vecchia zimarra, senti……fedele amico mio ……addio” というわけだね。

P：何ですか一体それ？

Q：知らないの？　プッチーニの『ラ・ボエーム』さ。親友の彼女が病気で倒れたため皆でお金を集めなければならないのだが，彼はほとんど一生連れ添ってきたような古い外套を売るしかない。寒い冬だというのにね。そこで別れの歌を歌うんだ。いい歌だねえ。「忠実な私の友よ，さらば」とね。

E：そうだ！　悪くないアイデアだ！　友達の助けだ，今必要なのは。

D：悪くない考えかもしれません。労働者には団結権が保障されています。給料を払って貰えないゼンベエどんもどこかの組合にまずは加入すべきです。そうして団体交渉に持ち込みましょう。

Prof：もちろんです。それは不可欠です。とりあえずそうしましょう。しかしそれだけでいいのか。

R：そう，まだまだ考え続けましょう。ぜんべえドンのような人を支えて locator と conductor のバランスを取るのは至難の業です。さてどうするか。人々はもちろん気が遠くなるほどずっとこの問題を考えてきました。そうして様々な制度が今日存在する。これは貴重です。ところがどんどんそれをかいくぐって今回のようなややこしい偽装請負が出て来る。裁量労働制もどう使われるかわからない。だとするとまず，何故ゼンベエどんのようにして働く人々が生まれるか，それに対処してきた方法はどうだったのか，現在の状況の中ではそれのどこに何故問題が発生するのか，をきちんと分析しなければなりません。

C：で，どうしてゼンベエどんのように働く連中が大量に生まれたと言うんだい？

S：決まってるじゃないか。一個の占有の内部で大量の人員を塊で使い果実を収取するやり方が一世を風靡したからだ。

G：それは所有権のことかな？

S：所有権というのがサブリースのような収益構造のことだとすれば，むしろ「所有権が瓦解して中に徒党のようなものが生まれた状態」かな。廃墟となった所有権。

M：さしずめそれは「実力」のようなものだね。するとわれわれは第一話に戻る。ゴン一派が出て来た。

O：第四話だって十分行けます。譲渡担保を自力執行するときにどっと押し寄せる人員。徒党の中でも一丸となって向かってくるタイプだね。おお，いやだ。

H：そういう連中は一人はぐれ外へ出て来ても何するかわからないよ。暴力的だからね。すぐに力に物を言わせたがる。強いボスにはからきし弱い。利益にもね。飲み屋と宴会は大好きと来る。

F：それはいかん！　ボクの大事な政治システムが壊れてしまいます。道理で最近「政治システムなんかみんなで無視すれば平気平気」という連中が多くなってきたと思った。そういう連中が「隣の畑を荒らして憂さを晴らしたい」と盛んに言っている。

N：隣の畑なんか荒らして何になるんですか？

F：それはもちろん，そこの親分子分と喧嘩がしたいからだ。

Q：『助六』だね。わざとバカにしたり睨みつけたり大見得を切ったりして大変だ。そうなればしかし自分たちが大きな顔をすることができる。ま，仲間内で威張りたいだけなんだな。

B：そういう連中がのさばったのは何十年も前の話でしょ。

J：いえ，しばらく大人しくしていたのは親分子分のシステムや譲渡担保や飲み屋がうまく行っていたからよ。ところがそれが時代遅れになって困ってしまった。集団で収益構造からはぐれて出て来た。そこで「隣の畑を荒らしたい荒らしたい！」と泣き叫ぶ。けれども昔と違ってそんなものはどこにも有りはしない。仕方なく親分さんたちは恰好だけしてみて皆を盛り上げる。「昔は好きに荒らすことができてよかったなあ」とノスタルジーに訴えかける。

R：それもこれも locator と conductor の間にまともな関係が築けず，信用というものを発展させえないことと関係していそうだ。それはまたたぶん世界の動きについて行けないか，その世界の動きも混乱しているからだろうね。

Prof：はあ，そういう問題にも関係していたのですか。老いボレにはほとんどついて行けませんけれども，たかが私人間の契約の問題と言わずに大きな視野の中にそれを収めることは大事です。

帰って来たゼンタあにぃ

P：第四話まで戻ったならば第三話に戻らない手は無い。友達が助けるという話が有ったと思います。

C：『ゼンタあにぃとその仲間たち』の話だね。あれは例によって **Q** 君のでっち上げだった。待ってました大統領！

Q：熱い期待には逆らえません。久しぶりだぜ，ゼンタあにぃ！

ぜんべえドンとオハナぼう，第九話，その二，帰って来たゼンタあにぃ

すっかりしおれたゼンベエどんは今日もぽんぽこ山の現場でその身体をすり減らすようにして働かされています。ぜんべえドンはしきりにかつて頼りにしたことがあるゼンタあにぃのことを思い出していました。しかしゼンタあにぃとその仲間たちを最近はもう誰も見かけた者がいないのです。一体どこへ行ったのでしょう。

ぽんぽこ山に築いたトラゴロウの巣窟は今日もぴりぴりしています。トラゴロウが皆に無理難題を吹っ掛けるからでしたが，トラゴロウは「それが皆の利益だ，もし市のお偉方の機嫌を損ねて請負から外されたら全員飯の食い上げだ」と言っています。あっ，なにやら主任設計技師が怒鳴られていますね。市の幹部が親戚の業者の納入する材料を使えと暗に言ってきているのですが，「それでは次の大雨の時三日と持たない」と主任設計技師が抵抗しているのです。トラゴロウも彼を切れば仕事が成り立たないのでクビにすることはできません。

ぜんべえドンよりもずっと体の弱いゼンジどんという者がやはり給料を貰えずに働かされていました。送り込んだのはゴンクロウとは別の悪徳口入業者のようです。ゼンジどんは，ろくに食べてもいなかったため，作業中ふらついて大事な材料を落としてしまい，損害を発生させてしまいました。トラゴロウと主任設計技師がやりとりしているその目の前のことでした。トラゴロウは，その場で一言「クビだ！」と言いました。

その時です。主任設計技師が高らかに言いました。

「私がゼンジで，ゼンジは私だ。だから私がクビだ。」

周りの皆は驚きました。

「あっ，これは消えたはずのゼンタあにぃではないか！」

トラゴロウは必死に言いました。

「何をバカなことを言っているのだ。タロウがジロウでジロウがタロウだったら，長男が次男で次男が長男，オレはオマエでオマエはオレになる。それでは皆の頭がおかしくなるではないか。第一ゼンジとオマエでは全然貰っている給料も待遇も違う。オマエはそもそもワシの仲間ではないか。とにかくオマエに辞められては困る。」

ゼンタあにぃはなおも言います。

「はい，私はクビになりました，今日は何と楽しい日だろう！」

かっと来たトラゴロウは言います。

「ならばゼンジとお前をまとめてクビにしてやる！　経理主任と人事主任，この節，高級技能を身に付けた者は高額出さないと雇えないが，早速後釜を手配しろ！」

ところが，経理主任も人事主任も「私の名はミミ」じゃなかった，「私の名はゼンジ」だから「私もクビになった」と言ってきかないのです。

トラゴロウが言います。

「一体オマエらの本名は何なんだ？」

ゼンタあにぃが答えます。

「ノーワンさ。」

「よし，同業のクマゴロウどんに掛け合い，ノーワンが辞めたのでノーワンが居なくなった，ノーワンが必要なのでノーワンを送ってよこせ，と頼んでみよう。」

もちろん，クマゴロウは，何だ誰も辞めないから誰も必要ないに違いないと思い，何もしませんでした。

トラゴロウは思い出していました。かつて洞窟の中の一番悪い羊を抜き出そうとした際，どの羊も完全に同じだったために困ってしまったのでした。あの悪夢の再現か。

一同：（拍手）。

C：Q君，一体何をパクったんだい？

F：例によって，『オデュッセイア』のキュークローペスの話だね。

S：そしてそれが『アンティゴネー』に接続されている。つまりこの二つの場面は遠くヴァージョン関係にあるということが言いたいわけだ。

J：ゼンタあにぃとその仲間たちは，今や一人一人掛け替えのない個別の仕事をしている。その彼らが互換性を主張し，そして，掛け替えのない仕事をしているわけではない人との間でもやはり同じように互換性を主張しました。あの陽気な仲間たちも大進化ですね。

L：いや，そんなに単純じゃないね。互換性はむしろ市場を意味している。「労働市場にもっと大きな流動性を」ということだ。

H：だったら，トラゴロウどんが喜ぶだけでしょうに。幾らでも取り換えがきくんだから。ところがこの話では取り換えがきかないということが言われている。

T：いや，取り換えのきかないものの間に互換性が生まれたということだと思う。身分や生まれついての職人芸でなく，高度な教育や職業訓練を経て柔軟に「掛け替えのない労働者」に何度でもなる。このメカニズムを織り込んだ高度な労働市場が，トラゴロウどんに総スカンを食らわせる。ちょうど，bona fides の世界の住人が infamia の制裁を科すようにね。

Prof：この話の意味は，私のような老いボレ先生にはなかなか難しいけれども，もうスペースが尽きましたから，読者の皆さんが一人一人考えることにしましょう。

再入門後の学習のために

今回のテーマは locatio conductio でした。訳語どころか対応する概念自体が有りませんのでこのままの表記とせざるをえません（「賃約」という訳を見かけますが，これでは意味がはっきりしませんし定着もしていません）。そのような概念が無くともよければ何も取り上げる必要は有りませんが，近年そうは行かなくなりました。賃貸借・雇用・請負の三つにほぼ解消されるということで長くやってきたのですが，まずそれぞれの分野が多くの社会問題を生み，それらに社会立法で対応してきたものの，それらがいずれも壁に当たり，他方，類型の隙間に位置する型や融合型，さらには似てはいるがどれでもない型，が続々現れ，現在レギュレーションが混迷を極めています。どれも物やサーヴィスや労働を有償で提供する契約なのですが，そこには信用の問題と実体経済の問題の両方が凝縮されて現れます。そのため，現代社会の隘路を端的に構成する分野の一つとなっています。

学生諸君は，民法，労働法，消費者法，商取引法ないしビジネス・ローの各授業でバラバラにこの問題について聴くことになろうかと思います。それであるとどうしても隙間が生まれるほか，堅固な理論的見通しには至りません。問題ごとのパッチワークになります。そこで土台になる見通しを持っておくことが大事なのですが，ところがそれは至難の業です。現在最先端の理論分野であるどころか，いや，研究に手を付けられていないどころか，課題さえ意識されていないのです。それでいて緊急性の高い問題が次々に発生しているわけですから，何とも皮肉というか，もどかしい事態にわれわれは立ち至ったということになります。

再入門後への示唆と言っても，今回は「ここに最重要かつ緊急の課題が眠っているのである」ことを密かに意識しておくことをお勧めする以上のことができません。あとは，落ちこボレ学生諸君が悪戦苦闘しているように，対価果実関係や基本占有問題をその都度意識し，プロテウスの尻尾を摑み，既存の類型の穴を利用して都合の良いところだけつまみ食いする相手に騙されないよう心掛ける，以上のことは今のところできません。特に労働法の先生たちやその分野の実務家は問題をよく把握していますから，例えば彼らが給料の支払関係を何が何でも一義的にしようとし，委託関係などを通じて丸投げ先送りされることを絶対嫌う，のは何故なのか，しっかり考えてサポートしましょう。それからまた，自由と柔軟性を労働に与えるということと，力関係が勝手を許すということ，の間の深い二律背反に神経を使える感覚を持つことも大事です。

こんな高度な問題を何故入門，いや落ちこボレ向け再入門なんぞで取り上げるのか，ですって？　しかしならば，「民法は財貨の帰属秩序のためにある」とか，「取引の円滑のためにある」とか「私人間の利益を調節しているのである」とか言われ，あるいは「カフェー丸玉事件」や「宇奈月温泉事件」などを与えられ，それで勉強する気が起こりますか？　「私人間利益調整」など，難しい言葉を使うかどうかは別として，実質は長屋の大家さんがすることと変わりないではないかと思いませんでしたか？　デカルトを読み，トーマス・マンの小説に耽る入学したての学生諸君は侮辱されたと思うか，はたまたすっかり馬鹿にしてしまうでしょう。たまに「大人になればわかる」などと弁解する先生がいますが，それは嘘ですから，信用しないように。いずれにせよ，現代の深刻な問題と著しくかけ離れているように見えますね。世界の重大問題，社会が成り立つかどうかの瀬戸際の問題，とかけ離れているばかりではない。標榜するところの取引世界や経済の分野においてさえ，その動態は全く摑むことができていません。切羽詰まった問題に呼応している感じもしなければ，高度な知性を要求されている感じもしませんね。退屈で陳腐で寝てしまいます。

やはり，どこに大きな問題があるのかは若い頭脳が最初に知っておかなくてはなりません。基礎的な勉強がどこに通じているのか。それは自分たちが生きるその社会の質を根本から左右するのだということを，です。法は社会の最も難しい問題に正面から向き合っています。そして決してひねこびていない，想像力に満ちた，すくすく伸びた自由な知性を必要とします。法学それ自身は少しテクニカルに見えるかもしれません。しかしその下に分厚い層が横たわっています。この層はこれまでの人類のメインストリートに属する知性が積み上げてきた産物です。この産物を深く勉強せず（原典ではなく紹介などを読んで勉強したように装っている場合もあります）テクニックだけ並べた憲法の解説本のお粗末さを想い起こせば，簡単にわたしが言うことを理解できますね。

 ぜんべえドンとオハナぼう，第十話

あれからだいぶ時間が経ちましたねえ。久しぶりに懐かしいぽんぽこ山の山裾を訪ねてみようではありませんか。緑の絨緞は回復したでしょうか。ぜんべえドンとオハナぼうはどうしているでしょうか。今回は少し長く滞在できる予定です。

さあ着きました。想像力に乗って訪ねてきたので，どんな乗り物より早く着きます。予想以上に緑の絨緞はすっかり回復しています。これでは最初の回の状態と全く変わりません。確かこの辺りでしたねえ，ぜんべえドンの農場は。有った，有った。ぜんべえドンもオハナぼうも昔のままです。むしろ一層溌剌としています。

「こんにちは，ぜんべえドン，あれだけの苦難を幾つも乗り越えて今を築いた感想はいかがですか？」

オメさんは何言てんなだ？　オイはずっと昔っからこうして幸せに暮らしったぞ。

なるほどそうでしたか，新たなヴァージョン展開に備えてヴァージョンの巻き戻しが行われたのですね。確かに，これらの方向と時間軸の方向が一致するとは限りません。今回は少し長く滞在できますから，ぜんべえドンの仕事の様子を観察してみましょう。

ぜんべえドンの仕事は順調なようです。おはなボウの「黄金のミルク」はゴンベエどんのチーズ工場にも卸されており，そこで高価な「黄金のチーズ」が生産されています。ゴンベエどんはゴンザエモンどのの土地建物を借りて事業をしているのですが，大いに成功しているわけです。

「黄金のミルク」の売上代金はクマハチ銀行にゼンベエどんが設けている口座にゴンベエどんなどから毎月順調に振り込まれてきます。ぜんべえドンは飼料生産農家のリョウサクどんから飼料を仕入れますが，この代金はその口座からリョウサクどんの口座へと振り込まれます。ぜんべえドンはクマハチ銀行との契約により，一定額まではこの口座の残額をマイナスにすることができるようにしてあり，万が一ゴンベエどんの支払が少し遅れてもリョウサクどんへの送金が止まることはなく，その点でリョウサクどんが困ることはありえないように仕組んであります。

そういうわけで，お金の流れも商品の流れもスムースで，ぜんべえドンが御機嫌で暮らしているのもうなずけます。しかし……。

それは突然のことでした。ここしばらくゴンベエどんからの入金が無いなあ，と思っていた矢先でした。ゴンベエどんがどこかへ消えたというのです。確かに杳として行方知れず。実は売上代金を怪しいファンドに投資して失敗したらしいのです。最近も入金が絶えなかったのはどうやら商工ローンから借りていたらしい。商工ローンのこわいお兄さんたちに付け狙われ，とうとうゴンベエどんはドロンしてしまったということのようです。とはいえ，工場にはかなりの量の「黄金のチーズ」が有るはずではないか，これを売ってミルクの売上代金を回収しうるのではないか，とゼンベエどんは思いました。何とかあのこわいお兄さんたちが嗅ぎつける前にやらなければと急いで駆け付けましたが，なんと，ゴンザエモンどのから派遣されたゴンロクどんが「黄金のチーズ」を運び出しています。その時ゼンベエどんは，土地も工場もゴンザエモンどののものであり，ゴンザエモンどのがゴンベエどんに事業をやらせているのであったことを思い出しました。ゴンロクどんは言いました。

> これはゴンザエモンどののチーズだから，ゴンザエモンどのが売るのだ。

と。ぜんべえドンも，「それは確かに，違いねの」と思いましたが，「んだんども，そうしたば，ゴンザエモンどのは，タダのミルクで一儲けするでゅう事でねぇが」とも思いました。そして，

> そげだ事，なして許されんなだ。代わりにオイさきちんと代金を払てくれ。

と言いました。しかしゴンロクどんの答えは簡単でした。

> オメエとは何の契約関係もねえ。契約も無いのに代金債務が発生したならば，火の無いところに煙が立ったも同然じゃねえけ？

とわけのわからないことを言っています。

悪いことは重なるものです。クマハチ銀行の口座に有るはずのお金が全部消えてしまったのです。誰かが帳簿の数字を消しゴムでごしごしと消したのだろう，ですって？　最近はコンピュータ・センターに記録されているので消しゴムでは消えません。クマハチ銀行の100％株主兼最高経営責任者のクマハチどんは，リョウサクどんの事業に出資していたのですが，リョウサクどんの事業も不振であるため，リョウサクどんが保有している債権の幾つかを買い取りました。こうして若干でもリョウサクどんがだいぶ貯めた借金を返せるようにしたのですね。クマハチどんが買い取った債権の中にゼンベエどんに対するものも有ったのです。ぜんべえドンがクマハチ銀行で

> オイの口座のお金は，なして春の淡雪のようにきれいさっぱり消えてしまったんだ？　鳥海山の雪みでぐ，春まできちんと積もていて欲しがったなさ。鳥海山の種蒔き爺さんが種蒔く暇もねぇほどあっという間に消えてしまって。

と尋ねると，係員は

「ソウサイぞなもし。」

と言ってにやにやするばかりでした。ぜんべえドンは，

> そのソウサイでゆうなは何だ？　新しいパソコン用語だが？　データを消去すんなさ使うに違いね。

などと的はずれなことをぶつぶつ言いながら，仕方なく農場に帰りました。

ところが，農場に帰って見ると，おはなボウが縛られており，しかも何やら紙が貼ってありました。

> どうしたなだ，おはなボウ！

とゼンベエどんは叫びました。貼られた紙からは「差押」という赤い字が目に飛び込んで来ました。おはなボウは目の中に入れても痛くないほど可愛がっているのですが,「差押」はまるでその目の中のオハナぼうを土足で踏みにじるように目の中に入って来たのでした。

いで！　やられだ！

それでも必死にオハナぼうに駆け寄り，縛っている縄を切り取り，紙をはがしてビリビリに破きました。

のぉ，おはなボウ，一体どこの誰がオメをこげ酷い目さ遭わせだんだ？　オメに人の言葉が話せればのう。いや，一度だけ庄内弁で何か言った事があったけの。

しかしオハナぼうは悲しそうなその目をゼンベエどんに向けるばかりでした。確かに債権者ならばリョウサクどんが居る。しかしリョウサクどんがオハナぼうを差し押さえるわけがない。おはなボウを縛ってミルクを出なくすれば，自分に対してお金が払われる余地は全く無くなる，くらいのことは重々わかっている。「一体誰が差し押さえだんだ？」と思って土間に落ちた紙片の上の黒い豆粒のような小さな字へと目を動かしていくと，ゴンクロウの名が見えました。ここいらでは有名な，アコギな金貸しです。「債権者代位」とか「集合債権譲渡担保」とかいう文字も見えます。いかにも難しそうな言葉ですねえ。何だか，リョウサクどんが持っていた債権を差し押さえ，それに基づきオハナぼうを差し押さえたようですね。

あっ，ゴンクロウどんが様子を見に来ましたね。あっ，ぜんべえドンが差押えの封印を破ったことを見つけました。そしてゼンベエどんを見つけて言いました。

おい，ぜんべえ，テメエだな，知らねえぞ，こげんことして，あとでたっぷりお仕置きばしなはるで，代官様がの。

しかしがっくり来ているゼンベエどんに反撃する力も残っていません。もっとも，差押えの部分は最終第十二話の管轄ですから，これ以上お話しすることはできません。かわりに，差押えに至った経緯について，ここでちょっとゴンクロウどんにきいてみましょう。

「ゴンクロウどん，ゴンクロウどん，ちょっとひどいんじゃないですか？」

これに対してゴンクロウどんが言うには，

> 怒り心頭，頭の天辺がとん辛子を無茶食いしたようにひいひいしているのはオレッチの方だい！　トラゴロウのやつが『不良債権を安く買い集めてごってり回収し大儲けするから金を貸してくんろ』と言うから貸してやったんや。そもそもゴンダエモンどのがリョウサクのやつのために保証しちょった。リョウサクがクマハチ銀行から金借りて事業ば立ち上げた時，保証人さになってやったっちゃ。そおの，保証人のお，債務者に対するぅ，求償債権をんばぁ，トラゴロウが安く譲り受けたっちゅうわけやな。いや，そればかりでねえ。ゴンダエモンどのはリョウサクのやつに『リョウサクが手に入れるかもしれない未来永劫にわたる全債権に対する集合債権譲渡担保』を設定させちょった。そしてトラゴロウはんはこれもゴンダエモンどのから譲り受けたんやな。ここまでは，ま，よかとよ。ところが，ここでトラゴロウのやつばら，『リョウサクに「債務引受」させる』とかわけのわからねえことをぬかしやがってドロン。オレに債権を掴ませておいて自分がした借金はチャラだとほざきやがる。ぶっ殺したるでえ。それにしても近頃は，あっちでもドロン，こっちでもドロン，まるでアラン・ドロンだ。心を込めて債務者をむしってるオイラのような正直者がおまんま食い上げ，やりづらくっていけねえ。

とか背筋の寒くなるほど下らない冗談まで言う始末。

複雑過ぎてなんだかさっぱりわかりませんが，どうやら，リョウサクどんがした借金を債権者が取り立てるときに，リョウサクどんが持っていた債権を差し押さえ，リョウサクどんはゼンベエどんにたまたま売掛代金債権を持っていましたから，債権者がリョウサクどんに成り代わってゼンベエどんを襲ったようですねえ。

いやあ，久しぶりにぽんぽこ山の麓に来てみましたが，とんでもないことになってしまいました。

「ぜんべえドン，ぜんべえドン，困りましたねえ，一体どうするおつもりですか？」

普通の弁護士先生や法学部生さ，いや予備校さ通ってる学生さ聞いでも，『全部持って行がれっさげ諦めれ』と言われるだげだようだ気がすんなやの。ここまで訳が分からねときは，やっぱり，あの学習困難者の学生さん方さ頼むしかねぇがもしれねの。

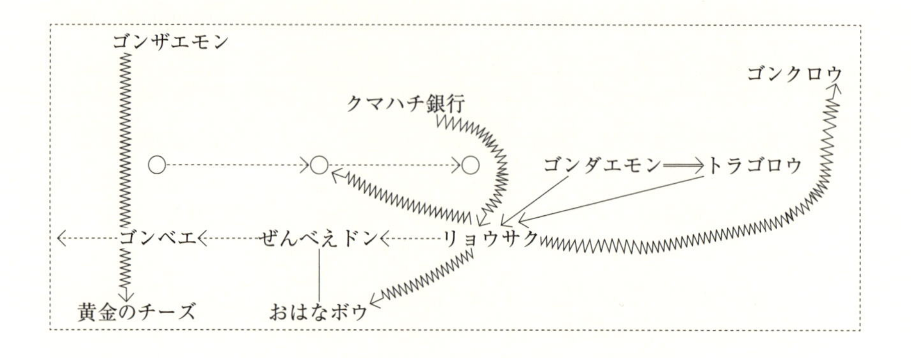

庄内弁翻訳（ぜんべえドンの科白）：放上鳩子

今は山中，今は浜，今は鉄橋わたるとき……

新たに編集を担当する小野さん：なんだて，ぜんべえドンてばまたまた大ピンチだべした。学生さんもこうやって教室さ，あづまって来てんなに，あの二ボレ先生っだら一体どさ行ったんだずよ。おおい，どさ行ったあ？　だれがしゃねがぁ？　ぜんべえドンってば〔のことは〕ほんて心配だっちゃ，私は隣村の出身ださげ。

［山形・東根方言翻訳：小野美由紀］

庄内弁翻訳の放上さん：同じ村出身の私としてはもっと心配です。私さ翻訳を頼んだきり，二ボレ先生はどこかさ消えてしまったようです。ひょっとしたら，またナポリで飲んで食て歌て議論に夢中さなってんながもの。でって〔まったくもう〕仕方ねぇ先生だの。早く帰て来い！　おはなボウが危ねぞ！

［庄内弁翻訳：放上鳩子］

J：昔の大先生が数十分遅れて教室に入っても学生は固唾をのんでじっと待っていたという伝説を聞いたことがあります。その先生は，実は研究室に居るのですが，考えに考えてなお結論に至らない。ようやく教壇に立っても，「どうしてもわからないのでございます」とおっしゃる。その先生がそうおっしゃるのだから，学生は本当に深く考え込む。いや，そうせざるをえない。これ以上の教育はありませんね。この先生は，「先に結論ありき」で条文を好き勝手に捻じ曲げたり拡張解釈したりする「居丈高な」「三百代言」として法律家や法学者を批判し大変な衝撃を与えたことでも知られます。そう言えばこれまでこの授業では民法典の強行規定や制度が全く無視されたり踏みにじられたりしているのを何度も見ました。私も教室で，「どうせどっちの利益を優先するかだ」とばかりに結論を急ぎ，考えさせてくれない授業が余りにも多いので苦痛を感じています。何が問題なのかさえわかっていないのに結論なんか出せっこない。それなのに試験では「わからない」と書けない。拷問です。だから，先生は早く来ればよいとは限らない。もっとも，われわれの二ボレ先生が姿を現さないのは伝説の大先生と大分わけが違うようです。

R：ぜんべえドンの状況がまたまた大きく変わったわけですから，今現在どういう問題に直面しているのか，しっかり把握し直さなければなりません。

C：しかし今回は，独特の匂いがする。どこかで嗅いだような記憶があるけれども，どこで嗅いだのか，なかなか思い出せない。

H：先生は，法律家にとって最も大事な器官は鼻だと言ったけれども，今回の匂いは嫌な匂いだ。この匂いは確かに大教室で嗅いだ。匂いに満ちた教室だったけれども，特につーんと鼻に突くあれだね，これは。

B：あれとかこれとか言われてもわからない。一体何なのさ。

D：むしろ，懐かしい気がするとでも言ってほしい気がする。大教室の床のワックスの匂いが染み込んだ民法らしいエッセンスがやっとゼンベエどんの世界に現れた安堵感というか，ノスタルジックな気分ですね。これがたまらない！

Q：何だか最近とんとお目にかからないウナギの蒲焼のことを言っているようだな。匂いだけをおかずにしても御飯をもりもり食べることができるというあれだね。鰻屋の二階に引っ越したいねえ。

G：味わいどころならむしろゴンザエモンどのの所有権だね。

S：匂いは哲学的に言えば一種の記号として作用している。匂いが知覚されるとその後に何か本体が出て来る。

R：その本体を突き止めるのがわれわれの課題だ。一連の事象が一体何なのかと問う姿勢が重要だよね。その事象を法がどういうレギュレーションを以て扱うか，それは立法や学説によって様々だ。そのレギュレーションをいちいち覚えるのは勉強でもなければ学問でもない。その都度調べれば簡単にわかることだ。しかしその事象の性質を知っておくことは一朝一夕にはできない。

ミイラとり，ミイラになる！

I：これまでにもそういう面があるという回はあったけれども，今回ばかりは，問題となる事象といってもむしろそれはもっぱら法が創り出したもののような気がします。ぜんべえドン自身には落ち度が無いというばかりか，本来巻き込まれなくて済みそうな問題ばかりじゃないですか。取引の相手のところで発生した問題ばかりです。おばあちゃんが言っていたことを思い出します。母に向かって「連帯保証人のハンコを親切のつもりで捺すと家も土地も全部持ってかれるから，お前もお気を付け」とよく言っていました。つまり，法があるばかりに何の関係も無い問題に不条理に巻き込まれ，それが身の破滅につながる。なまじ法なんか無い方がよいと普通の人が思っている，その理由はこれだと思います。「最後の一人」を守るのが法だと習いました。しかしそう習う前にも，教室で聴いていて，「今講義がなされていることほど法とは遠いものも無いのではないか」と思ったことがたびたびありました。私もその時の匂いを思い出します。今回は，ぜんべえドンが直面する問題を法がどう切り裁いて行くか，ではなく，一体どういうわけで法が裏切り問題の側に回ってしまったのか，こちらの方が問題だと感じます。

Prof：あいかわらず**I**さんは鋭いなあ。

A：あれ？　先生は今頃ナポリで酔い潰れているという話でしたよ？

K：昔の大先生のように考え抜く余りなかなか結論が出ないのだという説は支持されませんでしたが。

Prof：いや今年はちょっとベッリンゾーナでヴァカンス，と言いたいところだが，バカの考え休むに似たり，でついつい研究室の机に突っ伏して居眠りしていただけです。すみません，謝ります。

L：いや，どうかお気になさらず。先生がいない方が却ってスムースに議論がスタートしていましたよ。皆の鼻はすっかり精度を上げているようです。匂っているのは債権総論と呼ばれるものです。民法の中でも最も奥にあり，深山幽谷の神秘を漂わせたその美しい姿は古来「法の世界の廬山」と呼ばれてきました。

B：うそばっかり。ローマ人が廬山を知っているわけないでしょ。**L**君までバスガイドのまねをしてふざけるなんて，このクラスもだいぶ焼きが回って来たわね。

Prof：「債権総論」は必ずしもローマから伝わったわけではありませんね。素材はこの場合も確かにローマからのものが使われますが。

M：すると，「創作イタリアン」のようなものかな？

T：しかしそうすると，その「創作イタリアン」，つまり法の手下の一派がゼンベエどんとオハナぼうを襲っていることになる。

D：いくら「債権総論」だってゼンベエどんを襲うためにあるのではなく，特定の事象が問題を起こすことをいかに抑止するかという分野には違いないと思いますけれどもね。

O：けれども，ミイラとりがミイラになるということもあるよね。

C：ミイラとりは果たしてミイラになったのか，それが問題だ。

「金銭債権」君，いい加減に成仏したまえ！

Prof：もちろん，ぜんべえドンが「債権総論」に襲われたと言ってもレッテルを貼っただけだから，一向問題解決に近付きません。中身を見て行きましょう。

N：債権者は占有の敵だと第四話で徹底的に叩き込まれました。しかもあれは金銭債権者ではなかったかしら。

A：現に金貸しの「ゴンクロウどん」なる人物が登場している。

H：しかし金貸しが直接ゼンベエどんを襲ったわけではないな。ぜんべえドンは金を借りてないぜ。

M：金を借りたのはリョウサクどんだ。

P：だから，「債権総論」の力を借りてゴンクロウの奴が越境して来る。

Prof：「越境」と言うくらいだから，ぜんべえドンは本来金貸しとは無縁な世界に暮らしていたのですね。どういう世界ですか？

E：第六話，「契約」の回ですね。皆が信頼し合って取引をしている。今回は委任が出て来ないのがやや不信感を抱かせますが，売掛代金は互いに銀行でゆっくり決済しているようだし，それなりの天上界，つまり二階が形成され，天女もまあまあ住めそうな気配は有りますね。この天女の世界をミイラとなった「債権総論」が襲ったと考えればよいのでしょうか？

Prof：ミイラが天上を襲うなんてアリエナーイ感じがしますが？　高性能地対空ミサイルでも装備していましたか？

S：この話を分析する限り，お金を端的に流し込む消費貸借から発生する金銭債権と，売掛代金の支払を待ってもらうところから発生するそれとが区別されていない感じがします。

L：そりゃそうさ。元々「債権」というか，ヨーロッパでは「債務」だが，そういう一般の概念は有ったとしても講学上のもので，訴えられて敗訴したら債務者がしなければならないことは個々の訴権によって個別的個性的に決められていた。組合訴権は取引社会からの追放をもたらしうるし，消費者契約訴権は原状回復効を持っていた。「更改」等々の特殊な制度に関連してＡという種類の債務がＢという種類の債務に転換されることはあったけれども，「更改」はローマでは契約でないから「更改」訴権などというものは無く，債権一般に基づいて訴えることなどできなかった。だから一般論を立てる実益は無かった。それを，あたかも全て変換可能だと言わんばかりに理論的に一般化して見せたのだから19世紀のドイツの「債権総論」は歴史的偉業を成し遂げたと言える。金銭債務以外の債務まで変換できるようにした。

Prof：とはいえ，「債権総論」の基幹部分は金銭債権のみに関わるということを予めよく覚えておきましょう。他にそのまま適用すればとてもおかしなことになる場合が有ります。しかも，消費貸借によって発生した金銭債権がこういう変換ルートをつたって天上界に侵入しますから，大変なことになる。天と地の区別が無くなったならば法のコスモロジーは崩壊します。

コンヴァーターは何？

R：しかし，学者たちが「債権総論」をこしらえたからこんな悲惨なことになったというのではないでしょう。事実として汚染水が浄水に逆流するルートが形成され，法はこれに対処しようとしたけれども，うまく行かず結局加担してしまった。だから「債権総論」が襲って来るように見える，ということですよね。何も勉強したことはありませんが，常識的に考えればそうだろうと想像されます。それで，配管ミスはどうして起こったのですか？　変換のメカニズムはどうだったのですか？

P：変換機を皆で探しましょう。

M：捜索の範囲をGPS発信記録から限定しよう。

A：てことは，ぜんべえドンの取引相手辺りが怪しいということだな。

K：ゴンベエどんとリョウサクどん。

G：よせやい。そこには立派な所有権があるんだぜ。無実です。濡れ衣です。

O：え？　ゴンベエどんやリョウサクどんが所有権者だって？

G：少なくともゴンザエモンどのはそうです。クマハチどんやゴンダエモンどのも，債権者とはいえ，実質リョウサクどんを通じて事業を支配している。

E：わかった！　犯人は所有権だ！　複雑に絡まっているけれども少なくともこの二つのポイント，つまりゴンザエモンどのとゴンベエどんが絡む結び目とクマハチどん・ゴンダエモンどのとリョウサクどんが絡む結び目の両方に，消費貸借めいたものも有れば売掛代金も有る。所有権は元々ハイブリッドで天上と地上を繋ぐものだった。最良の場合 bona fides に服しかつこれを大いに補充する役割を担ったけれども。

G：それは確かに，所有権者は帳簿をつけます。そして貸借対照表上，売掛代金債務も長期借入金債務も同じ扱いを受けるかもしれない。しかし幾ら幾ら貸しが有る，借りが有る，ということには違いない。そのどこがおかしいと言うんですか？

F：厳密に言うとやはり少し変だな。一方は商品が売れて回収されたお金から仕入れ先に支払うのが合理的だ。相手はそうだろうと思って支払を待ってくれている。そういう回転の中で思考している。他方，長期借入金の貸主は，様々な設備などに使うのだろう，数年経ったら利益が上がるだろう，そこから回収しようと思っている。当座の売掛代金債務の弁済のために苦し紛れに長期のお金を使ってしまったら計算が狂う。自分の計算ばかりか，売掛代金の支払を待ってくれた人はてっきり商売がうまく行っていると思うし，長期のお金を貸してくれた人は，そのお金が設備に投下されたと思って楽しみにしていたら当座しのぎに使われたとなり，騙された気分になる。

D：それは経済の問題で法の問題ではないのではないですか？

I：ぜんべえドンやオハナぼうにとって，経済の問題だから仕方がないなどということはないと思います。迫ってくる現実は一つで，しかも複雑です。経済の問題も法の問題も混ざっているに違いありません。私は法の専門家だから経済の専門家にきいてくれ，私は経済の専門家だから法のことは知らん，などとたらい回ししていたら，突然高熱を発した赤ん坊は死んでしまいます。

G：それはわかるけれども，何故二つの種類の債務を一緒にしてはならないのか，ちゃんと説明してもらわなければ納得できないな。

ヴェリブはパリの風

Prof：それくらいの説明なら時代遅れの落ちこボレ教師にもして見せることができます。いや，私のような周回遅れでなければ見えてこないかな。そう，**A** 君が **B** さんに自転車を貸したとしましょう。「ちょっと使わせてくださいね」，「いいですよ，どうぞどうぞ」という感じですね。

D：それは使用貸借です。

Prof：ところが，**A** 君は急に自転車を使いたくなりました。「いけね，自転車でひとっ走り，留守中に届いた荷物を郵便局まで取りに行かなければならなかったのを思い出した」といった具合ですね。丁度身支度を調えてサイクリングに出発する **B** さんが目の前を通ります。**A** 君は，「すぐに返してくれ」と言えるでしょうか？

L：B さんには占有の移転が無い。したがって期限の利益を主張しえず，**A** 君はいつでも取り返せる。**B** さんは紳士的にこれに応じなければならない。クロークにコートを預けたときと同じだね。

Prof：流石 **L** 君，そのとおり。そうっとならば使ってよい点が違うけれどもね。それで，合言葉は何？

Q：「山」と言えば「川」！

H：「あーら奥様，お先にどうぞ」，「あーら，奥様こそ」，「あーら，それならばちょいと御免あさせ」が今は廃れた山の手の合言葉。

N：わかった！　譲り合いの精神だ！

Prof：とは少々違うけれども，使用貸借も要物契約であるのに bona fides を原理とする。その心は，「いつでも取り返せるのに，闇雲に取り返すようなことはしない」。相手もだからと言ってその心に甘えたりはせず，相手に必要ができたらいつでも紳士的に返す。

J：花言葉はアネモネですね。「あなたを信じて待つ」。いつでも取り返せるのに待つ，その時には返してくれるだろうと信じて待つ。あなたの方も，きっと貸してくれるだろうと待つ。「貸すと言ったじゃないか」と迫ったりしない。私も「はい期限です，返してください」とレンタカー屋のお兄さんのような真似はしない。

B：そりゃ私だって **A** 君の赤ちゃんが熱を出したので病院に急いで連れて行かなければならない，というのならばサイクリングなど喜んで諦めます。

O：そういうとき，自転車なんか使うかなあ？

B：けれども，折角楽しみにしていたサイクリングが中止だなんて，やや割り切れないかな。

C：ちょいと出ました三角野郎！　そこへ私が現れて，**A** 君に言います。「**B** さんはとっくの昔にサイクリングに行っちゃいましたよ。郵便局までひとっ走りなら私の自転車を使えば？」とね。

F：それはいい。**C** 君に緊急の必要ができたら，**D** 君が貸せばいい。**D** 君に緊急の必要ができたら **E** 君が貸せばいい。どこまで行っても誰も困らない。政治システムそのものだ！

M：パリにはヴェリブ Vélib' という制度が有ります。大規模に自転車をシェアし，スタシオンと呼ばれるポストに何時でも自転車が有る。これを利用し，別のスタシオンで乗り捨てる。

T：なるほど，公共スペースを誰でも利用するようなものだね。返さない人が居ると成り立たないけれど。

K：空気みたいなものだね。皆で融通し合っている。

S：哲学的に言えば，**A** 君が待つかわりに **C** 君が待つということだ。おかげで **B** さんはサイクリングに出かけお子さんと一緒にお花畑でお弁当を食べることができる。たくさんの人が間に入れば「待つ」は無限にもなりうる。くるくる回していけばよいのだから。

E：この「待つ」は「待たせない」によって成り立っている。「期限までは返さないぞ」という者と「期限まで待っていられない」という者が期限をめぐってせこい攻防を展開しているときには成り立たない。いつでも使えるのは皆が使い終わるや否や直ちに返しておくからだ。

L：なるほど。使用貸借は期限の利益を排除するが，それは占有，つまり時間のかかる果実収取を排除するということでもある。だから見返りの利息はおろか対価も認められない。貸しボートみたいに，まだ 30 分経たないから，時間ぎりぎりまで乗って払った金の元を取らないと損だ，みたいな話は無い。

待てないからこそ待っとくれ

Prof：このタイプの信用を α 信用と呼ぶことにしましょう。待って貰えるということですから一種の信用であることは疑いありませんね。それはまた速やかに返すであろうということによって成り立っている。ガメ込んだりしないでしょうということですね。手を使いボールを懐に入れる人はいないでしょうということでもあります。

一同：（またサッカーの比喩かと，うんざりして）しらーっ。

Prof：「自転車の使用」ではなく，金銭を受けとったとしましょう。これを借り手の占有の中に入れないということが非常に重要だということになりそうですが，占有の中に入れなければならないこともある。占有の中に入れるのは消費貸借です。占有の中に投下し，役目を果たし果実に化けて返って来るまで返済は待って，となります。第三者，**C** 君は現れません。

P：それが β 信用だとおっしゃりたいんでしょう。しかし返済を待って欲しいというのは，その人自身が待てないからではないですか？

C：どういう意味だい？

P：B さんのピクニックだったらそりゃ構いませんよ，B さんは喜んで諦めますよ，A 君に緊急の必要が生じたのならば。しかしオハナぼうの飼料を借りる話だとしましょう。いつでも戻します，いつでも断念します，とは行きませんよ。おはなボウだって食べなければ死んでしまいます。今すぐ貸して欲しい，そして期限までは引き上げないで欲しい，ということになる。しかも切迫しています。

D：そのとおりだと思います。占有の中に投ずる費用を借りることも有ります。というか，第四話はそういう話でした。このときには借主の方の占有が作動してくれなければ困る。勝手に引き上げられたら困る。だからどうしても消費貸借でなければならない。

T：確かに，緊急性を別としても，費用をじっくり投下した結果やがて果実が上がって来るのを，債権者も一緒に見守ってほしいな。

K：要するに自転車のケースとは反対に借主の方が待てないわけだ。今すぐ費用を投下しないと占有が死んでしまう。だからこそ返済は待ってほしい。返済したら餌が無くなってしまう。

C：でも，貸した方は「いや待てない」と言うよね。それはどうしてだい？

L：期限の利益は尊重いたします。期限までは待ちます。

H：しかし期限を過ぎるとどうして苛斂誅求となるのか？　遠い将来に期限を設定し長く温かく見守ると決意した以上は，いつまでも見守ってりゃいいじゃないか。

O：そうだ，そうだ，大人げないぞ。

C：では皆さん，そういうことならば，折角本日はゴンクロウどんをお招きしていることでもあり，久しぶりに代表インタヴューを試みてみましょう。ゴンクロウどん，ゴンクロウどん，あなたは優良な金貸しとして期限には随分とやかましくていらっしゃる。やいのやいのと言って脅して取り立てた挙句，娘を身売りさせたり，おはなボウをミンチにしたり。こういうことはしないようにできないんですか？　少し待ってあげればゼンベエどんも立派に事業を軌道に乗せ，あなたも債権をたらふく回収できるでしょうに。

ゴンクロウどん：期限？　そんなものは気にしとらん。

一同：おお，慈悲深いわれらが債権者様！

ゴンクロウどん：「相手の期限の利益は無視しいつでも好きな時に身ぐるみはがしてよい」という特約を結ぶのじゃ。

一同：はあ（がっかり）。

D：金貸しは早く返されたくないのかと思った。だって，期限までたっぷり利息を払って貰い儲けるのがまさに貸主の期限の利益でしょうに。

C：ゴンクロウどん，それでは期限を設定する意味が有りませんね？
ゴンクロウどん：そなアホなこと言いなはんな。期限がないんやない。いつでも期限なんや。期限がずずーっと手前に滑って来なはるんや。遅滞はんもずずーっと寄ってきなはるでえ。ごっつええでえ。ほんま言うと土足厳禁やさかい，やりづろうてかなわんわ。それが土足無料パスいうんが貰えるんや。取立てやでえ。
C：そのインチキの大阪弁，おそろしゅうてごっつええわあ。それでゴンクロウどん，何でそんなに焦って取り立てるのです？
ゴンクロウどん：冗談やないでえ。どうせゴンシロウやゴンジュウロウやらの同業者からも借りるやろ。ぼけぼけしとったらあいつらがぜえんぶ持って行かはる。そやさかい，丸ごとかっさらってずらかるってえわけだ，べらぼうめ！　わかったか。わかったら，トットと失せやがれ，このトットの目野郎！
C：あれ？　最後はずれ込みましたねえ。例によって，どこの言葉をしゃべっておられるのか，乱れに乱れておられるようですが，その辺りは，その，あれ，ほら，やっぱりロースクール御遊学中にでも身にお付けになられたものなのでしょうか？
ゴンクロウどん：いやあ，何でも有りの無国籍料理はうまかったなあ。
C：以上，これで代表インタヴューを終わりますが，要するに，もう何もかも信用できないから待てない，自分だって他から催促されて楽じゃない，とゴンクロウどんはおっしゃっているような気がしました。
Q：はてさて，一生の愛を誓った彼女に裏切られて何もかにも信用できなくなったゴンクロウどんを救うには一体どうしたらよいでしょう。
H：誰が彼女なのさ？
E：かの香しき大地に決まってるじゃないか！　その名もガイア！　でよかったかな？

キマイラだって根は優しい女(ひと)です

R：なるほど，土地と信用の問題に戻ったわけだ。しかし，「待てないからこそ待ってほしい」という動機は決して悪くないね。養分を与えないと死んでしまうから一刻も待てない。費用投下に充てなければならない分だから返済には充てられない。だから返済は待ってほしい。「待つ」という大事な要素を含んでいる。しかも長く待つ。成長を見守る。「いつでも他から借りることができる，つまり待たせない，だからいつまでも貸しておくことができる，つまり待つことができる」というヴェリブもよいけれど。「待てないから待ってほしい」と言われてにっこり笑い「どうぞごゆっくり」と言うことができるためにはどうすればよいか。

G：忘れちゃ困るのはこの私，じゃなくて，所有権のことだ。所有権だって投資先たるピンクル，いやヴィークルだということだった。私が優良企業を買ったとしよう。その企業にどっと資金が入るねえ。消費貸借したどこかの債権者と違って「期限の利益だ，トットと金返せ」とはわめかないね。じっくり待って辛抱強く利益を上げさせて貰う。

一同：はあ（呆気にとられる）。

N：やんや，やんや，拍手喝采です。所有権は何だか疑惑の制度で，幾つもの素材が交じり合って性格もはっきりしないということだった。それがアネモネ，いや「私は信じて待ちます」だなんて，格好良すぎるぜ。

A：所有権が基本ではないと言われて引っ掛かったのを覚えているけれども，何だかすっきり安心できる気分。

E：そうかなあ。所有権者がその企業の工場やノウハウを尊重すれば，だろ。買いました，好きにさせて頂きます，更地にしてぺんぺん草を鑑賞しますじゃあ，全然待つことにならないじゃないか。投資したわけでさえない。

G：いや，そんなことはしません。そういうヤツは所有権者の風上にも置けない。誠実なオーナーは身銭を切ってでもクラブの発展，地域のファンのために尽くすものです。

一同：？？？

Prof：ということは何を意味するかな？

K：所有権者も bona fides の尊重を課されるということ。

N：所有権者は天上界の人間であるということ。

A：天女のお友達。

Prof：そればかりでないね。

H：ただの天上界の住人には消費貸借なんか到底手に負えないな。ところがこうやってそれを天上界にリンクしているんだから立派なもんだ。天上界以上だね。

Prof：おお，われらが所有権者様，どうしてまたそんなにお優しくなられましたの？

Q：それはもう，小さい頃からよい文学，よい芸術に触れたからですとも。倫理教育なんぞまるでだめ。優秀な人ほど丸暗記してすぐに忘れます。社会人経験もまるでだめ。だったらみんな立派になっているはずです。ところがスレてしまって俗悪残酷狡猾乱暴。よいものに触れなければイマジネーションの力は膨らみません。

T：わかった！　さっきとおんなじだ。先送りだ，引き伸ばしだ，遷延だ。先に送って二段になればいい。だって合言葉は「待つ」。花言葉も「待つ」。

B：え？　何言ってるかわかんない。

T：いいかい，優良企業を買った所有権者がいたということは何を意味するか？

O：騙した人が居るとすれば騙された人が居るということだ。だから買った人が居るということは売った人が居る。

Prof：その「売った人」は誰ですか？

K：私が知るわけないでしょ。

P：わかった！　それは元のオーナー。費用を投下してきたけれども力尽きた。そこで新しいオーナーに入って貰い，自分はその下で働く。

M：確かに，C君が「ならばオレの自転車使えば」と間に入ったのとどこか似ているなあ。

天国か地獄か

S：何だか少し変だなあ。100%子会社になって買収され投資を受け入れるイメージでいるようだけれど，そうなるとは限らない。買った人が果たして本気で保有するかどうか。新しいオーナーがせっせと費用を投下してくれるかどうか，固唾をのんで見守るしかない場合もあるんじゃないか。消費貸借の貸主が取り立ててこないかとびくびくするのと変わりないじゃないか。スクラップ・ヴァリューねらいの禿鷹ファンドが破綻企業を安く買い漁る場合や，そうと見せかけて別の禿鷹に掴ませる場合などがあるしね。占有の費用果実関係に関わる信用をヴェリブ方式に転換するのはやはり大変に難しい。

一同：（しーん）。

C：「うまい話には気をつけろ」だね。簡単なわけないよ。

E：元々，所有権こそ，魑魅魍魎たる金貸しが天上界に侵入する抜け道だということだったじゃないか。怪しい変換機だったはずだ。それが問題を解決するなどありえないと思った。消費貸借風の信用がパリの風に化けるなんて，土台無理だよ。手品師の帽子には何か細工が有るに決まってる。

G：私の所有権をそんなに簡単に見捨てないでおくれ，と私は言いたい。

D：一瞬だけれど光が灯ったことは確かだね。うまく行くのかと思った。オフサイドになった幻のゴールにも攻め方のヒントが見える場合が有る。

N：いやあ何だか，理科の実験がうまく行くかどうかのようなスリルが有って面白いな。

H：どういうこと？

N：二つの信用を区別した上で，一方を他方に変換するにはどうしたらよいかと探求する。

L：折角所有権を成り立たせたならば，盛大に市を立てればよい。P_2がP_1から買ったんだね。オーナーの交替だ。そのままの状態が長引けば，P_2がじっくり費用投下してくれる可能性もあるが，むしってくる可能性もある。しかし，じっくり投資してくれることを断念しうるのであれば，却ってむしられることを防ぐ手立ては有るよ。たちまちP_2はP_3に売る。P_3はP_4に売る。売ったり買ったり，そして先物なんかも売ったり買ったりして高速回転の取引を実現するのさ。売買の差益を得ることしか皆が考えなくなれば，誰も占有に介入しない。パリの風は吹かないかもしれないが，ウォール・ストリートのジェット・ストリームで問題を吹き飛ばすことくらいはできる。

O：これはいい。まさに天に虹がかかるような話。

J：何だか，天女の世界にラスベガスかモナコが蜃気楼のように現れたようで不吉です。

A：ラスベガスやモナコは赤絨毯の上を闊歩するセレブの集うところです。本物の天国です。

C：地獄のような気がしないでもないなあ。悪銭身につかずで成金がボロボロになる。

R：そういうところに資金が投入されるということの意味もちゃんと考えなくてはいけません。皆が次々に債権を回収していくように見える。しかし第一に，これは「取り立てずに待った」ご褒美ではない。事業が本当に成功した証ではない。ババを抜き合っているだけかもしれない。ルーレットが止まったそのときに当たった債権者が回収できない羽目に陥る。何よりもこわいのは，これが実体がなくとも可能だということだ。「待つ」というのはそこに優れた占有が有る，つまり優れたゴーイング・コンサーン・ヴァリューが有るということを前提にしている。何でも潰さなければよいというのでなく，潰すべきでないものをどうやって潰さないかがわれわれの課題だ。怪しい事業を騙って資金を集めわざと倒産させる手口を考えれば簡単に理解できるよね。大規模高速ババ抜きシステムはこの種のことを社会全体として広範にやってしまい，おそろしい経済的打撃を招くことがある。第二に，売ったり買ったりは売掛代金について先送りする信用と一見同じものであるように見せかける。だから売掛代金決済の余剰資金が簡単にそちらへ流れる。ところが所有権の売ったり買ったり，つまり不動産等資産市場だね，こちらは委任のときに現れる信頼関係の側からの裏打ちはゼロだ。精々この先不動産価格は上昇するだろうというくらいの実体なき予期に基づいている。だから，証券化などを通じて消費貸借の信用をヴェリブの信用に変換できた，「待つ」ことに成功したと言っても，その変換は贋物だ。少しずれるけれども「デットのエクイティー化」などというのも裏打ちが無ければ同じイリュージョンを招く。第三に，反対方向の逆流，つまり売掛代金の信用が消費貸借の尻拭いに流れ込むのでなく，後者に向けられるはずがそこへ投入されずに前者へとそれる（工場を売ってその金で商品先物市場でギャンブルするように，長期資金が短期資本市場に流れ込む），という逆流も有る。実体の費用投下に行くはずが行かない，前者へと過剰に流れ込む，こうして売掛代金の方のコラボを攪乱してしまう，という弊害も生じうる。第四に，それこそ天上界に悪い費用果実関係を発生させる。神々は何も食べないはずだ。地上から立ち昇る肉を焼く匂いだけを養分にしているはずだった。ところががつがつ肉を食べ始める。そういう賭博場のようなものが設立されるとそこへ資金を投入し果実を得るのだと錯覚する。しかも短期に結果が出る。だってゲームだからね。

Q：バスタ！　バスタ！　サスュッフィ！　もうそのくらいで十分。そういう，オレたちには難しすぎる問題が有る，とこう言いたいわけだ。よござんす，よござんす，おミュージックはサアーンサアンス。いけね，オレの尊敬する喜劇作者のギャグだった。

B：**Q** 君は何だってパクリなんだから。でも，**R** 君の解説は経済新聞を読むより面白かったわ。

E：けれども，所有権という変換機の内部で二つの種類の債務がすり替わるという問題を忘れてはいけない。このすり替わりによって天上界が崩れ天女が滑り落ちて困ってるんだからね。

O：おはなボウは天女だったんですか？

E：そういう出発点のすり替わりと，仕掛け花火みたいに目の回るような大規模な変幻と，これらはどう関係しているんですか？

L：天上界の土手っ腹に風穴を開けるのは「債権総論」の野郎でした。こいつが変換機とどう関わっているのかも興味津々だが，仕掛け花火の方とも深い仲のようですな。

M：すると「債権総論」の旦那が変換機と仕掛け花火の間を繋ぐとでも？

J：さあさあ，皆さん，無駄話は大事です，回り道はしましょう，しかしオハナぼうを救えなければ何にもなりません。この無駄話を生かすと物事がどう変わって見えるか？

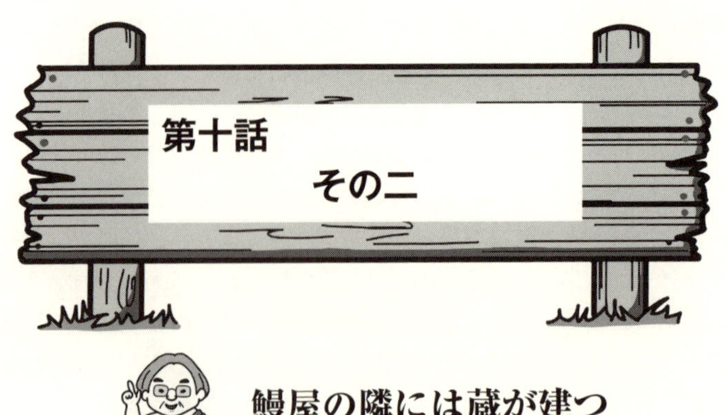

鰻屋の隣には蔵が建つ

Prof：では，具体的な局面を一つ一つ見て行きましょう。まず，「黄金のミルク」を卸したゼンベエどんがゴンベエどんからの代金回収に失敗する場面ですが，どうしてそういうことになりましたか？

N：ゴンベエどんが怪しいファンドに投資なんかするからこんなことになった。愚かなゴンベエどんに投資アドヴァイザーが付いていなかったのがいけない。

H：投資アドヴァイザーなんて却って危ない。大体引っかけるのはそういう人です。

K：金商法の勉強が足りないんじゃない？

E：よく考えよう。代金回収ができないとは言ってないよ。できる。何故ならば，まだ「黄金のチーズ」がゴンベエどんの手元に有ったからだ。

P：じゃあ，ゴンベエどんのドロンではなく，それをゴンザエモンどのが取ってしまったのがいけないんだね？

A：そうだ，そうだ，ゴンザエモンどのは丸儲けじゃないか。鳶に油揚げをさらわれたとはこのことだ。あれ？　丸儲けのときには何か有ったなあ。

D：はい，お待ちどお様。不当利得返還請求権と申します。不当にゲットした物は返すことになっております。

Prof：要件を言ってみてくれますか？

D：え？　そういう普通の授業みたいなこともなさるんですか？　照れるなあ。こっちの利得と向こうの損失の間に因果関係が有り，かつ法律上の原因が無いことです。

Q：こいつは面白い。鰻屋が蒲焼を焼いてパタパタとやるといーい匂いが隣の家に流れ込む。匂いにも金がかかっているから損失ありだ。ところがその御蔭で隣の家では毎食おかずがいらない。家計大助かり。おかみさん大喜び。どんどんお金が貯まって蔵が建った。因果関係は有るけれども法律上の原因などという厄介な因縁は無いから，鰻屋は「その蔵はオレの物だから返せ」と言えるわけだ。

B：御蔭でその一家は全員栄養不良，ビタミン不足，医者代が高くついて破産だわよ。

C：でも，そんなんだったら，私にも言えます。焼鳥屋のおやじがせっせと七輪を団扇で扇ぎ，煙が二階に立ち昇る。これはいいというので，二階のおかみさんがそこをビアガーデンにしたねえ。おつまみなしにビールが進むと言うので安さ目当ての客が押し寄せ大繁盛。おかみさんは大儲けしました。焼鳥屋のおやじはおかみさんに不当利得返還請求ができるでしょうか。

O：ひどく下らない。真面目に勉強するのが馬鹿馬鹿しくなる。

G：一通り民法を勉強したはずだろう？　要するにこういうことだったじゃないか。売買契約が有効に成立していると思って代金を払った。ところが錯誤で無効だった。払った代金を返して貰いたい。このときでしょ，不当利得返還請求するのは。契約が無効になって法律上の原因が無くなる。であるのに相手は代金を利得している。

S：だったら，「契約が無効のときには返すのだ」と言えばいいじゃないか。D君の言った要件は大分違ったぜ。

L：こういうときに返す，ああいうときに返す，というのが複数あったんだ。現在でもフランスではそうだ。ところが19世紀のドイツで初めてそれらをまとめて一般化した。こういう場合，ああいう場合，というのではそこから落ちこボレる隙間ができる。これを無くしたいということだった。

H：落ちこボレを無くすというのはこの授業と同じですね。

一同：？？？

Q：で，鰻屋の隣はどうなるんだい？

Prof：Q君が頑張ってC君のために豪邸を建ててあげたが，注文主のはずのC君は代金を払ってくれない。それも当然，お互いのちょっとした誤解で，Q君は請負契約が有ると思い込んだ。どちらに責任が有るわけでもない，よくあることだ。C君は豪邸を手に入れて満更でもないが，代金を払わなければならないだろうか。代金そのものではないとしても，C君がリッチになった分は返さなければならないね。これが不当利得返還だ。しかしC君は，Q君なんかに返さなければならないのは悔しいというので，これをP君にただで譲った。P君は豪邸が手に入って大喜び。C君の手元には全く儲けが残っていないから，Q君としては，一文無しのC君を相手にしても仕方がない。どうしてもやはりP君に請求したい。さて，できるだろうか？

D：P君の立場はゴンザエモンどのと似ていますね。要するに鳶が油揚げをさらったわけだ。でも不当利得返還請求はできない気がするな。
Prof：何故ですか？
D：うーん，わからないけれど，因果関係が無いからじゃないかな？
Prof：Q君が頑張らなければP君は儲からなかったんだから，因果関係は有りますよ。
T：因果関係が直接でない。因果関係の連鎖の中で，C君の部分が挟まっている。
Q：でも，鰻屋の隣は直接だぜ。何しろこの辺りは建て込んでるからなあ。窓を開ければ，港が見える，じゃなくて，隣の家のおやじがこちらを向いてにっこり笑ってるよ。
B：Q君のレトロ趣味には呆れるわ。
Prof：「法律上の原因が無い」と言うけれど，何に原因が無いの？
G：そりゃ，利得にでしょ？
Prof：鰻屋の事例はそうでないことを示しているね。棚から牡丹餅でも，返さなくっていいんだね？　何故ですか？
F：わかった。何か給付だね。それが無い。
Prof：給付と言うと？
J：おそらく占有の移転，引渡でしょう。
Prof：そのとおり。それが典型です。何故そう言えるかというと，ドイツで学者たちが一般化する時にもモデルとなる核が有った。ローマ法のコンディクティオー condictioでした。これは要式的な占有移転を巻き戻す儀礼だった。ローマ時代に既にそうでない様々な給付にコンディクティオーが拡張されたけれども，近代になって「利得」と一般化された。それでも，鰻屋の隣は駄目だし，焼鳥屋の二階も駄目です。占有移転が無い。だから原因の有無を問うまでもない。豪邸のケースでもQ君が直接P君に引き渡したわけではないから不当利得返還請求は認められない。ただ，T君の言う切断だけれども，そこに対価が無い，贈与である，しかも露骨にQ君を害するためである，となると切断が甘くて多少間接性を否認する余地が出てくる。判例も対価のことを気にします。しかしそれでもなかなか不当利得返還請求は難しい。

忍者屋敷の跳ねる床

H：何だ，そうだったんですか。そんなことだろうと思ってましたよ。惚れたオレが悪かった。法なんてどうせ酸っぱいに決まってる。

B：どうしたの？　急に，**H** 君。

H：ゴンザエモンどのが油揚げをさらったというのに，豆腐屋は泣き寝入り。間にゴンベエどんが介在しているから到底不当利得返還請求など成り立ちません。

L：でもないかな。この日のために二千年地中で過ごした立派な蟬が居るのを皆さん御存知有りませんか？　あ，知らない。ならば言いましょう，転用物訴権 actio de in rem verso とは，何を隠そう，在りし日の私の名。

P：聞いたことないなあ。

L：それもそのはず。名前はまだ無い。いや，名前は有るが条文が無い。何故と言うに，フランス法に有ってドイツ法に無いものなあに，という謎々の定番。フランス法が訴権システムでばらばらだったからよかったなあという場合の定番。空飛ぶ円盤は誰が介在しようとどこまでも頭上を追いかけます。「価値の rei vindicatio」などと気持ちはわかるが無粋だなということは言わないでね。

B：あれ，**L** 君までずいぶん柔らかくなったわねえ。密かにローマ法なんか勉強したことをしばらく隠していた陰険な人というキャラじゃなかったの？

D：確かに「転用物訴権」は最高裁さえ実質認めていますし，言葉も下級審では使われていますから，そりゃ，有力ですし，確かにゴンザエモンどのを追求するのに持って来いですねえ。

Prof：と，deus ex machina，打出の小槌，頭越しの切札を持ち出すのはよくありませんね。確認したばかりの不当利得返還請求の基本から言えば，何を厳密にチェックしなければなりませんか？

K：ゴンザエモンどのが丸儲けしたのはどうしてか。

M：「黄金のチーズ」を獲得したのだけれども，そこが間接的なんだなあ。つまりゼンベエどんからではなく，夜逃げしたゴンベエどんから獲得したんだ。

E：夜逃げしたゴンベエどんから獲得したところが謎なんだ。ゴンザエモンどの本人もわかってないんじゃないか。

G：そんなことは有りません。いいかい，ゴンザエモンどのはゴンベエどんに事業をやらせていた。土地も工場も貸していた。つまりはゴンザエモンどのは所有権者様，オーナー様さ。

P：たとえ所有権者様だろうと，打出の小槌は認められない，というのがこの授業の原則だったじゃないか。

H：いいかい，ぜんべえドンはゴンベエどんに渡したんだぜ。それも子供のお使いじゃない。ゴンベエどんは自分名義の口座を使って自分で商売してるんだ。そりゃ怪しい投資コンサルに引っかかったさ。しかし誰でも魔が差すことが有る。信じたゼンベエどんが悪いとはなかなか言えないよ。

F：ゴンザエモンどのがチーズをものにするところを，やはりきっちりと検証分析する必要があるな。何か仕掛けが有りそうだぜ。

R：物事を精密に見るということは，法の世界では常に，占有について見るということを意味する。

M：まずゼンベエどんがミルクを占有している。

A：それをゴンベエどんに引き渡す。

K：したがってゴンベエどんが占有する。そしてチーズに加工する。

O：そのチーズはゴンベエどんが占有している。

H：そこでドロンだ。

C：もうもうと上がった煙がようやく薄くなるともうゴンザエモンどのがチーズを占有している。あ，これは忍者の仕業だ！

P：きっとそうに違いない。

I：待ってください。占有と言ってもいろいろ有りました。出発点は普通の占有のように見えます。最初のゼンベエどんの占有ですね。ゴンベエどんの占有も同じですね。怪しいのはゴンザエモンどのの占有です。これは市民的占有じゃないですか？　**G**君が言うようにゴンザエモンどのが所有権者ならば，少なくとも敷地，ひょっとすると建物に対しても市民的占有を持っていますよね。ゴンベエどんは賃料を払い，残りの利益を獲得します。これは経営を委託されたのと似ています。経営委託の場合，ゴンベエどんは「残りの利益」を固定的に委託料として取り，「賃料」部分は増減する利益としてゴンザエモンどのが取ります。いずれにしても二重構造が有るから市民的占有が有りそうです。すると，チーズについてもこの市民的占有が間接的に働いたに違いない。ゴンベエどんが消えたため関係が直接になり，あたかも普通の占有を摑んだのと同じになった。こういうことではないでしょうか？

Q：なあんだ，やっぱり忍者かあ。所有権とは忍者屋敷のことだったとは知らなんだあ。相手を追いかけて行くと，古びた屋敷に入って行くではないか。続いてこちらも入る。みしっ，みしっ，と鳴る床。この部屋からあちらの部屋，そこからまた別の部屋，と思いきや相手はそこで忽然と消えたねえ。ぱっと見えなくなった。それもそのはず，床が一瞬のうちに跳ねて二階に上がる。

C：隠し戸ならわかるけれども，そんなハイテクな忍者屋敷があったかなあ？

E：ならばゼンベエどんの勝ちだ。

一同：えっ？

E：そりゃそうさ，隣からさらにその隣へ行ったならば追いかけえない。不当利得は何か直接の占有移転を想定しているという話だった。しかし，隣からさらにその隣へ行ったのではなく，ただ一階から二階に上がっただけだ。兼安までは江戸のうちならば，二階といえども隣のうちじゃないか。よござんす，ならば私も立派に二階へ上がって御覧に入れます，立派な二階屋の主となって見返してやります，立派な二階どうしのつきあい，さしつさされつ恨みっこ無し。

B：何だか，Q君の影響でみんな落語家みたいな話し方になってきたわね。

C：いいじゃないですか。落ちこボレは周回遅れ，時代遅れ，と昔から決まってますよ。最新流行，トレンディーなどというのは向こうの優等生の連中に任せておきましょう。

D：そうだったのか！　転用物訴権が認められるのはそこに市民的占有が有るからなんだ！　転用物訴権の事案にリースが絡んでいる場合が多いのはそのせいなんだ。あの locatio conductio が市民的占有と親密だからだ。それで，契約外の第三者に代金を請求しうるというわけだ。

Prof：まあ，言わば，ということですね。ミルクやチーズに対する「市民的占有」とは言わない。登記なんぞできませんから。しかし，根底に市民的占有の仕組みが働いているからこそ，ぜんべえドンからゴンザエモンどのへの直接移転であったのだ，ということは言えます。

隣，隣，と言っても四方八方 360 度広うござんす

L：全然問題が片付かないなあ。いいですか，転用物訴権というのは，代金相当分を不当利得として返還して差し上げます，という制度ではないよ。チーズの材料になった分，材料費を払う，というのでもない。チーズが安くしか売れなかったので赤字だという場合には一銭も払わなくてよい。どうせただでゲットしたのだから費用ゼロだろう，だから売上げは常に黒字だ，と思ったら大間違い。不動産を貸した分が投資と見なされる。これを賃料で回収するわけだから，これを売上げから差っ引くねえ。なお余りがあればゼンベエどんに返すさ。賃料にも満たなかったならばゼンベエどんは泣き寝入り。

E：おかしいなあ。一体どうしてそうなんだ？

G：そこどけ，そこどけ，所有権様のお通りだあ！　所有権は投資ヴィークルだ。しかも優先弁済受領権付きさ。物的担保を取ったも同然。所有権者と債権者は似ているけれども，所有権の方がよいに決まっている。優良物件を買ってしっかりと賃貸に出しましょう。

F：債権者平等原則に全く反すると思うなあ。取引した相手は紐付きで，紐が引かれると納入した物が手の届かないところへすっと消えてしまう。返してはくれるけれども，おいしいところは食べた上で，骨だけが返されるような感じだ。ゴンベエどんは債務超過じゃないですか。つまり破産状態にある。だったらそこでストップをかけて皆で公平に分けましょう。

Prof：意地悪を言わせて貰うと，**F** 君は矛盾しています。一体どこが矛盾しているか？

S：そんなのは簡単。それだとゼンベエどんだって他の債権者に先駆けて返して貰ったことになる。確かに所有権者には劣後するけれども，第二順位で代金債権を回収したことになる。

一同：（しーん）。

Prof：そのとおり。ということは？

A：何のことやら。

Prof：所有権という信用の形態を大事にしたいということはわかった。しかし残りは平等というのではなく，次に優先しているものがある。

J：待ってください。少し飛躍が有ります。債権者平等とか言ってますが，ゴンベエどんの全資産を取ってそれが債務超過だと判断したわけではない。当該所有権の対象となった事業体，しかも投資された当該不動産の上の事業体が債務超過だというだけです。その部分の事業の計算上，利益が出た分の限度で取引相手に代金を支払うということですね。全資産でもなく個別の物でもない変な単位が計算の基準に使われています。これも所有権を優先する考えの表れでしょう。このことに対応して，その事業単位内の一個の個別のサイクル，特定のミルクが特定のチーズになり売れたという個別のサイクルに着目して代金が支払われる。

S：確かに，個人に帰属する全資産を視野に入れてプラスとマイナスを出すのでなく両方とも限定的だという点で一致するが，所有権単位の収支と個別取引サイクルの収支というこの二つはさらに異なると思います。一方は長期間を視野に入れた消費貸借の別形です。当該期間単位に対応する投資切片を計算の基礎とするのではあろうけれども。しかし他方は本来短期，ということは先に決済される性質の信用だ。

K：異なる性質の費用が計算上融通されてしまうというわけか。同じ財布の中から一方を払い余ったところで他方をも払うということだとそうなるなあ。それぞれの財布からそれぞれ支払われればすっきりするのだけれども。所有権が異なる性質の信用を混同するということだったが，こういうところに現れた。

R：そうか，わかった！　そもそも諾成契約自体が結局特定の信用を優先するということなんだ。契約法に基づいて請求し，代金を払って貰う。暗に相手を優先している。他にもいろいろ払わなければならないものが有るだろうに。今回これに不当利得返還請求が加わった。契約が錯誤無効なのに代金を払ってしまったならば優先的にそれを返して貰う。このとき，もちろん相手は債務超過じゃないさ。いやそもそも，「支払を拒まれたから裁判をする」とか「執行をする」とかいう話でもない。だからもちろん，優先なんかしていない，たまたま最初だというだけのことだ，と言うこともできる。しかも，債務超過になったときには担保権者が優先されて諾成契約なんか後回しさ。それでも，諾成契約の理念はそういうことを一切無視して互いの自発的履行を強調する。諾成契約というのは，「どちらもまだ履行しないけれどもどちらも相手の履行を信じてやまない，だから一方的に先に履行をすることも有る」という制度だ。たぶん，だからこそ，その履行は優先的にするんだろうなあ。とんとんと決済するんだろうなあ。われわれは誰もが死んでいく身の上だ。あらゆる取引主体は潜在的に債務超過になりうる。いや，もう息も絶え絶えだというのに，諾成契約だけは信義にかけて履行しておく，死ぬのはその後だ。

Prof：委任を使うような信用，売掛代金に発生する信用，天上界の信用ですね。こういう信用の場合，いざというときに合議体を作り債権者平等を図ることが容易だ。しかしだからこそそれ以前に信用ハイウェイを高架で通す。別の比喩を使えば，特急列車に優先順位を与える。転用物訴権というのは，債務超過なのに合議体を作らせないという点で所有権を優先させたのではあるけれども，その限度で次にはハイウェイを優先させる。売掛代金の決済を他の長期の債権者よりは優先させる。そういう不思議な制度です。

生まれなかった桃太郎

Prof：リョウサクどんの側で生じたことに移りましょう。まず，ぜんべえドンがクマハチ銀行に持っていたプラスの勘定が消えましたねえ。

Q：相殺だったなあ。相殺ならば面白い昔話を知ってるよ。桃太郎の話には別ヴァージョンが有るんだ。全然有名ではないけれど。「むかしむかし，あるところに，おじいさんとおばあさんが住んでいました。毎日，おじいさんは山に芝刈りに出掛けます。おばあさんは日当五千円を払うことになっており，毎朝，二人は『おじいさんは芝刈りをし，おばあさんは五千円を払う』ことを内容とする諾成契約を締結します。おばあさんも毎日川へ洗濯に出掛けます。おじいさんは日当五千円を払うことになっており，この点についても毎朝二人は諾成契約を締結します。そういうわけで，二人は毎朝五千円の債権を獲得し，五千円の債務を負うのでしたが，一日が終わる頃，必ず二人はそれらを相殺します。ですから，翌日の朝，朝日が昇る頃にはもう二人とも債権も債務も持ちません。ところが或る朝，契約を済ますや否や突然おばあさんが言いました。『毎晩，わたしらは相殺しているけれども，いっそのことこれを朝にしてしまったらさぞかし晴れ晴れするのではないかしら。わたしらは大変早起きで，暗いうちから起きている。お前さんが山に出掛け，わたしが川へ出掛ける，その直前に相殺すれば，今日一日，何もしなくとも，誰にも何も言われずに済むのじゃないかい？』と。おじいさんも『それはええのお』と言い，二人はその日一日のんびり暮らしました。丁度その日のことでした。川の上流から大きな桃がドンブラコドンブラコと流れてきたのでした。桃の中には赤ん坊の桃太郎が居たのですが，残念ながら誰も掬い上げる人は居ませんでした。桃はそのまま海まで流れていき，桃太郎はついに生まれませんでした。御蔭で鬼たちは末永く平和に暮らしました」とまあこういう内容ですが，参考になりますか？

D：芝刈り債務と洗濯債務は何故消えるんですか？

L：ローマ流にシナラグマを持ち出してもよい，フランス流にコーズを持ち出してもよい，元の契約が意味を失う。これが難しければ，芝刈り債権と洗濯債権の相殺でも考えてください。

Q：そんなこと考えなくとも，五千円が消えたら誰も働かないよ。

Prof：おじいさんとおばあさんが毎晩するという相殺のよい点はどこですか？

N：現金なしに済みます。おじいさんもおばあさんもお金には縁が無い。

E：この二つの諾成契約は locatio conductio で，こんな単純な形が諾成契約になるのかどうかは疑わしいが，しかし現金を渡して人を雇えば厄介なことになるのを相殺が防ぎますね。関係が対称的になり，人と人の間の支配従属関係や，ピンハネとかいう問題はありえません。

Prof：けれども，「善は急げ」でまだ朝のうちにそれをしたらどうなりました？

A：桃太郎が生まれなかった。

Prof：そりゃまたどうしてです？

O：おばあさんが川へ洗濯に行かなかった。

Prof：行けばよかったじゃないですか。たまには桃が流れて来るのだから。

M：お互いに借りを作っておくということは，信頼してコラボするということです。相殺はその決済をスマートにする。消費貸借の弁済に固有のどろどろとした側面を減らす。けれども，両刃の剣です。「突然一方が相殺する」ということを許せば，コラボが台無しになる。経済活動が停滞する。信用が収縮する。おじいさんもおばあさんも何もしなくなる。

D：だからこそ，相殺適状についてはうるさく議論します。弁済期にあるかどうかがポイントになりますが。

H：すると問題は，クマハチどんがこの相殺を朝したのか夜したのかですね。

P：いや，おじいさんとおばあさんがしたのか，という問題も有ります。

T：ぜんべえドンにしてみれば，債権者は気心知れたリョウサクどんだと思っていた。お互いの信頼関係が有るからひどいことはしないだろうとね。おばあさんみたいな真似はしないだろうというわけだ。ところがそれがクマハチどんにすり替わった。銀行が金貸しみたいなことをするのは許されないという話は第六話で聞きましたが，ぜんべえドンにしてみれば，預金を質に取られているようなもの。現にクマハチどんは，あるはずのない「金貸しへの変身」をやってのけ，襲い掛かった。ぜんべえドンはお金を借りていないのに。債権者が勝手に交替するのは許されるんでしょうか。債務者たるゼンベエどんの承諾が必要なんじゃないですか？

L：民法では必要とされていない。ただ，対抗要件の問題は有る。債務者に通知しておかないと当の債務者にも対抗できない。契約相手に弁済するからお前には払わないということが言える。しかしゼンベエどんに対しては通知がなされたのだと思う。それでなければ，口座開設の時に見落とした約款が有り，そこに「如何なる場合にも債権譲渡を承諾し，貴行を債権者と認める。期限の利益は放棄し，直ちに相殺適状に達していることとする。」といったことが書かれていたのかもしれない。なにしろ，ぜんべえドンの住む昔話の世界だから。

B：ゴンクロウどんのインタヴューを聴いていると，そういうことを平気でする人たちがたくさん居そうだなあという気がしました。皆自分と同じなんじゃないかと思うから下衆の勘繰りばかり。自分の本性を鏡に映して他人に見せている。

S：おじいさんとおばあさんが夜すべき相殺を朝してしまったというにとどまらない問題が有ります。いや，オオカミが赤ずきんちゃんのおばあさんになりすましていたというにとどまらない問題が有ります。クマハチどんが相殺のために使ったのは夜なら相殺してよいという債権ではない。どうせ「期限の利益」放棄の特約が有っただろうけれども，クマハチどんは，債権者というより事実上のオーナーとして責任を持って投資した身のはずです。これは夜になっても回収しないはずの債権です。ゆっくりとしんがりを務める債権のはずです。

G：それはないな。リョウサクどんは破綻したんだぜ。特約なんか無くったって期限の利益なんか主張できない。それに，クマハチどんは責任を取るために債権を引き取って自分の債権をチャラにしてやったんじゃないか。まずはここに一種の代物弁済のような相殺が有るんじゃないか？

K：とはいえ，クマハチどんは銀行だ。銀行は決済ばかりか貸出もしているが，たいてい，貸した金をそのまま自行への預金として積ませる。借りた相手が危なくなったら相殺してしまう特約付きだ。蜥蜴が尻尾を切るようにね。「相殺の担保的効力」とか，大教室で先生のマイクを通じた声が響いていたのが耳に残っている。「ザーサイの湯たんぽ的効力」かと思った。

R：よく事態を整理しよう。今**S**君が言ったのは，長期信用を簡単に引き上げられたら困るということだ。しかし銀行は疑心暗鬼で，いつでも引っ込めうるように仕組んでいる。本当の信用が希薄である上に，審査能力にも自信が無い。成り行きと情実で貸すから，その後の関係も不安定だ。しかしゼンベエどんが直面した問題はこれではない。ぜんべえドンはクマハチ銀行から融資を受けたわけではない。他所で長期信用の引き上げが起こったところ，夜にされるはずの決済が昼にもうされてしまった，ということだと思う。元々，長期信用と短期信用が安易に連結されると，夜を越したい前者が後者とともに夜のうちに決済されて困ることになる。ところがこのケースはもう一段逸脱している。逆に長期信用の方の破綻が昼にもう襲って来たため，おじいさんとおばあさんの短期信用決済システムが根こそぎ破壊されることになった。

Prof：そのことに寄与した通路はどういうものですか？

T：銀行でしょうか。一方で消費寄託を通じて天上界の決済システムを支えている。ところが他方で消費貸借している。これ自体問題だが，厳重なチェックを条件として限定的にならば認められるとしよう。現代の銀行はそうしているから。しかし，この両者を無媒介に同じ坩堝に入れてはいけません。

R：銀行が同時に実質所有権者だということが大きいと思う。所有権のコンヴァーター作用が無際限に発揮された。

蝶のように舞い，禿鷹のように爪を立てる

Prof：リョウサクどんの側にはもう一つ問題が有りましたね？

C：皆様っ，お待ちどお様でしたっ，本日のっ，メインゲストっ，われらがゴンクロウどんのっ，お出ましですっ！

E：もういいよ，あんな人をこれ以上しゃべらせないでくれ。

I：けれども，おはなボウを直接襲ったのはこのゴンクロウどんですね。何故そのようなことが起きたのか，しっかり分析しなければなりません。

G：相殺の場合もそうだけれど，結局は弁済しなければならない債務です。根拠が無いわけではない。それを取り立てたからと言ってクマハチどんやゴンクロウどんに文句をつける筋合いは有りません。

H：そうだとしても，ぜんべえドンがあっちからもこっちからも攻撃される筋合いも無い。そもそも，どの債務の弁済を求められているのか。弁済を求める前に差し押さえているじゃないか。

P：債権があっちやこっちやに譲渡されているようだが，それであっちにもこっちにも「自分が債権者だ」という者が出て来て，それがためにゼンベエどんが何回も殴られることになった，という印象ですね。

D：だからこそ，債務者に対する通知が必要で，債務者情報センターになる，と聞きました。特例法とかも有って，登記も可能なようなことを言っていたような気がします。

K：でも，通知してはいきなり土足で上がってきてかっさらって行くんだから，「債務者に対抗できない」とか言っても，債務者が対抗できない。特に，相殺されて預金が消えてしまうんだから。債務者が「あの，その」と言っているうちに事が終わってる。

C：あ，そこにヒントが有るじゃないか。

J：そうだわ。ぜんべえドンは弁済します。ゴンベエどんから代金が返って来ませんが，それだけで倒れるような経営ではありません。だから弁済はしますが，だったらもう何をされても文句を言うな，とはなりません。そのステップや過程が大事です。いきなり取ってはいけません。

F：そうそう，情報センターとか登記とか言ってるけれど，それだったら政治システムをお作りなさい。リョウサクどんが経営破綻した。ならば債権者たちは集まって議論すべきです。一つ一つ債権を確認する。少なくとも混線は避けられます。その上，一人の債権者が勝手に相殺することは許されなくなります。「どうせ払わなければならないのだから払え」という考えが出ましたが，たとえゼンベエどんが相殺によって不利益を被る点を全然持たなかったとしても，他の債権者たちは害されます。彼らは「その弁済の何某かに自分も与れるかもしれなかった」と考えます。だから，相殺は抜け駆けの自力執行に当たります。

P：回り道をしている間，債権を転々流通させている間，執行が止まるので，債権者たちが政治システムを作って状況を凍結するのと同じ効果が現れるという話が有ったけれど，もし相殺のための債権譲渡だったとしたらそうでもないんだ。

N：相殺することができる債務を持つ者に債権を渡し自力執行をやらせればよい。

A：それだったら簡単にイメージできる。リンチするときに，腕っぷしの強い奴に頼んでぶちのめして貰うようなものだ。

B：そういう嫌なことは言わないでください。

Prof：そればかりではないなあ。ゴンクロウどんはトラゴロウどんとの間で何か怪しい操作をしたよね。

L：それは簡単だ。これはデーレガーティオー delegatio と呼ばれるもので，取立てや債務整理のために用いられる。AがBに対して債権を持ち，BがCに対して債権を持つとしよう。形式的には，BがCに対して持っている債権で以てAに対する自分の債務の弁済を行う，一種の代物弁済を行う，そういうことだけれど，要するにBが自分のところで債権と債務を相殺して抜けるということだ。間が抜けてAとCが直接顔を合わせ，イナイ・イナイ・バア，みたいになる。本件では，トラゴロウどんが抜けてゴンクロウどんがリョウサクどんとイナイ・イナイ・バアになったばかりか，リョウサクどんが夜逃げしたためにここも抜け，ゴンクロウどんとゼンベエどんがアリサント・アリサント・コッツンコとなった。

B：幾ら私たちが落ちこボレだからって，うちの子が幼稚園に上がる前にやっていたことを使わないでください。そうでなくたってわかります。

Prof：デーレガーティオーという方法は信用の収縮の場面で，信用を圧縮するために使われます。もちろん本来はそうとは限らない。夜になったら決済するおじいさんとおばあさんがしていることと変わらないことでもありうる。ところが，まさにそのやり方を使って一個の単純な債権を仕立てあげる。様々な性質の債権をこねて一つのわけのわからないお団子を作るようなものです。単純化に成功すると，債権者間に作りうるかもしれない債権者平等の政治システムを潜脱することが可能になる。一人の債権者が債権を集め所有権者のように債務者を囲い込むからです。それが証拠に，ゴンダエモンどのが保証にあたって付けていた包括的な集合債権譲渡担保が核になった。これがゴンクロウどんの手に渡った。

D：そこがわからないんですよね。債権者が債務者に集合債権譲渡担保を設定させるんじゃないんですか？　債権者はその上さらに保証人を要求するかもしれない。ところが今回の事例では，保証人が求償債権のために集合債権譲渡担保を設定させていますが，そんなことが有るかなあ。

E：この異形が大変に面白いと思った。とにかく不透明な感じで，わくわくしますね。クマハチどんは銀行なのでお金は回すが，とことん責任を持つことはできない。しかし実質オーナーでもいたい。そこでゴンダエモンどのをダミーとして使った。いや，ひょっとするとゴンダエモンどのが実質オーナーで借主だが，自分の資産に担保を設定するのでなく，当該投資対象限りで担保を設定する。さらに保証という迂回手段を経由させる。ゴンダエモンどのとクマハチどんが，支配して利益は吸い上げたいが責任は取りたくない，という怪しい駆け引きをした結果，こんな不細工なことになったのではないんですか？
Prof：それはともかく，結果として，ゴンベエどんと「黄金のチーズ」の側でゼンベエどんが直面した事態と似たことが起こりましたね。本来，所有権者やそれに類する信用供与者は，保証人みたいなものだから，他の債権者を優先させ，沈む船から最後に脱出する責任を負う。ところが，ゴンザエモンどのは「黄金のチーズ」を通じて自分の債権を先に回収してしまった。そのように，クマハチどんとゴンダエモンどのは先に回収しうる体制を作った。しかしどっちが先かの泥仕合はまだ残っていた。非常に不透明だが，クマハチどんが債権を譲渡され弁済を得た時，ゴンダエモンどのは保証債務を履行したのではないか？　将来債権としての求償債権のための譲渡担保に取っていた建物で保証債務を代物弁済し求償権を得たようなものだ。先回りだね。お金を払って建物を取る代わりに家で払った。建物はこの場合債権だが，譲渡担保は執行されたのだからリョウサクどんに債務は残らないはずなのに，ゴンダエモンどのの保証債務弁済が独り歩きし，求償債権が残ったような外観ができた。一種の二重譲渡の格好でゴンダエモンどのはトラゴロウどんにこの求償債権を売り抜く。さらにそのババを引いたのがゴンクロウどんだが，御蔭で，ぜんべえドンは二重に責められることになった。債務者は「直接代物弁済した」という抗弁で保証人の求償に対抗しうるはずであり，債権の承継人に対して債務の承継人も抗弁を援用できるはずだと思いますが，肝心のリョウサクどんがどこかへ行ってしまっており，事実関係を解明するのには相当の困難が予想されます。つまり抗弁を論証できるかどうか。
L：そうでなくとも，リョウサクどんの抗弁をゼンベエどんがどこまで援用できるかという問題は残ります。債権者代位の場合の抗弁援用問題は複雑だ。
P：そういう種類のことは，落ちこボレ向けの授業では御法度です。
H：それもこれもきちんとした包括的整理がなされないからだ，というのはわかりましたが，政治システムとしての債権者会議を設立しても，債権債務を全て洗い出し追求するのだから，確かに相殺によって一人が抜け駆けするのは許されなくとも，あるいはまた，誰の債権が弁済されているのか，誰の債権がされていないのか，等々が明らかにはなるとしても，最後には皆でオハナぼうを襲うことになるんじゃないですか？
J：相殺というのはそのときのために有るのだと思います。天上界の債権債務は排他的ルートで即時に決済していく。愚図愚図していると消費貸借の坩堝の中に巻き込まれる。おじいさんとおばあさんが毎晩決済し宵越しの借金はしないというのはこのためです。おじいさんがいつまでも債権を持っていると，これを乗っ取ったアコギな金貸しがおばあさんを襲うかもしれない。天上界の信用は高速回転で地上の鬼に摑ませないようにしています。

Prof：そうだったのか，知らなかったなあ。

R：だったら，包括執行というか，民事再生のような手続の中で，債権の性質をより分け，決済できるものは先に決済させることが必要だね。ところが，地上の側がその高速道路を乗っ取ってしまったのがわれわれの事案だ。おじいさんに取り憑いた幽霊がおばあさんの債権を相殺によって消した。どうせおばあさんは相殺するつもりだったんだからいいじゃないか，と言うかもしれないが，他にも相殺できたはずの者が居たかもしれない。ネットワークの中でそこだけ相殺されるのは不公平だ。

E：同じことは，債権譲渡や債務引受でも起こるんだから，こちらでも，債権の性質を弁別できなければならないよね。

L：しかし，そんなこと一体どうやってするんだい？　包括執行の中ならばできなくもないけれど，それだって基準は難しい。債権者達の善意と高い資質が不可欠だ。まして，包括執行の外，つまり政治システム外で一体どうやって区別するのか，見当がつかない。債権譲渡や債権者代位の要件の中に手掛かりとなるものは全く無いと思う。

十三番目の魔女が見当たらない！

I：天上界を識別する線が不明であるということですね。そういうときには，天上界とは何であったか，どうして出来上がるのであったか，もう一度確認しなければなりませんね。そこで確認してみると，相続財産で初めて私たちは天上界を見たわけですが，その後，寄託，そして何よりも大事なのは委任だ，ということでした。あの時のモデルでは，盛んに委任が動いていた。売掛代金の支払を待つという信用を成り立たせるのは，委任だった。ぜんべえドンは受任者として仲介していた。しかし今回は，ゴンベエどんとゼンベエどん，ぜんべえドンとリョウサクどん，彼らは直接取引しています。確かに銀行口座を使って信用を与え合っている。けれども，債権債務は直接彼らの間で成立しています。銀行口座の上の高架を高速鉄道が走っているというつもりですが，簡単に撃ち落されてしまった。

Prof：素晴らしい！　それで，委任を使うとどうなりますか？

C：アッカンベエなどというのが有ったなあ。それくらいしか覚えてないよ。

P：「上から読んでも下から読んでも……」じゃなかった，委任者が破綻しても受任者が破綻しても債権者が押さえることができない占有が発生したねえ。

M：俗に言う「倒産隔離効果」だね。
H：ぜんべえドンは，仲卸を通じてミルクを販売すればよかったんだ。そうすれば代金は確保できる。
N：でもその仲卸がゴンベエどんの破綻により被害を被る。
Q：では，仲卸のチュウベエどんを登場させましょう。チュウベエどんが「黄金のミルク」をゴンベエどんに販売しています。
F：チュウベエどんは情報収集能力抜群，ゴンベエどんの信用調査を怠りませんでした。これだけで全く違ってきます。
A：でも「黄金のチーズ」をゴンザエモンどのに持って行かれればそれまでだ。それを追いかける力はチュウベエどんにも備わっていませんでした。おしまい。
Q：ゴンベエどんが「黄金のチーズ」を売る場合にも仲卸が居るはずじゃないか。カンペイどんにも登場してもらいましょう。カンペイどん，カンペイどん，あなたが買った「黄金のチーズ」をゴンザエモンどのが持って行こうとしていますよ。どうしますかあ？
E：ブホブホ，それは簡単じゃわい。わしは受任者じゃ。大事なお客様にこれを売り渡す。そういうものとして「黄金のチーズ」を預かっとる。
L：もっとも，諾成売買契約だけでもこの効果は得られます。合意と同時に買主に資産上の占有が移ります。だから売主は買主のために善管注意義務を以て引渡しまで預かるのです。
O：けれども，代金債権をゴンベエどんが持つよねえ。これをカンペエどんがゴンベエどんに支払うとそのお金がゴンザエモンどのに押さえられてしまう。そうすると結局ゼンベエどん，いや，最初の仲卸，チュウベエどんは代金債権を回収できない。そうすると区別にならない。
Prof：素晴らしい異議申立てです。
J：だからこそ，チュウベエどんやカンペイどんは大事な存在なんです。チュウベエどんとカンペイどんの間に決済の仕組みを作っておけば，チュウベエどんの債権とカンペイどんの債務を相対させることができる。
D：古くから手形交換所が有りましたし，金銭債権を登録するシステムもよい。カンペイどんが代金支払債務を，オサンどんに対する自分のプラスの勘定を消尽させることを通じて，オサンどんに譲る。債務引受だね。チュウベエどんは債権をオサンどんに譲る。債権譲渡だ。オサンどんの手元で相殺すればいい。このお金の回転に対してゴンザエモンどのは手も足も出ない。
R：確かに，その後に包括執行手続が来れば，理想的だ。短期の決済を済ませた上で，長期の整理をする。解体するか，むしろ生かしてじっくり回収するか。

S：ふむふむ，受任者は固有の責任を負うから，短期信用は短期信用にしか振り向けられない。そしてそれに対応して面白い占有状況が現れる。これが障壁になって密かな債権識別が可能となる。高価高速鉄道の開通！　やはり，代理効果を排除した昔ながらの委任が如何に大切かがわかる。これが筋書ですか？

Prof：ときかれても，私にはさっぱりわかりません。ひたすら諸君の構想力に感心するばかりです。

再入門後の学習のために

今回扱った分野は「債権総論」と呼ばれますが，この債権総論へと学生諸君を導くことは難題の一つであり，実際，どう導入したらよいものか，途方に暮れます。

通常，学生諸君はそれまでに「民法総則」つまり法律行為論，意思表示理論を教えられています。次いで契約法，特に契約総論を教えられていることでしょう。また，法律行為論を媒介として「契約」を（相殺や担保権設定などを含め）広く概念するようにも仕向けられています。契約各論で少し契約に固有の要素を学習するでしょうが，それも束の間でしょう。債権総論に至ると，例えば諾成契約の履行の問題が債権一般の問題として扱われます。雄弁な例は，「危険負担の債権者主義」です。二千年来，「諾成契約としての売買契約の買主が危険負担をする」（periculum emptoris）として伝えられてきたものが，19世紀のドイツで「債権者の危険負担」に置き換えられました。「危険負担は占有に従う」という一般準則に対する例外を periculum emptoris は言うのであって，それは諾成契約としての売買，つまりプロの高速売買，信用売買，に固有の構造を考慮に入れたものでした。ところがそれを「債権」という一般概念のもとに拡大するのだから，目を覆ってしまいます。この混乱の原因を19世紀ドイツ深くに探る作業は未完ですが，法律行為論を樹立する動機が重要な鍵を握ることは確かでしょう。そこから，物権行為，債権行為，等々の分類になり，債権一般を論ずる体系が生まれます。

以上の点を解きほぐしながら「債権総論」を教えることは不可能に近いと思えます。そこで次善の策を模索しなければなりません。実質的に多くの教科書が採用する仕方でもあるでしょう。つまり，金銭債権の処理を考える特化した分野であると割り切って教える仕方です。

ローマでは，金銭債権の決済は委任や銀行や「不当利得」制度の原型といった制度を使って幅広く行われていました。重要なポイントは，このシステムから消費貸借を排除することでした。この排除は執拗になされていました。もっとも，言わばこの姿勢は守勢というか消極的なものでした。つまり柱の信用システムを消費貸借の魔手から逃れさせることに主眼が置かれました。その外側に消費貸借が展開されることまで制圧できたわけではありませんでした。

しかし紀元前1世紀になって所有権概念が確立されるや，形成されてきた反消費貸借型信用システムにおける信用が消費貸借の生息するフィールドに進出します。しかし，勝利したのは所有権というヴィークルの衣を纏った新しい消費貸借の諸形態の側であり，旧来の信用システムは却って没落します。所有権を取り巻く新しいタイプの信用が咲き誇ったのは束の間でしたが，その間に発達した（「不当利得」制度原型の幾つかの発展形を含む）諸制度はテクストに写し取られ，断片的に近代にまで伝わり，これが債権総論というジャンルの中に息づいているというわけです。

というわけで，金銭債権を扱うのである，という認識の次には，「不当利得」制度を含め，債権譲渡，相殺，詐害行為取消権，債権者代位権，等々個別制度ごとに勉強し，「総論」たるを括弧に入れることが肝要です。それらの制度はいずれも金銭債権の決済に関わり，だからこそ多くの場合「債務者の債務超過」が要件として現れます。債務超過を睨み，優先的に債権を回収しようという観点が一方で一貫して現れます。反対側には，他の債権者達，そして債権者平等原則が現れる。この両側の利害を調整することが細かく行われます。

したがって，自分たちだけで決済してしまいたいという人々をどう評価するかがポイントになりますが，これらの人々をあながち非難できないということが面白いところです。ローマにおいて委任や銀行が担った信用を特急列車として通すことには経済システムとして一個の合理性が有ります。債権どうしで決済すれば物的な問題を回避できます。にもかかわらず，実際にはこの方向のみが現れるのではありません。所有権という装置に固有のこととして，委任型信用と消費貸借型信用を相互に融通し合うということがなされます。近代の銀行はこの需要に対応します（資産変換機能）。だから貯蓄銀行兼商業銀行という形態を取ります。これに産業銀行が対置されましたが，近年はこれらの区分けも一旦解消されていました。ところが今般の金融危機後，「投資銀行と商業銀行の種分け」の問題は（アメリカの金融規制立法の中で）再浮上しています。いまだ追跡には至りませんが，この辺りの近代，あるいは近代の特殊な一段階，の事情が「債権総論」誕生に大きく寄与したのではないかと私は思っています。

さらに，日本に固有の事情が問題を複雑にしました。それが例えば相殺の担保的効力の特異な発展であり，集合債権譲渡担保に至る発展の道筋です。つまり，消費貸借を委任型信用に取り込むというのでなく，そのために混乱やリスクが生じたというのでさえなく，初めから消費貸借に対してほとんど「物的な」優先権を与えるために諸制度を使うという方向です。つまり，闊達な決済制度の方が一方的に犠牲になる。そうすると，自力で信用世界を形成できない情けない経済的階層が（銀行を先頭に！）圧力をかけ，法律家たちがなけなしの利益調整ラインを何とか守るのに精一杯である，という情景が至る所に現れます。判例がその狭間で動きます。

以上要するに，一個の経済社会における信用の問題をどうするか，という視点がこの分野の学習のためにはどうしても欠かせない。そしてこの視点はそうでなくとも大変重要で，全ての諸君が真剣に考えるべきです。社会の質を左右するのですから。幸い，信用一般の問題を視野に入れて例えば債権譲渡を論じて来た優れた文献が存在します。そうしたものを手に取ってその行論を丹念に追うことを勧めます。

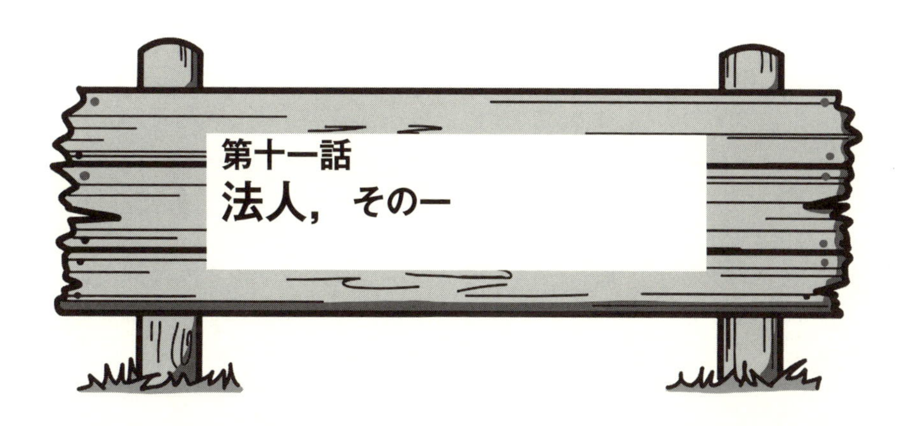

ぜんべえドンとオハナぼう，第十一話

あれからまた，かなりの時が経ちましたが，ぜんべえドンとオハナぼうはどうしているでしょうか。少し気になったので，ポンポコ山の麓をふらりと訪ねてみることにしました。

どうやら全て元のとおり。ぜんべえドンはせっせと働き，おはなボウの「黄金のミルク」も健在のようです。「黄金のミルク」が生産されている限り，大丈夫。何の心配も有りません。

ただ，ポンポコ山を覆う霞のようなものが次の日になっても，また次の日になっても，決して取れることのないのが少し気分を害します。緑の絨緞は一面に広がっていますが，散歩をしても，新鮮な空気を一杯吸うことができた以前に比べ，何だか変です。生暖かいというか，生臭いというか。かと思うとひやーっとした空気が急に漂ってきます。山麓全体が何やら妖気を帯びている感じがします。いかん，これはホラー映画の観すぎではないか，と頬をつねってみましたが，この妖気は消えません。

あっ，向こうからゼンベエどんが歩いて来ます。

「ぜんべえドン，ごきげんよう，それにしても，この辺りの空気もだいぶ変わりましたねえ。」

こんにちは。ここんどこ，毎晩毎晩，おかしな夢を見るんだ。フワフワ・オバケが出てきて，その手でポカっとオイの頭を殴る。フワフワだなさ，なして痛であんがのう。畜生っと思ってポカッと殴り返そうど思うど，煙を殴るみでぐ，何の抵抗もね。フワフワ・オバケの奴は，ニタっと笑て，まだオイの頭をポカッと殴ってくんなんけ。して，殴り返そうとすっど，フワっと逃げる。これの繰り返し。汗びっしょりで目が覚めでしまての。

変な夢ですねえ。しかし実は夢のうちはまだよい方でした。それから間もなく，奇怪な事件が次々に起こったのです。皆さんはオバケの存在を信じますか？何とかとオバケは出たためしがない，などと昔から言いますね。オバケは出ないからこそ価値が有り，魅力的なので，出てしまったら全く興ざめですよね。ところがポンポコ山の麓にそのオバケが次々と出て，人々を大混乱に陥れたのです。

或る日，おはなボウが草を食むのを眺めながらゆったりした時間を過ごしていたゼンベエどんは，自分の目を疑いました。もう第十一話だというのに，第一話と全く同じような光景が突然現れたのでした。ゴンベエどんが自分の目の前でオハナぼうを連れて行くではないですか。急いで追いかけようとするとゴンロクどんやゴンクロウどんが加勢し，却ってボコボコにされたところまで，第一話とそっくりでした。広大なゴンザエモンどののお屋敷の奥深くにオハナぼうは連れ込まれました。明日はミンチにされて猛犬ゴンの餌食となるのか。いや，そんなはずはない。文明国である以上は占有訴訟が有るではないか，ですって？　そうそう，占有訴訟についての条文も新たに置かれたのでしたねえ。あ，知りませんでした？　いや，知らないはずです。条文は出来たのですが，インストールするのを忘れているのです。だから起動しない。それはパソコン・ソフトの話だろうですって？　私，何か混同しているかしら？

それでもゼンベエどんは裁判所に行きました。即決でオハナぼうをひとまず暗渠から解放するための手続は無くとも，自分の物を返して貰うことくらいは出来るだろう，と思ったのです。当然ですね。しかし裁判所の書記官は冷たく言い放ちました。

「一体，誰を訴えると言うのじゃ。」

ゴンベエさ決まてんでろや。いや，ゴンザエモンどのだがの？　いや，ひょっとすっど，猛犬ゴンだがもしれねの。要するに，オイの大切なオハナぼうを浚てミンチさしようとしてる奴だ。

とゼンベエどんは息を切らしながら言いました。しかし書記官はにべもなく言い返しました。

「ミンチにする会社は，ゴン・ミンチじゃ。ゴンザエモンどのが100％株主で代表取締役を務める持株会社ゴン・ゴンツェルンの100％子会社がこのゴン・ミンチじゃ。ここに登記もある。それを見ると代表取締役はゴンベエどんじゃ。」

というので，株式会社ゴン・ミンチを被告とする訴訟が始まりましたが，ぜんべえドンはオハナぼうのことが心配でたまりません。

オイのオハナぼうがミンチさなる前に返してくれ。おはなボウは，第一話からずっとオイのものだ。

ゴン・ミンチ代表取締役ゴンベエどんの訴訟代理人ゴンクロウどんは，薄笑いを浮かべてこう答えました。

へへへ，残念でした，またどうぞ。おはなボウはもう株式会社ゴンレスハムに売ってしまった。

そげだごど言ったって，おはなボウがあの屋敷から全く出てねぇごど位（ぐれ），オイは知ってんなだぞ。

と，ぜんべえドンは怒って言いましたが，裁判官はあっさりと，

「これは相手を間違えとる。出直せ，出直せ。」

と言うばかりでした。「ヒコクテキカク」とかいうラテン語も聞こえたような気がしました。本当にラテン語はいやですねえ。

しかたないので，ぜんべえドンは今度は株式会社ゴンレスハムを訴えることにしました。これもゴン・ゴンツェルンの100％子会社で，代表取締役はゴンロクどんです。しかしゴンロクどんも答えて言いました。

いやあ，ゴンクロウさん，ごくろうさん，いや，ぜんべえさん，さよなら三角，またきて四角。セッシボン！　ゴンはボン！　ボンはゴン！　ボン・シアンはゴン・シアン，ゴン・シアンはボン・シアン，ドッグ・フードならゴン・シアン！

と最後はテレビ広告のキャッチ・フレーズを繰り返すばかり。しかし呆れたことに裁判官は，

「おお，法人はやっぱり実在しておる。」
と，哲学者のような言葉を吐いたかと思うと，

ああ，おはなボウはゴン・ゴンツェルンの100%子会社ゴン・シアンの手に移った，ということを言っているようですね。だったらまたまた訴えはキャッカです。さよなら三角，また来て四角です。

とまたまたラテン語を使ってわけのわからないことを言いました。

ゴン・シアンの代表取締役，ゴンパチどんはもっと強烈でした。つまりもっとわけのわからないラテン語を使い，しかも裁判官は感心してそのとおりにしたのです。ゴンパチどんが発したのは「ソクジシュトク」という音のような気がしました。盛んに自分が親切でしていることを強調していました。つまり「善意」とか何かそういうことや，「知らぬ存ぜぬ」などということも言っていました。これらの言葉が効果あるらしく，裁判官は，おはなボウはゴン・シアンのものだと決めました。

思う間もなく，新たな災難です。ぜんべえドンの家にリョウサクどんが飛び込んできました。何でも，その辺り一面が工業団地になることに決まったというのです。呆然とするゼンベエどん。しかし思い当たる節が無くはありません。ポンポコ市の肝煎りで，辺りの牧畜農家が協同し，牛乳精製所やチーズ工場を作ったのでした。お金が無い者は「現物出資」でもよいということだったので，ぜんべえドンもハンコを押しました。今までどおりその土地をゼンベエどんが使うのだが，一応土地は皆の物になるということでした。しかし登録の名義は「ポンビキ」。「ポンポコ山麓美化事業協同企業体」を略したのだそうです。辺りの大半の土地はこのポンビキ名義です。さて，ポンビキはその土地をたくさんの企業に分譲し一儲けするつもりでしょうか。

一体誰がそげだ事を勝手に決めだなだ。オイさ何の相談もしねで。

とゼンベエどんはつぶやきました。しかしリョウサクどんの話によると，そうではありませんでした。代表取締役として経営を牛耳ってきたクマハチどんが取締役会の議決を経て立派に借金をして土地先行取得をしたところ，不動産バブルが弾け，会社は破綻。クマハチどんは雲隠れ。債権を買い取った禿鷹ファンドが会社の資産を整理し始めたというのです。

そういう話を全て聞いたゼンベエどんは，深いため息をついて言いました。

オラの会社の土地だば，オイの物だんでねが？　んだなさ，なして，オイの知らね間に他人の物さなんなや？

リョウサクどんが答えて言いました。

「んでね，この世さは，法人でゅう人がいで，土地は法人のものなんだ。その法人でゅう人を，別の法人でゅう人が買ったなだ。」

したば，人身売買でゅう事だな？

「法人でゅう人は，人は人でも幽霊ださげ，体はねぇ。んださげ人身売買ではねぇでゅう事だ。」

すっど，オバケがオバケを持て，そのオバケがまたオバケを持て，して，そのオバケが土地を持つ，っちゅう事も出来んなだがのう？

「いや，それどころか，買ったオバケを分けて売ったり，それを買い戻して訳がわからねぇようにして，一体どうなってんなだが誰さもわからねぐするもんださげ，タヌキやキツネより化かすなが上手いらしいぞ。」

したば，法人オバケは唐笠オバケより恐ろしの。そげだ法人オバケに取り憑かれで首根っこ摑まれだら，あど終わりだの。雲のように好きだ形さして，好きな範囲の物を押さえ込む。布団の裾からじわっと覆い被さってくる金縛りの妖怪のようなものだの。成仏でぎねがったんだの。めじょけねこと（かわいそうに）。

「ぞっとする。諦めで早ぐ逃げだ方がいい。」

んだんども，おはなボウはどうなんなだ。取り戻せても，帰る先が無ぐなってしまう。

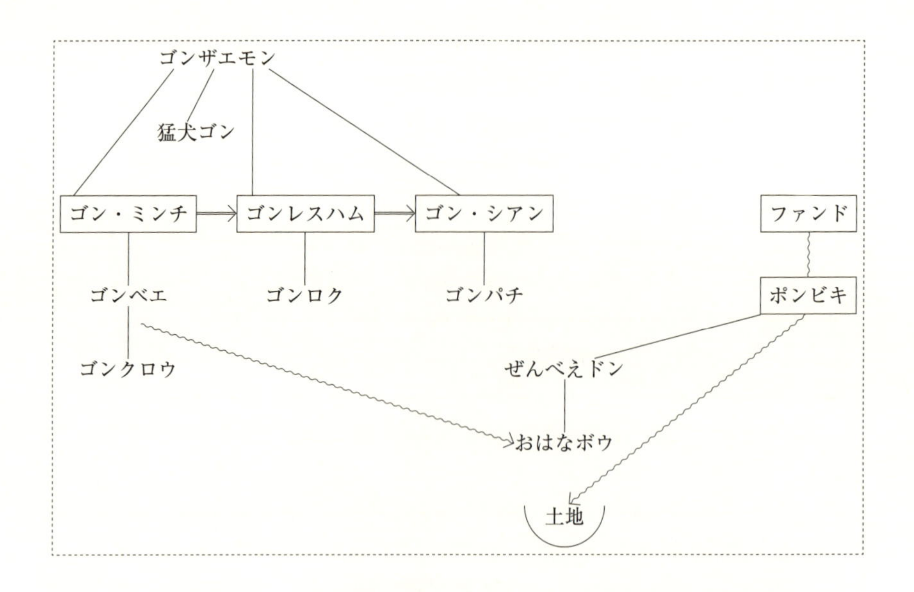

庄内弁訳（ぜんべえドンの科白）：放上鳩子

オバケに憑かれたら，専門医は誰？

Prof： さあ，困りました。どうしましょうか？

E： 問題を起こしているのが法人であることは明らかなので，一生懸命に教科書の法人のところを読むのですが，全く手掛かりが有りません。

H： 法人はオバケの一種であるということのようです。ならば，オバケ大事典のようなものを引いた方が早いのではないですか？

O： 詰めて言えば，今回オハナぼうを襲っているのはオバケであり，普通のものではありません。しかしオバケは大学で研究していないのではないですか？　むしろ，祈禱師に頼むとか，水子の供養をするとか，その道の専門家に頼んだ方がよいと思います。

C： いやだねえ。それじゃあカルトと変わりない。

D： 待ってください。法人がオバケだなんて，よしてください。大体，「法人」だなんて気安く呼ばないでください。自然人にばかりではなく，団体に法人格を持たせるということです。私はオバケではないけれども立派な法人なんです。法人格を持っているんです。

P： ならば，法人格というのは一体何だい？

D：それが難しい。その答えを簡単に言えるようならば，このクラスに出席していません。
S：英語だと，“moral person” だね。
A：私も法人格を持っているということだが，私は正直言って余り道徳的な方じゃあない。
S：いや，この “moral” は「物的身体的でない」という意味だ。精神的霊的ということだね。ま，ヴァーチャルという言葉で言ってもまあまあはずれない。
M：ならば，やっぱりオバケですね。
F：ただ，そうすると “person” つまり「人格」の方が気になる。
B：ラテン語のペルソナ，仮面劇の仮面から来ていると聞いたけれど？
H：そんなことを僕も言われたけれど，さっぱり何のことかわからなかった。
Prof：オバケも人格も，普通の法律学では扱えそうもありませんね。だからと言って祈禱師に頼むわけにもいかない。そういう問題が発生した場合，誰に診て貰うのですか？
一同：（しーん）。
Prof：それはもちろん，19 世紀の終わりから 20 世紀の初めにかけて，急速に発達した神話学や社会人類学ですね。合理的な思考が妥当しない分野の事象に分析のメスを入れ始めた偉大な学者達はそのころの人々でした。合理的な思考の元祖であるギリシャの社会についての研究が最初の主戦場になりました。合理的なはずなのに非合理的な社会事象がたくさん出て来るからです。哲学発祥の地であるのに，他方では神話で鳴らしています。その後研究者達は新たな意識を持って続々と太平洋地域やアフリカ，南北アメリカ大陸へとフィールド・ワークに出かけました。本日は，デュルケームやモースなどのそうした社会人類学の古典に誰よりも通じており，他方ではギリシャ語が得意でホメーロス，サッフォー，プラトンを愛読する，**KEIZOTI 先生**にはるばる四国の松山からお出でいただきました。諸君もわからないことは**KEIZOTI 先生**に聞いてください。では**KEIZOTI 先生**，どうぞ。
一同：（拍手）……（しかしなかなか出て来ない）。

泥んこ遊びがしたいと，神々は言った

一同：（身長 190cm を超えるかと思う偉丈夫の，しかし見るからに優しそうな若い先生が入って来たのでどよめく）
P：先生，私のような勉強嫌いなものが立派な人格を持つためにはどうしたらよ

いでしょうか？　やはり，ギリシャ語とかデュルケームとか，読まなければ駄目でしょうか？

KEIZOTI 先生：（かなり長い沈黙の後）泥んこ遊び，……というか（中空を見るようである），ぬかるみの中で，……笑いながら，取っ組み合いをしたり……泥饅頭をぶつけたり……するのが……いいんじゃないかな，と思います（イントネーションが西の地方特有のものである）。

G：（少しじれて）そんなことしてどうなるんですか？

KEIZOTI 先生：どうなるのか，（沈黙）……はわかりませんが，『イーリアス』では……神々は最後に笑った，……と思うんです，……正確には，身体を獲得し，しかもそれを互いに認知し合う。……つねられたら，つねり返す……それで，（沈黙）……自由になったと歓ぶ，のかもしれない。河原や溜め池のほとり，……泥んこ遊びの解放感，御存知ないですか？

Q：よくわかる，よくわかる。映画の定番はパイ投げ合戦だ。敵味方入り乱れ，やったらやり返す。おばあちゃんまで，おまわりさんまで。皆，痛快な気分を味わう。それに，これは夢じゃないかと思ったときには必ず頬をつねるよね。ボクも知ってる，『イーリアス』のその場面，陰鬱な神々の駆け引きが続いてうんざりしている読者にとっても痛快な場面だ。

KEIZOTI 先生：泥んこ遊びが……何故自由と関係するのか……？

B：うちの子供の通う幼稚園でも，泥んこ広場で遊ぶのは休み時間です。だからじゃないですか？

E：やったらやり返すという応酬が自由と関係しそうだな。

Prof：ほら，覚えているだろ？　réciprocitéのことを話したよね？　**KEIZOTI 先生**はそういう社会学的事象に関する理論に大変詳しい。高崎の農村で見事な実証調査もしたよ。

KEIZOTI 先生：やったらやり返す，ということは……（沈黙）。

一同：（だんだんとこの独特の沈黙に引き込まれるようになっていく）

KEIZOTI 先生：何かを，……パイとか泥饅頭とか拳固とかを，交換していますね？　ということは？

F：要求された推論は論理的な操作に属するものであると解します。すると，交換をする人が少なくとも二人居て，さらに交換をする主体とされる客体が有る，ということです。

KEIZOTI 先生：今「主体」とおっしゃいました。……（沈黙）「主体」が交換している，「主体」が泥饅頭を投げている。どうしてそれがわかりましたか？

K：そんなことは見ていてわかります。誰かが手を使って泥饅頭をこね，腕を使って思い切り投げる。見ていれば誰でもわかります。論理的操作も何も有りません。

KEIZOTI 先生：「主体」は神々ですね？　目に見えるでしょうか？

一同：（Prof を含め，しーん）。

A：目に見えないとすると，そういうのが何かを投げていればそれは怖い。泥饅頭がわけもなく空を飛んでいることになる。

KEIZOTI 先生：そうしますと，……（重苦しい沈黙）うん，その前に，投げている人が目に見えないと，何故怖いのでしょう？

H：そりゃ，理屈抜きで怖いよ。

P：墓場の火の玉と同じです。

J：わかりました。目に見えれば，投げるところが見える。だから泥饅頭が飛んで来る前に予測がつき，よけることもできる。

KEIZOTI 先生：投げる人が目に見えたとしても，その泥饅頭がダイナマイトだとすれば，やはり怖いのではないですか？

I：その怖さとは違います。家の中に居ても，この額が自分のところに飛んで来るかもしれない，このシャンデリアが自分の頭に落ちて来るかもしれない，台所の包丁が矢のように向かって来るかもしれない，という気味悪さです。

Q：それだったら，ヒッチコックだね。『鳥』という映画では，渡り鳥の群れが何か指揮でもされて集団行動を取るように人々を襲う。すると，鳥を見ただけで気分が悪くなる。

KEIZOTI 先生：なるほど，「主体」は目に見えて……ほしいですね。そのために神々はどうしたでしょうか？

M：「神々」というくらいだから，何でもできたのではないですか？

T：あ，体だ。神々は体を持つことに決めました。身体ですね。きっと哲学同好会の **S** 君がこだわりますよ。

KEIZOTI 先生：ギリシャでは，皆さんもよく知っておられるように，神々は完璧な人の体を持たされました。簡単な人形とかマークのようなものではいけなかった。自然の中に存在する本当の人体を寸分たがわず再現することに人々は全力を挙げました。これがミケランジェロからロダンに至るまで近代の芸術家が手本としたギリシャ彫刻を生み出しました。簡単な人形とかマークは何ですか？

一同：？？？

S：記号です。精密に言うと，記号の一構成要素であるところの，シニフィアン signifiant です。特定のイメージであるところのシニフィエ signifié を呼び出すこのシニフィアンは物的な性質を持っています。すると，先生がおっしゃりたいことは，ギリシャ人は，この物的要素に着目し，シニフィアンたる神々の身体を極限まで自然学的実在に近付けた，ということなのでしょうか？

KEIZOTI 先生：『イーリアス』には，他にもアフロディテーの白い肌から吹き出す血潮や，ヘーラの衰え行く肌に至るまで，神々の身体に関する精密な描写が有りますが，これはもちろんギリシャ彫刻の根拠となったものです。何故このようにしたのでしょう？

I：その気持ちはよくわかります。神々が一人一人厳密に身体を持っていれば，安心です。何かされるときに目に見えるというばかりではありません。神々が何か空気のようにふわふわと混じり繋がり一体化していると，こちらかと思えばまたあちらと手に負えないのですが，厳密な身体を一人一人が持てば持つほど，一人一人が切り離されて安全です。おそらくギリシャ人は神々の結託を怖れたのだと思います。一人でも怖いのに，それがグルになると身の毛がよだちます。

C：I さんは **KEIZOTI 先生**と気が合うねえ。

KEIZOTI 先生：（微かに照れながら）ギリシャ語を読まなくとも，わかるものなのですね。

ピノッキオの鼻は何故伸びる？

KEIZOTI 先生：（沈黙の後）人々ばかりではなく神々も喜んだのですが，これはどうしてでしょうか？

J：先生がおっしゃったじゃないですか？　神々が自由になるのだ，と。身体を獲得すると主体は単なる主体ではなく，自由な主体となるわけですね。他の主体から截然と区別される。だから神々は一人一人独立の主体となった。

S：記号としての身体，つまり葬儀の時の遺影や位牌のようなものでなく，本物の身体を持ったということも忘れてはいけません。

KEIZOTI 先生：身体を持たなければ自由な主体になれないというのはわかりましたが，身体を持ちさえすれば自由な人格を獲得できるということになるでしょうか？

Q：この問いの答えはさしずめ『ピノッキオ』だな。記号に過ぎない木の人形が人間の子供になれるかどうかという話だ。人間にもう少しでなれそうなところでうそをつき木偶の坊に戻ってしまう。あ，そうか，すると人格になるためにはうそをついてはいけないんだ。ジェッペット爺さんが精魂込めて作った木偶が立派な人格を獲得するには条件が有るらしいなあ。

KEIZOTI 先生：（珍しく間髪を入れず）うそをつくというのは？

N：本当でないことを言う。

KEIZOTI 先生：そうですか？　ピノッキオが言ったことが非難されるのは事実に合致していないからですか？　違いますね？

E：むしろ言い逃れやその場しのぎ，出任せ，隠しごと，などですね。

KEIZOTI 先生：そうしますと，主体はまず客体と分かれていなければなりませんが，それだけでは不十分で身体が無ければ十分に独立した主体であることはできない。しかし身体が有るだけでは足りなくて，うそをついてはいけません。

C：そりゃそうだよね。身体だけの主体というのはゾンビのことじゃないか。**A** 君，ゾンビダンスを **KEIZOTI 先生**に披露してみてはどうだろう。あれはイケてたぜ。

B：あんなものは見なくて結構。見えないものが泥饅頭を投げるのも怖いが，だからと言って見える体が生きてもいないのに泥饅頭を投げるのはもっと怖いわ。

H：けれども，体は正直だとも言うねえ。うそはつきにくい。

T：すると，うそをついたりつかなかったりするものが，身体とは別に有るということか。

S：それは心身論さ。わが哲学愛好会が最も得意とするジャンルだ。つまり，主体は精神と身体に分節されている。そして精神が身体を統御している。精神だけだとオバケも同然だ。身体だけであれば単なる物体だ。客体ではあっても主体ではない。さらに，両方が有ってもこの両者が分節していないということは，その辺の物体が勝手にわれわれを襲って来るという事さ。むしろこちらの不気味さだね，さっき **Q** 君が引用した『鳥』という映画は。まあ，その背後に妖気が漂っているなどというホラー映画にもできただろうけれども。とにかく，主体がそれ自身精神と身体に分節しているということ，つまり人々が精神・身体・客体という三元構成により物事を理解して生きているということ，はその社会で自由が保障されているということの証しであり，重要なことです。

F：刑法でも自由の砦として「故意なくして責任なし」「結果なくして責任なし」と習った。政治システムの基本原理なのだろう。

J：その上，精神の自由，人身の自由，身体を介して把握する客体についての占有の保障がさらに分節して自由を守ります。

KEIZOTI 先生：神々は，しかし，その精神ならば初めから持っていますね。ピノッキオとは違う。大理石の立派な身体を持たせてあげればもう自由な人格になれますか？

一同：（しーん）。

R：大理石の見事な彫像も身体も物的なものですが，確かに大理石は生きていない。だから依然ただのシニフィアンだ。でも何が違うのだろうか？

KEIZOTI 先生：身体は，記号としても働くが，しかし決して記号を構成するシニフィアンであるにとどまらない物的存在です。ところで，やったらやり返すとき，どちらに対してでしょうか，身体ですか精神ですか？

P：ポカッと殴られたら，ポカッとやり返すしかない。お説教して精神的に圧迫しても始まらない。

H：けれども，君を殴ったのは相手の拳固だよ。その手が悪いというのならば，手を殴らなければね。ところが君は相手の頭をポカッとやったよ。どうなってるんだ？

M：同じ体なんだから，いいじゃないか。

T：ならば言うけれども，今日の体と明日の体は同じじゃないさ。幾つかの細胞が死んで別の細胞が生まれている。様々な物を摂取し，排泄している。

E：それでも同一と言えるのは何故だろうねえ。

L：ローマ法源にも有るよ。身体を構成する要素が入れ替わっても身体は同一だとね。ちょうどそのように，ヴィッラ付きの農場は，その構成要素に関する限りしょっちゅう入れ替わっているけれども，同一性は疑いないってね。

D：あっ，集合動産譲渡担保みたいなものですね。

S：ヘレニズム期の折衷主義の哲学だな。ローマの法学者に大きな影響を与えたと言うが本当なんだ。唯物論でもなければ唯心論でもない。二元論でしかも原子でない中間的な，つまり少しイデア的な物的存在を認める。

G：いや，所有権の思想を端的に表現しただけさ。

KEIZOTI 先生：身体には各部分が有ります。またそれは入れ替わりもするのですが，それでも同一性が保たれているのは，何かそれを束ね統御しているものが同一だからですね。これはきっと精神ですが，目に見えないとは言え，目に見えたらそれがどういうものになるか想像しましょう。大きさと言いますか，延長は有るでしょうか？

F：論理的に言ってそれは有りません。延長が有ったならば，それはまた部分全体問題を生じさせます。束ねるものが必要になる。だから，それはユークリッドの点のようなものです。

KEIZOTI 先生：ユークリッドの点のような孤峰の頂きのような頂点を持っているのですね，人格は。身体が他から物的に分かたれていることにより独立し，その頂点は尖って何物にも従属していません。ところで，やられたらやり返すとき，何を通じてにせよ，この頂点目がけてでなければ意味が有りませんね。相手の身体を昔構成していた分子目がけて攻撃しても頓珍漢なだけです。そしてその頂点は，確かに自分がやられたときに自分をやったその主体と言えるものでなければならない。これらはどれも，関係を付け帰属を観念する，そのときにわれわれが持つイメージです。

D：刑法の授業を思い出すなあ。精神というのは意思ですね。「原因において自由な行為」とか，「具体的符合説」とか，懐かしいなあ。

KEIZOTI 先生：それでは，後ろからポカッとやっておきながら，「僕じゃないよ」と誤魔化すのはどうでしょうか？

J：ピノッキオのことを言っているのですね。まともな人格がそこに存在するとは言えませんね。きちんと頂点が立っていない。軸がぶれている。そもそもキツネやネコにさんざ誘惑され操られている。元は操り人形ですから。

KEIZOTI 先生：そうです。これが人格です。主体が，ここまで見てきましたように，何段かの装甲を施されて現れます。一層堅固で自由な個人を概念するのですね。

L：そうなんだ。「ローマ法以来，人と物を単純に分けるのが法学だ」とあちらこちらで書かれているけれど，無知も甚だしい。人格の概念は法に内在するもので，そこでは極めて精緻な心身論が展開された。そもそも占有の初めからして，主体と身体，身体を通じて摑むマヌース manus ないしマンキピウム mancipium，そしてその外の客体，というように，ローマ法は「人と物」という単純な二元思考をしない。

ボクもオバケ，キミもオバケ，みんなオバケ

H：あれ？　おかしなことが起きたなあ。ボクも人格を持っているはずだ。その人格の核は身体を超えた見えない存在だ。そうすると，それはオバケみたいなものだ。結局，ボクもキミも，オバケの一種であるということになってしまう。

KEIZOTI 先生：そのようにも……（沈黙）……言えるかと思います。で，オバケと人間を分けるのは何だと言わなくてはならないでしょうか？

R：コアになる目に見えない部分が本物の身体を持っているのか，それとも単なる記号を持つに過ぎないのか，が境目です。先程論じたとおりです。

Q：それはまたいやにわかりやすい話だなあ。くまモンの着ぐるみの中は暑いけれども，誰が入っても構わないからねえ。そこへ行くと，オレの着ぐるみなど成り立たない。オレが入っていないと仕方がない。

KEIZOTI 先生：記号のうち，シニフィアン自体がパラデイクマ，あ，これは範型とかパターンとかいう意味ですね。パラダイムと言ってもよいのですが，クーンという科学史家が特別な意味で用いたため，英語でなく元のギリシャ語で言います。とにかく，くまモンの着ぐるみは一定のパラデイクマ，つまりモデルに従っていないと誰もそれがくまモンだと思いませんね。はずれるとそれは最早くまモンではありません。そこへ行くと，**Q** 君はどんなに変装しても無駄です。少なくとも優秀なラブラドール・リトリヴァーはそれが **Q** 君であることを嗅ぎつけます。『オデュッセイア』の忠犬アルゴスのようにです。**Q** 君の身体は厳密にこの世に一個しかありません。極限の精度を有する DNA 鑑定なら特定できます。他方，くまモンの着ぐるみは，誰が入ってもよいばかりか，着ぐるみやグッズ自体，少々のデザインのヴァリエーションが許されます。下手な字でも読めるのと同じ原理ですね。このように，シニフィアンのパラデイクマはヴァージョン偏差に無感覚です。

A：極めてわかりやすい。われらが二ボレ先生より余程よい。

KEIZOTI 先生：こういうことの説明のためには，神話と儀礼について少しだけおさらいするのがよいでしょう。二ボレ先生から儀礼についての説明を皆さんは聞いているのではないかと思いますけれども。どんな社会も，それは現実の話ではないと誰もが認める話とその主人公を持っているのです。何のためにそれを持っているのかについては，今日はお話しできませんが。ギリシャでは現実の話とそうでない話が厳密に区別されたばかりか，区別の方法やそれについての考察が発達しました。歴史学や哲学ですね。ですから「ギリシャ神話」は有名です。他の社会も一応の区別は知っているのですが，相互に浸透し合ったら，神話が現実の決定を正当化したりする。現実と神話の間の関係を厳密に切断することが無いんですね。ギリシャ人は「平行線は交わらず」のようにこの切断を公理とします。さて，その神話ですけれども，言葉で伝承されるほかに，しばしばそのイメージを現実に再現してみるということが行われます。ただし，再現されたものは普通の現実でないことは誰でもわかっています。仕切られた舞台の上で現実の人々が扮装を付けて演じているということを誰でも知っています。一般に，神話を再現したものが儀礼と呼ばれます。何か神話的なイワレが有ると，それをそのとおりに演じなければなりません。芝居は台本どおりに演じないと叱られてしまいますね。右足から一歩前に出たのならば，左足から出てはいけません。儀礼は仕来りや作法，有職故実といったことに繋がります。これらのことを別の角度から見てみましょう。そうすると，儀礼は神話に対して記号の位置に在ることがわかりますよね。実体は無いけれども，一個のパターン，パラデイクマ，に従っており，そのパラデイクマが実現すると，イメージというか意味が発生します，つまり人々の頭に何かを理解させるわけですね。

R：目に見えない神話，神々やオバケが有り，儀礼としての記号が有る。しかし人格に至るためにはその記号が身体にならなければならない。しかし単なる物が身体になるためには精神という頂点がなければならず，これはまた目に見えない。つまり行ったり来たりする。何と何を行ったり来たりするかと言えば，それは神話と儀礼の間である。そうすると，われわれは神話と儀礼という経路を往復して人格を獲得していることになります。何故そのように回りくどいことをしてまでわれわれは人格を獲得しなければならないのでしょうか？

KEIZOTI 先生：近代と言いますか，例えば19世紀のドイツであるならば，哲学を法学理論に翻訳し，人格概念で人を把握して，自由を基礎付けるのだと思いますが，ギリシャとローマでは，神話と儀礼のところを特別に厳密に考え，そこを操作して彼らは政治システムを獲得し，ローマの人々はさらに推し進め，法というものを発案しました。そういった思考のプロセスの中で初めて自由で独立した現実の個人と言うものが具体的に生まれたのです。人間を一旦神話化し，次いで儀礼化し，最後にその人間に厳密な身体を付与し，この基盤の上に精神を再付与する。ここで神々と差別化する。このようにして政治システムを構成している人間というものが現れる。そうでない人々は自由でないと彼らは考えました。

F：しかし，ギリシャでは神々も身体を獲得し泥んこ遊びに興じたと先生はおっしゃいませんでしたか？

KEIZOTI 先生：それもあくまで儀礼の中，つまり舞台の上のことです。記号を脱して身体を持つということが神話化され，次いで儀礼化されるのです。神々が，しかしあくまで舞台の上でのみ，相互に自由独立の存在になることが重要でした。

Q：確かに，ギリシャでは神々がこれでもかというほど精密な人体を持たされるけれども，所詮大理石であって本物の肉体ではない。

KEIZOTI 先生：まず何よりも，神々相互が自由独立であることは人間社会にとって一層の安心を意味しました。神々が結託していると恐ろしい。次に，神々が儀礼的に，つまりヴァーチャルに，仮想的に身体や住居，つまりあの神殿ですね，こういった装置で閉じ込められ，人間と対等な平面に置かれることが大事でした。神々を担いで徒党を組み他を支配するような連中を排除しうるからです。神々が上に立つと，神々は宙を舞いますから，もやもやと人々を集め一面を支配し始めます。そのようなわけで神々はまるで人間のようにさせられる。しかしだからと言って本当の人間にしてしまったら別の意味で危険ですから，神々は本当には人間になることができない，哀しい存在でした。人魚姫の悲劇ですね。

Q：プラウトゥスの原作をモリエールが翻案した『アンフィトリオン』という喜

劇が有る。将軍と従者が共にゼウスとヘルメスに身体を乗っ取られるんだ。従者は名乗っても相手にされず，ヘルメスが自分として行動するのを指を加えて見守るしかない。将軍アンフィトリオンは，凱旋して妻の元に帰っても，妻に「昨夜もう一晩を共にしたではないですか」と怪しまれる。二人とももう自分が誰だかわからなくなる。完全に自由を侵害される。神が本当の身体を獲得すると如何に大きな権力が発生するかがわかる。

M：直線上の点が別の点に無限に近づくのと本当に到達するのとの間には越えられない懸隔が有ると考えたギリシャ人らしい考えだなあ。近代だと，収束するとか言って，同値と見なすけれどもね。少なくとも俗流数学や応用では。

J：人魚姫の悲劇はよくわかります。人間になるということの偉大さはピノッキオの話によっても実感しました。しかし，一方は精神を持つということで，他方は身体を持つということですよね。でも，そもそも何故この二つの平面を区別するのですか？

KEIZOTI 先生：鋭い質問ですねえ。基本的に人々が政治システムを保有し自由になるためです。まずは固い物理的な現実と想像によるイメージや観念という二つの次元を厳格に画する思考が大事です。どちらが基底的かという大論議をギリシャの人々はしました。

S：そもそもイオニアの人達が恣意的な理解を全く許さない固い岩盤のような現実世界の存在を措定した。続いてパルメニデスが「存在は存在する」と言って，そうした世界の論理的なステータスを明らかにした。これに対して，ゴルギアスが「ケンタウロスだって存在している」，だからパルメニデスの言う存在など存在していない，そんな基準は成り立たない，と混ぜっ返した。確かに，サンタクロースは存在していないかもしれないが，私の人格がこの世界に存在するよりもサンタクロースが子供達の夢の中に存在する方が余程確かかもしれない。

KEIZOTI 先生：これはデモクラシーの段階になってからの発展です。おっしゃるとおりです。イメージや観念の側に存在を見出したいが，それは安定するのか，と考え，とことん悩み抜いたのがプラトンです。イデアについては皆さんも御存知ですね。他方で，時間と空間の上に完璧に一義的に展開する物的な世界が独自に存在するとする考えは，主としてデモクリトスの原子論の系譜を引くエピクーロス派によって近代にまで持続的な影響を保持しました。自然科学はもちろん，例えばアリバイという考え方の基礎にもこれがあることはわかりますね。こちらの側に人格はしっかり錨を下ろします。集団や支配に左右されないようになる。軸が固定したら，反転して，その軸の周囲に思想や言語やイメージを自由に繋いでいくことができる。

K：わかるなあ。くまモンだって，ハムレットやドンファンのようになってみたいよ。一定の筋書や性格が与えられ，これを裏切るともうくまモンでなくなるから，そういうことはできないんだが，身体を獲得して自立すれば，自由に自己形成できるんだ。本当の精神の自由だ。

Q：芝居の中でも，近代になると，舞台の上でも登場人物が人格を獲得する。与えられた役割を出ることがない古典劇に対して近代劇は，白紙の主人公が様々な考え方の対立の中で葛藤し苦しみ，破綻したり成長したりする。儀礼に先立つ神話的な筋書からの離脱・解放だね。これが儀礼の外に出るということの意味だと思うな。ギリシャの神々が舞台の上でのみさせて貰えたことさ。

問われて名乗るもおこがましいが

I：胸が躍るような話が続いて本当に楽しいのですが，しかしゼンベエどんを悩ます法人オバケを退治する話はどうなったのですか？

KEIZOTI 先生：（沈黙の後）ここからは，必ずしも私の専門ではないのですが，「団体の法人格」は 13 世紀の教会法学に起源を持つと言われているのです。その基礎には教会そのものを基礎付ける神学的なパラダイム，あ，パラデイクマの方がよいですね，これが有りました。そしてこの神学的パラデイクマを理解するときに，ここまでお話ししたことがどうしても必要なのです。人格という概念自体が神話化＝儀礼化＝脱儀礼化というプロセスを必要とした点をお話ししたのですが，そうやって儀礼空間を脱走して自由になった人格を，もう一度神話化します。

O：えっ？　目が回ってわけがわからない。

KEIZOTI 先生：その気持ちはよくわかります。では，天上の世界を想像することはできますか？　教会の天井画を思い出してください。

C：『ジャックと豆の木』の人食い鬼ならば想像できますが。人格を持っているかなあ。

KEIZOTI 先生：あ，豆の木があってはいけません。地上と絶対的に隔てられた彼岸を想像しなければいけません。そこに一個の人格が有る……。

E：奇妙だなあ。人格がそんなヴァーチャルな世界に有るのだとすると，身体なしに人格は成り立ちませんから，身体もヴァーチャルな世界に行ってしまう。そうするとそれはもう身体とは言えないのではないですか？

KEIZOTI 先生：だからこそ，キリスト教の神学では，神それ自体ではなく，神の息子のイエスが受肉して地上に降り，しかし彼は身体を遺してまた天上に昇って行くという話が決定的に重要なのです。遺体は消え，身体は教会となります。教会は「キリストの身体」Corpus Christi であると定義されます。神という，他から支配されない単一の人格の精神，これを頂くことによって，この身体は，勝手に形成された徒党でない団体，団体もラテン語で corpus ですが，そういう団体を形造ることができます。しかも「息子の身体」という「二重の先送り」を経て神を勝手に名乗ることもしにくくなっている。だから，神とイエスと聖霊の三位一体が教義の生命線を成します。聞いたことがありますね？　私も教科書的な説明をしうるにとどまりますが，大まかにはこうです。

C：しかし，身体は，一人一人が独立に持っていてこそ安心なのではないかなあ。団体が一個の身体だなんて，疑問が残る。

M：人格だから，やはり身体を地上に持つのですね？

KEIZOTI 先生：そうではありません。ヴァーチャルな身体が天上に想像されており，こちらが本体です。その儀礼的表現，記号が地上に存在すると考えるのです。身体は再び儀礼空間の中に閉じ込められました。

R：よく考えてみれば，舞台の上の現実も一個の現実です。舞台自体，現実の地上の空間の一部を切り取って占めている。それが大きな空間になり，多くの人々がそこに入って活動すると，なかなか壮観ですね。

KEIZOTI 先生：どのように壮観ですか？

J：一個の人格の身体ですから，人格の独立性が発揮されると思います。外からの支配を排除するということが徹底された団体が現れますね。

T：いや，そもそも此岸と彼岸の絶対的区別ということがある。

S：儀礼空間とその外という絶対的区別がそれに重なる。

F：しかし，独立であって他から影響されてはいけないというのは，政治システムと同じじゃないか。政治的決定は完璧に一義的で，迂回されたり潜脱されたりしてはいけない。隠れた意図や，裏の支配者があってはならない。一個の人格の下の身体たる集団と同じだね。

KEIZOTI 先生：よい点に気付きました。ローマの帝政下に教会を概念する仕方が地方の自治的な政治システムを概念する際に大きな影響を及ぼしました。逆もまた然りです。今日読むと，政治システムが公法人として把握される過程を見るような錯覚に誘われます。まず，団体をとことん嫌ったローマの政治システムにそれでも団体をそれとして認めさせるためには高い条件をクリアしなければならなかったろうと思います。他方，帝政期にも地方の自治都市に政治システムは残るのですが，政治システムは党派争いによって崩れやすい。それよりも教会の理論の方が政治システムのエッセンス，つまり徒党たるの排除を獲得しやすいと考えられたのかもしれません。

L：近代になって，政治システムを敢えて国家と捉えるときにcorpus mysticum，つまり，さっきの儀礼的な身体だね，あの理論が大きな役割を果たしたよ。教会を含めてやはり団体をとことん嫌って国家の下をまっさらにしたかったホッブズを読めば一目瞭然だから，**S**君も知っているはずだ。

S：何だ，**L**君はローマ法ばかり勉強していたんじゃなかったのか。道理で落ちこボレるわけだよ。でも，ホッブズに限らないさ。近代初期の理論家は皆，この理論をどうにかしなければ社会をどう組み立てるか論じえなかったんだ。

KEIZOTI先生：法律学の習得に挫折した学生ばかりが集まっていると二ボレ先生から伺ったのですが，私と同じようにたくさんの本を読む方々だったのですね。私も小さいころから本に囲まれて育ち，それで詩を書くことに大きな興味を覚えました。それで皆さんと楽しい時間を持ちえたのですね。

法人オバケ誕生の謎

Prof：KEIZOTI先生は社会の中に生きている人々の考えの細部，その襞の部分に言葉を通じて入って行く術に優れておられます。これを使って重要な研究をなさいました。今日は御蔭でめったに聞けない基礎的な話を聞けたわけですが，それでもまだ，われわれは法人概念の生成に至りません。13世紀の教会法学が個別教会に，あっと，さっき言ったように教会は一つなのだけれど，実際には多くの教会に分かれ，しかも階層的に多重性を持つんだけれど，その一つ一つに，ミニチュアの人格を与え，なおかつ儀礼のカーテンを取り払って外の人格と対等の取引をさせたくなった。この時に法人概念が生成したのだと言われています。私が研究したわけではありませんが，常識ですし，少し調べても動かないところだと思います。

C：何だ，先生，また寝ているのかと思った。起きているとはお釈迦様でも御存知なかった。

Prof：いやあ，私も**KEIZOTI先生**の話にはいつも引き込まれてしまいます。寝るわけがないでしょう。

I：しかし，何故個別教会なんですか？　何故儀礼の外に出るのですか？

Prof：そこの研究はどうやらまだ無いようなのです。大雑把には，13世紀に少なくともイタリアの都市国家の政治が強いコーポラティズムの方へと動いていくことと何か関係しているのではないかと思います。社会の組織原理を固く結合した団体の連なりと捉える考え方が支配的になるということですね。イタリアの都市国家の場合には，政治システムの発展の仕方として，14 世紀の変動を準備する段階であると理解できるのですが，これがヨーロッパ全体に拡大するのは何故だか，わかりません。
KEIZOTI 先生：それであれば，少し私にも想像がつきます。デュルケームのテーマと関係します。政治理論的には同時代のギールケやラスキの多元主義の問題になるかと思います。
Prof：そういう多元的集団の物的基盤，つまり個別教会や個別慈善団体や施設の物的基盤を永続させるという関心から，これを私法上の，つまりローマ法上の主体であると概念したのです。封建領主が押さえる経済基盤も同様に概念されます。この場合はもちろん抽象的な人格ではなく，自然人の人格が法主体として概念されますが。抽象的な人格の場合，まさに corpus mysticum の概念構成が盛んに使われます。アウグスティヌスなどから見ればだいぶ雑な定式が踏襲されているに過ぎないように見えるでしょうけれどもね。
R：以上を要するに，法人は気が遠くなるほど分厚い要件をクリアしなければ生まれなかった概念なのですね。人格の全理論，corpus mysticum の複雑な概念構成，その縛りに服した教会のような主体にのみ認められることであったということですか？
Prof：全くそのとおりですね。少し飛躍すれば，先程 **F** 君が気付いたように，政治システムと同じくらい，怪しい徒党が背後に居るのではないということが完璧に保障されている，この意味で公的な存在である，ということが，教会を基礎付ける全概念構成によって保障される仕組になっていたのです。実に不透明な宗教法人や社会福祉法人や学校法人が跋扈したり，黒い組織でも簡単に会社を作ることができるどこかの社会は，現代の世界においてさえ特殊で，法人という道具を使う資格を持たないとされています。
G：何だ，擬制説とか，実在説とか，折衷説とかから始まるんじゃないんだ。
Prof：先程ゴルギアスが話題になったように，何が実在かというパルメニデス以来，プラトン以来，普遍論争以来，の問いと近代の学説も深く関係していますが，19 世紀になって始まるようなことではありません。というわけで，本日は **KEIZOTI 先生**という，心温まる知性をお招きし，われわれは幸せな時間を過ごすことができました。**KEIZOTI 先生**，どうもありがとうございました。**I** さん，花束をどうぞ。
I：一つ一つのことを嚙みしめるように考えていくことが大事なのだ，ということを教えていただきました。先生，ありがとうございました。
一同：(盛大な拍手)。

P：おいおい，これじゃ終わっちゃうよ。1月号に続くのではなかったのか。後編はどうしたんです？

Prof：いや，それは言いっこ無しですよ。来年のことを言えば鬼に，いや法人オバケに笑われるのでね。

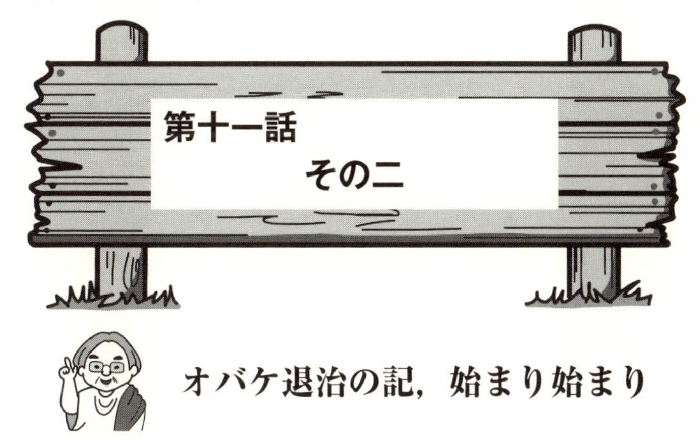

オバケ退治の記，始まり始まり

I：KEIZOTI 先生が法人オバケの発生学的解剖をしてくださいましたから，今度は私たちで法人オバケを退治してしまいましょう。ぜんべえドンとオハナぼうを襲った法人オバケを退治するにはどうしたらよいでしょうか。皆の知恵を集めましょう。

E：ということは，弱点を探せ，だな。無敵に見える法人オバケにもどこかに致命的な弱点は有るはずだ。

O：吸血鬼ドラキュラはニンニクに弱いな。

A：厄除けだったら，やはり塩を撒くに限る。

N：グーはパーに弱いし，パーはチョキに弱い。

C：違うだろうが。「アキレウスはアキレス腱に弱点を抱えている」くらい言ったらどうだ。ちゃんと理由があって，しかも解剖学的だ。

J：弱点も大事だけれど，ぜんべえドンとオハナぼうが一体どういう危害を加えられたかを分析することも忘れてはいけません。それを撃退しなければ意味が有りません。

H：危害ねえ。第一話で見たのと同じだ。徒党を組む輩が実力でオハナぼうを奪ったわけだよ。

B：だとすると，占有という強力なウイルス・バスターが出動するわねえ。

P：それがしないんだよなあ。

M：日本では占有訴訟はやってない。

T：しかしポンポコ山の麓が日本国に属しているとは書いてないぜ。よく読もうよ。ぜんべえドンはきちんと裁判所に訴え出ている。しかも，占有訴訟をしているようじゃないか。もっともそれが駄目だというので普通の取戻訴訟に切り替えているふしもあるが。裁判所も，占有訴訟について「そういう営業はしてません」とは言ってない。

B：じゃ，何と言ってるんです？

K：そこで「キャッカ」とかいうラテン語が出てくんだよな。じんましんが出そうだ。

D：ラテン語なんかじゃありません。占有訴訟の当事者適格など，習いませんが，「奪った物を元に戻せ」と言ったところ，「知らねえ，おれんとこにはねえよ」と返されたので，元に戻すも戻さないもない，話が始まらない，ということだと思うな。

F：まあ，まあ，そんなに急いでもしようがない。解剖学からゆっくり行きましょう。

H：ぶほぶほ，えっへん，解剖学的所見を検討するに，どうやら，中枢神経はあの世に通じておるようじゃ。

C：「通じておる」は，先生，いやに曖昧じゃないですか？　この世のものかあの世のものか？

H：それがようわからん。

C：で，その中枢神経が通っていく手足なんぞは，どうです？　どんな按配です？

H：それは確かに有る。つまりこの世に存在しておる。多少鮮度は落ちても煮つけくらいにはなる。

C：気持ち悪いなあ。

A：それで，生きているんですか，死んでるんですか？

Q：え，御新造さんえ，おかみさんえ，お富さんえ，いやさ，これ，お富，久しぶりだなあ。

P：そういうお前は？

Q：与三郎だ。死んだと思ったお富たあ，お釈迦様でも気が付くめえ。

M：何ですか？　それは一体？

Q：あ，知らないの？　歌舞伎だよ。『与話情浮名横櫛』さ。歌舞伎から大衆芸能に入ってさんざパロディーにされた。

K：要するに生きてるんだな。

S：いや，生きているということが再現されているのだから，やっぱり死んでるんだ。身体を持つということは生きているということだが，それを儀礼として舞台の上で再現している。
E：そうすると，こういうことだね。死んだはずのお富さんが生きているのも舞台の上だけ。
H：そりゃそうだよ。舞台の上から役者が観客席に降りてきて客をぽかりと殴ったりしたら大変だ。
I：けれども，おはなボウを奪って現に保持しているのは法人オバケじゃないですか。力づくで持って行ってしまいました。するとこれは役者が舞台の上から観客席に降りてきたのと同じことですね。
T：そのとおりだと思うな。ゾンビがゾンビダンスを踊るのと同じだ。
J：危害を加えるときのやり方というか，その正体が少しはわかったわね。
Prof：次は，じゃあ，どうやったら法人オバケが舞台の上から降りてこないようにできるかだ。

緞帳を探せ！

Q：芝居の場合は簡単だ。緞帳が仕切る。だからこそ，緞帳には決定的な意味が有る。芝居にとって一番重要な仕組みだ。それを取り外し，敢えて役者を観客席に出したり，観客とやりとりさせたりする metatheatrical な手法も，緞帳の決定的な意味を逆手にとってこそ成り立つギャグだよね。少なくともプラウトゥス以来，特に喜劇では古典的な手法だ。
C：この連載の作者もよく使う手だね。
G：乱発しすぎて少々鼻につくな。
Prof：法人オバケがその緞帳を越えてはならないということを，法学的に翻訳するとどうなるかな？
O：ぽかりと殴ってはいけないということだから，実力行使は違法だということではないかと思います。
Prof：しかし，それであれば自然人も同じですね。観客もぽかりはいけません。自然人には許されて法人オバケに許されないものなあに，がこの場合スフィンクスの謎ですね。
T：それは占有ではないですか？　観客席でも暴力は厳禁ですが，お弁当のお箸を動かすのだって実力と言えば実力だ。「実力行使は違法」と言うけれど，正確には，違法な実力と許される実力が区別され，その線を引くのは占有だということだった。もっと正確には徒党というか集団が関係するのだった。一人を含んで一人以上の集団が占有の線を越えて侵害することが違法の定義だった。その基準は相対的だが，一方に一人が居て他方に徒党が有れば絶対に前者が占有しており後者が違法な占有侵害をしているということだった。しかしおそらく，法人オバケは，違法でない実力の行使も許されないんじゃないか？　それが緞帳を越えてはいけないということの意味になるのではないだろうか？　つまり地上の物を一切支配しえないということに違いない。

Q：わかった！　オバケが出たというので皆腰を抜かすが，拳固など振り回して出たということは，それはウソだということだ。出るときに corpus mysticum などというあの複雑な手間なんかかけていないよ。きっと，怪しい連中が白い布かなんかの下に潜って夜の墓場で蠢き，薄暗い電球でライトアップしているに違いない。その現場を押さえれば，怖くもなんともない。オバケ退治の特効薬は，オバケではないということを見破ることだ。その途端，相手の占有は定義上否定される。定義上そういう連中は端的な徒党だからだ。

Prof：全くそのとおり，「私は法人オバケです」と名乗った瞬間，占有訴訟における自白に該当します。「私の背後には徒党がいます」という意味だからです。かくして，法人には占有能力が有りません。占有能力という言葉は私の造語ですが。法人に占有が許されないとなると事務所の賃貸借もできないではないか，何も売買できないではないか，と考えてしまうかもしれない。しかし法人から占有能力を剝奪することは真剣に考えてよいと私は思っています。オバケは出てはいけないという素朴な原理のコロラリーですし。

D：それはいいけれど，占有能力の否定はどういう実定法的な意味を持っているのですか？　比喩というか，パラデイクマの上では舞台とか緞帳とかオバケの出る出ないとか，よくわかるのですが，法制度上の意味はさっぱりわかりません。

L：オバケは出た瞬間に占有侵奪つまり実力行使だ，というのはもう法学的な言い方だ。ローマ流に占有保護制度が発達しているわけではないため，イメージしづらいだけだ。取り返したいときに，相手が「知らない，自分じゃない，それは法人だ」と言って逃げるとしよう。このとき，相手は自分が占有していないということを自白することになるが，そのとき，裁判所の命令でとりあえず原告が占有を付与される。つまり占有を付与されたゼンベエどんがオハナぼうを実力で押さえることが可能となる。ゴンザエモンどのの屋敷に乗り込んで行ってよい。ゴンザエモンどのが実力で抵抗したら裁判所の命令に背くことになり，無条件で罰せられる。まさにこのときだ，占有能力の否定が効いてくる。この占有付与に法廷でチャレンジする者が現れなければゼンベエどんの占有が確定するが，法人には「いや，オレが占有しているのだ」と主張する資格が無いから，チャレンジさえできない。組織の中の誰か自然人をダミーとして使うしかないが，そんなダミーがオハナぼうと密接な関係にあると思えるはずもなく，徒党が明るみに出るきっかけにさえなり，やはり負けるに決まっている。というわけで法人を使って逃げることはできない。日本という国の弁護士さんたちが，法人を使って逃げ隠れする悪質な連中に悩まされているが，そういうことがなくなる。いや，逃げるどころか，複数の法人を使って賃貸し，あっちに賃料を払うとこっちから賃料未納で責められ，何重にも払わされるという話さえ聞いた。

Prof：法の根底には，個人の自由を守る，個人と大事なものの結びつきを通じて個人を守る，その結びつき自体を守る，ということが有ります。その個人が何か漠然としたものに置き換わると，それをアプリオリかつ強固に守ればとんでもないことになります。つまり肝心の個人を圧迫する，しかも闇討ちするものに加担することになる。漠然としたものの背後には様々な集団ないし徒党が存在します。しかもそれが隠れている。これは法が最も嫌うものである，と言いますか，そもそも法はそれを退治するために有る。だから，法人には占有が認められません。

D：それは法人格否認論と同じですか？

Prof：「法人格否認」は少々ジェネリックすぎる定式なので，様々な制度との関連で丁寧に対処した方がよいということをしっかり論証した古典的な論文（江頭憲治郎『会社法人格否認の法理』〔東京大学出版会，1980年〕）が有ります。

山のあなたの空遠く，法人棲むと人の言う

G：おかしいなあ。だったら何故手間暇かけて法人などというものを拵えたんですか？　先程まで居た**KEIZOTI先生**の名講義は一体何だったんですか？　特に，あんなに一生懸命に人格を持たせるようにした。人格を持つということは占有を持つということなのではないですか？　そもそも教会にも取引をさせたい，ローマ法上の主体としたい，ということだったじゃないですか。占有能力か何か知りませんが，そういうものを否定したら，法人は取引できません。

一同：（しーん）。

R：法人には占有が固く禁じられる。しかしそもそも自然人以外に人格を認めるというのはそれに占有を認めるためではなかったか，とこういうわけだ。ひどく矛盾する話のような気がするね。でも，よく考えよう。そうでもないと思うな。占有というのは一種類しかなかっただろうか。地上の占有，普通の占有，端的な占有，これは法人には持たせることができない。けれども，占有にも，もう少しふわふわしたオバケ向きのがあったじゃないか。

B：相続財産の占有とか，資産の占有とか，あれですか？

P：なるほど，こいつはいい，だって天上界の占有とかいう話だった。だとすればオバケにはぴったりだ。教会にもぴったりだ。

D：盛り上がるのはよいけれど，実際には何のことですか？

M：簡単だ。第五話を忘れたのかい？　相続財産を分割せずにそれをそのまま法人にして利益を分配していくということさ。よくある話だ。相続持分が株式に化けるだけだ。

J：だとすると大事なことが有るわね。天上界は特別な資質を持った人々だけのものだったわ。法人オバケに特別な占有ならば認められるけれども，それはあくまで法人オバケが bona fides の精神に従う場合だけでなくてはなりません。

F：そうでなくっちゃ，危なくて仕方がない。資産の占有などというものは元来裁判所が関与したり合議体が関係したりするものだし，その上，一時的にしか認められないものだった。それが永続的に独り歩きするというのは，やっぱり少々怖いな。

E：けれども話は符合するね。天上界に居るはずの人が三保の松原の漁師のようなことをしてはいけない，地上の物を摑んだりしてはいけないということだった。そこからすると，素直に，天上界の人物たる法人オバケにはそもそも凡そ地上の占有は認められないということになる。万が一手を出せば，レッドカードだね。ぜんべえドンに対して連中がしたことなどさしずめ直ちに追放ものだ。ゴンレスハムやゴン・シアンなどという会社には破壊的な賠償命令と解散命令が出されるべきだね。

オバケにもオバケなりの体が有る！

H：それでも，なんか誤魔化しが有るような気がする。資産の占有と言ったって，帳簿の上で操作しているうちはよいが，やがて地上の実体を動かすに至るじゃないか。地上の占有を尊重しながらもゆっくりと媒介された過程を通じてそれを動かす，つまりはゆっくりの部分が違うだけだ。まして，その占有を勝手に動く架空の人格に取らせるんだぜ。裁判所が資産の占有を皆のために行動する者に委ねるというのとわけが違う。

N：資産の占有は幕の外の本物の現実じゃないか。舞台の上のこととは根本的に違う感じがする。確かに，舞台の上だけで取引している分にはよいかもしれない。ま，教会は教会どうし取引をすればよい。このときに教会に人格を認めても全然問題ない。けれども，法人オバケは普通の人とも取引するんだろ。舞台の外の，少なくとも資産の占有を持つ者とは取引をするし，やがては現物をも動かすんじゃないだろうか。このとき，いきなり殴られるようなことが本当に起こらないのだろうか。いやあ，法人オバケは天上界の方です，bona fides に満ち満ちておられます，端的な占有は保持することができません，と言われたって，おまじないでオバケが引っ込むと思うのと同じくらいナイッフで御人好しなことだと思う。

K：そうだねえ。現に，ポンビキ社の一件でゼンベエどんは痛い目に遭っているじゃないか。皆で出資して立派な資産を形成した。ところが，とんでもないことになっていく。当事者たちが bona fides に欠けたのが問題だ，と言うのは簡単だけれど，それでクマハチどんに御仕置きをしたとしても虚しいだけだ。

Prof：いやあ，素晴らしい！　疑問の山ですねえ。疑問の山は宝の山です。いずれにせよ，ポンビキ社のスキャンダルについて，そろそろ議論をする必要が有りますね。事の成り行きがものすごくおかしいということは誰でもわかりますが。一体どこがおかしいでしょうか？

M：この法人はゼンベエどんたちが各々大事なお金や土地を出資して作ったものです。だから，立派な資産がそこに有ります。実際，ミルクを集めてチーズなんぞを製造していた模様です。設備が有り，ノウハウが有り，顧客やブランドが有る。立派な資産ですね。様々な取引先と bona fides の関係で結ばれているでしょう。ここまでは何の問題も無い。つまりこの法人は占有すべきものを占有している。

P：ところが或る日突然その法人が暴れ出す。緑の絨緞を剝ぎ取って大規模な工業団地にして売り出すという。ぜんべえドンたちは追い立ても食うだろうね。

Prof：何故そうなりましたか？

O：クマハチどんがおかしな投資をし，会社が破綻し，その法人を禿鷹ファンドが乗っ取った。よく聞く話じゃありませんか。

A：そうすると，法人が占有する資産が明確にそこに存在していて問題ないように見えても，その資産が大人しく緞帳の向こう側に引っ込んで居てくれるという保証が無い！

D：ああ，それはガヴァナンスの問題ですね。クマハチどんの行為をチェックしなければなりません。「bona fides 違反はいけません」と皆が闇雲に言ったってしょうがないというのはさっき誰かが言ったとおりです。お目付け役が具体的に居て，その人の言うことを聞かざるをえないのでなければならない。

C：それで一体誰がチェックするんだい？　それを決めておかなければ何の意味

も無いんじゃない？　誰かが日頃からチェックしておく方がよいが，一体誰ならばよいのか。

H：しかしその誰かを誰が決めるのだろう。クマハチどんが自分で決めるのならば八百長が可能になる。

E：なるほど，そうすると資産を多少とも永続的に動かす主体は，自分自身オバケのようにならざるをえないだけに，しっかりした錨がなければならず，そして錨を降ろすためにはしっかりした海底がなければならないということだな。海底が無くって自分に繋がっているだけでは一緒に漂流する。

K：錨だの海底だの，それは法人の基礎理論とはどう関係するんだい？　そんなものはこれまで出てこなかったな。そもそもそれは幕の内側にいるのか外側なのか？

S：幕の内側ながら，外側に居るが如くに固い，といったところか。舞台の上にも身体が再現されますね。しかしそれは「キリストの身体」だから，それを写す媒体は「へのへのもへじ」の簡単な人形のような杜撰な記号ではいけない。確かに所詮儀礼の中のことである，舞台の上のことである，彼岸の事柄を写しているだけである。にもかかわらず，「本物の身体」が演じられる。ギリシャの神々と同じだ。「ミロのヴィーナス」は大理石だが本物の身体より完璧な身体だ。まして，「キリストの身体」は，神の被造物という実在の中のそのまたコアの実在としての具体的なキリスト教徒の全集団ですから，本当に存在していなければならない。かつ厳密に一義的な存在だ。真に存在しているのはこちらであり，その辺の石ころなどの方が却って存在しているかどうか怪しい。少なくとも法人理論からすると，この舞台上のしかし堅固な身体が海底であり，錨はここに降りなければ法人オバケが漂流する。

Prof：法人は必ず基体，substratum（英語読みでサブストレイタム）を持ちます。法人には何か基礎ないし基盤が不可欠なのです。現在日本の民法の教科書には稀にしか登場しませんが，法人の法律構成において基軸となる概念です。例えば，何がsubstratumかにより，社団法人と財団法人が分かれます。社団法人は，特定の人々が，かつ特定の出資をすることにより，設立されます。これに対して，財団法人は，確かに最初は誰かが資産を拠出するのですが，それは遺贈などによるのであり，拠出した人はsubstratumからは消えます。substratumは拠出された資産そのものとなります。さて，このsubstratumは既に法律構成上の概念ですが，**KEIZOTI先生**に教えてもらった基礎理論からすると，法人には堅固で頑丈な身体的基盤が不可欠であるということにこのsubstratumの要請が対応します。法人オバケも資産ならば占有してよい。とはいえ，その関係が独り歩きする危険は常に有る。形ばかりの記号に勝手な物を帰属させてはならない。幾ら登記には公示性が有り，bona fides が推定されるとは言っても，人格において結局身体がインテグリティー（純一性）を保障するように，法人も恣意的で御都合主義的な隠れ蓑であってはならない。実体が必要だ。こういう存在論的な面に実在説は固執したと思います。とはいえそれはあくまで舞台の上にとどまってくれないと困る。実在だからと言って団体というか徒党が地面の上に展開して暴れては困る。盛んに宣伝広告をしているからといって「会社が実在する」のではありません。この場合実在というのは高級な意味です。

D：すると，そういう substratum から切れてポンビキ社が暴走したところに問題が在るということでしょうか？

R：いや，それ以前に，一体何が substratum なのかはっきりしないという問題も有るような気がします。協同組合なのか，合資会社なのか，株式会社なのか，さえよくわからない。だからガヴァナンスどころか，ガヴァナンスの前提が定まらない。

ピノッキオは二度死ぬ

E：これで少しすっきりした。

一同：え？

E：何が substratum だかはっきりしないと言うならば，独立行政法人とか国立大学法人ほど怪しいものはない。どうも気持ち悪い代物だと思っていたけれども，この substratum とやらが欠けているんだ。

J：財団は資産そのものを substratum とするということでしたが，substratum がはっきりしていても怪しい点に変わりないと思います。どうしてかと言えば，資産が自分でにょきにょき動いてチェックするはずがないし，またそんなことをすれば余計気持ち悪いわ。

Q：財団こそ法人オバケの極みじゃないか。

Prof：そこでもう一度登場するのがピノッキオです。substratum はオーケーだとしましょう。法人が生まれるためにはそれだけでは足りません。

S：それはそうに決まってる。元々身体はただの物体では有りません。血も通えば精神にも鼓吹されている。ピノッキオがうそをつくたびに死んでしまいただの木片になってしまうということを考えざるをえない。

Prof：そうです。substratum と対をなす法人存立のもう一つの要件は pia causa ピア・カウサ，つまり慈善ないし公益です。一方で信託における原則であ

る "charitable" という要件に名残をとどめており，他方で，御存知のとおり，法人には目的が不可欠とされています。何でも舞台で再現すればよいのではない。唯一絶対の神にのみ繋がっているのでなければならない。その人格の身体である。「キリストの身体」でなければならない。何故「神の身体」でなく「息子キリストの身体」なのかは神学理論のコアですが，私には難し過ぎます。しかしともかく pia causa は厳格に解されます。「宗教法人」「医療法人」「学校法人」と名乗っていてもフリーパスとはなりません。政治システムの存立という目的に準ずる真の公益が要請されます。

A：目的の話は大教室で聞いたけれども，現在では法人の取引が定款の目的の範囲を越えているからと言って無効になることなど無いのではないですか？　少なくとも表見法理が救ってくれますし。株式会社など，何の事業でもしています。

Prof：まず **J** さんの質問に戻ると，まさにそのとおり，財団の場合には substratum が特定されても安心とは行きません。関係は曖昧なままです。この曖昧さは，例えば役員をどう選ぶかのところで端的に現れてきます。私益を離れて献身する理事会が不可欠ですが，しかしそれを誰が選ぶのか，誰がコントロールするのか。substratum に錨が本当に降りていないと大変に苦しくなります。独立行政法人のような営造物の場合はもっとそうです。これらの場合，どうしても国家ないし官庁からのコントロール以外にチェックの手段が無くなります。そうするとどうしても癒着や干渉を免れない。人格独立の意味が無い。まさにそこで，財団の場合に pia causa を絶対の要件とします。substratum の側が死んでいることを強く補うわけですね。繰り返しますが，元来は宗教上の，慈善の，目的ということです。つまり基礎理論からして明確なように，淵源は一元的で，それは神です。現世を写したわけでも，彼岸の怪獣を写したわけでもなく，彼岸のそれも唯一の神のみを写すわけです。したがって身体にとっての精神はここに在る。そこから生命の息吹を得ている。そうでない動きをすればそれは違法なゾンビダンスだというわけです。現在では財団や独立行政法人などは強い公益性に方向づけられ，その点の確認，透明性の保障，をデモクラシーの手続が直接担わなければならない，ということになります。つまり substratum の側の弱さを pia causa 経由で政治システム本体のデモクラシーが補うのですね。これに対して，営利法人の目的についてはかつて大きな議論が有りましたが，営利ということを本当に貫くならば却って厳しいチェックが可能です。各プレーヤーが厳密に自分の利益のために牽制し合うからです。むしろそのゲームを如何に透明かつフェアにやらせるか，です。だから目的のところを緩く解することに私も反対ではありません。そもそもそこで縛ることは難しい。最近は SPC（特別目的会社）というようなものも有り，別の角度から目的制限に新しい意味が生じているのですが，むしろ責任限定のための怪しい動きです。これに対し本当にいけないのは，そして伝統的に悪質とされてきたのは，公益でもなければ営利でもない法人です。非営利法人ですね。

L：なるほど。相続財産や破産財団などは経過的だからよいが，永続させるならば，法人にせよ。そのときには substratum と pia causa を備えよ，というわけですね。信託なども，substratum が弱く受託者の bona fides に依存する。だからこそ "charitable" が原則なのですね。

O：その点，ポンビキ社は様々な事業をしており，立派な資産が裏打ちしている法人のように思えます。しかもポンポコ山山麓美化という立派な公益目的が有る。それにポンポコ市が関与している。ポンポコ市が監督し，役員も選任しているとすれば，まずは合格ということになりますか？

D：そうはいかない。協同組合か合資会社か株式会社かわからないところが問題だと **R** 君が言った。

M：そうだ。クマハチどんの責任を誰がどう追及するのか，まだ見通しは立っていないな。

あ，御主人様が居ない！　と忠実な番犬は言った

G：責任追及の話ならば，要するにゼンベエどんたちが財産の運用を委ねて失敗したという話に尽きてくると思う。そしてむしろ，ぜんべえドンたちの方こそ投資判断を誤ったと言うべきだと思う。クマハチどんのような者にお金を任せた。そこが甘かったのだから自業自得だ。自分の失敗で自分の財産を失ったにすぎない。

H：そうかもしれないなあ。出資者というのは債権者とそう違わない。投資して儲けて回収しようというわけだ。金貸しが金を貸して金が返って来なければ，自分の判断が甘かったと思うだけの話だ。

P：誰が誰に貸したんだい？

G：ぜんべえドンがクマハチどんに貸したようなものだ。

L：法人を扱うに際して最も有力なモデルは「プリンシパルとエイジェント」の関係で説明するものだ。

G：所有権と同じように法人も投資のヴィークルだ。お金を出す。回して貰ってそれが返って来る。説明義務違反があったかどうか。ま，騙すか騙されるかだな。一応の基準に従って一生懸命運用しましたと言えば，損をするのも時の運，と裁判所が言ってくれる。あんまりエイジェントを縛ってもエイジェントが儲けてくれるのを却って妨げるしね。損をしてもいいから思い切って長か半か賭けてくれと来なくっちゃ威勢がよくない。「経営判断原則」とか言ったな。

D：そこまで言うのには疑問を感じますが，ぜんべえドンたち本人が自分の財産を「はい」と言ってクマハチどんに預けてしまったのだから，責任を取らされても仕方がないかな。身から出た錆だし。

T：自分の財産を委ね運用させたと言うけれど，株主と債権者は違うのか違わないのか。

D：基本的には同じだ。ただ，エクイティーとデットと言いまして，最後の責任の取り方がテクニカルに少し違う。後者が先に回収し，前者は大概何も取れない。

H：何故違うんだい？

D：それがわかれば，ここに出て来ていません。

L：エクイティーの方は資産の占有を意味するから果実つまり収益が上がった分だけ取れる。収益分配だね。儲かったときには有利だが，儲からないときには責任を取らされる。デットの方は債権だから，儲かろうと儲かるまいと一定の額を取れるだけ取れるが，大儲けしたとしてもリターンが増えるわけではない。そのかわり沈む船から先に脱出するから相対的に安全だ。エクイティーはハイリスク・ハイリターンねらいに向くと言われている。

P：変だな。資産を占有するのは法人ではなかったのか？

J：株主なのか法人なのかわかりませんが，具体的には一体誰が何をすれば資産を占有することになるのですか？

G：そのために代表という概念が有る。代表者，代表取締役だな，この人が何かすれば法人がしたことになる。彼が登記をすれば所有権を取得できるとかね。

T：それは市民的占有の取得のことだろうけれども，その人が勝手にしたことが株主や法人が取得したことになるんですか？　代表というのは一体全体何のことですか？

D：代表取締役の責任を問うときには，少なくとも善管注意義務違反，場合によって忠実義務違反を問題とします。これは，他人の財産を代わりに運用するわけですから，本人の利益になるようにしなければいけないという原理です。代表なのですから。代表というのは代理と同じです。エイジェンシーの一種です。

I：非常に混乱してしまいます。クマハチどんがエイジェントだとして，プリンシパルは誰なんですか？　ぜんべえドンですか法人ですか？　本当にゼンベエどんのお金をクマハチどんに委ねているだけですか？　ぜんべえドンは substratum

を構成する一員にすぎないのではなかったですか？　substratum というのはプリンシパルのことですか？　法人というのは，自分のお金を好きに誰かにカジノで賭けさせるのとはわけが違います。何故こういうことを言うのか教えましょう。話の前半の部分で強く印象に残っているのは，ゴンザエモンどのが 100％株主だというところです。それがどこに関係しているかと言えば，この会社とゴンザエモンどのを頭とする私的な徒党との区別が全然無いところと関係しています。ゴンザエモンどのは法人本人でしょうか？　ゴンザエモンどののお金をゴンベエどんが扱っているのでしょうか？　ゴンザエモンどのは「私は会社だ」とか言えるのでしょうか？　それはちょうどオバケが本当に出て拳固を振るうのと同じじゃないですか？　substratum が本人だとすると，株主の意思でしたことは何でも仕方がないのですか？　逆に，株主の意思に逆らわなければ何をしてもよいのですか？　気まぐれな 100％株主が，取締役会をも制し，債権者も無く，突然立派な施設を破壊して一面芝生にしそこで昼寝がしたいと言えば，それも違法ではないとでも言うのですか？　経済的な価値が破壊されるばかりか，従業員や技術者やマネージャーも散り散りになります。ゴッホの絵を買った人が死ぬ時に一緒に火葬にしてくれと言うのと同じじゃないですか。エイジェントはもちろん法人ではないけれども，そればかりか，substratum も法人本人ではないので，勝手なことは許されません！

オバケを退治するには オバケをたくさん出して政治をさせよう！

S：まず，基礎理論から言えば，株主は 100％株式を保有しても法人本人ではない。当たり前だ。そもそも「株主＝プリンシパル，法人＝エイジェント」なのか「法人＝プリンシパル，代表＝エイジェント」なのか私にはわからないが，どちらも法人を説明しえないと思う。次に，株主が substratum を構成するかさえ微妙だ。少なくとも単純な社団ではない。substratum は身体の基盤であるが，この基盤の上に人格は身体上の様々な機関を持つ。株主はむしろ機関の一種だ。そして，一機関はどこまで行っても資産自体を占有することが無い。株式はむしろ確かに割合的占有を表しているように見えるが，本当には占有させないために，分割され，記号化され，そして市場とリンクさせられている。株主は機関としてさえ株主総会や代表訴訟等々の制度を通じてしか作動しない。取締役や取締役会，監査役等々も機関だ。かつ，これら機関はいずれも代表ではない。つまりその人が資産占有上で取得したことが法人が取得したことになるといった，そういう人ではない。そもそも，代理と代表は全然違う概念だ。代表には本人が居ない。つまりこの世には居ない。だから，「オレ様が本人だ」と言う者が居たらそれはうそだから制裁を受けるが，本人から直接に授権されようがないから，大変複雑な経緯により，つまり諸機関が複雑に作動して初めて代表をかろうじて実現しうる。

L：すると株主主権論という少々古い意見は誤りだということになるな。代表や諸機関は株主の利益を考えさえすればよいというわけではなくなる？

S：法人はあの世のものだから，記号を必要とする。だからこそ登記が必須なのだが，しかしその記号はまるで人格にとっての本物の身体のように実質的でもなければならない。様々な機関を備え，それを現実の人々が担わなければならない。これは記号の指示作用を限りなく批判的にするためだ。つまり，誰かが何かをしたことが安易に法人のしたことにならないようにするということだね。

C：ありていに言えば，本人は神だから，誰もが神の意思を勝手に語れない。確かに神の意思だということをいちいち論証しなければならない。そうすると，してはいけないこととしてよいことの区別が初めから厳密になる，とまあこういうことが言いたいのかな？

F：お待ちどう，やっと僕の出番だ。

B：何なの？　一体。

F：記号の作用を自動でなく批判的にするという部分さ。アイコンをクリックするともう間に合わない，ぴゅっとお金が行っちゃうね，ネットバンキングでは。ここにチェックの作用を挟みたいときチェックの最大化の仕方はもちろん政治システムを置くことさ。それで今わかったことは，何が法人のしたことになるのか，どの人にも勝手をさせないためには，そこに政治システムを設置し，政治的決定が無ければ何も動かないようにしておくことだ。その政治的決定に至る過程で批判的な議論を重ねろというわけだ。重ねていなければ表見的にさえ法人の意思は成り立たないということだな。つまり占有が動きさえしない。無効な引渡にさえならない。引渡が無い。

S：その上さらに，政治システムの決定を誰かが執行しなければならない。ここで初めて代表という概念が使われる。この指示作用もまたオートマティックでない。

F：国家にも，「国民」などというものは本当は居ないし，居たとしても国家本人ではない。だから「国民の意思だ，文句有るか」という論理は通らない。投票を幾らしたって，世論調査を幾らしたって，「国民の意思」などというものはない。選挙人集団は機関の一種だ。ましてその中から選ばれて政治的決定のために具体的に議論する人々もただの機関だ。これらがsubstratum に基礎付けられるということはsubstratum の作用として必要だ。しかしこれらの人々はsubstratum そのものではない。まして「国民」の意思を代弁などしていない。彼らの決定はまだ近似的にしか国家法人の決定ではない。それが証拠に違憲であれば無効だし，法律の施行手続があり，さらに執行過程で様々なチェックを受ける。諸機関が政治システムの手続に則り一定の決定を下しましたが，これを近似的に国家法人の意思と暫定的に見なしましょうか，くらいのものだ。

J：そういうことだと，クマハチどんのしたことは無効であり，しかも占有移転自体がまだ生じていませんね。それはクマハチどん個人の損失しか帰結せず，したがって第三者，つまり禿鷹ファンドの手にはまだ何も移っていないということかしら？ 「有効なのだ，だからそれを寄越せ」と言う方が裁判を起こさなければなりません。であるのに移転してしまっていたならば，理由の如何を問わず重大な違法行為であり，クマハチどんのみならず相手からも直ちに莫大な賠償を取れる。

Prof：政治システムを構成すれば物事の進行を遅らせることができるわけですが，政治システムを構成するためには何が必要でしょうか？

K：ここまで登場してきたような様々な機関が明確に分節しており，互いに癒着していないということです。

S：政治システム構成員は一人一人機関だし，様々な合議体や執行エイジェントも機関ですが，どれも換えがたい独立部分です。手だって足だって「キリストの身体」で不可欠です。頭だけで十分とは行かない。その限りで対等の価値を有する。自分だけがというのを許さない。

Q：するってえと，わいわいみんなで舞台の上で住吉踊りか？ だったら，一個の身体のくせして，手分けして出るややこしいオバケみたいなものだな。

C：ははん，もうやけのやんぱちでオバケは皆出しておいた方が安心だというわけですね。

オバケ退治作戦計画

R：これでどうやら法人オバケを退治する具体的な目途が立ったような気がするな。

T：最初に怪しいのは「現物出資」だ。何のことかわからない。法人がいきなり土地の所有権を獲得したところがそもそもおかしい。

G：金銭で出資しても同じことだ。払い込まれた金銭で土地を買えばよい。ぜんべえドンに借金させ，払い込ませ，土地を買って帳消しだ。

H：それは何か脱法行為の匂いのする行為だなあ。

G：法人が土地の所有権者になってはいけないのかい？

J：法人は資産しか占有できないはずです。所有権にも資産としての性質が有るということでしたから，その限りで認められるのではないですか。つまり bona fides に拘束されるから，賃貸借か何かを媒介にゼンベエどんの農場経営に繋がっているとしても，簡単にその農場経営を破壊することは許されません。

M：なるほど，そうすると，具体的な経営のために法人が所有権者になることも許される場合はあるけれども，副業で土地の投機的売買をするなど許されない，とこういうことですか？

A：公共団体でさえ，土地公社とか作って土地の先行取得をしているけれどもなあ。

E：ぜんべえドンはやはり金銭で出資すべきだったよ。法人のチーズ工場にミルクを卸す時に発生する売買代金債権を担保に銀行から借りればよかった。

R：とはいえ，法人が有効に設立されたとしましょう。ところが或る日いきなり禿鷹ファンドから立ち退きを迫られた。ここではどうしますか？

I：クマハチどんが拵えた債務は法人の債務ではないと否認しましょう。彼を放っておいた責任は皆に有るにしても，到底法人の事業とは考えられない取引に応じた人に対してまで責任を取らされる筋合いはありません。法人機関による裁可も無ければ，目的にも反すると言えます。

B：そこを否認できれば，禿鷹ファンドもクマハチどんの個人資産しか差し押さえられないわね。

F：万が一そうでなくとも，つまり法人の資産が差し押さえられたとしても，裁判所がその後のことを主導するはずだ。話の中では何だか私的な整理ないし再生にかかったようだけれど，それは許されない。裁判所はゴーイング・コンサーン・ヴァリューを尊重する再建案しか裁可しない。ぜんべえドンたちの土地を工業団地にするなど認めるはずがない。

K：もう一つ，気持ち悪いのは，ゴンザエモンどのの会社が会社の 100％株主になっている点だ。オバケの substratum もまたオバケだという話じゃないか。

L：資産の保有は典型的な資産要素だ。資産保有の主体が法人であるということは，その法人のガヴァナンスさえしっかりしていれば，物的な力をますます遠ざけることができる。

F：ガヴァナンスのためには単一性が不可欠なんだよ。政治システムがジャングルのように先送りされれば，政治システムの機能は害される。

D：そう言えば，100%子会社のガヴァナンスには当の親会社が苦労するという話を聞きました。親会社のガヴァナンスがしっかりしていても，海外の子会社まではなかなか目が届かず，海外の子会社の方では substratum に基礎付られた機関の多元性が初めから無いので，マネージャーの独裁になるのだそうです。
C：そもそもやっぱりオバケには出て欲しくないな。そもそもこんなに簡単に法人が設立できるのでなくして欲しい。ゴンザエモンどのが作った会社など，そもそも会社の存在を否認すべきケースじゃないか。第三者による即時取得など主張して，その実，同じボスのところにオハナぼうは留まったままだった。

法人オバケのカーテンコール

Q：というわけで，目出度く『オバケ退治の記』も一巻の完。主役を務めた法人オバケ君が今こそ幕の外に出て盛大なカーテンコールを受けます。
一同：（盛大な拍手）。
法人オバケ：（アンコールと勘違いし，アリアを歌い始める）「星はきらめき」，いや違った，「ああ，そは彼の人か」でもなく，「私の名はミミ」？　とも少し違って，そうそう，「私の正体はボス。おお，飛べこの思いよ，ケイマン諸島へ。そこは天国の渚。花から花へ。富を集めて，築くは黒いハニーのお城。シェールガスにレアメタル。何でも掘り出し，何でも乗っ取る。乗っ取りゃ容赦は致しません。こうして生まれる闇の権力，武装集団も動かせます。まして国家は私のおもちゃ。贔屓筋は投機ファンド。情報言語学問芸術，IT のおかげで今や産業化時代。ポスト・インダストリアルさようなら。ネーミ湖の畔で殲滅競争。難しいのはサヴァイヴァル。つられて目覚めるトライバル。血と土のゾンビダンス。クセノフォビアで罵詈雑言。兄ちゃん姉ちゃんそーわそわ，ネット・ミュージックがふーわふわ，人さえ殺せば気分は最高，私だけは天国よ」。
Q：これはアリアと言うよりラップの出来損ないだな。やたらポップなミリタリー調で総選挙だってやりかねない。軍事化の一種だからな。法人オバケのヤツ，調子に乗りやがって！
B：何のことだか，さっぱりわからないわ。
R：おそらく，法人とは直接関係のない今の世界の出来事も全部自分の功績だと誇りたいんだろう。今の世界が水浸しとして，どこの蛇口も開けっ放しだが，法人のところにも大穴が空いていることは確かだな。法人を濫用しなければここまではできない。資産を資産としての価値ある一体性に着目し長期的に維持するために法人制度が有るのだと思うが，資産の占有者がオハナぼうを苛める狂ったゼンベエどんになるようなら逆効果だ。

L：政治システムによる監視が形成されやすい経過的な場合にのみしか，ローマでは資産占有が認められなかったことは確かだ。

S：逆から見れば，100%株主といえども勝手はできないという頑丈な障壁を築くことは，法人オバケが誇る世界の奔流を遮るための一助となるかもしれないね。「ステイクホルダー」という議論も有るが，それより，きっちりした法人理論とこれに対応したレギュレーション，その基盤としての占有理論の発達，さらにそれを裏打ちする環境理論等々の制約原理の発達，それをエンフォースするデモクラシーの制度，以上全てを考える高度な知性，等々が揃わなければ法人オバケが図に乗り，ここからの連鎖反応で世界はお陀仏かもしれない。

再入門後の学習のために

現代の世界において，法人という制度が様々な問題を惹き起こしていることは言うまでもない。例えば租税法や競争法などの分野で熱心に論じられる。他方，相対的にこれと区別されるが同じように深刻なのが，日本の社会における法人である。株式会社のみならず宗教法人，社会福祉法人，学校法人，独立行政法人，等々が様々な隠れ蓑として使われ，不透明な取引の温床となる。対するに，法人についての基礎理論も法律構成も未発達なままどころか，かつてに比べて著しく退化している。こうして，民法の授業では法人という社会事象の問題点に鋭く切り込む武器を獲得するなど思いもつかない。会社法の授業では，もちろんガヴァナンス等々のイッシューに即してアメリカ由来の若干の理論を学ぶであろうが，いかにもパッチワークで決め手に欠ける印象を諸君は持つであろう。公法の授業では，実際には法人理論に負う法律構成がむしろ繰り返し登場しているはずであるが，基礎理論にまで降りた解説はなされないのではないか。

法人理論の再構築は，手が付けられてさえいない分野であり，それどころか，かつての法人理論の再検討もなされていない。否，かつて基礎理論が有ったこと，自分たちの痩せ衰えた法律構成の元は何だったのかということ，さえ忘れられている。それも日本でだけでなく世界中で，である。

というわけで，法人に関する限りは再入門とは言っても諸君に最先端を切り拓くことをお願いするばかりである。その場合，まずは会社法に関するアメリカにおける最先端の論戦をフォローすることがよい。次にそこでなされる「法と経済」の議論に対し批判的な視点を欠かすことなく，しかし参考にしつつ長い法人学説史を追跡することである。そのための有用な入口は，サヴィニーの *System* の第二巻，そしてギールケの *Genossenschaftsrecht* の第三巻である。ホッブズの *De cive* の第三部も欠かせない。ただしいずれの場合にも，ギリシャ・ローマの政治システムの基本について見通しを持っていなければそもそも読むことができない。そのうえ，基本的なキリスト教神学の知識を要する。学習困難者の皆さんは語学だけは得意なはずである。ラテン語などただ読めても何の意味もない。悲しいかなラテン語を読むなどということになるとむしろマニアックで視野の狭い下らない知性を見出すことになる。今ではそれが珍しい専門になってしまっているからである。実は，古典のテクストほど鋭い現代的な問題関心なしには読めない代物もない。現在のわれわれとは違う問題であるがやはり鋭く問題に立ち向かったテクストであるからである。だから古典として遺った。

ギリシャ・ローマの事柄に通じることを要求する大きな理由の一つは，およそ団体ないし集団に対して根底的に懐疑的でこれを許さないという太い原則をまずは理解して欲しいからである。これは自由，つまりは政治・デモクラシー・法を貫通する大きな土台である。法人理論はその上にぎりぎりのことをしようとして形成されてきた。こういう意識抜きに法人は論ずることも扱うこともできない。ギリシャでもローマでも法人など存在せず，（特にローマで）結社団体は強く禁止されていた，にかかわらずギリシャ・ローマから勉強を始めることを他の分野にもまして要求するのはそういう理由に基づく。

そのように，結局法人論は，われわれの社会の構成原理をそもそもどうするかということに大きく関わるのである。

第十二話 担保・執行・破産，その一

ぜんべえドンとオハナぼう，第十二話

ポンポコ山の麓，緑の絨緞の上で悠々と草を食むオハナぼうを訪ねるのも，いよいよ今回が最後となります。おはなボウは幸せに暮らしているかな？

あれ？　ずいぶんと瀟洒な牛舎がいきなり目の中に飛び込んできました。ぜんべえドン，奮発したようですね。おはなボウに素敵な牛舎をプレゼントしたようです。自由を愛するオハナぼうは，しばしば柵を越えて草を食みに行くのでした。そのたびに，大声で呼び戻されるのですけれどもね。しかし迷子にならないかと気が気でないゼンベエどんは，或る日，「素敵な牛舎が有れば，おはなボウも脱走しねぐなっがもの」。と思いつきました。そしてとうとう清水の舞台から飛び降りるような気持ちで牛舎の建て替えに取り掛かったのでした。素敵な牛舎を貰い，果たしてオハナぼうは脱走しなくなったのかどうか。

ぜんべえドンの経営も順調なようです。ゴンザエモンどの直営のチーズ工場に黄金のミルクを卸し続け，マネージャーのゴンベエどんは几帳面に送金してきます。どうやらこれを当てにしてお金を借り，そして素敵な牛舎を建てたようですね。何でも，クマハチどんからお金を借りるとき，質権とやらを設定したのだということです。近所の人々がうわさしています。何に質権を設定したかですって？　どうやらオハナぼうに設定したらしいのです。法律家の手にかかれば，おはなボウもただの「動産」だと誰かが言っていました。何のことでしょうね。とはいえ，おはなボウは幸せそうにしていますから，ま，いいか。質に取られたというわけでもなさそうですしね。そう言ったら，「動産」とか意味不明な言葉を発したその人が，「占有改定」とかいうラテン語を発しました。ポンポコ山の麓では妙なラテン語が流行るようです。

そんな或る日，見慣れない黒いマントの男が音も無く農場に現れたかと思うと，いきなりオハナぼうの背中にぺたぺたと紙切れを貼りつけたのでした。前にも見たような紙切れですねえ。ぜんべえドンが見ると，「差押」という字が見えました。

汚らしい紙切れをぺたぺたと貼り付けねでくれ！　おはなボウは破れだ障子でねえぞ。毛並みが乱れでしまうでねが。牛さストレス与えれば，出る乳も出ねぐなっぞ。学生さん方だって，プレッシャー与えれば出る答えも出ねし，働く頭も働がね。『法学教室』の読者のひと方は皆分がてる。

とゼンベエどんは思わず怒鳴りました。しかしその男は，

「泣く子は黙るが町の親分には頭の上がらない有名なかの執行官たあオレ様のことだ。債権者のクマハチどんが自らの質権に基づいてオハナぼうを私に引き渡し，競売を申し立てた。これから競売手続に入るのじゃ。オレ様を妨害すれば直ちに逮捕されるぞ。」

と表情一つ変えずに言いました。しかし，落ちこボレにして老いボレ，二ボレ先生の授業も最終回，流石にゼンベエどんも少しは賢くなっています。ぜんべえドンは，

鳥海山の雪解け水が途切れねように，ポンポコ山から麓を潤す清流は途切れはしね。同じように，オイの口座からは毎月きちんとクマハチどんさ金が送られで，返済されてるはずだ。債務不履行が裁判で確証されだ訳でもねえなさ，すぐにオハナぼうを奪うどは，酷すぎるんでねえが。それに，山のカラスがどげ柿の実をつついても柿の木は残んなと同じで，どげ返済が滞てもオイさは占有がある。しかるべき手続を経ねば，オイの占有を奪う事など出来ねはずだ。

と言って反撃に出ました。しかし黒マントの男は事もなげに言いました。

「クマハチどんは質権者じゃ。だから占有を得ており，いつでも私に差し出しうる。そして，自分で手を付けるのでなく，私に差し出しておるのだから，立派なもんじゃ。占有を尊重しておる。」

堪忍袋の緒が切れたゼンベエどんは，

七賢者だが八賢者だが知らねんども，賢者が何人かかってきたって，
こんなやり方はおかしいに決まってる。

と叫んでしまいました。恥ずかしいですねえ。ニボレ先生の悪い癖が伝染したようです。

ぜんべえドンは仕方なく銀行に走りました。口座を確認すると，確かに空っぽです。ここ何か月か，ゴンベエどんからの送金が途絶えていたのです。ぜんべえドンはゴンベエどんのもとに走りました。

なして，送金を切らしたんだ。おかげでオハナぼうが連れて行がれでしまうでねが。

すまん，すまん。チーズを卸した先のゴンロクどんが夜逃げしてしまって，全然お金が入って来ないんだよお。

とゴンベエどん。

がっくりしてしょんぼりオハナぼうのところに帰るゼンベエどん。しかしオハナぼうは早くも連れて行かれていました。競売手続はどんどん進んでいき，おはなボウは結局落札した食肉業者の手に渡った模様です。食肉業者はドッグフード業者に転売しようとしており，またまたオハナぼうは解体されミンチにされる寸前です。

呆然とするゼンベエどんをさらなる嵐が襲います。一人の債権者が破産の申立てをし，裁判所がこれを認めましたねえ。ぜんべえドンは，どこで聞きかじったか，精一杯のラテン語を駆使して懸命に言いました。

オイは債務超過でねえ。おはなボウがどれだけ価値を持ってるか知らねなが？　おはなボウが生み出す利益を計算せば，一時の債務額など遥かに上回るはずだ。

いつの間にかロースクールを卒業し弁護士になっていたリョウサクどんが破産管財人に選出されました。そのリョウサクどんが言うには，

「御気の毒にのう。お前の言う通りじゃが，おはなボウが連れて行かれれば，残った物は二束三文でしか売れはしない。だから，明らかに債務超過なん

じゃ。そのオハナぼうも，この緑の絨緞の上に居てこそ高い価値を持つ。解体されて食肉になれば，やっぱり二束三文じゃ。」

裁判所による突然の破産宣告でパニックになった債権者はたちまち農場に押しかけました。案の定，おはなボウが連れて行かれてしまっているのを確認すると，債権者たちは農場の中のめぼしい物をてんでに持ち出します。とくに卸すばかりのミルクを持って行かれたのにはリョウサクどんもほとほと困り果てました。それは大事な破産財団構成要素だったからです。

とはいえ，呑気なリョウサクどんはゼンベエどんを慰めて言いました。

「オラは二ボレ先生の授業なんぞで遊んでいたりはしなかったさ。ちゃんと勉強し，試験にも受かった。確か，否認権などというものが有ったはずだ。これで全部取り戻してみせましょう。もっとも，仕入れたばかりの飼料は先取特権の別除権で対抗されそう。いや，そもそも取戻権で来るかな。」

そげだ事はどうでもいい。採れたてミルクもどうでもいい。牛舎の壁もどうでもいい。山のカラスもどうでもいい。鳥海山の雪もどうでもいい。おはなボウが居ねぐなれば，オイはおしまい。『ぜんべえドンとオハナぼう』もおしまい。『法学教室』だっておしまい。弁護士もロースクールも，お気楽法学部生もおしまいだ。

これがゼンベエどんの発したこの物語最後の言葉になりました。

庄内弁翻訳（ぜんべえドンの科白）：放上鳩子

作者のクビを切れ！

P：最終回は破産なのかあ。物語の結末が破産とはねえ。この作者，われらが落ちこボレにして老いボレ先生は一体何を考えているんだろう。これじゃ読者には受けません。

H：全くだなあ。ぜんべえドンは破産，おはなボウは解体。後には殺伐とした風景がただ残るばかり。

B：これでは息子の情操教育によくありません。**I** さんや **Q** 君が頑張ってオハナぼうが救われる話は絵本にさえなると思ったのに。

A：いただけないのは，最後になって一面ラテン語の銀世界。**小野さん**，これは

2月号でよかったですか？

小野さん：2月号で間違いないです！　山形の2月は豪雪でまっ白です！

A：銀世界は仕方がないが，別除権とか言われてもワカラナーイ。ポンポコ山麓の人々がこんな言葉を知っているはずがないじゃないですか。破綻してます。

N：確かに，ぜんべえドンと言うより作者の方が破綻している。

K：それは今に始まったことではない。

Prof：何もかにも作者のせいにするのは正しい法律家の道ではありません。確かに皆さんは法律家などにはならないでしょうが，法律家に，目の前に現れた事件の筋書きが悪いと文句をつけることが許されますか？

T：それは詭弁ですね。今回は少々趣が違う。前々回，第十話と似ているのだけれど，それよりもなお一層，問題に対して法がどう立ち向かうかというより，法自体が問題になってしまっています。わたしたちにはしかとはわかりませんが，直感的に言っても法的には問題のない話になっている気がします。法とは占有のことらしいが，この話では，いちいち手続が踏まれ，占有が尊重されているように思われます。

C：神々の仕業というよりは人々の仕業だというわけだ。

G：「社会学的与件というよりは法的制度の問題だ」とでも言ったらどうだね。

I：無駄話をしている暇は有りません。おはなボウを救う方策を考えましょう。例によって却って近道は，どうしてこんなことになるのかということを回り道して考え抜くことです。

人質を，殺してみれば，我が息子

O：最初に登場するのは質だねえ。これは少しわかりやすいと思ったな。「たとえ女房を質に入れてでも」という言葉が有るくらいだからね。近所に質屋さんが有って，高級時計なんかを持って人が出入りしている。昔は着物なんかだったろうけれどもね。

A：あ，その質屋さんのことは忘れてくれ，と大教室で言われた気がする。

H：そんなこと言われても，忘れえないあの夏の日などというものは誰にでも有ります。暑いというのでオーバーコートを質屋に持って行ったとかね。

M：三保の松原の漁師は気の毒なことに天女の羽衣を質に取ったと言ってはこの授業でさんざ批判されてきたけれどもなあ。

J：何か大事な物を質に取るというのはやっぱり卑怯なことだと思います。

Q：話がそこへ来れば私の物。昔々，或るところに一人の老人がおりました。名をヘーギオーと申しました。しかしヘーギオーの国は隣国と戦争をし，息子は隣国で捕虜になってしまいました。息子を救い出すために，ヘーギオーは捕虜になって連れて来られたその隣国の若者を買います。交換しようというのですね。幸い，なかなかの良家の出身と思われる若者が手に入ります。奴隷身分の従者さえ伴っております。若者の名はフィロクラテス，従者の名はテュンダールス。しかし若い二人は一計を案じます。役割を取り換えるのです。ヘーギオーは，大事な息子の方を手元に質として確保し，そして従者の方に手紙を持たせて隣国の父親のところに発たせるだろう，このように予想されます。そこでこれを逆手に取り，まずは息子の方を逃がし，ヨリ大きなリスクを早めに回避しようという作戦です。万が一取られてしまうとしても奴隷のみです。

G：何だ詰まらない。奴隷の方は犠牲になるという美談ですか？　主人を質に取ったと思ったら，奴隷だった，質権設定対象に関する瑕疵担保責任はどうなるんです？　可哀そうなのはヘーギオーですね，一種の詐欺じゃないですか？

Q：それがそうではないんだな。この息子は本当にメッセンジャーの役目を果たして奴隷の方を連れ帰るために舞い戻るという話なんだ。

G：そんな御人好しの息子が居るかなあ。そういうことにしておいて脱出すれば，楽々解放され，危険を冒して戻ることなど最早ないだろうね。第一，家族が反対するよな。「よく戻って来たわねえ，もう二度と離しません」とお母さんが言うだろうね。

Q：それが違うんだ。テュンダールスは幼くして攫われ奴隷として売られたんだ。

B：『山椒大夫』だわね。

Q：しかしそれを買い取ったフィロクラテスのお父さんは，同年代のフィロクラテスの本当の兄弟のようにして一緒に育てた。役割の取り換えは二人の熱い友情ないし兄弟愛から生まれたものだ。

C：それは泣かせる話だ。きっとフィロクラテスは言っただろうねえ。「お前を救い出すためにヘーギオーの息子を必ず連れて戻るから，それまで歯を食いしばって耐えておくれ」とね。テュンダールスの方も言ったことだろう。「いえいえ，帰って来られなくとも。これまでの御恩をこうやってお返しできれば本望でございます，どうぞ，私のことなどはお忘れになってお父様のもとで末永く幸せにお暮しになってください」とね。そうして二人はしかと抱き合った。これに感動したヘーギオーは深くわが身を恥じ，二人を解放した。

Q：まるで見当はずれ。そんな情緒的な話じゃない。

G：そりゃそうだろう。幾ら平等に育てられたからと言っても主人と奴隷じゃないか。利益状況が違う。二人して囚われの身になれば，奴隷が主人を裏切ってもおかしくない。第一，役割を取り換えると言うが，それは相当な芝居だぜ。いきなり引っ立てられた二人がどうやって示し合せることができたんだい？

Q：二人は言ったねえ。「私たちの身体を拘束するのはあなたの権利です。しかし私たちにしばしの間言葉を交わす自由は残してください」とね。ヘーギオーは思った。「け，何で言葉を交わす時間なんかにこだわるんだろ。そんなのタダじゃん。幾らでもどうぞ」とね。彼にとって大事なのは体を掴むかどうかだからね。他方これに立ち向かう二人は，熱い友情に酔いしれている場合じゃない，ここは一番精密に言葉を使わなければならない場面だ，と言い合う。何故ならば失敗は許されない。掛け替えの無い命のために掛け替えの無い命を賭けている。一人が犠牲になって他を助けるという情緒的な美談などではない。どうやって二人が二人とも助かるかという冷徹な算段なのです。

E：確かに，際どい場面ではある。奴隷の方が発てば，ヘーギオーの息子を連れて戻って来ても，奴隷の方は救い出されない。奴隷は奴隷として買われたわけだから。とはいえ，主人の方が発つ場合，ヘーギオーはバーゲニング・パワーを維持しえず，取引が基礎から崩れ，主人の方が戻る必然が無い。その場合も奴隷の方は救われない。だから，主人の方が戻る必然性が無いのに戻るかどうかがポイントだ。戻れば，まずは主人の如き奴隷を解放し，そして主人の方は初めから解放されており，つまりは二人とも解放される。それが見込めるならば，これは，一見主人の方をうまく先に安全圏に逃がすという計画であるようでいて，実際にはこの際奴隷の方も救おうという計画だ。いずれにせよ，こうやって主人と奴隷が立場の違いをしっかり意識した上でなおかつ役割を交換する場合に初めてうまく行く計画だ。

N：主人と奴隷の間にそういう友情というか，平等の感覚が成り立ちますか？

Q：いや，二人は，互いに等しいというより，違いが有るその立場を互いに完璧に入れ替えうるかどうかということに全てを賭けます。かつその点につきお互いを信頼し合っており，かつそのことに至上の価値を見出している。気が知れないと思うのは勝手だが，人は全て君の考えるとおりにしか考ええないのだと考えるほど愚かなことはない。自分の貧弱で視野の狭い人間性を前提に人の利益状況を判定し法律論をする愚かな法律家には事欠かないけれどもね。現に二人は，ヘーギオーの尋問を前にして完璧だった。フィロクラテスは完璧に奴隷の感じ方を代弁できた。テュンダールスは完璧に主人の身のこなしをマスターしていた。しかもこの部分は二人だけにわかるエールの交換になっているというわけだ。筋書きばかりか相手のこともこれほどまでにわかっているという合図だ。いや，まさにこうやって，そういう社会的役割の遥か上空に互いの人格を置きうるウィットを示し合っている。そういう高みで知的に遊びうるのだから。かくして事は計画通り進み，全てうまく行くかに見えました。無事フィロクラテスはメッセンジャーとして母国へと発ちます。ところがひょんな偶然から同国人が現れ，テュンダールスの正体が明らかになってしまいます。「この男は奴隷ですよ」と密告されたようなものです。怒ったヘーギオーは，テュンダールスに石切り場での重労働を命じます。これは死を意味するものでした。「自分は殺されても決して尊厳と栄誉を失うことはない」と頭を高く保つテュンダールスに対して，ヘーギオーは，「自分はただお前に死んでもらえばよいだけだ，あの世の栄誉などお前に好きなだけ呉れてやる」と冷たく言い放ちます。

I：ひどい人ですね！　或る種の法律家に似ているわ。夏目漱石の『虞美人草』の中に，出世に繋がる相手に迫られ，恩のある人の娘で旧くからの許嫁であった女性を切り捨てようとする優柔不断な男が登場しますが，その無神経さを買われ、帝大法科出の学士が切り捨てを通告する使者を務めます。この「浅井君」のことを思い出します。「法的に有効な婚約が有ったというわけではない」とか，三百代言の言い訳をするんですよ。その癖，肝心の信義，契約法の基本，は理解しません。大教室ではそういう言い抜けのテクニックばかり教えられているような気がしていたわ。それで大教室には出て行けなくなったんです。

P：そういうの，むしろ，官僚じゃないか。

Prof：そういう考えに立ち向かうのが法の伝統ですし，Salutati や Bruni 以来の本当の官僚の伝統でもあるんですがねえ。その「帝大」とやらではどうだか知りませんが。

Q：いや，帝大でなくとも，テュンダールスは，「息子さんが帰ってきたときに取り返しが付かない代償を払うことになっても知りませんよ」と返すのが精一杯。でもですね，これは，表面の意味としては「あなたの予測に反してフィロクラテスが帰って来ても，テュンダールスの死を知れば，折角連れて来た息子を果たして返すかどうか」ということだが，結末を知る観客は実はぞっとします。というのも，テュンダールスを救おうとヘーギオーの息子を連れてフィロクラテスが勇躍帰って来ます。本当に帰って来たんですね。一刻も早くテュンダールスと抱き合いたいと考えるフィロクラテスを余所に，一旦は諦めた息子が帰って来たというのでヘーギオーは舞い上がっています。「テュンダールスはどこだ？」と怒鳴るフィロクラテスに，「ああ，あの奴隷のことね。もう死んでるかもよ」と言ったかどうか，気の無いこと夥しい。それでも石切り場から連れて来させます。奇跡的にまだ生きていました。ところが，テュンダールスが現れた瞬間，偶然居合わせた者の証言から，テュンダールスは幼くして攫われたヘーギオーの実の息子であることが判明します。ヘーギオーはすんでのところで自分の息子を殺すところだったのです。かくして，さきほどの科白の怖さがわかりますね。人質の尊厳を踏みにじる者は自分の息子を殺すも同然だということです。もちろん，ヘーギオーは深く反省し，今や真の友人同士となった若い二人は今度こそしかと抱き合います。

一同：（大拍手）。

B：こんな素晴らしい話，**Q**君の創作ではないわね？

Q：えへへ，それはもう。プラウトゥスの『捕虜』という名高い作品です。如何にもシラーが好きそうな作品ですよね。

P：いい話だなあ。久しぶりでいい話を聴いたような気がする。

Q：「と，ここで盛大な拍手を浴びて**Q**君退場，ついに『ぜんべえドンとオハナぼう』全巻の幕が下りました」などというト書きでもあれば本当によいのだが。

R：そうはいかないな。まず解釈問題がある。

F：それはもう，政治システムの高潔な精神を体現するこのフィロクラテスとテュンダールスの義兄弟を称える物語に決まってるじゃないか！

Q：あの，これは物語ではなく喜劇ですけれども。

K：むしろ，質は取ってもよいが，しかし取った物を破壊してはならないという話のような気がするな。二人の父親の間の取引が非難されているわけではない。むしろ，そういう取引における信頼関係について何か語っているような気がする。

S：そこまでは言えないと思うな。質はやはりパラデイクマに過ぎず，具体的な質権制度について何かメッセージが発せられているわけではない。あくまで喜劇だ。何か国際間の信頼関係や取引関係やらの基礎に横たわる事柄について働きかけているということは否定できないけれどもね。

R：フィロクラテスとテュンダールスの関係は，『走れメロス』の二人とも違い，冷静に二人とも助かるという話だから，新しい信頼関係を示唆しているようだね。

札入れが空でも質入れは無し

J：第四話のことを思い出しましょう。法すなわち占有の最大の敵は消費貸借でした。金銭債権者が占有の中に手を突っ込んでくる。返済ができないと何でも持って行ってしまう。いや，予め物を持って行きます。少なくとも持って行けるよう押さえてしまいます。これは法の大前提を覆すので認められないのだということでした。

Prof：その通り。法は一旦質のような関係，つまり物的担保を一切追放してしまいます。否，法の前に政治システムが登場して一掃してしまいます。

G：それだとお金を借りるとき不便じゃないかな。信用が有ればよいけれど，担保が無ければ普通お金は借りられません。

Prof：L 君ほど詳しくないけれど，ローマの話を少しすれば，政治が出来上がると，大いなる連帯の中で皆互いに無限に融通し合った。しかしそれだと少し窮屈だなあとも感じた。そこで占有という原則を働かせたり民事訴訟をしたりすることとした。そうだよね，**L** 君？

L：占有が登場すると，一人一人が独立の物を持っているとされるから，借りればきちんと定量返さなければならない。初期のピュアな政治システムの内部に居た人々は，皆で惜しみなく与え合い連帯していたことを懐かしがる。私の物はあなたの物，あなたの物は私の物，一人は皆のために，皆は一人のために。そういう高貴な精神はどこへ行った？　せこく取り立てたり，何とあさましいことだ。しかしその反面，それは互いに無限に助け合うからであり，そういう連帯心が無く，初めっから返さないとなると，飼われている金魚と同じになる。借りる方が貸す方に依存し，あてがい扶持で養われているのと同じだから，奴隷か家畜だということになる。つまり自由もまた無くなる。自由だと言うためには返さなければならない。きっちり返させるシステムの方が自由のためだ。逆に言えば返さない人は奴隷だ。こうして，人身執行が行われるようになり，債務奴隷制度が生まれる。ただし，これは占有の破壊そのものだから，裁判を要した。お金を借りて年季奉公するようなのとは違う。しかも債権者自身が債務者の身体を取ってはいけないという原則が徹底された。つまり人身執行の場合，債務奴隷は外国に売られなければならなかった。債権者に金は払っても権力は持たせたくなかったんだね。そういうわけで，質権の入る隙間と言うものは全然無い。

M：でも，占有が登場すると却って残酷なことになるんだなあ。

Prof：だからこそ，およそ100年かかってローマの人々は人身執行を克服しなければならなかった。或る法律によってこれが違法化されたのです。大事なのは，それがどうして実現したのか，そこにどういう意味が有ったのか，だが，その問題には後で戻って来る。しかしともかく，ますます債権者の物的権能は制限される。その後に現れる bona fides の取引世界では，もう誰も物を直接把握しようとはしない。**Q** 君がしてくれた話はこの取引世界に関わると考えてよいと思う。したがって，質権を設定させた場合のレギュレーションを例解したと言うより，質という発想自体を糾弾したものとみるのが正解だろうね。

それでも女房を質に入れたければ

D：おかしいな。質権の設定要件，つまり引渡はローマ法から来ると確か民法の先生が言ったような気がする。あれは間違いなのですか？

L：間違いではない。担保物権はローマ法の影響が少ない分野ではあるけれども，ローマ法の質権が陰に陽に影響したし，19 世紀以降もローマ法についてのアカデミックな論争は基本理解上の対立の一つの舞台ではあった。

C：ならば，そのローマの質権は一体全体どうやって警戒厳重な質権御法度屋敷に忍び込んだんですかい？

Prof：まだ舞台の上には出ていない主役級がいますね？

G：「主役級」なんて言わないでください。れっきとした主役中の主役，所有権とはオレ様のことだあ，と見得を切りますよ。

B：桃太郎が雉を連れているように，所有権が質権を家来として連れているとでも言うの？

L：それが全くその通りなんだ。質権者が引渡を通じて獲得する占有，これは一体何なのか，何年占有していても取得時効制度の恩恵には与れない。質に取るということは物を押さえるのだから占有だろう，というのはもちろん素人の考えで，物の支配と占有とは全然違うし，そもそも質権者は物を押さえないということがわかる。サヴィニーがようやく正体を突き止めた。とは言ってもコロンブスの卵で皆ずっこけたかもしれないね。これは市民的占有に対してコバンザメみたいにくっついている「派生的占有」という新種だと看破したんだ。所有権を支える構造を例解するのにサブリースをイメージするとわかりやすかったね？　第一賃借人はテナントビルの経営を委託されたようなものだ。対価を払って果実を受け取る。収益が跳ね上がればその分を丸ドリだ。逆にオーナーは確実な賃料により果実を先取りしリスクを回避する。前提はオーナーも第一賃借人もテナントビルのことを尊重するということだ。互いの信義に賭けてね。手を出してぶち壊しにしてはいけない。同じように質権者はオーナーのために融資をし，果実を先取りさせたり費用投下をさせたりし，その替わりその分の果実を取り弁済に充当する。しかしこの関係はサブリースよりも危険だ。消費貸借が絡んでいる。質権者が軀体を摑んで債権を回収するようなことはないだろうか。この心配から，オーナーと質権者は皆の前で正々堂々と引渡の儀を演ずる。所有権といえども資産的要素を有し，bona fides に服するということだったね。所有権者と質権者はその平面における水平的な関係を保つというわけだ。ほら，手はこのとおり高く上げております，とね。そのコロラリーとして，占有を自分に移転させたからと言って質権者は質物に手を出せない。不思議な占有だ。果実を取り弁済に充当すると言ったって，実際にはオーナーが果実を取った中から利息分を送られるだけで，サブリースの第一賃借人と異なって経営には口も出さない。譲渡担保のところで見たように，履行遅滞から競売手続になってなお質権者は手を出せないし，自分の物にしうるという約款は強行法規で禁じられ，迂回するあらゆる手段も許されなかった。

D：質権者が手を出せないというのならば，抵当権の方に似ているではないですか？

L：そればかりか，今日では登記が bona fides の部分を体現しているから，ローマの質権は，実は抵当権の語源がそこに在るギリシャの物的担保よりずっと抵当権に近い。ギリシャには占有の概念が無いから，担保権者は実力で物を摑むんだ。

O：そんなにがんじがらめだと，質などを取っても何のメリットも無いじゃないですか。

Prof：そうではない。質権が実行されるとき他の債権者に優先して弁済を受けることができる。つまり第三者に売却されたその売却益から優先的に配当を受けることができる。

A：質権者がオークションに際して自分で買ってしまうことは許されないんですか？

Prof：ローマではダミーを使って自己競落することさえ違法とする意識が有った。どこまで徹底されていたかはわからないけれどもね。

K：なるほど，そうすると所有権の基盤がそこに実在し質権が復活している事態を想定する限り，おはなボウの解体は無いというわけですね。そうすると，プラウトゥスの喜劇の解釈も，少なくとも後代になれば別の可能性を持ったとも言えますね。私がさっき言った通り，「質は取ってもよいが，質物には手を付けるな」という意味に解釈替えされた可能性が有る。

N：抵当権者が占有屋に対して妨害排除請求をすることが認められると習いましたが，手を出していけないのならば，こういうことも認められないのではないですか？　抵当権設定者は抵当不動産の交換価値を抵当権者のために保存していく義務が有るとも言われていますが，これは手出しばかりか口出しも有りということではないのですか？

Prof：市民的占有者が十分に占有訴権を行使しない場合には，質権者に特別の占有訴権が認められていましたが，これは質権設定者つまり市民的占有者や他の債権者を含む皆のために妨害者をせっせと掃き出すのであり，少なくとも質権者が自分のところに取り戻しをするのではありません。そうやって要件が権原に懸かると，妨害のために権原を取得した者を追い出せません。

M：なるほど，派生的占有の在り処で判断する，そしてそれはまた市民的占有に依存するから，本体が移転されてしまえば生き長らええないが，何かの拍子に登記だけ移転されても実質が残っていれば生き残る，というわけだな。

L：担保権を載せたまま市民的占有が移転され，第三取得者が担保権の実行を甘受したり，債務を弁済してそれを救ったりということは，もちろん有りえないね。それだと債務に関して無因的物的な観点を採ることになる。

T：担保権者の占有が独り歩きして物的に振る舞うことが周到に妨げられていて，だいぶ安心です。豆を買ったら豆の木が生えたというのはよいが，借金がくっ付いていたというのは御免だ。それはともかく，おはなボウを質に取られても直ちには解体されないんですね？　手を付けさせずに競売に付す。

I：おはなボウの解体が無くったって，おはなボウをゼンベエどんやポンポコ山麓の緑の絨毯から引き剝がすこと自体，一種の解体じゃないですか。現にここから恐ろしい話が始まってしまいました。

一同：（しーん）。

L：勉強していてそこがわからないところなんだよなあ。農場全体など，既に複合的な価値が有る物の全体に質権が設定されている場合はよくわかる。もっとよくわかるのは，全資産上の質権者 pignerator ominium bonorum という制度だ。債務者の人格に属する全ての資産を一体として捉え，その一体性をも破壊しないという趣旨だ。ただし，全資産が一個の大農場のようになってきている証左ではないかと疑われはするけれどもね。それでもこの方向の質権ならば理解しやすい。しかしそうでなく，個別の動産にも一応所有権は観念できるからねえ。そういう場合の質権は，確かに形の上では占有を破壊しませんよとなっていても，何か実質が損なわれる気がする。その点はどうしていたのか。そこは仕方ないとしていたのか。逸脱だということだったのか。調べがつかないんだ。

R：ぜんべえドンが物的担保を取らせたこと自体問題だが，取らせるならば，農場全体に抵当権を設定する方が却ってよかったということだね。包括的に売られる。

T：しかし，制度として，どこでも切り分けて設定できるようになっている。問題は残るね。それに，ABL などを見ると，包括的な担保は却って介入を招きやすい側面を持つと思う。

待っておくんなさいまし

I：いいですか。この事件をよく見てみましょう。うっかりオハナぼうを質に取らせたゼンベエどんは確かにいけなかった。おはなボウに素敵な牛舎をプレゼントしようと思うあまり魔がさしてしまったということですよね。誰にもありがちなことだけれども。悪いことは重なり，ゴンベエどんのミスでお金が落ちなかった。ぜんべえドンはうっかりしていてこの経過を見落としてしまった。急いで対処すれば，お金を工面することだってできたでしょうに。ぜんべえドンはやや怠慢であったと評されるでしょう。これらのことについてゼンベエどんは何某かの反省を求められてしかるべきだとは思います。しかしそれでも，だからといって何故オハナぼうを解体されなければならないんですか？　そこまでひどいことをしましたか？　そもそも，ぜんべえドンの経営自体が行き詰まったわけではありません。十分に収益の出る事業です。なにしろ黄金のミルクが産出されるのですから。少し待ってあげればクマハチどんも悠々と債権を回収できるのではないですか？

M：確かに，出会いがしらの短期資金ショートが，担保を取るような種類の長期の信用において執行を許すに至ってしまった，そこが問題だ。またしても，上水と下水の混濁みたいな問題が現れた。

O：でも，それをどういう手続で防ぐんですか？

E：まず，大きなポイントは，裁判を経ないで担保権の実行ができるかという問題だね。裁判をする間は待って貰えるからね。本件では，いきなり黒いマントの男が現れた。

K：そこは占有原理が有る限り大丈夫ではないですか？　いきなり手を付けうるのであればいわゆる流質約款が公認されたと同じになるけれども。

D：ここに日本という国の「民事執行法」という法律の条文が有ります。181条1項には「不動産担保権の実行は，次に掲げる文書が提出されたときに限り，開始する」と書かれており，例えば187条1項などには「執行裁判所は，担保不動産競売の開始決定前であっても」という表現が見られますから，裁判所が，確かに，必ずしも判決ではないが，決定をもって質権の実行を許すということになります。判決の執行をメインとする一般原則を書いた同法2条には，「民事執行は，申立てにより，裁判所又は執行官が行う」とありますから，間違いありません。4条には，「執行裁判所のする裁判は，口頭弁論を経ないですることができる」という表現も有り，たとえ判決であろうと，それを執行するためにはもう一つ裁判が立ち塞がるということです。つまり二重の占有保障ですね。現に，この執行裁判所の「裁判」に対しては執行抗告と執行異議の手続が用意されています。

L：その手続と，実体法上の権利の不存在消滅等を争う請求異議訴訟や第三者異議訴訟との間の関係については厄介な問題が有るけれどもね。

G：公正証書を作って判決が有ったと同じ結果を得られることの方が大事だと思うけれどもなあ。

L：その場合にこそ，執行裁判所の審級や請求異議訴訟等の審級が決定的に重要なのさ。

C：それで，連鎖倒産寸前のところで誰か当座融通してくれる人を見つけたり，弁済を猶予してもらったり，そういうことは結論として認められるんですか？

D：日本の民事執行法182条には，「不動産担保権の実行の開始決定に対する執行抗告又は執行異議の申立てにおいては，債務者又は不動産の所有者は，担保権の不存在又は消滅を理由とすることができる」と書かれている。183条1項によれば，「債権者が担保権によって担保される債権の弁済を受け，若しくはその債権の弁済の猶予をした旨を記載した裁判上の和解の調書その他の公文書の謄本」（3号）を提出すれば，ひとまず競売手続を停止することだってできる。動産についても182条と似たような規定が191条でなされており，183条は192条で準用されている。

M：190条1項1号が「債権者が執行官に対し当該動産を提出した場合」に競売を開始しうるとしている点が気になるけれどもねえ。遅滞のチェック，質権設定の有効性のチェックはどの程度するんだろうか。

Prof：とにかく，占有原則から見て，たとえ判決が有ろうと，直ちに占有に手を付けることは許されず，もう一度裁判所が関与し，かつ厳重に過程をチェックする，というのは基本中の基本ですから，しっかり頭に入れなければなりません。日本の実務では，二段階を意識したというより，無因的不可逆性のために執行開始の裁判を置いたようではありますが。それでも原則自体は常識ですから，何故そうなのかをもう一度確認しましょう。それは法の基底的な部分に占有が横たわっているからですね。

J：とはいえ，「一時的な資金ショートなのだから執行の必要は無い」ということまできちんと判断してくれるのでしょうか？　まして，一時的に苦しくとも立て直す道が有るから，その方向に導けば債務者の資産を解体するよりずっと有利であるという判断が介在する余地が手続的に保障されているのでしょうか？　当然，「債務者が期限を過ぎても弁済しない」ということを裁判官か執行官は確認するのでしょうが，問題は，この時，どこまで待ってその確認をするかではないでしょうか。最初は少々機械的に判断し，質物を持ってこれるくらいだから質権は設定されているだろうし，債務者は払ってないだろう，くらいにとどめ，これに対して債務者に若干の期間を与え，「いや払ってますよ」とか「その後払いました」とか後から言わせよう，これで十分ではないか，と考えられている気がします。何時まで待つのか，どこまで待つのか，待った方が結局皆の得になるのか，いや待つのは無駄か，などを慎重に推し量る様子は見られませんね。
G：そこをそんなに愚図愚図していられないんだよな。競売開始をさっさと決定する。そして一週間なら一週間待って異議が無ければ，「おい，待て，それはオレの土地じゃないか，何を間違えてるんだ，何？　娘婿が勝手に抵当に入れたたって，そんなのオレ知るかよ」などという文句も受け付けない。それはそうだろう。食肉業者の身にもなってみろよ。競落したということは「私，買いました」ということだよ。「しかし自分の物に本当になったのかどうか，未来永劫わかりません」じゃ格好がつかないよ。そもそも誰も入札に応じなくなる。競売が成り立たないじゃないか。競売はお上がするんだぜ。お上のした競売で物を手に入れたはずなのに取り返されちゃった，じゃ，お上の権威は丸潰れだ。
B：ええ？　お上の顔を立てるために，不正義も通すというわけ？
D：お上の顔じゃなく，取引の安全とか競売制度の円滑とか権利外観とか手続保障とか，いろいろ言いようが有ると習ったでしょうに，**G**君は露骨だから困る。
L：真面目な話，競落人がお金を払い込むまで，つまりぎりぎりまでは，「ちょっと待った」を許していると思うなあ。それ以上の場合には，むしろ怪しい魂胆で手続を妨害しようという輩が多いと聞いている。
R：むしろ，オープンな手続で「皆さん，確かですね」と訊くようになっていないから，後になって，「何を間違えてるんだ，それはオレの土地じゃないか」などいつまでも揉め続けるんじゃないかな？　「誰か替わりに弁済する人いませんか？」とか，「これは偶発的な遅滞じゃないですか」とか，「あなた少し待った方がたっぷり取れそうですよ，弁済されそうな債権を債務者が持ってますよ」とか，公告によって多くの人々に呼びかけながら，調べる。そういう手続を経ていれば，競落する方だって，もう紛糾することはないだろうと安心できる。そもそも一番の不安はむしろ占有のはずです。占有に変な虫がついているんじゃないかという心配ですね。民事執行法が改正されて手当てもなされたようだけれど，うまく行っているのかなあ。占有保障のための保全手続を整備する方が早いんじゃないですか。そもそも，執行制度の内部で占有保障手続が未整備だからこそ，執行妨害や執行偕脱の問題が生ずるのではないか。不透明な組織に対して弱い。結果，誰も執行制度を使わなくなる。

破産してはおしまい？

Prof： 執行の問題のコアの部分に接近してきましたねえ。待たないというのは一つの考えですが，仮に待つとして，どこまで待ちますか？

Q： 本当に愛していればいつまでも待ちます。

N： そういうことは訊かれてないんじゃない？

C： 待てば海路の日和有りですよね。

M： こういう手合いには付き合えないね。結局は救済のために資金を出そうという人が現れるかどうかじゃないか。だから，現れなかったら，仕方がないから執行を許す。

E： 現れるのを何時の時点まで待つかが問題なのではないですか？

N： 待ってよい場合も有るでしょうけれども，待っているうちにどんどん経営が悪化していき，破産に至ってしまうということも有りますよね。債権者としては，それでは困ります。

A： 確かに，破産というと質権を実行されるよりもっと最悪というイメージだなあ。

S：「もっと最悪」なんておかしな言い方はやめて欲しいな。

H： 本件でも結局は破産に至ったねえ。待つか待たないかで言えば，待たなかったわけだが，それでも破産になってしまった。そしてゼンベエどんの農場は壁の一枚に至るまでずたずたにされそうだ。

O：「破産，破産」と悲痛がっているけれども，財産を全て失えば，それ以上は責任を取らされないし，最小限の財産は残して貰えるし，そう悪くはないという気もしますが。

G： だから私は破産制度に大きな疑問を抱いています。自己破産を申請すると債務を免れるというのは非常におかしい。道義に反するじゃないですか。昔はどこの国でも借金が返せなければ監獄に収容された。破産宣告をして取引世界から追放する代わりに監獄は免除してやるという人道主義が現れた，と習ったが，借りるだけ借りてさっさと自己破産する連中が後を絶たないのを見ると，割り切れないな。それなりの制裁が無ければそういう連中が次々に現れるのを防げない。

A： 破産の道義上の問題については倒産法の授業でも詳しくは取り上げていなかった。そういうことを考えるのがこの授業の役割じゃないか。

I： この授業の趣旨は全然違いましたよ。場面の一番困っている人をどうやって救済するか，机上の空論でなく，どういう具体的な手段が有れば救えるのか，そういうことを考えるのが目的でした。それが法の観点であるということでした。どっちが正しいとか，どっちが経済的に合理的か，など計算している場合じゃないということでした。もちろん，そういう緊急のことを考えうるためには日頃の回り道が欠かせない。つまり物事を深く考察しておかなければならない。けれども，破産制度の道義性などは，切迫した問題に関係しているわけでも，深い考察に該当するのでもない，短絡的で表面的な議論です。何だか，議論が大きく本筋を外れたような気がします。

J：だから，破産になったのは，つまり，そうして物が剝ぎ取られて行ったのは，待っていたからではなく，待たなかったからでしょ！　おはなボウを連れて行かれたからでしょ！　そして，連れて行かれたのは質権が実行されたからでしょ！　忘れないでください。

E：おはなボウがミンチになるのを防げなければ全ての議論は無駄だというのは確かだ。そして，現に破産の前にもうミンチにされそうになっている。むしろ，それが破産を招いた。ここが何だかひっくり返っていると思う。

F：それに，破産というのは，全てを解体して分け取る，代わりに免責してやる，そういうことでしたか？　相続財産について議論した時，ほんの少し出て来ませんでしたか？　その時の議論が，質権をオハナぼうについて実行される前に何とかならなかったのかを論じた時に少し頭をよぎりませんでしたか？　偶発的な連鎖倒産を避けるために多数者で協議する手続を用意した方がよいのではないかという論点が出て来ましたね？

G：いや，債権者は破産なんかになったらもうおしまいだ。だからこそ，その前に担保権を実行したい。破産になるのがいやだから債務者に担保権を設定させたのです。つまり他の債権者に先んじたい。全体が破綻する前に個別的に債務を処理しておく方が債務者にとっても悪いことではない。

F：しかし自分がそうやって逃げた結果，債務者や他の債権者が打撃を受け，それがブーメランのように跳ね返って自分も満足できないじゃないか。おはなボウだけ連れて行き，しかも食肉業者に売ってどうする気だ。しばらく前に **I** さんが言った通りだ。

L：いや，だからこそ，農場全体に質権を設定すればよかったんだ。しばらく前に私が言った通りです。

Prof：何だか，話が堂々巡りになり，議論がすれ違ってしまいましたねえ。

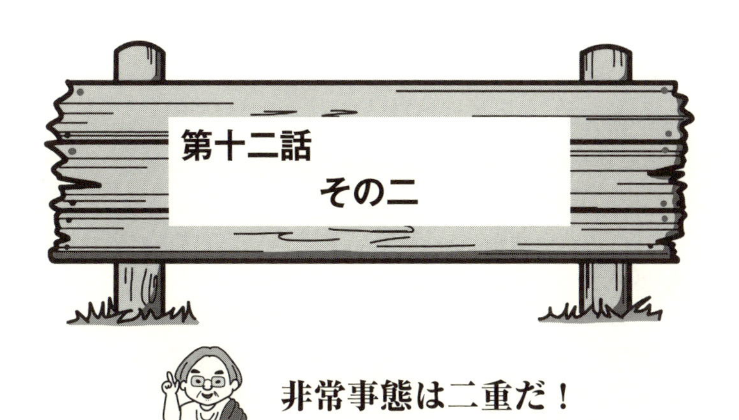

非常事態は二重だ！

C：質権実行が先か，破産が先か，破産とは何ぞや，とか，ニワトリが先かタマゴが先かみたいな堂々巡りをやっていても虚しいねえ。別府の地獄巡りじゃないんだから。もうオハナぼうは食肉業者の手に渡っている。これをまずどうにかしなければならない。しかし，手の施しようも無いというのはこのことか。

Prof：でも，それは何の問題に似ていますか？

N：投了寸前の碁盤上の模様。

A：何かと形而上学を持ち出す**S**君や何かとローマ法を持ち出す**L**君。

H：それは「つける薬が無い」という方だろう。

I：もちろん，占有の問題に似ています。占有訴訟が必要なのは，ミンチにされたらおしまいだからでした。全十二話，全て占有の問題だったと言えばそうなのですが，この場合もまずは食肉業者が処分するのを防がなければなりません。

Prof：ですから，その問題は，この話の中の別の或る局面に似ていませんか？

T：おはなボウが連れて行かれたという話が広まり，破産宣告直前に，いや直後かな？　債権者たちがてんでにゼンベエどんの農場から様々な物を剝ぎ取って持って行ってしまう場面ですね。もうオハナぼうは残っていなかったけれども，残っていたら大変だった。とりあえず阻止できなければならない。

M：いや，質権者は質物に勝手に手を付けてはならないという原則は一応守られたのだから，占有の問題は質権の側ではクリアされているよ。

R：だからこそ，その先までストップするためには，単なる占有では射程が足りなくて，何か別の手段を持って来なくてはならないが，そこでヒントになるのがその別の局面だというのでしょう。どうヒントになるのかまではわからないけれども。

S：てんでに剝ぎ取って行った連中が愚かでお粗末だという事実は残る。何故ならば，どうしてもゼンベエどんの農場を売らなければならないとしたって丸ごと売った方が遥かに高い値が付くからね。そこが信頼できないので，明日の 1000円より今日の 100円となったわけだが，そこが惨めだね。同じことはクマハチどんについても言える。おはなボウを食肉業者に落札させるなど，物事の価値を知らないにもほどがある。

C：歯ぎしりしても仕方がない。そういう連中というのは何時の時代にも居るんだから。そういう連中が居た時に誰がどうできるかだ。

Prof：クマハチどんや黒マントの男がしたことを個別的に非難しても射程が足りないという問題が有りますね。責任追及し賠償させてもね。

F：公告によって万人に対してストップをかけるというのはどうです？　しばらく前に **R** 君が示唆したこととも通じます。

Prof：それはいいけれども，その前に？　万人に対して主張しうるということは，**F** 君の言う政治システムの属性ですが，その他に？

L：物的権能，つまり占有ですね。債権との比較においては万人に対してという性質が有ります。

E：占有訴訟，ないし民事訴訟の効果は相対的なのではなかったですか？

Prof：それは第三者が後で争いうるということですね。しかしひとまずは万人に対して占有の尊重が要請される。

H：すると，誰かに占有を付与しその者にストップをかけさせた上で裁判所が公告手続に入るということですか？

僕たち，姉妹に惚れました

Q：どうやらまたぞろ私めの出番となった模様でございますなあ。昔々或るところに，大層美しい姉妹がおりました。名前は二人とも同じでバッキスと申しました。

O：せめて名前くらい変えたらどうだい？　お話の作者として失格だね。

Q：そんなことを言ったって親が同じ名前をつけたのだから仕方がない。では御要望に応え，姉をバッキスⅠ，妹をバッキスⅡとでも呼んでおきましょうか。さて，お決まりのパターンだけれど，このバッキスⅡに裕福な商人の息子ムネシロクスが惚れてしまった。惚れたのはよいが，そこからが難しい。何故ならば，バッキス姉妹は芸妓として年季奉公の身，結婚したくともその前に大金を払って請け出さなければならない。しかも，父親がそういう結婚を許しそうもない。よくある恋の悩みだ。来る日も来る日も悲嘆に暮れていたが，チャンスが巡って来る。父親から商用を任されて海外に出かける。その商用は債権の取立てだった。取り立てたお金を海外の銀行にそのまま預けてありますと嘘を言い，実はそのお金でバッキスⅡを請け出そうと考えたんだ。その間自分は海外だから，留守中の連絡役を親友のピストクレールスに頼んだ。そういうわけでピストクレールスは姉妹のもとを訪ねる。するとこれもお決まりのコースだが，ピストクレールスがバッキスⅠに惚れてしまう。こちらの方はお金の算段がつかずに，カップルは切ない恋の逢瀬を繰り返す以外に無い。或る日いつものようにピストクレールスがバッキスⅠを訪ねると，急いで妹のバッキスⅡの方とねんごろで熱いところを見せてくれと言われる。バッキスⅡは，渡り歩いて荒稼ぎする傭兵つまり軍事プロフェッショナルに買われてしまい，この男が今にも連れ去りにやって来そうだ，というのである。やって来た時に，「連れ去るのは簡単でない，親密な仲の彼氏が居るのだ」というのでなければ危ない，ということである。

P：その傭兵はなかなか強そうじゃないですか。どこかのお坊ちゃまがいちゃいちゃして見せるくらいで引っ込むんですか？

L：いや，これはローマの話に違いない。何の資格も有りはしないが，とにかく占有が有ればうかつには手を出せない。

Q：そのとおり，これはローマのお話，でなく，またしても喜劇です。バッキスの複数形『バッキデス』というプラウトゥスの作品です。とにかく，緊急に誰かが押さえ，すぐに持って行かせない，ということが決定的に大事なのです。

A：なんだ，それだけが言いたかったの？

Q：まあ，話を最後まで聴きなさい。案の定，傭兵が訪れると，二人は必死に御芝居をし，一目でゲッとなるほどベタベタして見せました。きっと傭兵もげんなりし，また出直そうと思ったに違いありません。しかし悪いことに，ピストクレールスの後を養育係がつけて来ていたのです。

B：えっ？　養育係が居るの？　相当なお坊ちゃまだわねえ。羨ましいわあ。

Q：養育係は早速父親に報告すべく走り去ります。一難去ってまた一難ですが，たとえ父親に叱られようと彼女のもとを通うのをやめない正真正銘の見上げた放蕩息子のピストクレールスが今日もバッキスⅠとねんごろにしていると，ムネシロクスがとうとう外国から帰り，バッキスⅡのもとに直行して来ます。そして二人が親密にしているのを見てしまいます。バッキスⅡに姉が居るということを知りませんでしたから，てっきり自分の親友と自分の彼女が親密にしているのだ，二重に裏切られたのだ，と思い込んでしまいます。深く心に傷を負ったムネシロクスは，絶望し，受領した弁済代金を父親に渡してしまいます。

A：なんてバカなんだ。だからお坊ちゃまには付き合ってられないと言うんだ。

Q：或る日，ムネシロクスとピストクレールスはばったり顔を合わせます。「帰ったなら帰ったと知らせてくれなければ困るじゃないか，すぐに金を持ってバッキスを解放しに行かなければ大変だぞ，オレが繋いでおいてはみたが，バッキスはとんでもない乱暴者に買われてしまい，何時バッキスが連れて行かれるかわからないぞ」とピストクレールスは必死ですが，ムネシロクスは，「一体何のこと？　バッキスなどという女のことは聞いたことも無いなあ」などと冷たい態度を取ります。こんがらがる二人の会話。しかし，ようやく問題に気が付いたピストクレールスが，なおもいぶかるムネシロクスを引き摺るようにして連れて行き，確かにバッキスはこの世に二人実在するということを見せます。ようやく納得するムネシロクス。

E：よかったなあ。友情が修復されて。

S：高貴な友情も，二人の女の実在によってのみ支えられるという，これは形而上学的暗示だな。

Q：しかし形而上学ではそのバッキス（Ⅱ）は解放されません。お金が無ければどうしようもない。ところが一旦ヤケになったムネシロクスはお金を失っています。傭兵に札びらを叩きつけてお引き取り願うというわけに行きません。そういう絶体絶命のピンチに出て来るのは誰か？

N：近年そういうのは出て来ないんですね。**Q**君がはまっているレトロな映画とかだと，ターザンだのスーパーマンだのが出て来るんでしょうけれどもね。

Q：何を隠そう，喜劇の世界では，そういう場合に必ず奴隷が出て来るんですよ。頭のいい奴隷がね。この芝居では，それはクリュサルスと名乗ります。ムネシロクスの父親の奴隷ですが，息子ムネシロクスに付けられています。このクリュサルスは，ムネシロクスがバッキスⅡと仲睦まじくしているところを傭兵が襲って来る，その場面を父親に見せます。そして，あれは傭兵の妻にあなたの息子が手を出したため傭兵が怒っているのです，と解説します。その場合には息子が直ちに傭兵に殺されても仕方がありませんから，慌てて父は示談金を支払うと言います。クリュサルスはさらに，ムネシロクスに父への手紙を書かせ，傭兵の別の女にも手を出してしまった，と言わせます。実は，伏線として，クリュサルスは，奴隷のクリュサルスが何か企んでいるから気を付けろ，という父宛の手紙をムネシロクスに書かせています。奴隷の企みから息子を守らなければという心理を掻き立てておいたのです。これは，凡そ息子を守らなければという暗示にかける仕方ですね。父はまたしても息子の不始末を償うお金を払います。もちろん，これでバッキスを二人分解放するわけです。ラッキーなのはピストクレールスですね。しかし養育係に告げ口されても動じないどうしようもない甘パパであるピストクレールスの父親は，私が半分払うから，息子さんを許してあげなさい，とムネシロクスの父親に言います。それで大団円となります。
H：なんて調子のいい父親なんだ。半分払ってあげると言ったって，それは自分の息子の分でしょうに。それにしても，出て来る人物はどれもこれも間抜けだなあ。

恋の虫除け大募集！

B：それもこれも，つまり間抜けな登場人物が大団円で大笑いできるのも，最も際どい場面でピストクレールスが頑張った御蔭だわね。昔，私の友達がしつこい男に言い寄られて困っていたことが有った。一計を案じ，仲間内では一番という評判のハンサム君に婚約者を演じてもらい，撃退しました。あそこで，もし乱暴な傭兵の手にバッキスⅡが渡っていたら，それ以降の全ての話が無かったわ。
F：それはそうだが，それを生かすのも殺すのも，ムネシロクスがそれに報いるかどうかに懸っていたのだから，やはり，間一髪友情が戻ったことが大きい。
C：ムネシロクスはただのお坊ちゃまで，クリュサルスの才能が無ければ，こんな大団円は考えられないさ。ローマの奴隷はことごとく才気溢れているけれども，御芝居の中だけの話なのか？
D：盛り上がるのはよいけれど，ぜんべえドンの危機と一体何の関係が有るのか，そもそも法と何の関係が有るのか，さっぱりわかりません。
H：にぶいねえ。傭兵は実力行使しようとする債権者，もしくは担保権者だ。これに対して，ムネシロクスはその実力行使により債務者の責任財産が滅失し打撃を被る別の債権者だ。売買の予約をしたに過ぎないかもしれないが，予約した物は命より大事だと思っている。だから，大金を積んででも傭兵をペイ・アウトしたいと思っているが，間に合わないかもしれない。そこで大事なのは，債権者ではないのだけれども，自称債権者として，他の債権者全員のために保全する，そういう者の存在だ。これがピストクレールスさ。
P：わかる，わかる。そうすることによってピストクレールスは自分の債権も救ったんだ。惚れたってえことは，債権者だってえことよ。
C：それを言うなら，「可哀そうだってえことは，惚れたってえことよ」でしょ。
P：ともかく，自分はバッキスⅠに惚れたに過ぎず，バッキスⅡではなかったんだけれど，友達のためにバッキスⅡを守ったんだね。しかもバッキスⅠの頼みでね。だから，友情は姉妹分も含めて二重だ。友情は，姉妹が引き裂かれるのを防いだことにもなる。愛するバッキスⅠの幸せを守ったということだ。そしてそれは報われる。今度はムネシロクスの番だ。自分一人自分のバッキスⅡを請け出そうなどというケチな話じゃない。二人まとめて請け出しうるお金が入ってくる。これで文無しだったピストクレールスも末永くバッキスⅠと幸せに暮らすことができる。しかも，これも一時の融通だ。その分はピストクレールスが後で返したんだ。何だか皆がクルクル回って融通し合っているなあ。

N：寛大というか，親バカのお父さんが居たからうまく回っただけだけれどもね。

D：はあ，そうすると，クマハチどんが質権を実行しようとした時に，間髪入れず誰かがゼンベエどんの全資産を保全するため差し押さえればよかったんだね。

J：全資産を取るためではなく，全資産を守るための差押えね。

L：それはローマ法のことだな。rei servandae causa! 元来ローマでは，人々の最大の関心は資産の各部分を勝手に切り取って持って行かせることを許さないということだった。それをさせないためには緊急を要する。何故ならば，債権者が夜討ち朝駆けするからだ。必死に他の債権者を出し抜こうとする。だから裁判所が即効性のある命令を万人に対して出し，「だるまさんがころんだ」という遊びのように，以後，ちょっとでも動いたらその債権者は法的制裁を受ける。

I：ピストクレールスが婚約者でもないのにバッキスⅡを守るというのは，占有と同じだわね。傭兵の方は一応「買った」という正当化の論理を持っているのだけれど，そういう問題ではないということですから。同じ発想で資産全体を守るということですね。

F：占有ばかりでないな。政治システムの考え方が定着していないとこういう制度は実現しない。まずとりあえず抜け駆けさせない，したら御陀仏だ，という原理は政治そのものだ。その後合議するなどというところは言うまでもない。

赤いマントの男は黒いマントの男に勝てるのか？

K：それはよいけれども，凍結効果は質権実行にも及ぶのかい？ ピストクレールスのような男が赤いマントを羽織って現れたとしよう。それで果たして黒いマントの男が引き下がるのか。まして，黒いマントの男がしたことやその先に起こったことを全部巻き戻して原状回復しうるのか。少なくとも，それ以上先に事態が行かないようにしうるのか。つまり食肉業者の処分を差し止めうるのか。

D：赤いマントの男は結局破産の申立てをしたことになると思いますが，破産手続開始には要件があります。支払不能や債務超過ですね。例えば日本の破産法15条1項は「債務者が支払不能にあるときは，裁判所は，……申立てにより，決定で，破産手続を開始する」と記し，同２項は支払停止に支払不能推定効果を認め，16条１項は，法人につき，支払不能と並んで債務超過をも要件として認めます。ぜんべえドンがこの辺りを聞きかじってああいう科白を口走ったのでしょう。

L：ま，ローマ法では，一言，ラテン語で "idoneus" でないと言って終わりだったけれどもね。

G：いずれにせよ，厳格な実体要件が備わっている以上，質権を実行されそうになっただけで，或いはそれをされたと言うので直ちに破産の申立てをして認められるという可能性は無いのではないかな？

F：質権実行を目の当たりにするや否や，政治システムの側からも間髪を入れず逆襲するということが無ければ救われない。

B：でも，破産手続が始まるためにはそれなりの要件が有って当然だわ。その支払不能とか債務超過というのはどういう意味なの？

L：今言ったとおり，これは遠く紀元前４世紀末の立法に登場する "idoneus" という概念が元だ。債務者の全資産を売った場合に全債務を弁済できるかどうか，という判断基準を表しています。"idoneus" というのは健在だということ，まだ大丈夫ということです。今日の言葉で近いのは「債務超過でない」ということでしょう。ローマでは人身執行が禁止された時，この言葉，ないし少なくともこの概念が現れたと見られます。

S：或る概念が一個の語によって指示されるとは限らない。お話とか設例とかで記憶されたり伝達されたりする道も有る。そういうことを言っているのですよ。

L：つまり裁判を経てさえなお簡単には占有に手を付けえないという原理は，特定の債権者が自分の債権につき遅滞を被ったというだけでは執行にかかれないことになって初めて実現したのです。他の債権者たちが黙っていない。他の野犬たちがウーウーと唸ってさせない。全員の回収の見込みが無くなって初めて執行が始まる。全ての債権者の債権に回収の見込みが無くなったというのは何を意味するか。これは難しいが，少なくとも，全ての債権者にとって共通の客観的な条件でなくてはならない。とりあえずその基準として，特定の債務が遅滞に陥るということでなく，全ての債務が遅滞に陥る危険に曝されたということ，つまり，全資産を売却してなお全債務を弁済できないこと，が概念されました。これが債務超過です。同時に全債権者が関与して一括執行するということをも意味します。包括執行ですね。ローマでは元来は個別執行が排除され，包括執行が原則で，「凡そ執行というものは債務超過を要件とする」とされました。つまり債務超過まで待つ，というわけです。

P：債務超過でもこれから有望な場合も有るだろうし，有力な救済者が現れる見込みが有る場合も有るだろう。こういうことは考慮しないのかい？

F：債務超過であればとりあえず政治システムの発動が可能になるというのはよくわかる。直ちに解体の方向が取られるということは意味しないとしても，債務者の全資産をどのように資産価値保存的に上手に売ったとしても総債権額に満たないとすると，債権者たちは弁済されない負の部分，つまり痛みを分配し合わなければならない可能性がある。抜け駆けしないことにした御蔭で売却益を極大化することには成功した。しかしまだ足りないおそれがある。このときに再び政治システムの出番となる。何故ならば，政治システムの役割の一つは負担を分かち合うということだからだ。ピストクレールスがバッキスⅡと仲睦まじくしたことは第一の犠牲だし，次にクリュサルスがピストクレールスの分も払われるようにした。最後にピストクレールスのお父さんが塡補した。この循環はまさに政治システムそのものだ。もっとも，ここが計算合わせになっているところが最もコアな政治システムの考え方とは違う。コアな考え方だと，丁度公的年金制度のように，自分で掛けた分を取り戻すなどと言わずに，貧しい人にも補塡される。豊かな人も一つ間違えば年金掛け金を払えない境遇に陥っていたかもしれないからね。

R：そう，ピストクレールスとムネシロクスの友情や政治システムは確かに bona fides のレヴェルのものだね。互いに計算づくの面が有る。

M：そうすると，債務超過を基準とするというのは，そういう相対的にコアな政治の原理を持ち出すことを想定しており，そういう最低線も想定せざるをえないという状況に対応しているというわけだね。逆に言えば，だからと言って全ての債権者が満足できるようにスキームを作って上積みをねらう努力は排除されていない。

K：わかったけれども，そうするとますます質権実行の前にそれを遮って破産宣告を得るという途は閉ざされている。少なくともオハナぼうを連れて行かれる前は債務超過でないし，連れて行かれたら債務超過だけれどももう遅い。

R：クマハチどんが質権を実行しようとした時点でまだ債務超過ではないから，そういう手続を発動させることはできない。しかし質権を実行してからでは遅い。たとえ追いかけて差し止めることができたとしてもね。すると，質権を実行されそうになった時，「債務超過のおそれ」があることを申し立てて保全命令を出して貰い，質権実行をストップできるかどうかが岐れ目になる。

D：あ，それだったら民事再生法です。上積みをねらって政治システムが白いキャンバスの上に絵を描くように計画を立てる，あの制度です。何とかそちらに持ち込めれば，民事再生法21条1項には，「債務者に破産手続開始の原因となる事実の生ずるおそれがあるときは，債務者は，裁判所に対し，再生手続開始の申立てをすることができる。債務者が事業の継続に著しい支障を来すことなく弁済期にある債務を弁済することができないときも，同様とする」と書かれています。つまり，まだ債務超過でなくとも「そのおそれ」だけで民事再生の申立てをゼンベエどん自身がすることができるのです。しかも，26条1項で破産を含む全ての債権の執行を止めることができるとされています。

P：へぇえ，まるでローマ法のようじゃないですか。

ざるでは水は掬えない

I：質権が実行されそうになったら直ちに誰かが全資産を差し押さえてくれ，その間に資金繰りをつけて危機を脱する，という手続が有ればどれだけ助かるかわかりませんが，しかしそれより前に，破産手続開始後でさえ，これは危ないというので債権者たちがゼンベエどんの農場を襲い，この襲撃を実効的に遮断する算段が全く存在しないようじゃないですか。

D：そんなことはない。そういう手段は日本法にも有りますよ。リョウサクどんも否認権がどうのと言っているかと思います。破産法160条1項は，破産管財人が，破産債権者を害する破産者の行為を「破産財団のために」否認することができると規定しています。

H：質権の実行は破産手続開始と同時に自動的に停止されるが，しかし破産者が関与しない債権者の自力執行に対しては否認権は無力じゃないか？　少なくとも破産手続開始決定前の行為については，破産者に行為ばかりか悪意さえ無ければならないように読める。そのかわり相当に遡って否認することも可能なようには見えるけれどもね。

L：160条1項2号の「申立て後」はなお「開始前」と解されているはずだ。「開始後」は却って手が無い。

C：173条1項は，「否認権は，訴え，否認の請求又は抗弁によって，破産管財人が行使する」としているから，これは占有レヴェルでなく，本案レヴェルとされていることになる。

D：いや，171条1項が有り，この否認権を保全するための申立てが認められている。保全命令が出れば，防御できる。

E：しかし，それは否認権がまさに本権であることを裏付けているように思える。事が起こってからの返せという請求のその請求権を保全しているに過ぎない。つまり，行ってしまっていることを初めから前提している。但し，行ってしまった物をその場で凍結することはできそうだ。

D：167条1項には「否認権の行使は，破産財団を原状に復させる」と書かれているから，その場で凍結するだけではなく，一旦戻させることができる。それに，174条1項は，「原因となる事実を疎明」することによって否認権を行使できるとしています。

T：疎明で済むのは結構だけれど，原因を問うていては話にならない。この「原因」はおそらく「だるまさんがころんだ」のように「ちょっとでも動いた」という事実でなく，通常の取引行為でなく破産債権者を害するという悪い原因に基づく行為であるということを言っているに違いない。破産宣告の先後の一切の行為を理由の如何を問わずにストップさせ，違反すると致命的になる，というのでないとね。

D：ああ，その問題ですか。破産法91条以下に保全管理人という制度が有り，しかも，破産手続開始決定でなく申立ての時点で財産を包括的に押さえることができます。

T：けれども，その管理人の占有を少しでも侵害したら破滅するというような強い制裁は書かれているのかなあ。bona fides違反が推定され，懲罰的賠償や破産債権としての失格などが規定されていなければ，実効性が無い。債権者ないし全ての取引関与者が高度にフェアに振る舞うということをどうやって担保するのか。

D：少しだけヨリ強い制度なら有ります。破産法25条と民事再生法27条1項に包括的禁止命令という制度が書かれており，再生手続開始以前に，申立てが有っただけで，一切の手続をストップします。もっとも，法的な手続の外で自力執行されれば，それは端的に窃盗なのですが，いちいち刑事司法を動かすわけにも行かず，ほとほと困ります。それに対してどうするかということは，倒産法の内部からはわかりません。

H：法が法に従うと決めている人同士の利害調整ばかりしていてもしようがない。法に従わない人に対処して法そのものの存在を守らなければ意味が無い。

L：ぜんべえドンが日本という国の住人なのかどうかは大いに争われるところですが，その日本という国では，どうもよくわからないけれども，破産手続の生命がこの保全であると本気で考えられているのか。所詮自力執行の風土には敵わないと思っているのか。とにかく，実務家は，いざという時には財産を持ち出す以外にないと言っています。ハイヒールをはいて倒産法のインターンシップに出向いた法科大学院生がスニーカーにはきかえさせられたという話まである。その割に，持ち出しをどう防ぐかという論議はなされていません。見落としているだけかもしれませんが。条文の方も，これで動くかなあという感想を持たされますし，少なくとも徹底していないし，明確な把握を伺わせるところもない。そもそも，一般の保全手続本体さえ，守るというより，裁判などで得ることになった権利をどう保全しておくかという側面が強く，したがって「本権を疎明させる」という仕組になっています。

J：同じ指摘の繰り返しになるけれども，やっぱり占有原則が人々の意識の中に定着していなければなかなかうまく行かないわね。

F：元々政治システムを土台としてその占有概念が動くのだけれど，ここは占有概念の方をつっかえ棒にして政治システムを働かせようというわけだ。ところが，もしどちらも駄目な社会が有ったとすれば，初めっから物事は進まないに決まっている。

L：先輩も，どうも「倒産村の人達」は発想が違うのでやりにくい，政治システムというより，権利義務関係を明確にせずに談合で処理するという感覚がどこかに有る，と言っている。だから狭い世界の専門家同士のなあなあのコミュニケーションになる，とね。

黒いマントの男の逆襲

M：質権実行に対してこれを遮断するように全資産を誰かが防御的に差し押さえたとしましょう。その質権が実行されたならば債務超過に陥るおそれがあるというわけですね。しかもその全資産差押えは効果的に行われたとしましょう。却ってゼンベエどんの農場は立ち行かないのではないか，取引が全部ストップしてしまうが，それで大丈夫ですか？

B：風評が立っただけでも怖いわね。

E：大丈夫でしょう。ピストクレールスだって，むしろバッキスⅡの営業を派手に続けさせて傭兵を撃退したじゃないですか。管財人が日常の果実収取をせっせと行い，破産財団を極大化しておく。却ってよい風評が立ちます。

M：つまり信頼できる管財人，いや保全管理人かな，彼が直ちに日常取引を遂行し，果実は皆のために破産財団の中に組み入れられている。そういうことかな？

K：絞りたての黄金のミルクが有ったとしよう。しかしまだ出荷前だ。これを継続的取引業者が代金を払って持って行くこと，持って行かせること，は許されるのかい？

O：その業者も引渡債権の債権者なのだから，許されないのではないですか？

B：そんなことをしていると黄金のミルクの鮮度が落ちて駄目になってしまいます。代金を得て財団に組み入れた方がよいに決まっています。

H：ということを口実にトアル債権者に保全管理人や管財人が引き渡してしまったら？

S：線引きは意外に難しいなあ。

R：短期の信用分は先に決済させるのではないかな？　少なくとも，受任者のところに在る，委任者に引き渡すべき物などは，受任者が倒産しても受任者の他の債権者には渡らないということだった。

D：そういう財産は，破産宣告で凍結されても，そこから取り戻すことができるんです。取戻権という制度が有ります。

J：おかしいわね。取り戻すのではないと思います。受任者の手元に在っても委任者の占有に属する点が留保されているということだったじゃないですか。占有の当然の効果ではないですか。

L：取戻権というのは，自分の物を返して貰うのであると概念されている。だから，本案訴訟で取り戻すのであり，即時に差し押さえ返して争うというのではないな。

T：問屋が破産したような場合には，占有をしっかり概念しうるのであれば，管財人がどこまでやってよいのか，はっきりするね。委任者への引渡しなどは占有の問題だから，安心して引き渡しうる。

M：まあ，そういう問題も全て片付いたとしましょう。つまり，問題なく管財人が財産を管理している。

P：管財人の選任が適当かどうか，争う手続はなければなりません。

L：ローマならば，管財人を相手にその地位を争う訴訟になるが，現代ならば，決定に対する抗告で争うのかなあ。破産法 31 条 1 項と 75 条 2 項がどう動くのか，知らないが。

M：そういう争いも起こらないと仮定しましょう。しかし手続は次の段階に進まなければなりません。つまり有力な資金提供者を探さなければなりませんね。

K：探せなければ，資産の全体を適当に区切って競売に付する以外にないが，資金提供者を得て再生プランを策定する方に行くのか，それとも破産の方へ行くのか，まずはストップをかけ，次にしばらく日常的に果実を上げ，そしてこの岐れ道の判断をしなければなりません。

B：資金提供者が現れなければ解体する，ということですか？

T：現れるのを何時まで待つか，ということもあるし，そもそもその事業が保存するに値するか，どの限度でそうか，どう切り分ければ継続するに値するようになるか，などという判断も有るね。ぜんべえドンの場合は簡単だけれどね。誰かが一時立て替えればよいだけだ。

A：そんな難しい判断を管財人一人がするのかなあ。

D：裁判所の判断も大きいと思います。

F：本来ならば，ここでこそ債権者たちの合議体が力を発揮するはずです。自分たちの債権の回収が最も合理的になる線を喧々諤々の議論で模索するのですから，精度が上がります。

T：しかし大事なのは，保全段階と再生段階を截然と手続上区分することだろうね。

D：ちなみに申しますと，先ほどの民事再生法は，26条1項1号で，再生手続の申立て後，「利害関係人の申立て」により，裁判所が破産手続をストップすることができるとしています。39条1項は，再生手続が開始されると破産手続が当然に中止するものとしています。ここがその手続区分のポイントとなっています。この切換えを合理的な判断によってなしうる制度が充実しているかどうかはわかりませんが。

G：どうでもいいけれど，一旦横槍が入って黙らされた担保権者はどうなるんです？　もう担保権者でなくなるのか，それともそれなりに遇して貰えるのか。

N：黒マントの男の逆襲ですね。これは面白そうだ。

L：倒産法というエンターテインメントのクライマックスは，何と言っても倒産隔離の華麗なるテクニックだね。譲渡担保等非典型担保は全てこのためにあると考えてよい。取戻権のところで占有障壁でしっかり守らなければならない物が有るということだった。問屋のところの顧客の物などだね。しかし精密に占有概念を使わなければならない大きな理由の一つは，「誰に属する物か」などというアバウトな基準だと好きなように倒産隔離をやられてしまうからだ。非典型担保で幾ら所有権を移していても駄目だ，占有を厳密に見る，占有もシミュレイトしうるが，それにも騙されない，信託の場合でも，委託者の破産からも受託者の破産からも守られるが，これは高度なbona fidesが有る場合だけである，そう，委任のケースでも機械的に倒産隔離が発動されるわけではない，あくまでbona fidesが要件でここを見させて貰う，等々，精密に考えなければならない。

S：担保権者の派生的占有は倒産隔離に値するかだな。

H：しかし換価の問題が有る。別途持って行かせるかではなく，別途競売に付すかだ。

D：それは別除権の問題です。破産法であれば，65条1項に「別除権は，破産手続によらないで，行使することができる」という簡単な規定になっています。

最大の山場があっさり書かれています。ものすごい葛藤が有るのではないか，と却って疑わせますね。しかし，分けて売却した方が得である，或いは少なくとも損にはならない，こういう判断が大事だということでしょうか。
R：破産つまり解体の場合にね。解体の場合には分けて売りたいというのに余り反対しえない。しかし再生の場合には，債権を優先的に回収させるのみで単純にお引き取り願うのではないか。
D：ところがそうはなっていません。まさに大逆襲です。一旦引っ込んだように見える担保権者ですが，民事再生法53条1項は，「再生手続開始の時において再生債務者の財産につき存する担保権……を有する者は，その目的である財産について，別除権を有する」としており，2項は，「別除権は，再生手続によらないで，行使することができる」とします。
A：何だ，一時のはかない夢だったのか。
D：もっとも，少し待つくらいのことはできると法律は言っています。31条1項は，「裁判所は，再生手続開始の申立てがあった場合において，再生債権者の一般の利益に適合し，かつ，競売申立人に不当な損害を及ぼすおそれがないものと認めるときは，利害関係人の申立てにより又は職権で，相当の期間を定めて，第53条第1項に規定する再生債務者の財産につき存する担保権の実行手続の中止を命ずることができる」とします。
C：あれまあ，そこまでクマハチどんに気を遣うかなあ。「おそれ」はゼンベエどんの方だろうに。
T：担保権者が自発的に再生プランに応ずるのをとにかく促す時間だけは確保しよう，しかしどうしても嫌ならしようがない，という考え方だな。
K：その話し合いがついたとしよう。担保権者にも，皆と同じ割合の回収で満足して貰うか，それとも担保を持っている分差を付けるか。こういうところでも話し合いに応ずるかどうかが決まるだろうね。
Prof：そういう問題は，私には難し過ぎるけれども，包括執行には大規模な多面的更改の効果が伴います。免責のように見えるものの正体はこの更改で，債務を堂々と弁済したことになるのですから，破産したからと言って非難されることはありません。この問題と，この破産制度をフェアでない目的のために利用することがあるという問題は区別しましょう。以上の全ては相続財産の回で見たようにbona fidesを原理とします。つまり天上界の出来事です。全ての当事者にこのことを強く要請しうるわけです。詐害の目的が無くとも手を出せばbona fides違反になるのは，およそ手を出すということ自体，bona fidesの精神に反するからです。

フィナーレ

B：それで，おはなボウは無事救われたのですか？

N：どこかへ消えてしまったなあ。

J：そんなことはありません。包括執行の複雑な問題以前に救われています。経営状態が悪いわけではなく，短期の資金ショートだったわけですから，本人か第三者が質権実行に対し素早く対抗措置を取る，つまりとりあえず再生の申請をして全てを凍結し，直ちに資金を用意し，質権者にお引き取り願う，ということをすればよいだけだと思います。質権実行手続が少し先まで行ってしまっていた場合に追いかけて原状に復せしめることもできそうです。なんなら，また私がストーリーの中に入って筋書を変えてしまいましょう。

E：それはよかった。

B：おはなボウは最後の危機も乗り越えたというわけね。そうすると，これが最終回だから，おはなボウとゼンベエどんも春の雪のように消えてしまうわね。これでお別れね。

C：連載はいつか終わると決まっている。

P：ということは，われわれも春の雪の如くに消えるということさ。われわれの中のかなりの部分に実在のモデルが有るとは言っても，所詮，その性格を極限まで拡張されたキャラクターに過ぎないから。われわれは秘密の扉から入ってしばし法の世界に遊びえたのだろうか？

O：私の場合は，十分について行けなくってたくさん疑問が残っていますが，何か一つの原理が底に流れているんだなという感じはしました。ただ，それが普通の授業で聴いたことと本当に繋がるのかどうか，いろいろ説明を受けたけれども，今一つ納得が行きません。

G：もしこれが本当に法だとすると，常識的な感覚とは非常に異なるというか，時には全然正反対だということになる。そのような考え方でよいのかどうか，大いに疑問を感じました。しかし，疑問を持つ機会になったということはあります。

E：法律学というものは答えばかりで問いが無いと思っていた。それで徐々に興味を失ってしまっていました。答えの洪水で，疑問を持ちえない。一定の発想をまずは覚え込むことばかり教えられ，その発想がしかも飛び切り陳腐なので，進路選択を誤ったと思っていた。しかしそうではなく，むしろ法は疑問を突き付けるものだということがわかりました。それでいいのか，いけないとすればどうすればよいのか，正しくないとわかっていながらどうしてそれが修正されずに犠牲者が出るのか。こういう問いを突き付けるのが法なのですね。

D：私はそれなりに満足して普通の授業に出席していたので，この授業は言わば潜ってみようということでした。案の定，大いに戸惑いました。野次馬をしたツケを払わなければならないかもしれません。けれども，部分的にですが，少し普通の法律学の理解が鮮明になった部分も有ります。

L：普通のローマ法の勉強をしていたので，初め違和感が大きかった。けれども，所有権が登場して以降は，だいぶ普通の話に戻ったので，わかりやすかった。それに，実務に出た時に役に立つかもしれないと思いました。先輩の実務家の話と符合する点が多かった。

F：社会の仕組を根本から考えるのだろうと思って法学部へ進んだ私は，哲学や政治学の本を読んでいましたが，法律学の授業に遭遇するや否や，余りにも下らない内容で，全く視野の効かない，些末な利害調整の話ばかりで，すっかりバカにしてしまいました。けれども，法も実は政治と無関係ではないことがわかったし，却って政治とは何かを捉え直すこともできたのは収穫でした。固い友情が法の柱の一つであると聴いて，まさか，法とは裏をかく技術ではなかったのか，と思いました。

S：それは哲学同好会とて同じだね。深いところで哲学と繋がっているが，しかしことごとく隠し味のようになっている。言葉だけで哲学を勉強しても繋がりはわからない仕組だ。原典をその生の問題意識に立ってきっちり読み抜かねば。そして，それよりも何よりも，現代の世界で最も問題となっている金融システムやエスニックな性質の武力紛争の問題などを巡る議論において法律学はリーディングな役割を果たしていないが，しかし決定的な貢献をすべきだし，またできるように法律学を根本からレヴェルアップしなければならないということも感じた。民法の授業のように退屈で細かい技ばかりを教えたり，仲間内でしか通じないやりとりを何とか説だかんとか説だと紹介するばかりでいると，私たち落ちこボレ学生が寝てしまうばかりか，一般学生も大量に法学部を抛り出してしまいます。世界から全く相手にされていないんですからね。

Q：と言う**F**君や**S**君には申し訳ないが，この授業をリードしたのは私のお話さ。太い原則は確かに有りそうだ。しかしそれとてお話で与えられている。そして，そのお話が無限に展開されていくところが醍醐味だったじゃないか。法というものはとにかく退屈で無味乾燥なものだと思っていた。ところが，根底にはプラウトゥスの喜劇のような極上の洒脱なセンスが横たわっているんだな。夢にも思わなかった。

C：と，まともに言ったのでは元も子もない。そういう大真面目な話じゃない。いや，Q君本人はマニアックで大真面目でも，それを皆で笑うという大きなお話が有る。
H：そうそう，結局法とは笑うことだというのが，私が学んだことです。
T：しかし問題は何時何を笑うかだ。追い詰められた時，出口が無くなった時，笑うのではなかったか。追い詰めるものをバカにして笑うんだ。
R：そのためには何が追い詰めているのかがよく見えていなければならない。笑うためにはよく状況が見えていなければならない。そうでなければ機転を利かしえない。頭に血が上ってキーキーするのとは正反対だ。そして，笑えば相手を怒らせることが有るが，それをも見越してその怒りを笑えるようでなければならない。学んだことは，問題を捉えたならば現実をひたすら冷徹に分析しなければならないということです。
J：そのようにして笑うことができるようになったなら，私たちは連携することができます。人は目と目を見合わせて笑います。笑いは政治だってデモクラシーだって何だって思い切り突き放します。とりわけその不合格品を地に落とします。地には私たち究極の落ちこボレがずらりと並んでいます。秀才君は一番だとか言って大概一人ですが，私たち落ちこボレは地の底で目と目で繋がっています。この授業に出てよかったのは多数の落ちこボレ君と知り合いわかり合えたことです。一人大教室に打ちひしがれ閉じ籠もっている人たちがこれほど居るとは思いませんでした。
I：一人がたくさん居るということだわね。追い詰められた最後の一人こそ，最後の一人のためによく連帯できるのであるということ，まさかこれが法であるとは思わなかったわ。ということは，連帯しても，決して徒党を組まないということね。法の基本精神は，人々や社会の流れにくっ付いたりしない，その流れで誰かを圧迫したりしない，それを鋭い緊張感で捉えた上で一人そこからはずれ，一人それに異議を唱える勇気を持つ，ということだということがわかりました。最後の一人のために法が有るというばかりか，法とは最後の一人になることだと最近は思えるようになりました。
A：なあんだ，落ちこボレなければ法律学は学べないのか。そんなことを言うと，どこかの法学部の先生方が目を剝いて怒るなあ。われわれは連載と共に露と消えた方がよさそうだ。
Prof：皆が成長し過ぎて，これじゃ私には何の科白も残されていないじゃないか。

再入門後の学習のために

担保法・執行法・破産法の勉強のためには，他の分野の勉強にも増して，その社会の信用の問題を包括的に捉えることが不可欠です。逆に，そのような観点から，この分野の専門家は信用を巡る現代社会の混迷を解決すべく寄与すべきです。行き詰まりがはっきりしている経済学のみに何故任せるのか，三流レヴェルの技術者としか見なされなくとも平気なのは何故か，理解に苦しみます。

その上で，もちろん，主として物的信用の問題にどう対処したらよいのか，という問題にヨリ特定的に関わるのがこれらの分野です。したがって，占有の問題がもう一度前面に出て来る分野です。ということは，日本の場合致命的な制度的欠陥が予想されるということです。その点の解明はまだ行われていません。とはいえ，この方面の諸制度が総じてうまく動いていないということは意識されています。

そればかりか，実は政治システムの問題もまた端的に前面に出て来る領分です。破産法・民事再生法の諸制度が政治システムの理念に強く依拠していることは自明ですが，そうだとすると，この分野の勉強のためには，古典以来の政治思想に深く通じていなければなりませんね。頂点の定式だけ学習しても意味が有りませんから，基本精神を養うために深い文学的素養を有していることも不可欠ですね。債権回収のためには夜討ち朝駆けをするしかないか。いざというとき剝ぎ取り合いむしり合うか。それとも，互いを信頼し，債務者のことも考えながら，言語により最良の方法を創造的に構想するか。後者のためには高い文化が必要ですね。

こういう基本を押さえた上で担保法の悲喜劇を笑いながら勉強しましょう。いいですか，笑いながらでなければ神経を病みますよ。ま，それでも堪え難い面がありますが。何故ならば，ヨーロッパ中世の社会人類学的メカニズムとローマの所有権由来の観念の崩落形態がドロドロに溶け合った世界から抜け出した19世紀的所有権の独自の概念構成の諸ヴァリエーションに，日本社会の信用貧困が解凍的に関わるのですから，気分が悪くなるわけです。一個の社会の信用構造を全体として捉える広い視野，特に包括執行への視野が致命的に欠けますから，よく注意しましょう。よくて，所有権の閉鎖構造内部の泥仕合です。執行法になるともう少し，占有本体が現れ，ほっとするでしょう。但し，この執行制度をどう回避するかしか実務は考えておらず，その結果，たまに執行制度が動くとき，黒い方面の人々も動くようです。民事再生法等になってようやく少し高度な実務に触れている実感がするでしょうが，そして実務家の中にもやっと光が見えて来ますが，よく見ると素性が知れるという場面も多いので注意しましょう。「倒産法」という分野は，占有理解が生半可であると却って現行制度自体を大きく誤解することにもなるので，気を付けましょう。

これでこの授業も終わりですが，学生諸君が言ってくれたので言い残したことは有りません。彼らが実際の学生諸君より成長したことは確かですが，しかし実際の学生諸君も見違えるように成長したこともまた確かでした。本当の問題に実感を持って気付いてさえくれれば，若いだけに，びっくりするほど成長するものです。私の力は微々たるもので，この授業もシャボン玉のようにはじけて消えますが，他の授業も含めて，落ちこボレにして老いボレの二ボレ教授が長い間，分不相応の素晴らしい学生諸君に囲まれた事実だけは消えずに残ります。特にソクラティック・メソッドの授業の終盤では，まさにProfのように，「これでは私の出番が無いではないか」と口走ったものです。

○ **著者紹介**

木 庭　　顕（こば・あきら）

1951年　東京に生まれる
1974年　東京大学法学部卒業
現　在　東京大学大学院法学政治学研究科教授
主　著　『政治の成立』（東京大学出版会，1997年）
『デモクラシーの古典的基礎』（東京大学出版会，2003年）
『法存立の歴史的基盤』（東京大学出版会，2009年）
『ローマ法案内：現代の法律家のために』（羽鳥書店，2010年）
『現代日本法へのカタバシス』（羽鳥書店，2011年）
『笑うケースメソッド 現代日本民法の基礎を問う』（勁草書房，2015年）

法学再入門 秘密の扉 民事法篇
A NEW INITIATION TO LAW WORLD　ARCANA IVRIS CIVILIS

2016年5月20日　初版第1刷発行

著　者　木　庭　　顕
発行者　江　草　貞　治
発行所　株式会社 有　斐　閣

郵便番号 101-0051
東京都千代田区神田神保町 2-17
電話 (03)3264-1311〔編 集〕
(03)3265-6811〔営 業〕
http://www.yuhikaku.co.jp/

印刷・株式会社暁印刷／製本・大口製本印刷株式会社

ISBN 978-4-641-12586-5